模糊语言研究

第一辑

黎千驹　冯广艺

主编

中国社会科学出版社

图书在版编目(CIP)数据

模糊语言研究. 第一辑 / 黎千驹,冯广艺主编. —北京:中国社会科学出版社,2014.12
ISBN 978 – 7 – 5161 – 5285 – 0

Ⅰ. ①模…　Ⅱ. ①黎…②冯…　Ⅲ. ①模糊语言 – 国际学术会议 – 文集
Ⅳ. ①H087 – 53

中国版本图书馆 CIP 数据核字(2014)第 292174 号

出 版 人	赵剑英
责任编辑	任　明
特约编辑	李晓丽
责任校对	石春梅
责任印制	何　艳

出　　版	中国社会科学出版社
社　　址	北京鼓楼西大街甲 158 号 （邮编 100720）
网　　址	http://www. csspw. cn
	中文域名:中国社科网　　010 – 64070619
发 行 部	010 – 84083685
门 市 部	010 – 84029450
经　　销	新华书店及其他书店

印刷装订	北京市兴怀印刷厂
版　　次	2014 年 12 月第 1 版
印　　次	2014 年 12 月第 1 次印刷

开　　本	710 ×1000　1/16
印　　张	23. 75
插　　页	2
字　　数	427 千字
定　　价	78. 00 元

发刊词

《模糊语言研究》诞生了！中国学者在从事了 30 余年的模糊语言研究之后，终于有了一种专门发表模糊语言研究论文的辑刊。

在模糊理论诞生之前，语言学理论和语义学著作在谈到词义的特点或性质时，都未涉及词义的"模糊性"；如今国内几乎所有的语言学理论和语义学著作都增加了词义的"模糊性"这一特点或性质。由此可见，研究词义而不研究词义的模糊性，就不可能对词义展开全面的研究。其实，不仅词义具有模糊性，语音和语法也具有模糊性。这亦已成为不争的事实。研究语言而不研究语音、词义和语法的模糊性，或者说研究语言而不研究模糊语言，不重视"模糊语言"这一普遍存在的语言事实，就不可能对语言展开全面的研究。

如果我们将模糊语言学的研究对象——语言各要素的模糊性情况进行分门别类的研究，那么就有了模糊语言学的各个分支学科，如模糊语义学（或者叫做狭义的模糊语言学）、模糊语音学、模糊语法学等。

修辞是在言语交际活动中说写者精心地选择语言材料来表达意旨，交流思想，以提高表达效果的一种言语交际活动。修辞学就是研究在言语交际活动中如何精心地选择语言材料来表达意旨，交流思想，以提高语言表达效果的方法、原则和规律的一门科学。如果我们将模糊语言运用于修辞学，那么就可以产生模糊语言学的另一个分支学科，即模糊修辞学。

语用学是研究在语言运用过程中，交际的双方如何根据特定的语境来恰当地表达与准确地理解话语意义及其基本原则的科学。一般来说，语用学所研究的内容主要包括：语境、指示词语、会话含义、预设、言语行为、会话结构等。如果我们将模糊语言运用于语用学，那么也可能产生模糊语言学的另一个分支学科，即模糊语用学。

研究模糊语言，无疑要研究模糊语言的基本理论。不少学者对模糊与明晰（或精确）、模糊性与明晰性、语言的模糊性、模糊语言、模糊言语、模糊限制语、模糊语句、隶属度和隶属函数、语言变量和语言值等基本概念进行了界定，对语言模糊性的根源、模糊语言研究的对象与范围、模糊语言的基本特征等进行了研究，对模糊语言进行了描写与分析；对明晰语言与模糊语言的相互转化进行了探讨。然而在模糊语言的基本理论研究方面，学术界还存在着一些争论，有些问题尚有待深入研究。尤其是能否建立一套属于模糊语言学特定的术语（范畴、概念）和相对稳定的语码系统，这甚至关系到或者说将决定模糊语言学这一学科是否能够真正成立。

研究语言，既要注重理论研究，更要注重应用研究。模糊语言的研究成果对某些相关学科必将产生较大的影响。已有不少学者把模糊语言的研究成果分别应用于辞典学、词汇学、词源学、术语学、翻译学、语体学、风格学、语用学、广告学、新闻学、旅游学、信息学、中医学、哲学、逻辑、法学、美学、文艺学、社会学、决策学、管理学、思维学、心理学、教育学、人工智能等相关学科研究领域，取得了不少成绩。也只有这样，才能充分彰显模糊语言的应用价值，同时也能够促进相关学科的发展，甚至催生某门新兴交叉学科的诞生。

一门学科的建立与研究方法密切相关，学科的进步与发展有时也要依靠新的方法来解决，因此，研究模糊语言一定要有科学的方法。一种方法之所以被称为"科学方法"，那是由于它能够如实地反映事物的本来面目、能够按照事物自身的发展演变规律去分析和解决问题。研究方法具有多样性，因此，我们应该从不同的角度、运用不同的方法来进行模糊语言研究。

《模糊语言研究》将朝上述研究方向而努力。

"海纳百川，有容乃大。"《模糊语言研究》面向海内外从事模糊语言研究的学者征集稿件，将及时向读者呈现模糊语言研究的最新成果。

"他山之石，可以攻玉。"我们也期待着从事相关学科领域研究的学者运用相关学科领域的研究成果或借鉴其方法来研究模糊语言，不同学科之间的相互渗透必将加快模糊语言学科建设的步伐。

孔子曰："君子和而不同。""和"是众多元素经过化合的统一物，是和谐，"和"能生万物，具有创造性；"同"是同一，是相同元素的简单相加。"同"是单一而无发展，最终被抛弃。"和"的目的在于"万物并育而不相害，道并行而不相悖"（《礼记·中庸》）。因此，我们既期待着在模糊语言研究方面具有创新性的论文，也不回避不同观点之间的相互碰撞。

但愿《模糊语言研究》能够为促进模糊语言学的完善与发展，从而促进语言学的发展，为进一步提高人们的语言运用能力而尽绵薄之力。

目　　录

第一编　模糊语言基本理论研究

第二编　模糊语义与模糊语法研究

祝贺第四届中国模糊语言国际学术研讨会召开

李向农

感谢湖北师范学院语言学研究中心（湖北省人文社科重点研究基地）主任黎千驹教授，他发起并成功主办了"首届中国模糊语言学术研讨会"，此后又主办了第二届、第三届，今年是第四届。"中国模糊语言学术研讨会"已经成为中国模糊语言学者学术交流的平台，成为了团结中国模糊语言学者的桥梁与纽带，极大地促进了模糊语言学科的建设与发展。这也是湖北省语言学会的光荣。

湖北省语言学会成立于 1978 年 12 月，是国内较早成立的学术社团之一。学会成立 35 年来，以立足于学术研究为办会方针，致力于培养充满活力的学术队伍；推出实实在在的学术成果；体现求实创新的学术风气，一直是省社科联所属学会中的先进团体。

湖北省语言学会曾经于 1998 年 11 月 6—8 日在黄石市召开了第十届学术年会，东道主是湖北师院。与会代表 110 多人，提交会议论文 80 多篇。这届年会恰逢《马氏文通》出版 100 周年。时任会长的邢福义先生致开幕词，邢先生高度评价了《马氏文通》的历史意义，概述了《马氏文通》问世 100 年来的语法研究，并谈到了中国语言学未来的任务。湖北省语言工作者在这世纪之交应该怎么办？

邢先生指出应注意的是"认准目标，立足事实，扩大视野，力所能及"。我们的目标是弄清汉语的特点，产生有中国特色的理论，才能和国外语言学平等对话。由此要立足事实，深入发掘，揭示规律。我们还要对汉语的各个方面进行深入的了解，为社会各方面服务，为现代科技服务，为中国人民和世界人民服务。我们在做任何课题时，都要看到它的必要性和可能性，脚踏实地而又朝气蓬勃地跨向 21 世纪。

本届研讨会的主题是模糊词汇研究、模糊语义研究、模糊语法研究、模糊修辞研究、模糊语言应用研究、模糊语言与相关学科研究、模糊语言与对外汉语教学研究、中西模糊语言比较研究等。

据"百度百科"的解释："模糊语言，作为一种弹性语言，是指外延不确定、内涵无定指的特性语言。与精确语言相比，模糊语言具有更大的概括性和灵活性。这种概括性与灵活性集中反映在语言外延上；与含糊语言相比，模糊语言具有客观上的明确性与肯定性。这种明确性与肯定性反映在语言内涵上。"例如：

林区内列为国家保护的野生动物，禁止猎捕；因特殊需要猎捕的，按照国家有关法规办理。

猎捕国家保护的野生动物按照法规办理是明确的、肯定的，这是表层的意思；但按哪一个法规办理则是不明确、不肯定的，只用"有关"概括，这是深层的意思。

模糊语言具有两重性特点，即在本质上是明确的，在表象上是模糊的；在定性表述上是肯定的，在定量表述上是变化的；在内容上是确指的，在形式上是灵活的。客观世界并不存在绝对精确的语言，所谓的精确语言都是与模糊语言相对而言的。模糊语言作为语言学新起的分支，引起了不少探索者的兴趣，并在许多领域得到了广泛应用（据"百度百科"）。在此我想谈谈模糊词语的"准确"运用以及近义词语的"模糊"运用问题。

关于模糊词语的"准确"运用问题，我们以"集体溺亡"与"群体溺亡"为例来展开讨论。

今年夏季，我国呈现"北涝南旱"的气象特征，南方大部分地区持续高温天气，游泳解暑成为很多人的选择，但相伴而生的是儿童溺亡事件的频繁发生。我们在互联网和报纸上看到多起报道，并且大多用到"集体溺亡"的说法。例如：

（1）湖南新化车田水库学生集体溺亡（"搜狐新闻"2013 年 8 月 2 日）

2013 年 8 月 1 日，湖南省娄底市新化县温塘镇车田水库发生一起 5 名初中学生在补课期间结伴游泳齐遭溺亡事件。

（2）两天三起集体溺亡　安全才是命根（《京华时报》2013 年 6 月 25 日）

我觉得"集体溺亡"属于新见说法。在"百度"上搜索"集体溺亡"，从情况看，首见用例大概出现于 2007 年：

（3）河南 7 名小学生儿童集体溺水死亡（www. 39. net2007 年 9 月 28 日）

（2007 年）9 月 26 日 13 时 20 分，河南省驻马店市上蔡县芦岗乡麦仁村 7 名小学生结伴上学，途经村南 500 米处一废弃砖窑厂积水坑时，因戏水玩耍，不慎滑入水中，7 名学生全部溺水死亡。

随后逐年多见，例如：

（4）安徽铜陵 7 名大学生集体溺水 5 人死亡（新华网 2012 年 5 月 6 日 19：31）

（5）5 名留守儿童集体溺亡续：全村找不到年轻人救援（新浪网 2012 年 5 月 14 日 04：01 山东新闻网—山东商报）

我还在"百度"上搜索了"群体溺亡"，从情况看，首见用例大概也出现于 2007 年：

（6）重庆六学生群体溺亡（www. sina. com. cn 2007 年 5 月 21 日 02：35 海峡都市报）

（2007 年）19 日 16 时左右，江津区白沙镇驴溪河发生一起群体溺水事件。6 名小学女生结伴游泳时发生险情，中学男生杨彬在救起 1 人后不幸遇难，其余学生中有 4 人溺水身亡，1 人失踪。

随后的用例如：

（7）6 月 9 日，罗水军和另外 4 名小伙伴在山塘游泳时溺亡。而同一天，在黑龙江、山东同样发生了群体溺亡事故，共有 16 名农村学生溺水死亡。

（8）农村留守儿童监护困难 多地儿童群体溺亡无人救（央视网《新闻 1＋1》——拿什么保护你，孩子! 2012 年 5 月 31 日 01：36）

（9）留守儿童生存困境 群体性溺亡事件频发（人民网—人民日报 2012 年 6 月 1 日 07：21）

我认为以上用例中，多家媒体对于"儿童多人溺亡"的情况采用"集体溺亡"的说法不够贴切；相对于此，华声在线、央视网和人民网采用"群体溺亡"或"群体性溺亡"的说法更为准确。

查《现代汉语词典》"集体"的相关词语及解释：

【集体】许多人合起来的有组织的整体（跟"个人"相对）。（第 5 版，第 640 页）

【集体舞】多人共同表演的舞蹈，常用乐器伴奏，也叫群舞。（同上）

这种意义上的用例如：

　　（10）集体春游两学生水库溺亡（华商报网络版 2012 年 4 月 17 日 4：15：32）

　　（11）他们很可能是通过因特网的自杀网页相识后聚集到这里集体自杀的。（北京大学现代汉语语料库）

由此可见，"集体 + 行为"的说法，侧重在"有组织地从事"，而以上报道中"儿童多人溺亡"显然并非如此，应该是"多个体偶发"的情况。在这种意义上，跟"群体 + 行为"吻合。

【群体】泛指本质上有共同点的个体组成的整体。（《现代汉语词典》第 5 版，第 1137 页）

我们通常看到的与此相关的词语有"群殴"、"群死、群伤"以及"群体溺亡"等。值得注意的是，以上例（4）报道的题目是"安徽铜陵 7 名大学生集体溺水 5 人死亡"，但在具体报道中还是运用了"群体性溺水事件"的说法："5 月 6 日 10 时 50 分左右，该市铜陵县老洲乡太阳岛附近长江水域发生一起高校学生群体性溺水事件，目前已造成 5 人死亡。"另外，该报道的题目如果写成"安徽铜陵 7 名大学生溺水 5 人死亡"当更贴切。

关于近义词语的"模糊"运用问题，我们以"合法、非法、违法"与词语搭配为例来展开讨论。

【非法】（形）属性词。不合法：～收入｜～活动｜～占据｜倒卖文物是～的（《现代汉语词典》第 5 版，第 393 页）

【违法】（动）违犯法律或法令：～行为｜～乱纪（《现代汉语词典》第 5 版，第 1415 页）

搜索 CCL 语料库得见表 1：

表1

	合法	非法	违法
拘禁			
侵占	0	246	2
剥夺	0	46	1
逮捕	0	69	2
制造	1	1	1
贩运	0	53	3
查封	0	8	4
占用	1	96	53
承包	0	2	1
转让	2	76	1
拥有	42	14	2
收入	161	84	3
经营	557	235	226
征占	1	10	2
活动	9	185	313
倒卖	0	48	3

由此可见，同一种行为，在外延上存在着"合法"、"非法"与"违法"三者之间界限的模糊性，尤其是"非法"与"违法"之间界限的模糊性。

谢谢各位聆听，敬请大家指教，预祝会议成功。

（李向农，华中师范大学副校长、湖北省语言学会会长）

第四届中国模糊语言国际学术研讨会开幕词

黎千驹

各位代表、女士们、先生们：

上午好！

时维十月，序属三秋。金秋将去而气犹爽，立冬临近而花仍香。今天各位代表从祖国的四面八方来到湖北师范学院，出席"第四届中国模糊语言国际学术研讨会"，孔子曰："有朋自远方来，不亦乐乎！"我谨代表中国模糊语言国际学术研讨会筹委会和湖北师范学院语言学研究中心向出席会议的各位代表表示热烈的欢迎和衷心的感谢！

今天到会的代表，大多数是第一次出席中国模糊语言学术研讨会，因此我想借此机会向各位代表汇报"中国模糊语言学术研讨会"的产生缘起。

中国学者从事模糊语言研究已历 30 余年，出版和发表了一批具有高质量的学术论著，这些论著在模糊语言学的基本理论研究、应用研究和学科体系建设等方面皆取得了突破性的进展。然而有一个突出的问题一直制约着模糊语言研究的深入发展，这就是模糊语言研究者缺乏学术交流的平台。关于学术交流平台问题，我们不妨从"语用学与模糊语言学产生的时间"和"语用学与模糊语言学在中国的发展状况"两个方面来将语用学和模糊语言学这两门学科进行简单的对比。

（一）从语用学与模糊语言学产生的时间来看

先看语用学产生的时间。英国哲学家奥斯汀（1955）和美国语言哲学家塞尔（1969）提出了"言语行为理论"，美国语言哲学家格赖斯（1975）提出了会话含义理论，这些皆为语用学成为一门新学科创立了基本理论；1977 年，在荷兰阿姆斯特丹出版了《语用学杂志》，这标志着语用学作为一门独立的新学科的正式诞生。再看模糊语言学产生的时间。美国加利福尼亚大学电子工程和计算机系的控制论专家查德于 1965 年发表了《模糊集》论文，这标志着模糊理论的正式诞生。查德的模糊集理论一诞生，就立刻引起了学术界的广泛关注，并且很快就引发了不少新兴边缘学科，如模糊数学、模糊逻辑学、模糊语言学等。综上所述，语用学和模糊语言学都是 20 世纪 70 年代兴起的一门新学科。

（二）从语用学与模糊语言学在中国的发展状况来看

1979 年，许国璋先生翻译并发表了奥斯汀的《论言有所为》，这标志着中国学者研究语用学的开端。1979 年，伍铁平先生发表了《模糊语言初探》，这标志着中国学者研究模糊语言学的开端。由此可见，中国的语用学与模糊语言学研究处在同一条起跑线上。然而随着时间的推移，语用学获得了快速发展，而模糊语言学则步履蹒跚。导致这种状况的一个重要原因就是学术交流平台的有无。例如：早在 1989 年就召开了"语用学第一届全国研讨会"，2003 年 12 月，成立了"中国语用学研究会"。而模糊语言学方面既没有成立研究会，也没有召开过专门的学术研讨会，从事模糊语言学研究的学者基本上是处于一种散兵游勇、各自为战的状态。由此可见，没有建立学术交流的平台，成为了制约模糊语言学学科建设与发展的瓶颈。

搭建学术交流的平台，这是促进学科建设的有效途径，也是检验一门学科是否繁荣的重要标志。我们湖北师范学院语言学研究中心从 2008 年被批准为湖北省人文社科重点研究基地之日起，就把搭建中国模糊语言学术交流平台视为己任。我们希望在这个学术交流平台上，有一个全国性的研究模糊语言的学术团体，有一个进行模糊语言学术交流的场所，有一种发表模糊语言研究论文的专门刊物，能够出版一套模糊语言研究方面的丛书，能够凝聚一支具有战斗力的模糊语言研究的队伍。我们姑且把这样的美好愿景也叫做"五个一工程"。为了实现这一愿景，我们于 2008 年 11 月在湖北师范学院组织召开了"首届中国模糊语言学术研讨会"，2009 年 11 月，我们又在这里召开了第二届研讨会，2011 年 11 月，我们与曲靖师范学院外国语学院联合主办了"第三届中国模糊语言学术研讨会"。今天我们在这里召开"第四届中国模糊语言国际学术研讨会"，再次得到了国内模糊语言学者的广泛响应和大力支持，还得到了国际友人的响应与支持。这表明模糊语言研究的队伍在不断发展壮大，"中国模糊语言学术研讨会"引起了学术界的广泛关注，它已成为团结中国模糊语言学者的桥梁与纽带，成为了中国模糊语言学者学术交流的平台。

关于发表模糊语言研究论文的专门刊物，我们希望今后每次会议之后都出版一部《模糊语言研究》论文集。希望各位代表通过本次会议交流之后，对自己的论文做进一步的修改，我们争取将本次会议的论文结集出版。这将是国内第一部模糊语言研究论文集。

关于出版一套模糊语言研究方面的丛书，我们已通过电子邮件的方式向各位代表发送了《当代语言学文库》和《模糊语言文库》征稿启事。被纳入这两个文库的国内学者的书稿，将获得全额出版资助（有意者请与我们联系）。这些都是为了进一步团结国内语言学界同人，鼓励学者们积极从事语言学研究，特别是从事模糊语言研究所做的一点努力。

模糊语言本身就是一个取之不尽、用之不竭的宝藏，有些领域尚有待发掘，有些领域虽已被发掘，但仍有待进一步深入，模糊语言与许多学科有着千丝万缕的联系，值得我们去逐一探索。由此可见，模糊语言研究大有可为，也是学者们可以大显身手的领域。

最后，我们希望各位代表在会议期间能够：以文会友，以友辅仁；海纳百川，破少长之畛域；和而不同，探学术之真谛；登高远眺，览长江之浩瀚；凭栏临风，赏磁湖之澄明。

模糊语言学科的建设、发展和繁荣，既需要有一支相对稳定的、老中青相结合的、具有战斗力的学术队伍；也需要学者们共同来关心和支持"中国模糊语言学术研讨会"这一学术交流平台的建设。因此我们希望各位代表和学界同人共同携手，为中国模糊语言学的发展和繁荣作出自己应有的贡献。

谢谢大家！

（黎千驹，中国模糊语言学术研讨会负责人）

第一编

模糊语言基本理论研究

模糊语言和模糊言语

郑远汉

模糊数学家汪培庄教授说："模糊性是非人工语言的本质特征，因而是语言学所不能回避的研究对象。"① 这个说法有道理，虽不能说是本质特征，至少是重要特征。他所说的非人工语言，我想，不仅指静态的语言，也应该包括动态的言语。为加以区别，静态的语言，语言系统中语言单位的模糊性，可称之为"模糊语言"；动态的言语，即语言在话语中模糊，且称之为"模糊言语"。模糊语言和模糊言语形成的因素或条件不同，需要分别研究。在我国语言学界，率先在这方面发表论文并集成专著的是伍铁平教授，他的《模糊语言学》（上海教育出版社 1999 年版）在我国语言学界有比较大的影响。此外，先后有孙连仲、高炜的《模糊语言学》（陕西人民出版社 1990 年版）、黎家驹的《实用模糊语言学》（广西师范大学出版社 1996 年版）、张乔的《模糊语义学》（中国社会科学出版社 1998 年版）和《模糊语言学论集》（大连出版社 1998 年版）等专著问世。模糊语言的研究在我国只能说是刚起步，不妨先就一些基本理论问题展开讨论，摆一摆具体的值得研究的模糊语言实例和现象，由浅入深地逐步展开，不必忙于构建什么"模糊语言学"系统。

这篇小文，只是就一些想到的具体问题、感受到的模糊语言现象，谈点浅见。

一 语言单位的模糊性

（一）语言单位，语素、词语或句子，都表示一定的意义，是约定俗成的，就语言系统的层面说，各个语言单位所表示的意义都是确定的，唯其如

---

① 为伍铁平《模糊语言学》所写的序。见伍铁平《模糊语言学》，上海教育出版社 1999 年版。

此，语言交际才得以顺利进行。这好像是不言而喻的。其实，语言单位的意义不只有确定性的一面，还有模糊性的一面。从深层次看，语言单位都有不同程度的模糊性，意义的确定性是相对的。索绪尔说："语言的特征就在于它是一种完全以具体单位的对立为基础的系统……然而划分它们的界限却是一个非常微妙的问题，甚至使人怀疑它们是不是真正确定了的。"① 语言单位的"价值仍然完全是相对而言的"，"因此，我们只看到词能跟某个概念'交换'，即看到它具有某种意义，还不能确定它的价值；我们还必须把它跟类似的价值，跟其他可能与它对立的词比较"。② 索绪尔的观点符合实际。

（二）例如"城市"、"都市"、"集镇"这几个名词，它们之间有"类似的价值"，是类义词，区别只是相对的，有一定模糊性。看《现代汉语词典》对这几个词的释义："城市——人口集中、工商业发达、居民以非农业人口为主的地区"；"都市——大城市"；"集镇——以非农业人口为主的比城市小的居住区"。③ 集镇比城市小，都市比城市大；那么，比城市小到怎样的程度才叫集镇，比城市大到怎样的程度才能称都市？"小"和"大"，是就什么而言：地域面积？人口？工商业繁华程度？能精确地划定多大面积或多少人口或工商业繁华到何种程度才是"都市"，而区别于"城市"和"集镇"呢？比方深圳，它是"城市"还是算"都市"？

（三）"跑"和"走"、"吃"和"喝"、"碰"和"撞"这几对类义词，都是动词，意义的区别也是相对的。看《现代汉语词典》对这几个词的释义：

> 跑：两只脚或四条腿迅速前进。
>
> 走：人或鸟兽的脚交互向前移动。
>
> 吃：把食物等放到嘴里经过咀嚼咽下去（包括吸、喝）：～饭｜～奶｜～药。
>
> 喝：把液体或流食咽下去：～水｜～茶｜～酒｜～粥。
>
> 碰：（1）运动着的物体跟别的物体突然接触：不小心腿在门上～了一下。

---

① ［瑞士］索绪尔：《普通语言学教程》中译本，商务印书馆 1982 年版，第 151 页。

② 同上书，第 158、161 页。

③ 中国社会科学院语言研究所词典编辑室编：《现代汉语词典》（修订本），商务印书馆 1996 年版。本文凡有关词语注释的引文，均见于该词典，不再一一注明。

（2）碰见；遇到：在路上～到一位熟人。

撞：（1）运动着的物体跟别的物体猛然碰上：别让汽车～上｜两个人～了个满怀。

（2）碰见：不想见他，偏～上他。

从对"跑"和"走"的释义看，这两个词的区别在于向前移动的速度：跑是迅速前进，走只是脚交互向前移动。但是，跑可以慢跑，走可以快走，走和跑怎样区别？模糊。"吃"和"喝"的区别，好像在这样两个方面：吃要咀嚼，喝不需咀嚼；吃的是食物等，喝的是液体或流食。其实难说：食物的干稀硬软，咀嚼与否，都有相对性，可以说喝粥、喝茶，不是也可说吃粥、吃茶吗？"碰"和"撞"，上面列了两个义项。就第一个义项看，"碰"是突然接触，"撞"是猛然碰上，二者的区别好像主要在碰撞的力度上，可是力度大小是相对的，可以说"他不小心碰到墙上了，碰得头破血流"，也可以说"他不小心撞到墙上了，头上撞了一个包"，是碰的力度大，还是撞的力度大？这两个词的第二义项，可以换用，界限尤为模糊。

（四）再看形容词。"优良"、"优秀"、"优异"是类义词，也可说是同义词，它们的区别同样是相对的。除了适用的对象有些不同，程度上也有差别，按《现代汉语词典》的说法：优良——十分好，优秀——非常好，优异——特别好。十分好和非常好以及特别好之间怎样划界？只能说在一般情形下，好的程度后者比前者深一些，至于好到怎样的程度是"优良"，怎样的程度是"优秀"，怎样的程度是"优异"，难有确定的标尺，只能是相比较而言。

"大"和"小"、"长"和"短"、"胖"和"瘦"是意义"对立的词"，这些对立也是相对的，同样难有确定的界限。例如说某人是"大干部"，可以是部级以上的干部，大概不会是科级以下的干部，但是处级算不算大干部？在部级单位里处级只能算中下层干部（不会称这里的处长是"大干部"），而在处级单位里，在处级县里，县委书记、县长恐怕就是大干部了，而且是很大的干部。再说"胖"和"瘦"，《现代汉语词典》解释"胖"："（人体）脂肪多，肉多"；解释"瘦"："脂肪少，肉少"。脂肪多到多少是"胖"，脂肪少到何种程度是"瘦"？胖和瘦只是相比较而言，相对而言。

（五）名词、动词、形容词这些实词所表示的意义有模糊性，至于虚词，本来意义就是虚灵的，其模糊性更不待言。例如程度副词"很"，"他穿了一件新衣裳"和"他穿了一件很新的衣裳"，新到怎样的程度才是"很新"？很难说"很新的衣裳"比"新衣裳"更新一些。当然，无论实词或虚词，各个词的模糊度不尽相同，需要分别对待，具体分析。

（六）词典编纂工作中，给每个词释义是最麻烦、最困难的，而且最容易被人们"挑刺"。越是常用的词，越难释义。为什么？因为词的意义都是相对的，都有不同程度的模糊性，孤立地看一个词还不能确定它的价值。常用的词，其相对确定的意义人们已有所领会，要进一步明确其价值，深化已有的认知，当然就更困难了。

（七）语言模糊理论，对于词典编纂工作有指导意义。基于在一个语言系统中的每个语言单位，其价值都是相对的，必须"跟它类似的价值，跟其他可能与它对立的词比较"，我们编纂词典给词语释义，用得最多、最普遍的是所谓"词语式"，就是用意义相同、相近或者同类的词来解释被释的词。例如用"大城市"解释"都市"，说"集镇比城市小"，释"二"为"一加一所得"，释"三"为"二加一后所得"，这是跟同类词比较。用"好"解释"优良"（十分好）、"优秀"（非常好）、"优异"（特别好），这是用意义相同或相近的词作比较。另外，如《现代汉语词典》"胖"的释文中说"跟'瘦'相对"，"瘦"的释文中说"跟'胖'相对"，"大"的释文中说"跟'小'相对"，"小"的释文中说"跟'大'相对"，这是"与它对立的词比较"。

（八）语言单位是音义结合体，一般谈语言模糊偏于意义方面，实际上所谓音位同样有模糊性的一面。例如，"大"在普通话里，声母是清音、不送气的舌尖中音 d，韵母是央、低、不圆唇的 a，声调是全降的去声（51）。人们在说这个字的时候，声、韵、调都可以有且会有一定伸缩度，只要不生误会：声母 d 发成浊音或半清半浊的音也过得去；韵母 a 的舌位所谓"最低"其实并没有绝对的刻度，只要不发成 e；去声是全降，刻度为 51，好像十分明确，实际上只要由高而低，未必非 51 不可。

（九）人们使用语言进行信息交流，只求交际双方能理解，交际活动得以顺利进行，语言单位的模糊值一般是隐而不显或存而不论的。看下面的一段话：

　　预备式：身体正直，两脚并步站立。左手反握剑柄直立于身体左侧，右手握成剑指垂于身体右侧，两肘略向身前牵引，剑身垂直，目向左平视。

这是人民体育出版社出版的《初级剑术》中的几句话，属于说明文，说明文重在说明，词义务求明确。实际上，这里也只是取其相对值，意思都能理解，深究起来，则处处隐含着模糊。例如"身体"有指躯干和四肢这个意义（见《现代汉语词典》），这里就是这个意义，那么躯干和四肢怎样才算"正"且"直"？是不是一定要与地面垂直成90度？并步的"并"是平排着的意思，那么步子平排到怎样的角度才算"并步"？再如"目向左平视"，左跟右、前、后相区别，平视跟斜视、上下看相区别，也都只是取其相对值，具体"左"到怎样的角度，"平"到怎样的高度，则是模糊的，还得按教练的要求作调整。

（十）不能把语言单位的模糊跟有些语言单位的多义性混为一谈。多义词是一个词有多种彼此有一定关联的意义。同形词是词形相同意义不同且意义没有明显联系的词。多义词的多义性、同形词的不同意义不属于语言模糊。语言模糊是语言单位普遍存在的，多义词和同形词只是词汇系统中的局部情形；语言单位的模糊无从量化，多义词、同形词中的几个意义是有定的。多义结构，又称歧义结构，是句法结构中的多义现象，例如"两个报社的记者"，从字面看有歧义，这也不属于语言模糊，这是两个结构层次并不相同的语言单位，一个是"两个（报社的记者）"，另一个是"（两个报社）的记者"，根本不是同一语言单位。至于在话语特别是书面语中，使用了这样的句法结构，又没有适当的语境显示出实际的句法关系，以致让人歧解，那是语用层面的问题，不是语言单位自身的模糊性表现。

二 话语的模糊性

（一）语言单位的模糊性受制于语言系统，不同言语活动相联系，不受言语环境的制约；所谓"模糊语言"，通常所指的就是这种性质的模糊。话语的模糊性，则是存在于一定的话语中，是言语活动中产生的，甚至是超越语言单位固有价值的模糊。话语中产生和形成的模糊，可以称做"模糊言语"。

（二）语言单位进入话语后，有两种情形。一种情形是话语的模糊跟有关语言单位的模糊同步、一致，没有形成不同于有关语言单位的、新的模糊，相反，由于话语同一定的语言环境相联系，会缩小有关语言单位的模糊值。例如"我们的同志在困难的时候，要看到成绩，看到光明"这个话语，当中的"同志、困难、成绩、光明"等词的意义是相对明确的,，同时也有模糊。"同志"——"为共同的理想、事业而奋斗的人，特指同一政党的成员"，怎样的共同理想、事业，什么样的政党，范围宽泛而模糊，话语里的"同志"指为共产主义这个共同理想和事业而奋斗的人，或共产党人，模糊值大大缩小。"困难"、"成绩"、"光明"等的情形多种多样，而话语有具体所指，也都缩小了语言单位原有的模糊值。另一种情形是话语的模糊跟有关语言单位的模糊不同步、不一致，话语形成或产生了超越有关语言单位的模糊。我们所说的、所要讨论的"模糊言语"是后一种情形的，即跟语言单位不同步的模糊。跟语言单位不同步、不一致的模糊言语，有修辞性的和社会性的两种情形。

（三）有个相声，说"笑一笑，十年少"这个说法荒唐不稽：笑一下，年轻十岁，笑两下，不就年轻二十岁，那笑它五六下，一个五十岁的人都给笑没了！这是相声里逗笑的话，这话之所以会引人发笑，是看起来说得还很有点"道理"：这是用词语（笑、一笑、十年、少）在语言层面的意义来解读话语。词汇系统中的"笑"是"露出愉快的表情，发出欢喜的声音"；"一笑"是笑一下的意思；"十年"是比九年多一年，亦即十个365天；"少"是"年纪轻（跟'老'相对）"。这些意义是相对明确的。也存在模糊：笑是露出愉快的表情，这所谓愉快的表情本身就是模糊的，愉快的程度有强有弱，甚至还有苦笑，苦笑也是笑；笑要发出欢喜的声音，声音有大有小，还有并不出声的"微笑"；笑一下，时间可长可短；十年，可以是满十年，也可以接近十年。这是语言层面的模糊。作为同一定的交际任务、交际环境相联系的话语，"笑一笑，十年少"所要表达的意思则是，保持愉快的心情能益寿延年。话语超越或改变了"笑"、"一笑"、"十年"、"少"这些词语的意义和模糊值：笑，不限于"露出愉快的表情，发出欢喜的声音"，凡愉悦、畅快皆可包含；一笑，不限于笑一次、笑一下，只要有所欢愉；十年少，使人年轻、不易衰老的意思，不就是年轻十岁。这样的话语义也只是相对明确的，有言语层面的模糊，对这句话的理解和阐释各人会不尽相同。

（四）话语层面的模糊，无论是修辞性的，还是社会性的，话语所表示的意义都是相对明白、相对确定的，所以信息传递、信息交流能得以顺利进行。要同那种由于使用语言不当造成的语义含糊不清区别开来。例如：

　　（1）美国今年向以色列提供了25.85亿美元的援助：19亿美元为军援，其中一半为无偿援助；21亿美元为经济援助，全部为无偿赠款。
　　（2）联邦政府规定，灾区农牧场在受灾期间借贷利息超过12%的部分由联邦政府补贴。

　　（3）华山菜场有两个营业员是我们学校的学生。

　　例（1）25.85亿美元的援助，其中军援19亿美元、经援21亿美元，军援和经援之和岂不大于总数25.85亿美元？或许这个总数仅限于无偿的？没说清，模糊！例（2）由联邦政府补贴的是哪"部分"：借贷的部分？利息的部分？利息超过12%，超过的部分？模糊！（3）那两个营业员是"我们学校"过去的还是现在的学生？这是有区别的，没说清，模糊！这些模糊都是由于表达不周造成的，是应当避免的，这种"模糊"，跟模糊语言学所要研究的"模糊"不是同一概念，不属于模糊言语这个范畴。

三　修辞性的模糊言语

　　（一）修辞手法的运用是个人的言语行为。好些修辞手法是通过模糊言语构成的，用这些修辞手法表达，从话语层面看，意思必须是明白的，而同时又是模糊的。唯其意思明白，信息（包括美学信息）传递才能畅达，唯其模糊，才给人联想或想象的空间。例如：

　　（4）山楂树上缀满了一颗颗<u>红玛瑙似的果子</u>。（峻青：《秋色赋》）
　　（5）轻巧的手指向水底一捞，就提上一串串<u>红色的玛瑙</u>，对着那淡淡的初月一枚，尝一尝新菱是什么滋味。（严阵：《采菱歌》）

　　这是使用比喻的例子。列宁曾说，任何比喻都是蹩脚的。从模糊理论的角度看，任何比喻都有极大的模糊性。前一例用玛瑙比喻山楂树上缀满的果子，后一例用玛瑙比喻水底捞上的新菱，都是用玛瑙做喻体。玛瑙是什么样子的呢？《现代汉语词典》有解释："矿物……有各种颜色，都呈层状或环状，质地坚硬耐磨，可用作磨具、仪表轴承等，也可做贵重的装饰品。"对照这个解释，山楂树上缀满的果子、刚出水的新菱跟玛瑙之间，无论特性或功用，都大相径庭，真有点不伦不类，所以说任何比喻都是蹩脚的。人们通过捕捉事物之间的相似点，加以联想和想象，从模糊之中得到相对明确的信息：它们同样光艳夺目。至于是怎样的光艳夺目，各人去感知，去体会吧。
　　这里顺便提一下伍铁平的《模糊语言学》中的一个说法，他说"把喻体和本体之间的关系概括为类似不完全合乎实际情况。把这种关系概括为模糊，即通过比喻，使喻体和本体之间的界限模糊，可以说明某些比喻的特点"。他的这个说法不正确。喻体和本体必须是本质不同的事物，二者之间界限判然，岂止模糊！喻体和本体必须有相似点，这是构成比喻的必要条件，有相似点才能引发相似联想，形成相对明确的话语信息。所以，"把这种关系概括为模糊"而否认"类似"这个必要条件，是不妥当的。比喻跟许多修辞方式一样，有话语层面的模糊，模糊不是比喻特有的，不能片面地把本体和喻体的关系概括为模糊。

（二）与修辞活动相联系的模糊言语，一般都建立在改变语言单位固有意义的基础上。让语言单位固有义（基本义或附加义）发生偏离，这是比较常见的一种情形。因为语言单位原来的意义产生了偏离，就必须在所产生偏离的条件下解读话语的意义，这样的话语义所存在的模糊，跟语言单位自身的模糊不在同一个层面上，是情形和性质不同的模糊。看一些实例：

（6）可以看得出，今年已届八十五高龄的陈老缺乏一个较为合适的生活和工作环境，可是，他并不计较，而是怡然自得，乐观开朗。他笑呵呵地说："我现在一身清白。"我没有一下领悟这一诙谐。他用手指指眼睛，原来"清白"是取"青光眼"和"白内障"的第一个字（他患青光眼和白内障，视力严重衰退），真是幽默中蕴含哲理啊！（胡思升：《陋室中的情操》）

（7）我将深味这非人间的浓黑的悲凉。以我的最大的哀痛显示于非人间，使他们快意于我的苦痛，就将这作为后死者的菲薄的祭品，奉献于逝者的灵前。（鲁迅：《纪念刘和珍君》）

（8）我们一定要打破常规，披荆斩棘，开展我国科学发展的道路。既异想天开，又实事求是，这是科学工作者特有的风格，让我们在无穷的宇宙长河中去探索无穷的真理吧！（郭沫若：《科学的春天》）

例（6）中，作为现成词语的"清白"是纯洁、没有污点的意思，这个意义的"清白"比较模糊：究竟纯洁到怎样的程度才算清白，并没有绝对界限。在上面的话语里，"清白"的意义发生了偏离，是取"青光眼"的"青（清）"、"白内障"的"白"，这一偏离就造成了语义的模糊，所以文章的作者"没有一下领悟"，这是话语意义的第一层模糊。就所产生的偏离解读话语，"一身清白"的情况和程度可以有很大差异，是模糊的（文章作者特别加以说明是"清白"到"视力严重衰退"的程度），这是话语层面的第二层模糊。同时，说话人用"清白"还有自诩为人清白的含义，这是话语层面的又一层模糊。例（7）说"悲凉"是"浓黑的"，词义有偏离，使得话语的意义模糊，这是话语层面的第一层模糊；唯其模糊，才能引人就"浓"和"黑"的意义作深层次的遐想，就此作出的遐想可能因人而异，这是话语层面的又一层模糊。例（8），"异想天开"是"形容想法离奇，不切实际"，本是个贬义词，话语里反其义而用之，带来话语层面的模糊，人们在解读这个话语的时候，需要把"异想天开"跟"实事求是"认作相容的关系，对"异想天开"这个成语的意义和色彩作变通的认知，变通的尺度是灵活的，这就是模糊。

（三）故意把要表达的思想隐藏在话语中，造成话语模糊，这是修辞活动中又一种常见的情形。例如：

（9）孩子，你可放明白点，你妈疼你，只在嘴上，我可把什么要紧的事情，都放在心上。（曹禺：《雷雨》）

（10）李石清：我总是为经理服务的。呃，呃，最近我听说襄理张先生要调到旁的地方去？

潘月亭：襄理，是啊。只要你不嫌地位小，我总可以帮忙。（曹禺：《日出》）

（11）可巧黛玉的小丫鬟雪雁走来与黛玉送小手炉，黛玉因含笑问他："谁叫你送来的？难为他费心，那里就冷死了我！"雪雁道："紫鹃姐姐怕姑娘冷，使我送来的。"黛玉笑道："也亏你倒听他的话。我平日和你说的，全当耳旁风；怎么他说的你就依，比圣旨还快些！"（《红楼梦》第8回）

例（9）"把什么要紧的事情"都放在心上，范围很宽，很笼统，说话人实际是指四凤同大少爷的暧昧关系这件事，实际的意思隐含在大而化之的表述中，这是话语中的模糊，有含蓄、委婉的修辞效果。例（10）"听说襄理张先生要调到旁的地方去？"说话人为什么提这个问题，可以有多种答案，是模糊的，说话人要表达的是"能否让我填补襄理张先生的缺"，这个意思隐含在看似与本意无关的提问中。例（11）是所谓双关或旁敲侧击的手法，表面说的是这件事，实际指的是另一件事，也就是把实际要传递的信息隐蔽在话语里。黛玉好像是在指责给她送小手炉来的雪雁，实际是表露她对宝钗关怀宝玉、宝玉言听计从的醋意。这就是话语的模糊。

（四）为了修辞的需要，有时故意杜撰词汇系统中根本没有的词语或实际上不能成立的概念，这也是修辞中常见的一种模糊言语。例如：

(12) 有很多的顽固分子，他们是顽固专门学校毕业的。他们今天顽固，明天顽固，后天还是顽固。（毛泽东：《新民民主主义的宪政》）

(13) 中国的老先生们——连二十岁上下的老先生们在内——不知怎的总有一种矛盾的意见……（鲁迅：《华盖集·补白》）

(14) 有些天天喊大众化的人，连三句老百姓的话都讲不来，可见他就没有下决心跟老百姓学，实在他的意思仍是小众化。（毛泽东：《反对党八股》）

词汇系统里没有"小众化"这样的词，当然其"词"义也就无考。没有"顽固专门学校"这样的学校门类，也就无法定义其性质。不可能有"二十岁上下的老先生"，也就无从理解这是些怎样的老先生。这样的一些"词语"进入话语，当然就制造了话语的模糊，需要联系话语的背景以及说话人的动机等来理解话语的意义，包括其修辞意义。这类情形的模糊言语，同样也包含两层模糊。一层是说话人主观杜撰的词语或概念造成语句意念的模糊，另一层是所形成的话语义虽然联系语境可以理解，但是这种理解多是感悟，有模糊性。

（五）前面就语义偏离、实意隐藏、概念杜撰三个方面，讨论了为适应修辞的需要，有意背离固有的语言系统造成话语模糊的情形。这是修辞性的言语模糊。但不是任何修辞行为、修辞现象都需要背离固有的语言系统形成话语层面的模糊。那些着眼于语句形式调整的修辞行为，例如协韵、排偶、错综等，并不需要背离语言系统，不需要改变语言单位的固有意义来制造模糊言语。这里且举一个作者对原稿所作修改的例子：

(15) 原稿：我回到军部那个土屋顶、土墙壁的客房里，上海的通讯员点燃了洋烛，又送了热茶来。

改文：我回到军部那个土屋顶、土墙壁的客房里，上海的通讯员点燃了洋烛，又送来了热茶。（巴金：《军长的心》）

改文将"送了热茶来"改成"送来了热茶"，为的是跟前一个分句"点燃了洋烛"的句法结构一致，念起来更顺适。这是修辞行为，但没有改变语言单位固有的意义，没有因为这样的修改而形成话语层面的模糊。

四　社会性的模糊言语

（一）每个词语都有相对明确的意义，这是约定俗成的，规范性的词典对各个词语的释义就是反映。可是，除了为了修辞的需要故意改变词语原有的意义与用法和使用语言不当造成语病外，人们是不是都绝对按照规范性词典所描述的意义和用法来使用每个词语呢？我们曾就"重要"和"著名"这两个词做了一点考察，发现在实际运用中，因为受社会现实的制约和影响，跟词汇·词义系统中的"重要"和"著名"并不完全同步。就是说，作为词汇·词义系统中的成员，"重要"、"著名"有各自相对确定的意义，有各自的模糊情形，而进入话语，其相对确定的意义和所存在的模糊都有不同程度的变化。这种变化，反映在现实的话语中，与社会因素有直接关系，所以把这类模糊言语称为社会性的模糊言语，以区别修辞性的模糊言语。

（二）先看"重要"。

《现代汉语词典》对"重要"一词的训释是"具有重大的意义、作用和影响的"，例如：重要人物｜重要问题｜这文件很重要。词典的这个训释，也就是"重要"这个词在现代汉语词汇·词义系统中的"价值"。语言单位的"价值"，由语言系统中语言单位之间的关系体现出来，"重要"与"一般"、"次要"、"主要"等相比较、相区别而显现其价值。关系显现价值，而关系都是相对的，彼此之间的界限存在不同程度的模糊性。"重要"是具有重大的意义、作用和影响的，"次要"是"重要性较差的"，例如：次要地位｜内容是主要的，形式是次要的，形式要服从内容（《现代汉语词典》）。"重要"和"次要"之间怎样划界？面对一件事物，如何确定它是重要的，还是次要的？这就是语言单位本身存在的模糊。

"重要"可以和"讲话"搭配成"重要（的）讲话"。有两种意义的"讲话"，一种是"说话，发言"的意思，另一种是"讲演的话"。无论是哪种意义的"讲话"都有模糊性：可以是任何人、任何事、任何领域、任何话题，可以长篇，也可以短论，一般是口头，甚至也可以书面，说话、发言还可以是寥寥数语。这是"讲话"这个语言单位自身存在的模糊。

进入话语，同语言的使用者联系起来了，同一定的语言环境和社会环境联系起来了，"重要（的）讲话"就有了话语层面的模糊。"重要（的）讲话"，在当今好像只用于政治领袖人物。我们的新闻报道中，报道中央最高领导人的讲话，称之为"重要讲话"。科学家论证他的哪怕是震惊世界的科学发现的讲话，也未见称做"重要讲话"的。① 这种情形，有两个方面的言语模糊。一个方面的模糊是，到底哪一级或哪一位领导人的讲话才称其为"重要讲话"？没有哪个词典或者哪份文件作过明确规定，是模糊的。另一个方面的模糊是，哪一级或哪一位领导人的任何讲话是不是都可以说是"重要讲话"？好像不都是，什么样的才是，什么样的不是，没有谁拿出标准，是模糊的。这两种情形的模糊，都是进入话语之后产生的，并不是作为语言单位的"重要"和"讲话"具有的，是言语层面的模糊。这类模糊言语是社会性的，跟个人为了修辞的需要所制造的模糊言语不同。

（三）再看"著名"。

《现代汉语词典》用"有名"注释"著名"，对"有名"的释义："名字为大家所熟知；出名。"这里不讨论在释文里出现的"有名"、"出名"同"著名"之间的异同，且把"名字为大家所熟知"作为对"著名"这个词在现代汉语词汇·词义系统中价值的定位。这个定位存在模糊。首先，为大家所熟知的"大家"，多大范围、多少数量、什么样的对象才算？这里边的弹性很大，即存在很大的模糊度。其次，为大家所熟知的"熟知"，熟悉到怎样的程度才算熟知？从曾听说到知根知底甚至交往甚密，这里边的模糊级差可以很大。这是这个词在"语言"层面存在的模糊。语言层面的模糊会带来说话人的随心所欲。例如为了吹捧某人，或为了商业的目的，哪怕此人没有多大作为，知道此人名字的人并不多，也宣称其为"著名学者"、"著名主持人"、"著名歌星"，等等。反正"著名"是个模糊概念，为其所用就行。这是从语言层面看"著名"这个词本身存在的模糊。

"著名"这个词进入话语，要受社会环境、语用习惯以及人文因素等的制约，有话语层面的模糊。

首先，在实际的言语活动中，并不是名字为大家所熟知的人都可称其"著名"，还与其身份、行当等有关；看表 1：

---

① 近读一册语文刊物，有两篇关于某学会开会情况的报道，该学会的负责人和该领域的某某"著名××学家"，一位是报告学会的工作，另一位是发表学术感言，这篇报道里称他们的报告和讲话都是"重要讲话"。写报道的人当然认为这个报告和讲话，至少对该学会来说是"具有重大意义的"，而读者却哗然。何以哗然？由此可见，非政治领袖人物的讲话是不能称做"重要讲话"的。

表1

A组	棋手、歌手、画家、科学家、学者、作家、诗人、演员、播音员、主持人、美容师、设计师、歌星、影星、教练、裁判、翻译、记者、律师、侦探
B组	工人、农民、军官、战士、干部、教员、职员、店员、船家、编者、读者、副教授、讲师、博士、硕士、博导、硕导、部长、中央委员、人大代表、政协委员

对A组的人物用"著名"称之者常见，例如：××是著名歌星，××是著名作家，××是著名主持人。B组的这些人，虽不乏"名字为大家所熟知"者，却未见称其"著名"的，例如不说××是著名工人、××是著名干部、××是著名部长、××是著名人大代表。显然，进入话语对名字为大家所熟知的人是不是称其"著名"，是有选择的，视其身份、行当而定：第一，较能显现个人作为的、社会影响面广泛或影响力大的领域或行当中的人物，特别是一些所谓"公众人物"，这样的人物称其"著名"的概率高；第二，只是同其学衔、学位或职务等级相联系时，一般不会说他"著名"，例如不说"××是著名的副教授"、"××是著名的博士"、"××是著名的中央委员"。有些称谓有两种性质，如"教授"，可以是用来表示职务等级的（教授区别于副教授、讲师、助教），也可以只表示一种职业或行当（与"学者"、"作家"等的性质相当），前一种意义的"教授"不称其"著名"，后者可以。正如"演员"可以说"××是著名的演员"，但是表示等级的"一级演员"，一般就不说"××是著名的一级演员"。难道工人、干部、副教授、一级演员等就没有为大家所熟知的？当年的马学礼、后来的王进喜都是工人，全国闻名，为什么就不称他们是"著名的工人"？到底哪样的身份或行当可以"著名"，哪样的不可以，为什么？这就是话语层面的模糊。

其次，越是广为人知，反倒越不会以"著名"相称。例如毛泽东作为政治家、思想家闻名于世，但从未见到称毛泽东是"著名的思想家"、"著名的政治家"的。作为作家的鲁迅，恐怕连小学生都知道，可是也没见到"鲁迅是著名的作家"这样称说的。这种情形表明，说某人"著名"是因为很多人并不熟知甚至不知其人，既然此人已广为人知，还对人说此人"著名"，不但多余，甚至有贬低此人影响力之嫌。若干年后，那时的人们好些已经不知鲁迅为何人，倒可以说"鲁迅是当时著名的作家"了。为什么越是广为人知反倒越不必"著名"？这些属于语用问题，带来语用层面的模糊：到底广为人知到怎样的程度才不称其"著名"？

最后，对名字为大家所熟知的人才说他"著名"，但是说话人对于自己越发熟知的人越不称其"著名"，在熟知其圈子里，更不会说他"著名"。最熟知其及其有关方面作为和影响的，莫过于他的同行、亲人和密友，可是有这样亲密关系的人之间一般反倒不会以"著名"相称，否则显得生分了。在圈内的人群里，比如语言学者聚会，谁也不会称谁是"著名语言学家"，因为这样介绍至少是没有认知价值，除非是开开玩笑。这是语用问题，但是到底熟知和亲密到怎样的程度，才不能或不会用"著名"相称，有语用层面的模糊。

　　现在在有些人的心目中，"著名"成了一种荣誉的象征，成了一种等级的称谓，例如在报纸上见到一则关于京剧会演的报道，提到好些为大家所熟知的演员，却把他们分成了三个等级：李维康等是"著名京剧表演艺术家"，刘长瑜等是"京剧表演艺术家"，还有几位是"优秀京剧演员"。冠了"著名"称谓的，这里就是最高等级了。这是"著名"一词在有些人的话语中的定位，这样的定位是模糊的，成就要到怎样的高度才能称其为"著名"？这是话语中的模糊，是社会性的模糊言语。

（作者单位：武汉大学文学院）

模糊指称：无穷递增和无穷递减的跨界状

钱冠连

一 蒯恩处理模糊性词语的思路

毫无疑问，指称是语言哲学的核心内容之一。蒯恩认为词语的模糊性是指称的异常多变（vagaries）现象。他对模糊性的研究，总的来说，是采用了发生学的方法。他指出："社会成员在学习时就必须接受类似的模糊不清的边界（fuzzy edges）。这就是最初学习的词语不可避免具有的模糊性（vaqueness）。"（Quine, V., 1960：125）显然，他认为，就是这个"模糊不清的边界"导致词语的模糊性。"模糊性不仅侵入了普遍词项（如 mountain），也侵入了单称词项（如 Mount Rainier）。"他又指出："为一物理对象命名的单称词项的模糊性在于其对象在时空界限上的不确定，而普遍词项的模糊性则在于其外延可宽可窄而不确定。"

蒯恩对词语模糊性的处理思路与补救办法是，其一，用两极对立词的相对化或可消除模糊性，如在"大"、"小"两极之间加进相对的"较大"、"较小"。在"热"、"冷"两极之间加进相对的"较热"、"较冷"，等等。可是，他立即指出："但此种方法并不是解决模糊性问题的万能灵药。"（Quine, V., 1960：127）其二，"不随便触动模糊性……熟练地利用模糊性比精确的技术术语的组合更能达到准确性的效果"（着重号为笔者所加）。笔者在提出自己的解决方案时，特别注意到了这一观点。其三，"模糊性有助于处理线性话语"。其四，"模糊性并不影响含有模糊词语的日常语句的真值。……如果受到影响……就会迫使我们引进一种新的语言惯例或改变了的用法以消除有关部分的模糊性。只要这种压力还未产生，我们不妨保留模糊性。因为我们暂时还不能判定哪一种概念框架的转换会最有效"（Quine, V., 1960：128）。

其实，蒯恩开出的上面的单子，一看就知道，处理办法有点无可奈何，而思路却是清晰不过的。第一条还算是办法，第四条也不失为是一个办法，但是马上又被其退让话语（只要……我们不妨保留模糊性）取消掉了。不但如此，还为模糊性评功摆好："模糊性有助于处理线性话语。""模糊性并不影响含有模糊词语的日常语句的真值。"

总的来说，蒯恩对待词语模糊性的解决的思路：不随便触动模糊性。……熟练地利用模糊性比精确的技术术语的组合更能达到准确性的效果。我们不妨保留模糊性。这一思路使我们深受启发。

蒯恩对解决模糊指称多多少少表现出无可奈何之状，其根子在于，他没有发现跨界状的无穷递增和无穷递减的性质。这正是本文要解决的问题。本文受到蒯恩的启发，提出无须逃离模糊指称。为了支持这一命题，本文提出一个"抓嫌疑犯假想实验"。

二　无穷递增和无穷递减的跨界状

"Vagueness is a term to be vague if its range of application has borderline cases."（A. Tanesini，2007：177）如果一个词语的运用范围产生了跨界状（borderline cases），那个词语就可认为是模糊的（vague）。这个定义是可以接受的。按笔者的理解，跨界状（borderline cases），是词语［例如"秃头（bald）"或者"堆（heap)"］对一个世界对象（例如"秃头"或者"一堆"）所包含的边界不定的状态的承认，而不是创造自然语言的人在创造这个词语时出了错。

那么，以具有跨界状的词语（如"堆"）去指称世界的一个对象（沙的一堆），就产生了指称的模糊，或曰模糊指称。这是笔者的定义。

词语"秃头"可认为是产生了跨界状的。就是说，存在着这样的个体，他既不是清楚的秃头，也不是不清楚的秃头。对于秃头，社会上从来没有一个清楚的认同，比如说，从来没有诸如头顶上存在无发区为 $2 \times 3 = 6$（方寸）者可视为秃头的共识与表述。假如公认如此，凭什么说 $6 + 1$（方寸）或者 $6 - 1$（方寸）就不能认为是秃头？如果接受了 $6 + 1$ 或者 $6 - 1$ 也可视为秃头，那么，凭什么就说 $6 + 1 + 0.1$ 或者 $6 - 1 - 0.1$ 就不能视为秃头？如果接受了 $6 + 1 + 0.1$ 或者 $6 - 1 - 0.1$，凭什么就不能接受 $6 + 1 + 0.1 + 0.1$ 或者 $6 - 1 - 0.1 - 0.1$？如此这般，就形成了笔者称之为无穷递增和无穷递减的边界划分。这样，就把不定的跨界状，变成了无穷递增和无穷递减的跨界状。这就是说，企图给一个本来具有无穷递增和无穷递减的跨界状的认知对象划定一个明确或者精确的界限的努力是徒劳的。事实上，在模糊指称的运用层次，人们只要在某人的头顶上，发现一块相当的无发区，无须明确划定一个确数的无发区域，瞬间即可断定并称呼某人是"秃头"。

我们提出"无穷递增和无穷递减的跨界状"这个概念的哲学上的方便之处在于，它使人们清晰地认识到，无穷递增和无穷递减的跨界状是模糊指称的固有属性，也是人们无法逃离模糊指称的根源。

三　抓嫌疑犯假想实验

先说说"堆"悖论。词语的模糊性往往是某些悖论的根源。有名的"堆"（heap）悖论，可为一例。Eubulides of Miletus（亚里士多德的同代人，约公元前350年）指出，"一粒（grain）沙不是一堆，而且，看起来为真的是，增加一粒沙到尚未成堆的沙上去，也不能把它变成一堆。然而，如此反复地运用这一原则，我们就会落于一个悖论的圈套中：即便100万粒沙也不能做成一堆"（A. Tanesini，2007：151）。既然100万粒沙也不能做成一堆，那么，100万＋1（粒）或者100万－1（粒），也不能做成一堆。于是，这里又出现了无穷递增和无穷递减的跨界状，最后只好取消精确划界的做法。

"当我们从一堆沙中减去一粒沙时，我们会得到同样的悖论结果。我们不得不下结论说，即便只有一粒沙也算是一堆。"（A. Tanesini，2007：151）这是怎么一回事呢？不难想象，从一堆沙中减去一粒，那一堆仍然被称为"一堆"，那么，再减去一粒，那一堆也仍然可以被称为"一堆"，如此这般减少下去并同时称呼（"一堆"）下去，最开始被称为"一堆"的沙，只剩下最后一粒了，你还得叫它做"一堆"。正是"再减少一粒也还是一堆"的原则，即无穷递减，把你引向了悖论：一粒沙也被称为"一堆"。请注意：上面的"被称为"特别重要，如果没有人需要指称它，词语"一堆"是没有必要产生的。

现在，让我们提出一个解决"堆"悖论的假想思路：既然这个悖论的根子在于词语"一堆"的模糊性，那么看起来解决这个悖论一点也不难：我们将模糊的词语（比如"一堆"）明确定义吧，通过协商，假如我们规定100万粒沙为一堆好了。此规定既成，从这一瞬间开始，我们就陷入了更多的困难。有哪一个傻瓜在它称为"一堆"之前去认真地数了数有没有精确的100万粒呢？又有哪一个傻瓜会去将多一粒或少一粒的情状（case）不叫"堆"呢？因为事实上，"一堆"的集合中包括超大堆、大堆、中堆、小堆、超小堆……于是，这一集合就自动地取消了对"一堆"的任何精确规定。严格地说，在运用中，精确定义也并未改变无穷递增和无穷递减的跨界状的发生，精确定义成为多此一举。

现在，笔者把这一假想思路发展成为"抓嫌疑犯假想实验"，即明确定义的悬赏通告抓不住嫌疑犯。这个假想实验的目的是证明，在模糊词语的运用层次上，逃离模糊指称不仅是不必要的，而且还是有害的。这个假想实验是这样设计的：

嫌疑犯悬赏通告 1 中，对某个嫌疑犯的外貌特征是这样描述的：瘦高个，身高约 1.7 米，抠眼儿，操河南口音，中年人。（无照片）

通告 2 中，对同一个嫌疑犯的外貌特征是这样描述的：瘦高个，身高 1.735 米，抠眼儿（眼窝陷坑深有 0.3 厘米），操河南南阳口音，中年人，年龄 43.5 岁。（无照片）

结果是，读过通告 1 的公民能向公安部门提供大量嫌疑犯逃窜信息，他们根据通告 1 提供的跨界区宽的数据特点，能够一一进行及时的、现场的核对。公民可以在近距离或者在不发生打草惊蛇的范围内核对嫌疑犯，公民自己不露痕迹，从而确保了自己的安全。这就是说，如果词语跨界区宽一些（但有一定限度），认知主题据以形成自己的综合模糊指称判断就容易一些。

然而，读过通告 2 的公民，几乎不能提供任何嫌疑犯逃窜信息。因为通告 2 提供的信息太具体、太精确，即具有词语跨界区太窄的数据特点，无一数据能够及时地、现场地加以核对，如对身高约 1.735 米无法量身，对眼窝陷坑深有 0.3 厘米无法核对，对南阳口音不知情（比河南口音跨界窄得多）、对年龄 43.5 岁无法面对面询问。如若不然，就很容易吓走嫌疑犯。这就是说，词语跨界区越窄（越精确），认知主题据以形成自己的综合模糊指称判断越困难。综合模糊指称判断是准确、及时判断的认知基础，模糊不是不得已的让步，而是自然的认知基础。

结论：无穷递增和无穷递减的跨界状两点启示

凡是呈现连续体的对象（世界—物或过程），模糊指称是其特征，是其本相，为这一物或一过程起名的词语，就会自然地承认这个本相，生成跨界状，显现模糊性。如前面所提及的"秃头"、"堆"，就是这样。如果给光谱中黄色与绿色的过渡带取名，给婴儿期与童年期之间的过渡年代起名（即生成词语），必有跨界状。跨界状实际存在着，人们本来可以无须划清界限，如果硬是要划界，那是人们为了认知世界上实在自身（reality itself）的需要。可是，在模糊词语的运用层次上，逃离模糊指称不仅是不必要的，而且还是有害的。与此相对照的是，内涵语境是必须逃离的（Quine, V., 1960）。

综上所述，无穷递增和无穷递减的跨界状对我们有两点启示：（1）模糊词语是引起悖论的原因之一，悖论的消解是有方案的。"Solutions include approaches on denying the second, inductive premise, introducing 'degrees of truth', modifying classical logic into fuzzy logic. "（Simon Blackburn, 2000：357）比如否认连续推理中的第二个演绎前提（小前提）、引进真之程度理论、将类逻辑变换成模糊逻辑就是三个消解悖论的方案。（2）但是，模糊指称是事物或一过程的本相，是没有解决方案的。一旦承认跨界状的无穷递增和无穷递减的性质，就会消除对模糊指称的无可奈何的感觉，就会坦然地说，无须逃离模糊指称。

本文提出"无穷递增和无穷递减的跨界状"这个概念的哲学上的方便之处在于，它使人们清晰地认识到，无穷递增和无穷递减的跨界状是模糊指称的固有属性，也是人们无法逃离模糊指称的根源。

（作者单位：广东外语外贸大学语言学及应用语言学研究中心）

模糊语层次分析

孙旭东

关于模糊语言在交流过程中的广泛使用及使用的目的和有效性，学者们作过深入研究（Cutting, 2012, 285—286；Channell, 1994；Carter & McCarthy, 2006；Williomson, 1994）。这些研究都从正面解释了模糊语言存在的必要性和语用功能。虽然模糊语是自然语言固有的特性，有各种各样的优点，是语言使用技巧的一种。但是在有些情况下，可以通过附加具体信息的方法，将模糊语进行清晰化（或称具体化）处理，以此消除或降低模糊语的模糊性。然而，并不是所有的模糊语都能够进行清晰化处理。在清晰化的过程中，不同的模糊语言有不同的表现。有些模糊语可以作清晰化处理，而有些模糊语却不能作清晰化处理。能够清晰化处理的模糊语言，处理后有助于读者或听话人更快速、有效地理解讲话人或作者的含义。有些模糊语虽然可以接受清晰化处理，但是无法消除或降低模糊性，或有些情况根本没有必要消除模糊性。根据模糊语在清晰化处理时的一些现象和特性，我们可以把模糊用法分为不同层次。

从另一个角度讲，我们可以根据特定模糊表达存在的必要性和模糊语对具体化的可接受程度，对模糊语言进行层次区分。我们把清晰处理需求程度低，或无须作清晰化处理的模糊语视为高层次的模糊表达；把清晰化处理需求程度高，甚至必须作清晰化处理的模糊语视为低层次的模糊表达；把最有必要进行清晰化处理的模糊语，作为最低层次的模糊表达。

一 排斥精确信息的模糊

最高层次的模糊是最为恰当的模糊用法，既符合人的理解习惯，又不给读者或听话人造成理解上的困难。

例（1）西关外靠着城根的地面，本来是一块官地；中间歪歪斜斜一条细路，是贪走便道的人，用鞋底造成的。（鲁迅：《药》）

例（1）含有多个模糊表达：靠着墙根、一块官地、中间、歪歪斜斜、一条细道、贪走便道的人。这里我们的关注点是"贪走便道的人"，它的模糊含义在于，作为一个人的类别，其边界很难确定：走多少次便道就可以称之为"贪走便道的人"，走一次、两次、三次，还是五次就能称其为"贪走便道的人"？也可能走这条便道的人不知道是便道，误以为是正道，这样的人能归为"贪走便道的人"吗？在这里，对这一模糊，有几种可能：1. 本意想说明所指，但无法确定贪走便道的人是哪些人，既不知所指对象，也不知这些人从哪儿来，是本镇子的人，还是外来人？2. 有具体所指，但是不愿意说出来。其原因是多样的。也许出于语言使用的惯例，也许出于作者本人的顾虑；3. 既不知道也不可能知道所指。就例（1）而言，我们推断第三种情况最为接近作者的实际。但是这里的模糊用法也完全能表达作者的含义，因为确定贪小便宜的人的所指并不重要，即使能够给出所指，也没必要讲出来。这类模糊是最高层次的模糊，即总是使用模糊表达，无须考虑精准表达，也难以准确表达。在这里，作者和读者对于模糊的认可度是完全一致的。这就是 Channell（1994，3）所说："It is important to appreciate that one of the ways they demonstrate their competence is through their use of a degree of vagueness which is right for the purpose of their writing." 此类模糊也无法清晰化。

有时出于修辞考虑，使用模糊表达能起到很好的效果。

例（2）这上面的夜的天空，奇怪而高。（鲁迅：《秋夜》）

"高"表达了天空的晴朗、宽阔，可以预示高不可测，无法清晰化为特定的高度。即使描述为 100 公里，也难以表达高不可测的含义："奇怪而有 10 万米高。"

还有一种情况，同样无法给出具体精准的数值或精确的描述。

例（3）环境技术实际上给出了环境产出的可能前沿，即在给定投入条件下，最大产出、最小污染的集合。（《经济研究》2008 年第 2 期）

例（3）中的"可能"不表示"可能性"，而与"最大"的语义接近，或解释为"最有可能的"。"最大"和"最小"表示两个模糊的极端，在特定的环境里，它们所代表的值或变量是一定的，附加环境信息会使其变得具体清晰。也就是说，在没有给定其他必要条件的情况下，无法对"最大"和"最小"具体化。可见，带有极端含义的模糊表达，难以实现具体化，也属于模糊用法最高层次。

二　模糊语言清晰化造成理解困难

第二个层次的模糊，可以接受清晰化处理，但是清晰化后，表达的含义或附加的信息并不是听话人和读者所期待的，或者说对语言含义的准确理解并没有起到积极的引导作用。

再看看例（1），"中间"是一个大约的方位，不可能是完完全全的正中间。如果对"中间"清晰化处理，需要增加方位描述的词语，如"正中间"、"中间偏左 1.2 米处"。"正中间"是可以接受的表达方式，但是既然是"歪歪斜斜一条细道"就不太可能处于正中间，与语境不符，也会引起读者的费解。即使改为"中间偏左 1.2 米处"，读者也会产生疑问，这个具体方位的描述有什么作用？表达了什么多余的含义？所以，附加具体信息无形中增加了不必要的理解的难度。原文的模糊处理是最适当的选择。

> 例（4）第二天我起得很迟，午饭之后，出去看了几个本家和朋友；第三天照样。他们都没什么大改变，单是老了些。（鲁迅：《祝福》）

例（4）中一连串的模糊叠加，"起得很迟"是一个模糊时间概念，什么时候算很迟？时间跨度可以在几个小时之内；"午饭之后"又是一个模糊的时间概念；"出去"有一个模糊动作概念，从哪出去？走了多远？去了哪里？分别到"本家"和"朋友"家里去了？还是去了一家，遇见"本家"和"朋友"？到底见过几个？"本家"是长辈，还是晚辈？关系多近？"第三天照样"是指所有活动、时间安排完全一致？如果是的话，是看了同一批人？还是不同的人？"没有大的变化"，到底变化有多大？

我们试将"出去看了几个本家和朋友"具体化。如果讲"出去看了五个本家和朋友"，听话的人就会考虑为什么要说具体数字，是否想表达看的人多？还是看的人少？如果变成："看了三个本家和两个朋友"，一定得在有具体数据要求的语境下使用，比如可以作为"你看了几个本家、几个朋友"问题的答复，否则具体信息失去意义。因此具体化反倒对语言语境提出更多要求，给理解造成障碍。这样的模糊从语言规范上讲，可以接受具体化，但是如果没有特定语境和特定需求，完全无须提供具体信息，因为读者或听话的人对具体信息并不感兴趣，即模糊信息就能够传达作者的含义。这样的模糊具体化有其特点，约数＋名词的形式是可行的，而把具体数字作为补充信息添加进去，就不能成立。如"出去看了几个本家和朋友，看了三个本家和两个朋友"。而"第二天我起得很迟"不论是前面加具体时间，还是后面对时间进行补充，都是可以接受的，即"第二天我 10 点起床，起得很迟"，或"第二天我起得很迟，10 点才起床"；"12：30 午饭之后"，或"午餐之后，即 12：30 之后"。这里可以接受的数字同样也带有一定的模糊性，Channell（1994，81—86）称之为参考点数量（reference point number），只是在模糊的尺度上，更趋向具体的方向。如果加上"准确地讲"这样的精确限定短语，上述三个例子都有同样的表现，即都可以增加具体信息补充。

例（5）：

a. 出去看了几个本家和朋友，准确地讲看了 3 个本家和 2 个朋友。

b. 第二天我起得很晚，准确地讲 10 点才起床。

c. 午餐之后，准确地讲 12：30 之后。

例（5）a. 增加精确限定语状语后，其补充部分从语言的角度讲不再显得过于累赘，精确限定语状语起到模糊表达与精确表达之间顺畅过渡的作用，但是仍然给读者或听话人造成理解含义的困难，对具体数据所表达的含义产生费解。问题出在，在"本家"这类太过概括的词语前添加具体数字的意义有多大？进一步推测，模糊词语前增加数量词，仍然是模糊的概念。

例（6）：

a. 我吃了一大盘水果。

b. 我吃了八个水果。

例（6）a "一大盘水果"为模糊数量词＋概念宽泛词，可以接受；而例（6）b 精确数量词 + 概念宽泛词就不可以接受。

此外，例（5）b、c 附加精确限定语状语之后，附加的数据应该是更为精准的数据，像"10 点"、"12：30"等整数仍然显得模糊，也不太可能与事实完全相符合，没有真正起到补充精确信息的作用。

例（7）他们的看客，不消说，是绅士淑女们居多。（鲁迅：《论语一年》）

模糊表达"居多"在此也无须具体化，属于第一层次的模糊。"绅士"、"淑女"没有具体判断谁是绅士、谁是淑女的标准，本身就是模糊的概念。绅士与非绅士之间、淑女与非淑女之间没有明确的界限。因此，本身模糊的概念，倾向于不附带确切的数量限定语。与例（4）中的"本家"有类似的表现。

三　模糊语精确化有利于含义的精准理解

就模糊语言的使用，其特点是多样的，可以根据语言表达的需要，根据讲话人或作者的风格，选择模糊语言，或精准语言，或模糊语言 + 精准语言，或精准语言 + 模糊语言。这几种情况在语言中都很常用。

如把例（4）第一句话改为："第二天我 9：10 分起床……"这样的改动虽然提高了信息的准确程度，对整个语言含义的表达也没有特别的改变，但是语言显得缺少必要的结论性信息："起得很迟"，结论恰好是模糊表达。所以，要表达这一主题，还得加上"起得很迟"，才算完整。倒过来，句子同样成立："第二天我起得很晚，9：10 分才起床……"因此，这样的模糊属于低一个层次的模糊，即可以增加具体信息，并能提高语言意义传递的准确性，能帮助读者更准确地理解语言含义，并降低理解语言所付出的努力。

同样的例子：

例（8）我国穆斯林群众绝大部分分布在西北边疆地区。

这里的"绝大部分"和"西北边疆地区"都是模糊概念。不同的作者和读者对"绝大部分"也会有不同的理解，其所指值小于 100%，但是最低值无法确定。如果将例（8）补增为"我国穆斯林群众绝大部分分布在西北边疆地区，85.6%集中在新疆、宁夏、甘肃、青海地区"。对读者来说，增补信息后不但没有造成任何理解的障碍，反而帮助读者掌握更多有用信息，有助于读者准确理解语言含义。而且这样的信息作者较容易确认和提供。

例（9）在对月球的科学探索上，欧洲曾一度领先世界。（《科技日报》2013年12月2日）

这句话本身没有问题，也没有理解上的障碍。但是如果能提供更确切的时间和领先程度的描述，读者会更加明白。"1609年，意大利人伽利略利用自制望远镜首次观测到月球表面星罗棋布的斑点，并绘制出世界上第一幅月面特征图。1647年，德国人海威留斯出版了首部有关月球题材的科学专著《月图》，并运用地球的地理名词为月面特征命名。1964年，欧洲七国成立了欧洲太空火箭开发组织和欧洲太空研究组织。"（《科技日报》2013年12月2日）因此清晰的信息补充很有必要。

因此，模糊与清晰结合，是模糊语言在语言中存在的最佳环境之一，把模糊的概括和精准的补充相结合，降低了读者或听话人理解语言含义的难度。

四　过分模糊造成语义含糊

我们常常会遇到，有些模糊表达由于作者或说话人缺乏具体数据，甚至凭想象给出一个模糊的说法。我们认为，这类模糊表达是最低层次的模糊，也是应该避免的模糊。

例（10）但其"零增长"的主张被认为由于不符合人类社会发展所固有的特征和规律遭到不少未来学家、经济学家、自然科学家等的强烈反对……（《中国人口、资源与环境》2008年第18（1）期，第11页）

例（10）的问题在于，没有对"不少……学家"加以说明，没有标注哪些"学家"表示"强烈反对"。列出多少个"学家"就可以称为"不少"？"等"的使用可推测为作者缺乏具体信息，所作的判断基本出于个人的主观臆断或想象。"不少"本来就是一个模糊程度高的用语。下面的分析可以说明。

　　诸如"不少"、"许多"、"有些"表示数量的模糊限制语其所指的数量范围非常宽泛，所代表的数值如果用 V 表示，V 可以是 100% > V% > 0% 的任何数。它们可以表示小于一半。我们下面分析例（11）和例（12），通过用增补的方法，分析上述词语大约的所指值。

　　　　例（11）：
　　　　a. 我们公司不少人 1 想跳槽，但也有不少人 2 不想跳槽。
　　　　b. 我们公司许多人 1 想跳槽，但也有许多人 2 不想跳槽。
　　　　c. 我们公司有些人 1 想跳槽，但也有有些人 2 不想跳槽。

　　从例（11）看，"不少人"、"许多人"和"有些人"既可能表示"少于 50% 的人"，又可能表示"超过 50% 的人"。假设，公司只有两类人，一类是想跳槽的，另一类是不想跳槽的，那么，如果前置的"不少人 1"、"许多人 1"和"有些人 1"表示超过 50%，那么相应的后置的"不少人 2"、"许多人 2"和"有些人 2"就小于 50%。反之亦然。如果事实上还存在"既想跳槽，又不想跳槽的人"，那我们就更难确定这三个模糊限制语的所指值。而例（12）中，相同的模糊限制语"不少人"、"许多人"和"有些人"表示小于 50% 的人数，而且仍然是难以确定准确的数值范围。

　　　　例（12）：
　　　　a. 我们公司不少人想跳槽，但超过一半的人不想跳槽。
　　　　b. 我们公司许多人想跳槽，但超过一半的人不想跳槽。
　　　　c. 我们公司有些人想跳槽，但超过一半的人不想跳槽。

　　也可以表示大于一半的数值，见例（13）。

　　　　例（13）：
　　　　a. 我们公司不少人想跳槽，想跳槽的人甚至超过一半。
　　　　b. 我们公司许多人想跳槽，想跳槽的人甚至超过一半。
　　　　c. 我们公司有些人想跳槽，想跳槽的人甚至超过一半。

　　可见，例（10）中的"不少"所指范围很难确定。但是，如果出于引证目的，引证两位以上"学家"的文献作为代表，还是可以被读者接受的。

例（14）社会管理的完善与创新必须着眼于时代的特征……（《法学论坛》2010 年第 6 期，第 25 卷，总第 132 期，第 9 页）

例（14）也是一个典型的例子，虽然，表面看起来语言顺畅，仔细推敲"社会管理"这个概念与"完善"和"创新"的关系，就会发现问题。被"完善"和"创新"的主体应该是相对具体的内容，而"社会管理"过于宽泛和模糊，需要细化到具体方面才能准确表达实意。参考下文，实际应该是社会管理机制、体制、观念、主体、方式和法律体系的完善与创新。

结　论

本文的分析从模糊语言本身与读者或听话人的联系开始。我们知道人们在理解语言时，付出的努力是不同的。有些语言需要听者/读者有更多的思考和推断、更多的知识、了解更多的背景，才能准确或接近准确地理解语言的含义。其原因就是这些语言的不确定性，即模糊性。正如 Jucker 所说："In introducing entities into a conversation, we found that vague referring expressions often served as a focusing device, helping the addressee determine how much processing effort should be devoted to a given referent." （Jucker, Smith and Lüdge, 2003：1737）

然而，模糊语言多数是无法用精确语言替代的，但有时模糊语言和精确语言可以共存、互补，本文的分析也是利用了语言的这一特性。

上述模糊语层次分析说明，根据模糊语言对附加清晰信息的接受程度，分为四个层次。最低层次的模糊表达，虽然在语言中存在，但是由于有用信息的严重缺失，无法传递语言的含义，或传递的含义模糊不清，并不是我们提倡使用的模糊表达。因此，层次越低，听话人或读者越渴求具体精准的信息，同时原语言也对附加具体信息的容忍度越高，或称对附加精准信息的期盼度越高，或称越可能与精确语言共存。反之，更高层次的模糊，虽然就语言本身而言，增加具体信息容易，但是增加具体信息以后，无益于读者或听话人理解语言含义，有时反而增加了准确掌握语言含义的难度。最高层次的模糊，无须增加任何具体信息，增加后，语言不能正确表达说话人或作者的本意。模糊语言层次分析的意义在于，在使用模糊语言时，需要考虑是否需要附加精确语言，或是否应该与清晰表达同时使用，才能准确表达语言含义。本文未对模糊语言各层次的不同类别作进一步细化，显然是其不足之处。

参考文献

［1］ Carter, R. & McCarthy, M. , "Cambridge Grammar of English: A comprehensice guide", *Spoken and Written English Grammar and Usage*, Cambridge: Cambridge University Press, 2006.

［2］ Channell, Joanna, *Vague Language*, Oxford: Oxford University Press, 1994.

［3］ Cutting, Joan, "Vauge language in conference abstracts", *Journal of English for Academic Writing*, 2012, (11), 283 – 293.

［4］ Jucker, Andress, H. , Smith, Sara, W. , Lüdge, Tanja, "Interactive aspects of vagueness in conversation", *Journal of Pragmatics*, 2003, (35), pp. 1737 – 1769.

［5］ Williomson, Timothy, "Vagueness", Ssher, R. Simpson, J. (Eds.), *The Encyclopedia of Language and Linguistics*, Oxford: Pergamon Press, 1994, pp. 4869 – 4871.

（作者单位：中国石油大学）

模糊语言研究大有可为

黎千驹

查德于 1965 年所发表的《模糊集》论文，标志着模糊理论的诞生，随后诱发了与模糊理论有关的一系列学科的出现，例如模糊数学、模糊逻辑、模糊语言学等。中国学者引进模糊学理论始于 1976 年，潘雪海、张锦文先生在 1976 年第 9 期的《计算机应用与应用数学》上发表了《弗齐（Fuzzy）集合论》一文；伍铁平先生在 1979 年第 4 期的《外国语》上发表了《模糊语言初探》一文。这标志着模糊语言研究在中国的起步。

在模糊理论诞生之前，语言学者对语言的模糊性认识不足，我们仅从一个方面就可以得到证明：任何一部语言学理论著作在论及词义的特点时都只谈词义的概括性和民族性，从未涉及模糊性；而自 20 世纪 80 年代以后，几乎任何一部语言学理论著作在论及词义的特点时都加入了词义的模糊性之说。如今语言具有模糊性已成为共识，"模糊语言"已成为语言学者的研究对象，有关模糊语言研究的论著层出不穷，模糊语言研究取得了丰硕的成果。

模糊语言本身就是一个取之不尽、用之不竭的宝藏，有些领域尚有待被发掘，有些领域虽已被发掘，但仍有待进一步深入，模糊语言与许多学科有着千丝万缕的联系，值得我们去逐一探索。由此可见，模糊语言研究大有可为，也是学者们可以大显身手的领域。愚以为模糊语言研究可以从四个大的方面着手：一是研究模糊语言的基本理论，二是建构模糊语言学及其分支学科体系，三是研究模糊语言的应用价值，四是探讨模糊语言的研究方法。

一 研究模糊语言的基本理论

不少学者对模糊与明晰（或精确）、模糊性与明晰性、语言的模糊性、模糊语言、模糊言语、模糊限制语、模糊语句、隶属度和隶属函数、语言变量和语言值等基本概念进行了界定，对语言模糊性的根源、模糊语言研究的对象与范围、模糊语言的基本特征等进行了研究，对模糊语言进行了描写与分析，对明晰语言与模糊语言的相互转化进行了探讨，伍铁平先生所发表的有关模糊语言研究的系列论文，对上述基本理论几乎都进行了阐释。然而在模糊语言的基本理论研究方面，学术界还存在着一些争论，有些问题尚有待深入研究。

二　建构模糊语言学及其分支学科体系

　　语言是以语音为物质外壳，以词汇为建筑材料，以语法为结构规律而构成的体系。既然语音、词汇和语法的精确性是语言的自然属性，那么同语言的精确性相对立的一面，必然有语言的模糊性存在。精确性与模糊性共同处在语言这一矛盾的统一体中，构成语言的两种既相互对立又相互联系的属性。既然我们所说的语言的精确性是就语言的三要素而言，那么我们所说的语言的模糊性自然也应该从语音、词汇和语法三方面来看。只有这样，才能全面而深入地研究语言中复杂的模糊现象，从而正确地运用模糊语言来传情达意，交流思想。但是另一方面，我们注意到模糊理论的创始人查德是从语言中的概念入手来研究模糊性的。查德所说的语言的模糊性，实际上是指概念外延边界的不明晰性，而概念又是通过词语来表达的，因此人们通常所说的模糊语言，只是就表达模糊概念的词语而言。因此，模糊语言便有了广狭之分：狭义的模糊语言是指那些表达了事物类属边界或性质状态方面的亦此亦彼性（或者说中介过渡性）的词语，这样一来，模糊语言学的研究对象也就只指那些表达模糊概念的词语；广义的模糊语言还包括具有亦此亦彼性的语音和语法方面的现象，即模糊语音和模糊语法，这样一来，模糊词语（语义）、模糊语音和模糊语法都是模糊语言学的研究对象。因此可以这么界定模糊语言学的学科性质：模糊语言学是一门主要运用模糊集理论与现代语言学的基本原理和方法，以语言各要素的模糊性为主要对象的具有交叉性、综合性的边缘科学。[①] 目前国内已出版"模糊语言学"方面的著作有：孙连仲、高炜《模糊语言学》（陕西人民出版社 1990 年版），黎千驹《实用模糊语言学》（广西师范大学出版社 1996 年版），陈治安、文旭、刘家荣《模糊语言学概论》（西南师范大学出版社 1997 年版），伍铁平《模糊语言

---

① 黎千驹：《模糊语义学导论》，社会科学文献出版社 2007 年版，第 60—61 页。

学》（上海外语教育出版社 1999 年版）。

关于模糊语言学的研究对象有三种不同的观点：有人认为模糊语言学的研究对象只限于具有模糊性的词语，也就是说模糊语言学的研究对象是模糊词语或模糊语义；有人认为模糊语言学的研究对象还包括模糊语法；有人认为模糊语义、模糊语法和模糊语音都是模糊语言学的研究对象。即使是持相同观点的人，在界定什么是模糊语言（包括模糊语义、模糊语法和模糊语音）及其研究范围的时候，仍然存在着较大的分歧。

关于模糊语言学的分支学科体系研究，愚以为，如果我们将模糊语言学的研究对象——语言各要素的模糊性情况进行分门别类的研究，那么就有了模糊语言学的各个分支学科，如模糊语义学（或者叫做狭义的模糊语言学）、模糊语音学、模糊语法学等。

修辞是在言语交际活动中说写者精心地选择语言材料来表达意旨，交流思想，以提高表达效果的一种言语交际活动。修辞学就是研究在言语交际活动中如何精心地选择语言材料来表达意旨，交流思想，以提高语言表达效果的方法、原则和规律的一门科学。如果我们将模糊语言运用于修辞学，那么就可以产生模糊语言学的另一个分支学科，即模糊修辞学。

语用学是研究在语言运用过程中，交际的双方如何根据特定的语境来恰当地表达与准确地理解话语意义及其基本原则的科学。一般来说，语用学所研究的内容主要包括：语境、指示词语、会话含义、预设、言语行为、会话结构等。如果我们将模糊语言运用于语用学，那么也可能产生模糊语言学的另一个分支学科，即模糊语用学。

（一）模糊语音学

探讨语音的模糊性最好是运用查德的模糊集合理论和方法，从音位的角度来对自然语言中语音的模糊性的表现特征进行考察分析，因为音位是一个语音系统中能够区别意义的最小语音单位。如果我们发现两类或两个音位之间在其边界具有中间过渡区域，表现出"亦此亦彼"性，那么就可以认为这两类或两个音位之间具有模糊性。语言的模糊性特征主要体现在以下三个方面：（1）辅音和元音之间过渡区域的存在，导致语音的模糊性。（2）辅音之间或元音之间的边界不明导致语音的模糊性。（3）音位之间的对立中和导致语音的模糊性。[①]

对模糊语音的研究，尚未将它建立成模糊语言学的一个分支学科"模

---

① 　黎千驹：《语音的模糊性研究》，《唐山师范学院学报》2005 年第 1 期。

糊语音学"，甚至一些模糊语言学著作没有将其纳入研究范围，孙连仲、高炜《模糊语言学》和伍铁平《模糊语言学》皆未涉及模糊语音。如今不少学者已将模糊语音作为模糊语言学中的一个研究对象，发表了一些有关模糊语音方面的学术论文，例如：谷伶《简论语音的模糊性》（《华南师范大学学报》1999 年第 3 期），叶德明、王晓星《计算机语音模糊模式识别》（《模糊系统与数学》1992 年第 2 期），赵忠德、于艳波《音系中的模糊性研究》（《外语与外语教学》2011 年第 4 期），陈波《论英语语音的模糊性》（《重庆科技学院学报》2008 年第 7 期），杜莎莎《论汉语语音的模糊性》（《语文学刊》2011 年第 1 期）等，黎千驹《实用模糊语言学》和陈治安、文旭、刘家荣《模糊语言学概论》皆设有"模糊语音"专章；但相对于模糊语义和模糊语法研究来说，模糊语音研究还是显得比较薄弱。

（二）模糊语法学

要构建模糊语法学，首先得弄清汉语语法模糊性主要体现在哪些方面，然后再研究如何解决这些问题。愚以为，汉语语法的模糊性主要体现在各级语法单位之间的模糊性、词类的模糊性和句法的模糊性（句子与句子之间的模糊性、句子成分之间的模糊性）三个方面。

1. 各级语法单位之间的模糊性。目前的语法学著作一般将语法单位分为五级，即语素、词、短语、句子、句群。这五级语法单位在其中心无疑是明晰的，然而在其边缘却并不存在截然的分界，我们经常可以遇到各种"中间状态"。语法学界时常为某个语言片断是语素还是词，是词还是短语争论不休；也时常为某几个句子是复句还是句群争论不休。下面分别揭示汉语各级语法单位之间模糊性的事实。

语素与词之间的模糊性。语素和词虽然是两级语法单位，但是判断某一语言片断是语素还是词，有时并不是那么容易的事情。这主要表现在判断某一语言片断是自由语素还是半自由语素的问题上：如果判断它是自由语素，那么它便可以单独构成一个词；如果判断它不是自由语素而只是半自由语素，那么它便不可以单独构成一个词。例如吕叔湘先生在《汉语语法分析问题》里举了这样一些例子："楼房、大楼、前楼、后楼"中的"楼"一般不单用，是半自由语素，但"三号楼"中的"楼"可以单用，是词；"氧气"中的"氧"一般不单用，是半自由语素，但在化学里可以单用，是词；"老虎"中的"虎"一般不单用，是半自由语素，但在成语里可以单用，是词；"云"说话不单用，但在文章里可以单用。吕先生认为，如果无条件地承认"楼"、"氧"、"虎"、"云"等也是能单用的语素，是一般的词，那么

"就抹杀了一个重要的事实：这些语素在一般场合是不能单用的"。如果我们从模糊学的角度来看，这恰恰体现了语素与词之间的模糊性：这些特殊的用例表明这些语言片断并非完全地属于或者完全地不属于语素或者词。语素与词之间界限的模糊性还表现在某个语言片断由"词"到"语素"是渐变的。现代汉语里的半自由语素大多是由古代汉语的单音节词逐渐转变而成的，换句话说，随着语言的发展演变，古代汉语里的一些单音节词逐渐转变成了现代汉语合成词的语素。例如：民、牧、基、语、言、迹、虑、丰，等等，在古代汉语里都是单音节词，它们在现代汉语里一般不再单独成词，而是作为构成合成词的一个语素。如果要问这些词是什么时候转化成语素而不再是一个词的，那么这恐怕很难准确地回答，因为这种转化只是"渐变"而不是"顿变"的。

词与短语之间的模糊性。吕叔湘先生在《汉语语法分析问题》中指出："词的定义很难下，一般说它是'最小的自由活动的语言片断'，这仍然不十分明确。因为什么算是'自由活动'还有待于说明。最好是用具体事例来给词划界。词在两头都有划界问题：一头是如何区别单独成词的语素和单独不成词的语素；另一头是如何决定什么样的语素组合只是一个词，什么样的语素组合构成一个短语。"词和短语之间存在着"中间地带"。正因为如此，语法学家才可能为某个语言片断的归类而踌躇、而争论；同时又不得不根据某种标准对某个语言片断作出"非此即彼"的选择，尽管这种选择本身就具有勉为其难的性质。

句子与句群之间的模糊性。句子中的复句与句群之间存在着许多相同点：它们都是由两个或两个以上的句子组合而成的，并且组合的方式也是相同的；复句中分句与分句之间的关系跟句群中句与句之间的关系也是一致的。有些复句和句群在使用上是可此可彼的。在一定的语言环境下，根据表达的需要，有些复句和句群可以互换。当然，句群与复句毕竟不是同一级语法单位，它们之间是有区别的，其主要区别：句群的构成单位是句子，复句的构成单位是分句。因此，复句中的分句之间一般用逗号、分号或冒号；句群中的句与句之间一般用句号、问号或叹号。句群和复句都可以使用关联词语，但关联词语的使用情况不同。复句的分句间可以使用成对的关联词语，如"不但……而且"、"虽然……但是"，等等；句群中的句子之间一般不使用成对的关联词语，关联词语一般只出现在有逻辑关系的后续句的前头。正因为句群与复句有着不同之处，所以它们才能够处于不同的语言单位层级；又正因为句群与复句有着不少相同之处，所以句群和复句的界限不是绝对分明的。

2. 词类的模糊性。汉语词类的模糊性主要表现在四个方面：实词与虚词之间的模糊性、各类实词之间的模糊性、各类虚词之间的模糊性、各类实词与各类虚词之间的模糊性。

实词与虚词之间的模糊性。在实词和虚词的适用对象方面，副词、叹词、拟声词等的归类问题至今难以有一个公认的结论。这一方面是由于汉语缺少发达的形态变化而使得语法学家各持各的分类标准所致，另一方面也是汉语词类本身的模糊性在理论语法中的必然反映。有些词是处于边缘状态的，可此可彼，亦此亦彼。虽然分类时把它们归入实词或虚词，但它们实中有虚，或者虚中有实。

各类实词之间的模糊性。名词和动词的划界问题、名词和形容词的划界问题、动词和形容词的划界问题一直困扰着语法学界，到目前为止还没有谁能将它们之间的界限截然分清，也没有哪一种划界的标准对内具有普遍性，对外具有排他性。

各类虚词之间的模糊性。虚词与虚词之间也存在着划界问题，例如副词和连词、介词和连词之间皆具有模糊性。现在的介词和连词的划分法来自西方语法，这种划分法是否完全符合汉语的实际，有人已表示怀疑。

各类实词与各类虚词之间的模糊性。上文谈到"实词与虚词之间的模糊性"，主要是就这两大词类之间如何划界的问题来讨论某类词是应划归于实词还是应划归于虚词；这里所说的"各类实词与各类虚词之间的模糊性"，主要是讨论某个词是应划归于某一实词词类还是应划归于某一虚词词类的问题。例如动词和介词之间，动词和副词、连词之间，形容词和副词之间，名词和副词之间皆具有模糊性。

3. 句子与句子之间的模糊性。句子与句子之间的模糊性体现在许多方面，例如单句与复句之间、单句各句式之间、复句各分句之间，在其边缘并不存在截然的分界，我们经常可以遇到各种"中间状态"。语法学界时常为某个句子是单句还是复句，某个单句是连动句还是一般单句，是兼语句还是连动句，是兼语句还是主谓短语做宾语，某个复句的各分句之间的关系如何划界，某个多重复句的层次如何分析等问题争论不休。

4. 句子成分之间的模糊性。一般认为句子有六大成分：主语、谓语、宾语、补语、定语、状语。且不说这六大成分是否在同一层次，单就它们之间的外延来看，往往是纠缠不清的，没有截然的分界。譬如主语和宾语之间、主语和状语之间、宾语和状语之间、宾语和补语之间等，都存在划界问题。

汉语语法为什么会存在着如此大的模糊性呢？我们认为其根源主要有两个因素：一是模糊现象的普遍性决定了汉语语法的模糊性，或许有人要问：同样是自然语言，为什么西方语言语法的模糊性远远没有汉语语法的模糊性这么普遍，这么广泛地存在于各级语法单位之间、词法和句法当中呢？这是我们所要探讨的汉语语法模糊性的另外一个根源，这就是汉语的特征与分析汉语的方法之间的矛盾性造成了汉语语法的模糊性。我们知道，西方语言是屈折语，其主要特点是依靠词的内部屈折和外部屈折来形成词的语法形式，表示各种语法关系。它具有严格的形态变化，因此无论是词类的划分还是句子成分的分析，都有形态作标志；而汉语是词根语，没有严格意义上的形态变化，句子里的词本身不能显示跟其他词的语法关系，词的形式也不受其他词的约束，词与词之间无须通过词形变化就可以进行组合，词与词的组合主要依靠语序和虚词。由此可见，屈折语和词根语是两种截然不同类型的语言，我们却根据具西方语言的分析方法来给汉语划分词类，来分析汉语的句子成分，这样势必造成方枘圆凿，大量的模糊语法现象便因此而产生。

通过对汉语语法模糊性的分析和研究，我们认为，汉语语法研究起码应该注重两个方面的问题：

第一，要根据汉语的实际来研究汉语语法，而不能根据西方语法"先入为主"地设定汉语的词类和句子成分也跟西方语法大致相似。这就要求我们花大气力来弄清汉语语法事实和汉语语法的本质特征，从而探寻出汉语语法事实的规律。第二，要把模糊学理论引入语法研究中来。长期以来，我们的语法研究者，很少有人结合模糊学来研究汉语语法，总希望自己能够得出精确的结论，却往往事与愿违。因此，我们希望研究汉语语法的学者关注汉语语法模糊性的事实，以便对汉语语法作更科学、更切合汉语语法实际的研究。①

对模糊语法的研究，尚未将它建立成模糊语言学的一个分支学科"模糊语法学"，甚至一些模糊语言学著作没有将其纳入研究范围，孙连仲、高炜《模糊语言学》和伍铁平《模糊语言学》皆未涉及模糊语法。如今不少学者已将模糊语法作为模糊语言学中的一个研究对象，发表了不少有关模糊语法方面的学术论文，例如：周歆裁《汉语语法模糊性刍议》（《复旦学报》1992 年第 5 期）、陈新仁《试论语法结构的模糊性》（《解放军外语学院学

---

① 黎千驹：《论现代汉语语法单位及词类的模糊性》，《云梦学刊》2005 年第 1 期。

报》1993 年第 5 期）、梅立崇《模糊理论与汉语语法研究》（《语文研究》
1993 年第 1 期）、张德继《汉语语法单位的模糊性》（《河北师院学报》
1997 年第 3 期）、史厚敏《简论英语语法的模糊性》（《殷都学刊》1998 年
第 4 期）等，黎千驹《实用模糊语言学》和陈治安、文旭、刘家荣《模糊
语言学概论》皆设有"模糊语法"专章；并且出版了三部专著：王逢鑫
《英语模糊语法》（外文出版社 2001 年版）、张红深《英语模糊语法学》
（武汉大学出版社 2010 年版）、袁毓林《汉语词类的认知研究和模糊划分》
（上海教育出版社 2010 年版）。如果我们能够对以上所列出的语法的模糊性
现象逐个地进行专题研究，进而撰写出一部《汉语模糊语法学》，这样便可
以建立起模糊语法学了。

　　（三）模糊语义学

　　传统语义学是以词义为研究对象的，因此传统语义学也可以叫做词义
学。模糊语义学也是以词义为对象，但它并不包括传统语义学涉及的所有问
题，而只是涉及词义中具有模糊性的那些对象，即模糊词义。

　　从词义的构成来看，词义是由理性意义和色彩意义（感情色彩和语体
色彩）构成的。模糊语义学并非像语义学那样对词义的理性意义和色彩意
义进行全面的研究，而只是研究那些具有模糊性的理性意义和色彩意义。从
词义的单位来看，词义主要可分为义位和义素。义位是语言中由义素构成的
最小的语义单位，义素是对词的义位进行分析之后所得到的词的语义特征，
是义位的组成成分。有的义位具有明晰性，有的义位具有模糊性，义素亦
然。模糊语义学所要研究的对象，是那些具有模糊性的义位和义素，也包括
义丛（由义位组合而成的语义单位，即通常所说的短语的意义）的模糊性。
值得注意的是，现代语义学不仅研究词义，而且还研究句子的意义。因此那
些具有模糊性的句义也是模糊语义学的对象。总而言之，模糊语义学的对象
是模糊语义，即模糊词义和模糊句义。

　　模糊语义学已成为一门独立的学科，它是一门主要运用模糊集理论与现
代语义学的基本原理和方法，以模糊语义（模糊词义和模糊句义）为研究
对象、具有交叉性和综合性的边缘科学。它既是语义学的分支学科，也是模
糊语言学的分支学科。目前国内已发表大量的模糊语义研究方面的论文，已
出版"模糊语义学"方面的著作有：张乔《模糊语义学》（中国社会科学出
版社 1998 年版），陈维振、吴世雄《范畴与模糊语义研究》（福建人民出版
社 2002 年版），吴振国《汉语模糊语义研究》（华中师范大学出版社 2003
年版），黎千驹《模糊语义学导论》（社会科学文献出版社 2007 年版）。

（四）模糊修辞学

模糊修辞是在言语交际活动中说写者精心地选择模糊语言材料来表达意旨，交流思想，以提高语言表达效果的一种言语交际活动。因此，模糊修辞学的研究对象就是指那些与提高语言的表达效果有关的模糊语言材料，或者说是为了提高语言的表达效果而对模糊语言材料进行加工的现象。模糊修辞学已成为一门独立的学科，它是研究在言语交际活动中如何精心地选择模糊语言材料来表达意旨，交流思想，以提高语言表达效果的方法、原则和规律的一门科学，它是修辞学的分支学科，也是模糊语言学的分支学科。[①]目前国内已发表许多模糊修辞研究方面的论文，其中南京大学王希杰教授的论文《模糊理论和修辞学》被编辑到中学语文课本高中第六册，这对模糊理论和模糊修辞的普及有着重要的意义。已出版"模糊修辞学"方面的著作有：蒋有经《模糊修辞浅说》（光明日报出版社 1991 年版）、黎千驹《模糊修辞学导论》（光明日报出版社 2006 年版）、韩庆铃《模糊修辞论》（山东文艺出版社 2006 年版）等。

三　研究模糊语言的应用价值

模糊语言的研究成果对某些相关学科必将产生较大的影响，国内学者非常重视模糊语言的应用价值研究，许多学者把模糊语言的研究成果分别应用于辞典学、词汇学、词源学、术语学、翻译学、语体学、语用学、广告学、新闻学、旅游学、信息学、中医学、哲学、逻辑学、法学、美学、文艺学、社会学、决策学、管理学、思维学、心理学、教育学、人工智能等相关学科研究领域，取得了不少成绩。我们要继续深入地开展模糊语言的应用价值研究，把模糊语言与相关学科紧密结合起来，把模糊语言的研究成果运用于相关学科研究之中。例如：把模糊语言与语用学相结合，来研究模糊语用的表达效果；把模糊语言与媒体语言学相结合，来研究广告、新闻和网络中模糊语言的利弊；把模糊语言与美学相结合，来研究美学的模糊性；把模糊语言与文艺学相结合，来研究文艺的模糊性；把模糊语言与法学相结合，来研究法学的模糊性；把模糊语言与思维学相结合，来研究模糊思维；把模糊语言与哲学相结合，来研究哲学的模糊性；把模糊语言与逻辑相结合，来研究模糊逻辑；把模糊语言与心理学相结合，来研究模糊心理；把模糊语言与决策

---

① 黎千驹：《模糊修辞学导论》，光明日报出版社 2006 年版，第 3 页。

学相结合，来研究模糊决策；把模糊语言与信息学相结合，来研究模糊信息；把模糊语言与谈判相结合，来研究谈判中的模糊策略；把模糊语言与教学法相结合，来研究模糊教学法，等等。只有这样，才能充分彰显模糊语言的应用价值，同时也能够促进相关学科的发展，甚至催生某门新兴交叉学科的诞生。目前国内所发表的模糊语言研究论文当中，模糊语言应用价值研究方面的论文占相当大的比例；上文所举孙连仲、高炜《模糊语言学》，黎千驹《实用模糊语言学》，陈治安、文旭、刘家荣《模糊语言学概论》，伍铁平《模糊语言学》等著作皆设有模糊语言应用研究专章；并且已出版几部学术著作，例如：孙连仲、高炜《模糊语言与文学创作》（陕西人民出版社1991年版），孙连仲、南纵线《模糊社会语言学》（东方出版社2001年版），孙连仲、彭志启《新思维》（即模糊思维）（三秦出版社2002年版），邵璐《文学中的模糊语言与翻译》（商务印书馆2011年版）等。

四　探讨模糊语言的研究方法

　　一门学科的建立与研究方法密切相关，学科的进步与发展有时也要依靠新的方法来解决，因此，研究模糊语言一定要有科学的方法。一种方法之所以被称为"科学方法"，那是由于它能够如实地反映事物的本来面目、能够按照事物自身的发展演变规律去分析和解决问题。研究方法具有多样性，因此，我们应该从不同的角度、运用不同的方法来进行模糊语言研究。

　　从整体方法上看，实行宏观研究与微观分析相结合、定性研究与定量描述相结合、一般规律研究与特殊规律研究相结合、静态研究与动态研究相结合的方法。这种方法我们称之为"整体贯通法"。从具体方法上看，我们应该注重模糊语言学的"交叉性和综合性的边缘科学"属性，融合各相关学科（诸如模糊学、语言学、语音学、语义学、词汇学、语法学、修辞学、语用学、术语学、语体学、辞典学、翻译学、文艺学、写作学、文化学、社会学、认知学、心理学、哲学、美学、逻辑学、思维学、信息学、计算机科学等）的理论、方法和成果，来对模糊语言展开多学科、多角度、多方位的交叉性和综合性研究。这种方法我们称之为"学科渗透法"。

　　1. 运用模糊学中的"模糊集合"与"隶属度"理论并结合计算机科学来对模糊语言作定量研究。所谓"集合"是现代数学中最基本的概念，它指的是具有某种本质属性的对象的全体。每个集合一般都由若干同类个体所组成，属于同一集合的个体都叫做集合的元素。从形式逻辑的角度来看，集合相当于概念的内涵，而元素相当于概念的外延。传统集合论的基础是传统的二值逻辑。根据传统的二值逻辑，一个概念的内涵与外延都必须是明确的，某个概念或者某个命题要么属于某一集合（用1表示），要么不属于某一集合（用0表示），二者不能同时为假，其中必有一真。实践证明，根据传统的二值逻辑可以刻画精确语义的界限，而不能用来刻画模糊语义的界限，因为精确语义的界限是"非此即彼"的，而模糊语义的界限是"亦此亦彼"的。查德看出了二值逻辑的缺陷，他根据语言中的模糊现象而在普通集合论的基础上创建了模糊集理论。对那些既不绝对属于某一集合（1）又不绝对属于另一集合（0）的成分，查德认为可以用隶属度（grade of membership）的方法在［0，1］区间上取值，即用［0，1］中的实数值表示某些元素在某种程度上属于某一集合。模糊集合中的每个元素都有一个隶属度与之相对应。

查德在《定量模糊语义学》一文中提出了用"隶属度"来对模糊语言进行计量的方法。所谓隶属（belong to）是刻画元素与集合、事物与类别之间关系的概念。隶属度是刻画这种属于程度大小的概念，即表示论域中的某个元素隶属某个集合的程度，或者说，隶属度表示论域中的某个元素在多大程度上具有属于某个集合的资格。既然隶属度表示在同一集合中不同的元素隶属该集合的不同程度，那么这些隶属度不同的元素实际上就是一个变量，于是人们就用变量 x 来表示这些元素，隶属度必将随着变量 x 的变化而变化，这样就形成了一个关于变量 x 的函数。人们称之为隶属函数。这样一来，模糊语义便可以用隶属度的方法来定量化。

为了将模糊语义定量化的方法更加完善，不少学者在查德的隶属度的基础上进行了深入的研究。例如石安石先生在查德的隶属度的基础上提出了"模糊度"（grade of vagueness）的概念，还提出了计算模糊度的方法①；周志远先生对石安石先生的语义模糊度的计算方法提出异议，认为有必要重新探索关于语义模糊度的计算方法②；周海中提出用模糊集合论和图论的方法解释自然语言的模糊语义现象。他关于模糊语义变量所作出的一个科学假设，被国际学术界命名为"周氏假设"。③ 总之，关于模糊集合的定量描述

① 石安石：《模糊语义及其模糊度》，《中国语文》1988年第1期。
② 周志远：《也谈语义模糊度》，《中国语文》1990年第2期。
③ 《谁说小人物不能干大事》，《科技日报》1987年10月3日；《周海中其人其事》，《现代人报》1994年7月。

问题，的确取得了可喜的进展，但仍然有待作进一步的研究，以使之更完善、更科学。

2. 运用认知语言学中的原型范畴理论来研究模糊语言。维特根斯坦认为，范畴是对客观事物本质属性的概括反映，因此，同一范畴内的各个成员都有着相近的本质属性，然而范畴的成员之间没有一项共同的特性，每个成员与其他一个或者几个成员拥有一项或者几项共同的特性，不同成员之间的相似性是交叉的，并非完全重合。成员之间的关系如同一个家族中的不同成员，它们在某个方面表现出相似性，但并不完全相同。这种现象叫做"家族相似性"。根据家族相似性，各个成员属于该范畴的程度是不同的，有的成员拥有较多的共同特性，这就是典型成员；有的成员只拥有较少的共同特性，这就是非典型成员。通过分析同一范畴中不同成员的"家族相似性"，并据此以区分该范畴中的典型成员与非典型成员，人们便可探寻出非典型成员的模糊性。范畴理论也可以用来揭示相邻范畴之间的模糊性。陈维振、吴世雄先生运用原型范畴理论来研究模糊语义①，袁毓林先生运用原型范畴理论来研究汉语词类的模糊划分②，皆取得了重要的成果。

3. 运用语义学中的"语义场"理论来研究模糊语言。语义场是指在词义上具有某种关联的词集合在一起并且互相规定、互相制约、互相作用而形成的一个聚合体，是义位形成的系统。不同的语义场之间义位的性质是不相同的，义位之间的结构关系也是不相同的。这就使得我们可以将语义场划分为不同的类型，然后根据不同类型的语义场来考察分析语义的模糊性情况。例如：同义关系义场中义位的模糊性、并列关系义场中义位的模糊性、对立关系义场中义位的模糊性、矛盾关系义场中义位的模糊性、序列关系义场中义位的模糊性等。

我们认为，在同义关系义场中，具有相等的两个义位之间和具有不同语体色彩的两个义位之间，语义一般是明晰的。近义词两个义位之间语义的模糊性主要体现在"理性意义基本相同，但存在细微差别"和"感情色彩不同"这两类同义词上。在并列关系义场中，各义位之间的语义一般是明晰的。然而在并列关系义场中，由于某些客观对象之间界限的不明晰性，也就使得并列关系义场出现一定的模糊性。两个具有对立关系的义位构成二元对立的两极义场。在这两个对立的义位之间，存在着明显的过渡区域。在对立

---

① 陈维振、吴世雄：《范畴与模糊语义研究》，福建人民出版社 2002 年版。
② 袁毓林：《汉语词类的认知研究和模糊划分》，上海教育出版社 2010 年版。

的两极，它们的义位是明晰的，但是在它们之间的交界区域就呈现出一定的模糊性。同时，两极义场之间的分界也往往是处于不断变化之中的，这也使得语义具有一定的模糊性。从"非此即彼"这个意义上看，矛盾关系义场中的两个义位之间的语义是明晰的。但是也有例外：如果人们在对客观对象进行归类时所持的标准模糊，那么具有矛盾关系的这两个义位之间也可能具有模糊性。在序列关系义场中，各义位之间的语义一般是明晰的。然而由于某些客观对象之间界限的不明晰性，也就使得序列关系义场出现一定的模糊性。[①] 吴振国先生《模糊语义研究》中设有"模糊语义的聚合"专章，黎千驹《模糊语义学导论》中设有"语义场的类型与语义的模糊性"专章。

4. 运用语义学中的义素分析法来研究模糊语言。义素分析法是将同属一个语义场的一些词放在一起，从意义上对这些词的义位进行对比分析，找出它们所包含的义素。如果同一语义场内的几个义位之间的区别义素具有模糊性，那么这几个义位的语义无疑也具有模糊性。这种具有模糊性的区别义素，我们称之为"模糊义素"。通过对比分析出不同义位之间的模糊义素，我们也就可以发现这几个义位的模糊性之所在。这样我们就不会再笼统地说它们是模糊语言了。

"义素分析法"的成果也可以运用于联想义的模糊性研究。我们知道，义位是由理性义和色彩义构成的。然而人们在运用语言的时候，有时所使用的意义既非词义的理性义，也非词义的色彩义，而是对语义进行联想而产生的联想义。所谓语义联想，是指在言语交际中，对某个客观对象的一般性特征即那些处于被抑制的、潜伏状态中的义素进行联想的过程。所谓联想义，是指在言语交际中，通过对某个客观对象的一般性特征即那些处于被抑制的、潜伏状态中的义素进行联想而凸显出来的，但尚未成为义位的理性义的言语意义。[②]

5. 运用语言学中的"组合"理论来研究模糊语言。例如义位的超常组合，可以从词语的语义特征和语法特征两个方面来分析。在语义方面超常组合的叫语义超常组合；在语法方面超常组合的叫语法超常组合。

我们认为，语义超常组合主要是通过运用修辞手段来实现的。语义超常组合之后，在修辞上具有凝练含蓄和新颖别致的显著特点。语义超常组合也可以通过改变词义的感情色彩来实现。有些词语的感情色彩义并不模糊，或

---

① 黎千驹：《论语义场的类型与语义的模糊性》，《陕西理工学院学报》2006 年第 2 期。
② 黎千驹：《论义素分析法与语义的模糊性》，《湖南文理学院学报》2005 年第 5 期。

表示中性，或表示褒义，或表示贬义，各有自己的一类搭配对象，然而在言语中，为了收到某种积极的修辞效果而临时改变了某个色彩词语的搭配对象，从而使得该词语的感情色彩发生偏移而变得模糊起来。某种特定的语义组合环境也可以使原本显得荒谬或不合情理的两个义位的组合显得合情合理。这几种义位超常组合往往会使这些组合的语义具有模糊性。

语法超常组合主要是通过改变词的语法功能和改变词与词之间的搭配关系来实现的。这种语法超常组合，必然使得词语的语法功能产生偏移，从而使得词类之间的界限变得模糊起来，同时往往使得意义也变得模糊起来。

由于某种原因或出于某种表达效果的需要，有时句与句、段与段之间既缺乏结构上的联系，又缺乏意义上的联系，呈现一种混沌的、非逻辑的无序状态，从而在语言结构上形成一种集语义超常组合与语法超常组合于一身的双重超常组合。这样的双重超常组合无疑具有极大的模糊性。吴振国先生《模糊语义研究》中设有"模糊语义的组合"专章，黎千驹《模糊语义学导论》中设有"义位的超常组合与语义的模糊性"专章。

6. 结合社会学、文化学、比较语言学来研究模糊语言。由于各民族的生活环境、文化心理的不同，以及价值观念等方面的差异，因此各民族在认知客观事物方面很可能产生较大的差异性。这种对于客观事物认知上的差异性，必然会通过语言表现出来。因此语言成分便自然会有所不同，并深深打上民族的烙印。语言又是文化的载体，一个时代、一种社会、一个民族的文化，必然反映到语言中来。当不同的民族通过语言来表现出各自对于客观事物认知上的差异性时，这就往往会导致语言的模糊性。语言的模糊性在不同语言中既有相同的一面，也有相异的一面，也就是说，既有共性，也有差异性。开展语言模糊性的比较研究，可以发现不同语言之间模糊性的共同性与差异性，同时也可以发现民族文化对语言模糊性所产生的巨大影响。黎千驹《模糊语义学导论》中皆设有"语义模糊性与民族文化差异"专章，学者们也发表了不少这方面的研究论文，例如：李济生先生《论词义的民族性与模糊性》（《外语研究》1995 年第 1 期）、刘佐艳先生《试论语义的模糊性与民族文化研究的理论依据》（《外语学刊》2002 年第 4 期），肖晓亮撰写了《英汉词义模糊性对比研究》（2009 年）的硕士学位论文等。

7. 研究语文辞典中模糊词语的释义方法。辞典的释义要求准确而精练，那么怎样才能使释义准确呢？从某个角度来看，语文辞典所收的词语基本上可以分为两大类：明晰词语和模糊词语。对于明晰词语，人们可以运用明晰语言来揭示其本质特征，从而达到释义的准确；而对于模糊词语，如果用模糊语言来解释，照样能收到释义准确之功效；如果用明晰语言去解释，有时反而会显得不准确。例如：

> 文盲：不识字的成年人。（《现代汉语词典》）
> 科盲：不具备科学常识的成年人。（《现代汉语词典补编》）

我们曾经对这两条词语的释义作了这样的评析："不识字"是明晰语言，如果"不识字"的成年人是"文盲"，那么认识一二十个字的成年人还算不算"文盲"？他们是否属于"扫盲"的对象？根据有关规定，成年人要认识1500左右的字才能算是"脱盲"。可见"文盲"不仅包括"不识字"的成年人，也包括那些"识字不多"的成年人。"科盲"也是模糊概念，"不具备科学常识"的成年人固然是"科盲"，只懂得一点点科学常识的成年人算不算"科盲"？其实，在人们的生活中所说的"科盲"，往往包括那些对科学常识知之不多的成年人。可见这两个词条都是用明晰语言来解释模糊概念，但表达得并不十分准确。相应地来看《现代汉语词典补编》对"法盲"的解释，就比对"文盲"和"科盲"的解释要准确得多。《补编》："法盲，缺乏法律知识的人。"这里用的解释语是模糊语言"缺乏"，而没有用明晰语言"不具备"。① 令人高兴的是，《现代汉语词典》2002 年增补本对"科盲"的释义已改为："指缺乏科学常识的成年人。"由此可见，运用模糊语言来解释词义，有时比运用明晰语言更为准确；有时运用一些模糊释义的方法来解释模糊词语，往往会收到更好的效果。我们归纳出了解释模糊词语的八种方法，即模糊种差法、定量法、形象描写法、比喻法、对比法、否定法、比较法、模糊义素法。②

8. 运用语用学理论来研究模糊语言在语言交际中的功用。语用学是研究在语言运用过程中，交际的双方如何根据特定的语境来恰当地表达与准确地理解话语意义及其基本原则的科学。一般来说，语用学所研究的内容主要包括：语境、指示词语、会话含义、预设、言语行为、会话结构等。我们可以运用语用学中的"语境"理论、"得体原则"与"合作原则"来探讨模糊语言的语用功能。

语境是人们运用语言进行交际的言语环境。内容包括上下文语境、情景

---

① 黎千驹：《实用模糊语言学》，广西师范大学出版社1996年版，第210页。
② 黎千驹：《论模糊词语的释义方法》，《辞书研究》2007年第6期。

语境和社会背景语境。一般来说，模糊语言在一定的语境中往往可以消除或者降低其模糊度，但是，如果说写者所利用的语言环境比较隐蔽，使听读者难以寻找；或听读者受到自身知识水平、生活阅历、心理状态等限制而难以察觉，那么听读者对语境就会缺乏足够的了解，也就很难理解说写者的意图，从而使得语言具有一定的模糊性。

得体原则是指说写者与听读者总是处在一定的关系之中，如果说写者能注意到听读者这一对象去选词择句，这就叫得体。在语言交际活动当中遵循得体原则，交际双方往往运用模糊语言来表情达意。在遵循得体原则的基础上，如果从维系人际关系的角度来看模糊语义的语用功能，那么，模糊语言在语言交际活动当中具有亲和功能、满足功能和调节功能。如果从语言表达效果的角度来看模糊语言的语用功能，那么，模糊语言在语言交际活动当中具有含蓄功能、委婉功能和幽默功能。①

合作原则是指在参与交谈时，要使你说的话符合你所参与的交谈的公认的目的或方向。在语言交际活动当中，交际的双方有时因某种原因而可能有意违反合作原则，这时交际双方往往运用模糊语言来表情达意；即使遵循合作原则，也可以运用模糊语言来表情达意。根据合作原则，如果从语言表达效果的角度来看模糊语言的语用功能，那么，模糊语义在语言交际活动当中具有适应性功能、灵活性功能和生动性功能。

然而，任何方法都不可能是万能的，它或多或少会具有一定的局限性，上述模糊语言研究方法也必然会存在着一定的局限性；任何研究方法也都有一个认识的不断深化问题；研究方法又具有多样性和灵活性，大到一门学科的研究方法，小到解决某个具体问题的方法，都不是唯一的。不同的方法可以解决同样的一个问题，我们可以根据实际需要来选择或综合运用上述研究方法，当然也还可以另辟蹊径寻找更为恰当的研究方法。总之，研究方法是以解决问题为宗旨的。

（作者单位：湖北师范学院语言学研究中心）

---

① 黎千驹：《论得体原则与模糊语义的语用功能》，《修辞学习》2006 年第 3 期。

第二编

模糊语义与模糊语法研究

模糊性是"各种"语法化的关键

储泽祥

引　言

网络语言不仅改变了我们的生活方式，也为语言的发展变化（包括语法化）提供了新的语用环境。网络语言有没有语法化现象？这是一个值得研究的新课题。

网络语言的句法研究成果不够丰富，容易见到的是张云辉（2007），探讨了网络语言语法的一些特征，王玲玲（2012）、郭妍妍（2013）主要探讨了"各种"的副词用法，而网络语言语法化研究就更少了，可以见到的如李艳（2010）对"X奴"里"奴"的语法化作了简单探讨。因此，网络语言的语法化是一个新的课题。

本文以近年来网络语言里的"各种"为例，观察网络语言环境下的语法化情况。请看下面的例子：

(1) 大学那会儿，各种同学各种懒，各种课，各种逃。

例中的四个"各种"有两种不同的用法，这两种用法共存在网络语言里。第一种"各种"是指量短语，表示"每一种"（某个范围内的所有个体）的意思，"各"是指示代词，"种"是集合量词，指量短语"各种"是名词"同学"、"课"的定语。第二种"各种"用如程度副词，是形容词"懒"、动词"逃"的状语，强调性状或动作的程度高。从指量短语到程度副词，"各种"经历了词汇化和语法化。本文拟观察"各种"的词汇化和语法化过程，重点探讨模糊性对"各种"语法化的关键作用。除了标明出处的语料，本文的语料均来自近两年的网络语言。

一　网络语言里"各种"用如副词的现象

网络语言里，"各种"除了指量短语的用法外，还可以做副词用。例如：

（2）第一次见女友父母各种紧张各种坐立不安有木有，好不容易熬完了，走的时候在走廊跟她爸说"叔叔再见"，结果她爸也回了一句"叔叔再见"，敢情她爸比我还紧张呢。

（3）上学的时候老爹各种思念，放假一回家对我各种嫌弃，嫌我懒经常对着我大吼。

（4）朋友以前是在 10086 客服工作的！就是那种"人工服务请按 0"的那种！大家都知道，这种服务行业经常会遇到无聊的人各种无理取闹的！当然公司也会规定无论遇到什么样的客户都要始终如一的态度好！后来我朋友有天上晚班有个喝醉的人各种问她要电话，她各种不给！后来那人就开始骂娘！我朋友各种忍！因为公司规定她们不能挂客户电话！必须等客户先挂！结果那人越骂越起劲！开始问我朋友全家，越说越难听，后来我朋友忍不住回了句"同样的祝福送给您"。当然结果很明显，朋友被开除了。

例（2）"各种紧张"是"各种"做状语修饰形容词的用法；例（3）"各种思念"、"各种嫌弃"是"各种"做状语修饰动词的用法。例（3）"各种嫌弃"前边还有介词短语"对我"做状语，说明"各种嫌弃"是动词性结构。例（4）体现的是"各种"修饰复杂动词短语的用法，如"各种问她要电话"、"各种不给"。这些例子中的"各种"已经不是原有的范畴特征——充当定语，而是具有了新的范畴功能——充当状语，这是副词的典型特征。为什么说例中的"各种"是副词而不是形容词？一是因为句法功能上"各种"只能充当状语，不能构成用来指称的"的"字短语；二是因为"各种"不能受"很"类程度副词等其他词语修饰。王玲玲（2012）通过"各种"八个分布特征的考察也证明上述例子中的"各种"是副词（副词的隶属度达到 0.8）。

二 "各种"语法化过程中的模糊数量

作为指量短语的"各种"修饰 NP 时,"各种"具有周遍性,通常表示 NP 的全部种类,是"各"与"种"的组合语义,"各种"所表示的 NP 不同类别的数量范围(外延)是有定的,因此数量比较具体、精确,可以用"每(一)种"来替代,如下面例子中的"各种飞机":

(5)海军有 73 艘舰艇共 6 万吨,各种飞机 300 多架。(北京大学 CCL 语料库)

例中"飞机"的种类是有定的,因此"各种"所示的类别数量范围是实在、具体的,与现实的类别数量一致。

如果"各种"修饰 NP 时,"各种"所表示的 NP 不同类别的数量范围(外延)是无定的,这时的"各种 NP"往往处在宾语位置,那么,"各种"的语义不再是"各"与"种"的组合语义,"各种"的语义倾向于它本身包含的一个语义侧面:数量大。如"找各种理由来推脱",到底有多少种"理由"并不清楚,因此,"各种"的语义是模糊性的,无法表示"理由"的实在、具体的数量。特别是在夸张、感叹语境里,"各种"是极言其多,数量模糊并不精确,"各种"的意义有所抽象。例如:

(6)大学一奇葩,从不去上课,临考是各种小抄。
(7)昨天跟老公去拍婚纱照,先拍的室内,各种姿势,各种累啊,浑身酸痛啊。

这两个例子都有夸张、感叹的意味。例(6)的"各种小抄"意思是小抄很多,例(7)的"各种姿势"意思是姿势各式各样,说话人用"各种"表示数量多,不在乎数量是否精确,这时的"各种"是近似"许多"的数词用法,用"每种"替换十分勉强,说明"各种"基本上词汇化了。

"各种"充当 AP/VP 的状语时,语义进一步抽象化,"各种"的语义已经不属于数量范畴,而是表示动作或性质的程度高。从数量多转向程度高,是隐喻的结果。例如:

（8）兄弟新交一女朋友，脸孔各种清纯，身材各种火辣，还在我面前一直称赞她传统、内向、温柔。

（9）36小时没合眼是个啥概念，就是我这样。坐在公交车上各种迷糊各种恶心。车还各种晃。

例中的"各种"是表示程度高的副词，大致上可以用程度副词"很"或"非常"来替换。

"各种"的语义从数量多抽象为程度高，可以从实际用例中观察到一些线索。例如：

（10）姐姐的女儿在香港出生香港长大，每年暑假的时候都要回我们老家住一个月。今年7岁了。于是今年回来就山上果园小溪各种疯跑啊！

例中的"各种"表示"疯跑"的程度高，与数量多的联系依然可以从相关成分中观察得到。"疯跑"的程度高体现在"疯跑"场地的众多上：山上、果园、小溪……

程度的高低是不精确的。不可能从精确的数量一步跳到不精确的程度，中间必须经历数量的模糊阶段。因此，"各种"表示模糊性的"数量多"，是它语法化过程中的关键因素。

三　汉语谓词的指称模糊性在"各种"语法化过程中的作用

先比较两个例子：

（11）一天耳濡目染的都是他们对我们的各种威胁，各种恐吓。

（12）被前公司老板各种恐吓，求救……报警管用么？

例（11）的"各种恐吓"是定中结构，"恐吓"是指称性的；例（12）的"各种恐吓"是状中结构，"恐吓"是陈述性的。为什么"各种"既可以与指称性的"恐吓"进行语义搭配，又可以与陈述性的"恐吓"进行语义搭配？

原因之一是"各种"偏好内在的性状。"种"用作个体量词时，强调与同类事物相区别，多用于抽象事物，最容易跟抽象名词组配。"种"偏向于内涵或内在的性质、作用（无界的事物），不太顾及外延或表面的、形式的方面（有界的事物）（吕叔湘，1984：519），因此，相对"件/根/条/支/张"等个体量词而言，"种"更容易和外延不突出的无界事物组配，谓词如果表示活动，也是一种无界的特殊"事物"。如例（11）里的"威胁"、"恐吓"，都可以受"各种"修饰。

原因之二是汉语的 VP 或 AP 在指称上的模糊性或双重性。汉语的 VP 或 AP 本来就有陈述和指称两种功能（沈家煊，2012），这是重新分析的诱发力量和促动语法化的重要因素。当例（11）"一天耳濡目染的都是他们对我们的各种威胁，各种恐吓"里那样的"各种 VP"处在宾语位置时，VP 起指称作用；当例（12）"被前公司老板各种恐吓"里那样的"各种 VP"处在谓语位置时，VP 起陈述作用。VP 的陈述/指称双重功能，是重新分析的内部基础，为人们重新理解提供了选择。

更为关键的是，VP 的指称作用为与"各种"的组配提供了最大的可能性。"各种"本来的常规组配对象是指称作用突出的 NP，而起指称作用的 VP 比起陈述作用的 VP 更靠近 NP，这就为组配带来最大的可能。实际用例中，双音节的 VP 与"各种"组配更容易，可接受度也高一些，如"各种哭诉"、"各种感谢"就比"各种哭"、"各种不承认自己胖"的可接受度要高，这可能与双音节的 VP 指称性更强有关（张伯江，2012；储泽祥、智红霞，2012）。

四　结　语

"各种"从指量短语虚化成程度副词，模糊性具有关键作用。"各种"不可能从精确的数量一步跳到不精确的程度，中间必须经历数量的模糊阶段。因此，"各种"表示模糊性的"数量多"，是它语法化过程中的关键因素。"各种"可与 VP/AP 形成语义上的组配，与汉语谓词的指称模糊性有关。

参考文献

［1］储泽祥、智红霞：《动词双音化及其造成的语法后果——以"战胜"的词汇化过程为例》，《汉语学习》2012年第2期。

［2］董秀芳：《词汇化：汉语双音词的衍生和发展》（修订本），商务印书馆2011年版。

［3］郭妍妍：《对新兴结构"各种X"的考察》，《文学教育》2013年第5期。

［4］李艳：《"X奴"的词汇化和语法化》，《文学教育》2010年第9期。

［5］吕叔湘主编：《现代汉语八百词》，商务印书馆1984年版。

［6］刘正光：《主观化对句法限制的消解》，《外语教学与研究》2011年第3期。

［7］彭睿：《临界频率和非临界频率——频率和语法化关系的重新审视》，《中国语文》2011年第1期。

［8］沈家煊：《"零句"和"流水句"——为赵元任先生诞辰120周年而作》，《中国语文》2012年第5期。

［9］王寅：《认知语言学和历史语言学的最新发展——历史认知语言学》，《外语教学与研究》2012年第6期。

［10］王玲玲：《"各种"的副词用法》，《文教资料》2012年6月号中旬刊。

［11］王士元：《演化语言学的演化》，《当代语言学》2011年第1期。

［12］吴福祥：《关于语法化的单向性问题》，《当代语言学》2003年第4期。

［13］张伯江：《双音化的名词性效应》，《中国语文》2012年第4期。

［14］张云辉：《网络语言的词汇语法特征》，《中国语文》2007年第6期。

（作者单位：华中师范大学文学院）

试论状态和活动之间界限的模糊性

左思民

一　模糊语言学的研究对象

伍铁平在《模糊语言学》（1999：X）自序中说："本书力求运用认知语言学原理，只将既有原型（ptototype），又有边缘情况（borderline cases）的那些现象作为模糊语言学的研究对象。"戴炜华主编的《新编英汉语言学词典》（2007：353）"模糊语言学"词条中说："自从1965年L. A. Zadeh发表《模糊集》（*Fuzzy Sets*）以来，就逐渐形成了模糊语言学，其主要研究对象是自然语言中一些词和范畴界限的不确定性和模糊性。"可见，模糊语言学同认知语言学的关系十分密切，因为认知语言学的一个重要研究对象就是"原型"。

黎千驹在《实用模糊语言学》（1996：3）中把模糊语言分为两类：1. 狭义的模糊语言：表达了事物类属边界或性质状态方面的亦此亦彼性的词语。2. 广义的模糊语言：具有亦此亦彼性的语音方面和语法方面的现象。这反映了他把模糊语言学的研究范围首先定为词语所表示的意义，其次定为更为宽广的语音和语法现象的想法。

二　状态和活动

状态（state）和活动（activity）是基本的认知范畴，也是基本的语义范畴。

泽诺·万德勒（2008）把时间图式（time schemata）概括为"活动"（activity）、"状态"（state）、"渐成"（accomplishment）和"瞬成"（achievement）这四个情状（situation）类别，其中状态和活动占了一半。

弗里德里希·温格瑞尔和汉斯－尤格·施密特在《认知语言学导论》

（2009：111）中主张行为（actions）、事件（events）、特性（properties）、状态（states）和处所（locations）是基本层次范畴（basic level categories），也是人的基本经验（basic experiences）。笔者以为他们说的"行为"（action）实乃"活动"（activities）的同义词：首先，action 虽常指人发出的动作，但也可指由力或化学物质等造成的作用、影响。其次，弗里德里希·温格瑞尔和汉斯－尤格·施密特在该书的下文中传递了如下的意思：借由动词所表示的活动（activities）是人的基本认知范畴。

对状态和活动的属性，学者现在多采用语义特征分析法加以刻画。Carlota S. Smith（1997：20）的刻画如下：

状态：［＋静态］（static）、［＋持续］（durative）、［－有终］（talic）

活动：［－静态］、［＋持续］、［－有终］

可见，Smith 认为状态和活动的唯一差别是［＋静态］和［－静态］。

陈平（1988：407）则有如下刻画：

状态：［＋静态］

活动：［－静态］、［＋持续］、［－有终］（他称为"完成"）

可见陈平认为语义特征［持续］和［有终］不适宜分析状态，剩下的区别状态和活动的唯一一对语义特征也是［＋静态］和［－静态］。

此外，陈平（1988：406）对"静态"和"动态"还有如下看法：

1. 静态的对立面是动态。

2. 静态具有一种均质（homogeneous）的时间结构。

3. 动态具有一种异质（heterogeneous）的时间结构。

4. 静态无须外力作用，本身便能将现状维持下去。

5. 动态只有在外力的作用下才能保持现状。[①]

以上五点可以进一步概括为如下两点差别：

1. 状态有均质的内部时间结构。活动有异质的内部时间结构。

2. 状态的维持不需要外力，活动的维持需要外力。

笔者再加上一点推论：

3. 人的主观意志的控制是一种常见的外力。

---

① 根据陈平的说明，4、5 中的观点引自（Bernard Comrie）在 1976 年出版的 *Aspect* 一书。

三 状态和活动的界限具有模糊性

观察表明，状态和活动之间的关系是两个原型之间的关系，处于边缘过渡区域的状态或活动，其身份难以分辨。例如：

(1) 张三很聪明。(典型的状态)

(2) 张三挥动着手臂。(典型的活动)

(3) 张三爱着李四。(状态？活动？)

(4) 张三抱着孩子。(活动？状态？)

状态和活动不是词语，不是语音现象和语法现象，属于意义范畴。看来它们不属于狭义的模糊语言的范围，大约可归为更广义的模糊语言现象的范围吧。

以下结合例句，从五个方面考察状态和活动的界限具有模糊性的现象。

(一) 如何分辨状态和异质性不强的活动？例如：

(5) 张三在床上躺着。

(6) 张三在椅子上坐着。

"躺"、"坐"表示什么？状态？活动？还是前者表示状态，后者表示活动？或者前者表示活动？后者表示状态？从意义上看这两者很接近，区别在于"躺"不需要主体控制身体，"坐"需要主体控制身体。又如：

(7) 飞机在飞。

(8) 小鸟在飞。

两者都是飞，但是飞机飞时看不到飞机发出什么活动，小鸟飞时可以看到翅膀的鼓动。也就是前者的异质性不明显，后者的异质性明显。假如把飞机的"飞"归为活动，主要依据不是飞机本身的某些部件在活动（比如发动机在高速旋转，因为那些活动比较隐蔽），而是它在空间上有可见的位移，它和地标间的位移关系具有一定的异质性。

可见，那些异质性不明显的活动，要把它们归为活动有一定的难度，甚至难度很大。

（二）心理状态还是心理活动？例如：

（9）你会想念我们吗？

（10）你走夜路会害怕吗？

上述两个句子似乎都表示状态，但是在可控程度上"想念"大概强于"害怕"。那么能否把"想念"归为活动而把"害怕"归为状态呢？还是把它们都归为活动，或者都归为状态，然后再按强弱细分？总之，涉及心理现象，就会碰到麻烦，把它们归为状态还是活动，常常令人为难。

（三）属性的连续或断续对区分状态和活动有什么作用？例如：

（11）老王在思考问题。

"思考"是状态还是活动？若考虑到这里的"在"是表示进行意义的时间副词，那么这个"思考"似应看做表示活动，但如何分析下句？

（12）今天老王一直在思考这个问题。

模仿万德勒的说法，一个人不可能在一天内不停地思考问题，因此尽管在此句子中"思考"前面用了时间副词"在"，但该句表示的应该是一种状态。如果接受这一说法，那么下面句子表示的也不能是活动，而是状态。

（13）李老师今天从早到晚都在批改试卷。

一个人不可能不休息、不吃饭而批改一天试卷，这就意味着在"今天从早到晚"的时间段中，批改试卷是断续性的行为，既然如此，例（13）表示的应是状态，而非活动。由此看来，属性不能连续的现象难以归为活动。

（四）性质变化归为状态还是归为活动？例如：

（14）张三的脸红着。

（15）张三的脸红了。

例（14）中的"红"表示状态似无问题。例（15）中的"红"表示什么呢？是状态？还是一种变化？Smith（1997：20）认为活动具有［－静态］（static）、［＋持续］（durative）和［－有终］（telic）的属性。依此看来，变化应归为活动，因为变化具有非静态的特征。

（五）不同的语法表达形式对区分状态和活动有什么作用？例如：

（16）The airplane was flying.（飞机在飞行。）
（17）The airplane was in flying.（飞机在飞行中。）

例（16）中，"fly"是动词，且采用了进行体形式，自应看做表示活动。例（17）中的"fly"为动名词形式，且充当了介词"in"的宾语，若译成汉语，也可表述为"处于飞行的状态之中"，那么，这个"flying"则应看做表示一种状态。但是若撇开语法上的差异，这两句话在意义上有本质差别吗？似乎没有。

四 状态和活动为何界限模糊

以下从六个方面对第三节所谈状态和活动的界限模糊的原因略作探讨，并得出一些初步看法。抛砖引玉，敬请方家指教。

（一）和用外力维持相比，空间变位现象更容易观察到，因为外力的维持作用并不总是外现的，而空间变位的现象几乎都能被观察到。例如：

（1）张三挥动着手臂。（空间变位）
（2）张三抱着孩子。（外力维持）

正因如此，例（2）之类的句子所述的现象不太容易归为活动。

（二）若都具有异质性，和幅度小、隐蔽性强的活动相比，幅度大的活动更容易被归为活动，因为幅度大的活动容易被观察到，其动态性也容易得到确认。例如：

（3）飞机在飞。（隐蔽性强的活动）
（4）小鸟在飞。（幅度大的、外现的活动）

所以尽管都是"飞"的活动，飞机的"飞"不如小鸟的"飞"来得典型。

（三）若都具异质性，行为动作等比属性的增减变化更容易观察到。例如：

　　（5）小鸟在飞。（行为）
　　（6）张三的脸红了。（属性）

正因如此，和"小鸟在飞"的"飞"相比，"张三的脸红了"中的"红"不是典型的活动，甚至不怎么像活动。

（四）在特定时点上或较短时段中发生的现象（具体性现象）比在较长时段中发生的现象（概括性现象）更容易完整观察、精确反映，这主要是因为完整观察、精确反映一个时点上或一个短时段中存在的现象比较容易，但要完整观察、精确反映一个长时段中存在的现象十分困难。例如：

　　（7）老王在思考问题。（具体性现象）
　　（8）今天老王一直在思考这个问题。（概括性现象）

显然，"老王"不可能在一天当中不休息、不吃饭地"一直"思考问题，这里的"一直在思考"，只是在该时段中经常存在的一个属性。依此类推，概括性现象常常只能反映一种或一些比较突出的属性，而且这个属性不见得在相应时段中始终存在。若观察的对象是说话人自身，情况往往也是这样。例如：

　　（9）我在思考问题。（具体性现象）
　　（10）最近几个星期我一直在思考这个问题。（概括性现象）

在例（9）中，对"我在思考"的把握是精确的，因为若非观察或表达错误，在"我在思考"的这个时点上，"我"的确正在思考。而在例（10）中，对"我一直在思考"的概括则是不精确的，因为"我"必须休息、吃饭，不可能连续几个星期不停顿地思考问题。其实，即使在一个较短的时段中，观察者也有改变其视角的一定主动性。这时，对某一个对象的观察若着眼于其变化、运动的过程，就可以判定它为活动，对此可名为定量观察。若对某一个对象的观察忽视其变化、运动的过程，而着眼于它相对于其他活动的区别，就可以判定它为状态，对此可名为定性观察。例如：

　　（11）张三在跳舞。

说这句话时，若反映的全是张三踏步起舞的过程，指的是活动；若包括张三停下舞步等待下一舞曲的间隙，则难说它指的是活动"跳舞"，但可看做指的是一种状态。那么，多少动词在表达时具有这种模糊性？欲详尽回答这个提问，有待进一步的考察，尽管我们以为这类动词可能很多。例如：

　　（12）李四在唱歌。
　　（13）王五在看书。

这可看做人类语言的一个表达特点。它看似不够精密，却给我们提供了言语交际的很大便利。

（五）假使没有明显的空间变位，那么外力的支持作用就不易观察到。这里所说的外力，既可以是自主的，也可以是非自主的。下面四例中说的外力都是自主性质的。例如：

　　（14）张三在床上躺着。（无外力支持）
　　（15）张三在椅子上坐着。（有外力支持）

但在有些时候，我们不容易确认是否得到外力的支持，因为我们难以判定谓词所表示的现象是否受到主体的有意控制。例如：

　　（16）你会想念我们吗？（？外力支持）
　　（17）你走夜路会害怕吗？（？外力支持）

（六）语法构造形式会制约我们的判断。例如：

　　（18）The airplane was flying.（飞机在飞行。）
　　（19）The airplane was in flying.（飞机在飞行中。）

若从意义上看，（16）句和（17）句表示的似乎是同类现象，但（16）句中使用了动词的进行体形式，那就很像是对活动的表达了。

五　结　语

通过以上的简单考察和探因，我们得到了如下几个看法：

1. 典型的活动有两个特点：有明显的空间变位，有明显的外力支持。例如：

　　（1）张三挥动着手臂。

2. 典型的状态有两个特点：无明显的空间变位，无明显的外力支持。例如：

3. 处于状态和活动相交边缘的现象有时的确不易分清。

4. 边缘现象的产生原因不仅因为世界很复杂，而且受制于包括视角选择在内的人的认知特点，甚至受制于语句的语法构造形式和语言表达特点。

5. 在判断边缘现象的归属时，可能同时受到不同判别标准的影响，这会导致归类更为困难。例如：

　　（2）我一直记着这件事。

对这里的"记"可以有三种理解：

第一，一种受主观意志（即自主性外力）支持的活动。

第二，一种无意识的状态。

第三，一种不断受到"记"的主观意志强化（即活动）的状态。

这三种理解的界限难以分清，第二和第三的界限尤为难辨。

总体上看，人们在划分状态和活动时，使用了几种相对独立的标准，它们各有自己的适用面，不仅如此，这些标准并不依照形式逻辑的分类原则来定，而是具有朴素模型或曰民间模型的性质，由此形成的状态范畴和活动范畴，便十分自然地具有了"原型理论"所描述的全部主要特点。这再一次证明，人的基本认知范畴、基本语义范畴，如同其他的认知范畴、语义范畴一样，彼此之间也存在着模糊难辨的交界地带。

参考文献

［1］陈平：《论现代汉语时间系统的三元结构》，《中国语文》1988 年第 6 期。

［2］戴炜华：《新编英汉语言学词典》，上海外语教育出版社 2007 年版。

［3］黎千驹：《实用模糊语言学》，广西师范大学出版社 1996 年版。

［4］伍铁平：《模糊语言学》，上海外语教育出版社 1999 年版。

［5］弗里德里希·温格瑞尔、汉斯－尤格·施密特：《认知语言学导论》（第二版），彭利贞、许国萍、赵薇译，复旦大学出版社 2009 年版。

［6］泽诺·万德勒：《哲学中的语言学》，陈嘉映译，华夏出版社 2008 年版。

［7］Smith, Carlota, S., *The Parameter of Aspect 2nd*, Dordrecht：Kluwer Academic Publishers, 1997.

（作者单位：华东师范大学中文系）

论古汉语词类活用的模糊性研究

蔡 丰

词类活用是古汉语中常见的语法现象。王力先生主编的《古代汉语》说：“在上古汉语里，词类活用的现象比现代汉语更多一些，有些词可以按照一定的语言习惯灵活运用”[①]；黎千驹先生《古汉语教程》认为：“古代汉语里的某些词在一定的语言环境中往往出现灵活性的运用，在句子中临时改变它的基本功能而具有另一类词的语法功能。这种现象就叫做词类活用”[②]；许嘉璐先生《古代汉语》认为：“上古汉语里，某个词属于某一词类比较固定，各类词在句子中充当什么成分也有明确的分工。但是，有些实词可以按照一定的语言习惯而灵活运用，在句子中改变其基本的语法功能，充当其他词类才能充当的句子成分，这就是实词的活用。”[③] 很显然“词类活用是古汉语中表现尤为突出，使用非常广泛的一种语言现象。它是为了适应语言的表达需要，解决上古词汇贫乏且使语言简洁生动的一种手段”。[④]长期以来，词类活用的范围以及具体的词在句中活用所评判的标准是语法界争论不休的问题。古代汉语词类活用通常分为名词、动词、形容词和数量词的词类活用四种类型。

古汉语在词类活用时会产生大量的模糊语义。那么，什么是模糊呢？《现代汉语词典》对其解释：“不分明，不清楚。”而“‘模糊性’就是人们认识中关于事物类属或性质状态方面的亦此亦彼性、非此非彼性，也就是中介过渡性”。[⑤] 由此可知，“模糊语义与其他语义的不确定性的根本区别在

① 王力：《古代汉语》，中华书局 2008 年版，第 340 页。
② 蒋冀骋、黎千驹：《古代汉语》，南海出版公司 2005 年版，第 100 页。
③ 许嘉璐：《古代汉语》，高等教育出版社 2006 年版，第 149 页。
④ 钱爱琴：《谈谈古汉语中的词类活用》，《文学教育》2010 年第 1 期。
⑤ 黎千驹：《模糊修辞学导论》，光明日报出版社 2006 年版，第 38—39 页。

于，语义范畴的外延缺乏明确边界，以及语义范畴内的部分成员处于临界状态"。① 由于语义的模糊性无法通过上下文得以完全消除，我们难以对模糊语义所在的命题作出非真即假的判断。有鉴于此，本文拟从迁移活用前的语义、联想活用后的语义、运用言内语境和把握言外语境等几个方面来探讨古汉语词类活用后所形成的模糊语义的理解方法等问题。

一　迁移活用前的语义

在很多情况下，词语活用前的语义对人们理解其活用后所形成的模糊语义具有很大的影响。活用前的词语可以是明晰词语也可能是模糊词语。很多情况下，我们需要迁移活用前的语义，结合活用后的词语的词性，才能更好地理解活用后所产生的模糊语义。

1. 活用前为明晰词语。"……明晰语言就是指那些表达了事物类属边界或性质状态方面的确定性、非此即彼性的语言，也就是内涵清晰明白而外延边界确定不移的语言。"② 明晰词语包括精确数词、精确量词、精确名词等。古汉语词类活用中这种情况以数量词的活用为主。如《战国策·燕策一》："北面受敌，则佰己者至。先驱而后患，先问而后嘿，则什己者至。""佰（百）"、"什（十）"原本是明晰数字，其词义是明晰的，在句中被活用为动词。意为"百倍"、"十倍"。那么，"百己"即指"超过自己一百倍"，"十己"即指"超过自己十倍"。由于"超过"这个动词具有模糊性，那么"佰（百）"、"什（十）"活用后就成了模糊动词。又如《左传·昭公元年》："民三其力，二人于公，而衣食其一。""三"本是明晰数字，其词义也是明晰的，但在句中被活用作动词，"三"意为"分为三份"，那么"三"活用后就成了含有模糊语义的模糊动词。且"百己"、"十己"、"三其力"的模糊语义和活用前的语义密切相关。我们需要迁移活用前的语义，结合活用后的词语的词性，才能更好地理解活用后所产生的模糊语义。

2. 活用前的词语为模糊词语。"……模糊语言是指那些表达了事物类属边界或性质状态方面的不明晰性、亦此亦彼性、非此非彼性，也就是中介过渡性的语言。"③ 古汉语中这种活用情况相当普遍。如《墨子·尚贤中》：

---

① 张爱珍：《模糊语义学研究》，福建师范大学出版社 2008 年版。
② 黎千驹：《模糊修辞学导论》，光明日报出版社 2006 年版，第38—39 页。
③ 同上。

"贤者举而上之，富而贵之。""上"本为方位名词，意指"位在高处的"。例中"上"由名词活用为动词，意为"使……居上"。由此可知，活用后的模糊语义和活用前的词义密切相关。又如《论语·阳货》："子路曰：'君子上勇乎？'子曰：'君子义以为上。'"例中"上"也由名词活用为动词。意为"尊崇"、"尊贵"。"上"的这一意义仍具有"高处"的意义特征。从例中还可知，"尚勇"就是"尊崇勇敢"。"尚"，上面是"八"下面是"向"，"八"有分散的意思，而"向"指窗口，即由窗口向上散气。"上、尚"古音相同都是禅母阳部。在《论语·颜渊》中有"草上之风必偃"，《孟子·滕文公上》则作"草尚之风必偃"。可见二词音同义同是同源词。那么"上"、"尚"都有"高处"的意义。且"尚"也是"尊贵"、"尊崇"的意思。例中"尚"的"尊贵"、"尊崇"意也同样包含着"高处"这一意义特征。再如《论语·里仁》："好仁者，无以尚之"。例中"尚"是名词活用作动词，意为"超过"、"高过"。"超过"、"高过"仍具有"高处"的意义特征。例中"上"、"尚"皆由名词活用为动词，其活用后的模糊语义和活用前的语义密切相关。"上"、"尚"二字方位名词的本义也能帮助我们更好地理解由"上"、"尚"二字活用后引出的模糊语义。由此可知，我们需要迁移活用前的语义，结合活用后的词语的词性，才能更好地理解词语活用后所产生的模糊语义。

二　联想活用后的语义

名词活用作状语一般表示比喻、对人或对事物的态度，这时候其语义的模糊性特征特别强。而形容词本身就是一种模糊词汇，经过大脑思维的跳跃，其活用后所产生的模糊语义也就尤为明显。因此名词活用作状语、形容词活用作名词和形容词活用作动词后的模糊语义具有形象性、凸显性的特点。因此，我们需要充分联想名词、形容词活用后的形象和语义，才能更好地理解活用后的模糊语义。

1. 名词活用作状语。如《徐霞客游记·游黄山后记》："惟一石顶壁起尤数十丈，澄源寻视其侧，得级，挟予以登。""壁起"意为像墙壁一样直立起来。"壁"本为名词，为"壁垒"、"墙壁"义，活用作状语意为"像墙壁一样"。又如《韩非子·存韩》："荆人不动，魏不足患也，则诸侯可蚕食而尽，赵氏可得与敌矣。""蚕"本为名词，指"一种能吐丝结茧的昆虫"，活用作状语意为"像蚕吃（桑叶）那样"。那么，"蚕食而尽"意即

"像蚕吃桑叶那样（一点一点地）吞掉"。再如《哀江南赋》："于是瓦解冰泮，风飞电散。"这个例句中"冰"本为名词，意为"水在零摄氏度或零摄氏度以下凝结的固体"。在句中活用作状语，意为"像冰块似的"。句中名词"瓦"、"风"、"电"等也由名词活用作状语，意为"像瓦一样"、"像风一样"、"像电一样"。很显然，这些状语因含有类比之意，模糊性的特征便大大增强。"冰泮"意为像冰块似的散解；"瓦解"意为像瓦一样解体；"风飞"意为如风之飘飞；"电散"意为如电之消散。由此可知，名词活用作状语后的语义具有很强的模糊性。我们可以充分运用模糊思维，想象并感受活用后的"壁立"、"冰泮"、"瓦解"、"蚕食"等状语的模糊语义。

2. 形容词活用作名词。如《孟子·梁惠王上》："老吾老，以及人之老；幼吾幼，以及人之幼。"句中"老"、"幼"本为形容词，分别指"年龄大的"、"年龄小的"。经过大脑思维的跳跃，活用后为名词"老人"、"幼儿"，其模糊语义更为凸显。又如《左传·僖公十三年》："劳师以袭远，非所闻也。"句中"远"本为形容词，意指"距离远的"。活用后为模糊名词"远地"。再如《史记·屈原列传》："屈原疾王听之不聪也，谗谄之蔽明也，邪曲之害公也，方正之不容也。"句中"谗谄"、"邪曲"、"方正"本为形容词。活用后为模糊名词，意指具有以上三种特点的人。由此看来，形容词活用作名词后的语义具有很强的模糊性。我们可以充分运用模糊思维，去想象活用后的形象及语义，以更好地理解活用后的模糊语义。

3. 形容词活用作动词

如《泊船瓜洲》："春风又绿江南岸。"句中"绿"本为形容词，活用作动词"使……变绿"；又如《左传·襄公三十一年》："厚其墙垣。"句中"厚"本为形容词，活用作动词"使……增厚"；再如《楚辞·离骚》："高余冠之岌岌兮，长余佩之陆离。"句中"高"、"长"本为形容词，亦活用作动词"使……增高"、"使……加长"。我们可以充分运用模糊思维，去想象活用后的形象及语义，以更好地理解活用后的模糊语义。由此可知，我们需要充分联想名词、形容词活用后的形象和语义，才能更好地理解活用后的模糊语义。

三　运用言内语境

《论语·乡党》："孔子于乡党，恂恂如也，似不能言者；其在宗庙朝廷，便便言，惟谨尔；朝与大夫言，侃侃如也；与上大夫言，訚訚如也。"孔子在不同的语言环境中采取了不同的言谈方式，可见语境的重要性是先秦人所关注的一个问题。"语境，是交际活动中的一个重要的因素。适应环境，是提高语言表达效果的一个基本原则。"①"语境，可以分为言内语境和言外语境。言内语境指的是上下文，一个词，一个句子，是否合适，能否取得最佳效果，取决于它在上下文中的地位。"②"言外语境指的是交际活动的时间、空间等物理因素和社会环境、文化环境、自然环境以及心理因素。我们通常把言外语境称为情景语境。"③ 我们知道，言内语境可以制约活用词的语义指向和语法功能等方面。本部分就从这两方面入手来探讨如何运用言内语境来更好地理解古汉语词类活用后的模糊语义。

1. 言内语境制约活用词的语义指向。如《论语·季氏》："夫如是，故远人不服，则修文德以来之，既来之，则安之。"句中"安"为形容词活用作动词"使……安定"。结合上下文语境，"安之"指的是"使远方人"安定，结合了言内语境，使活用后的模糊语义指向更加明确。又如《孟子·公孙丑下》："故汤之于伊尹，学焉而后臣之，故不劳而王；桓公之于管仲，学焉而后臣之，故不劳而霸。"句中"臣"是名词活用为动词"使……称臣"。结合言内语境可知，是使伊尹为臣，商汤称王。再如《史记·平原君虞卿列传》："平原君竟与毛遂偕，十九人相与目笑之而未废也。"句中"目"是名词活用作动词"使眼色"。"目笑之"意指"使眼色来耻笑他"。"他"根据言内语境来确定指的是毛遂。由此可知，言内语境可以使活用后的模糊语义指向更加明确，我们也能更准确地理解活用后的模糊语义。

2. 言内语境制约活用词的语法功能。如《左传·成公二年》："从左右，皆肘之。"这是名词活用为动词的例子。名词的语法功能是在句中充当宾语、主语和定语，且除了在判断句中充当谓语外，一般不做谓语；从组合能力看，名词不受副词、助词修饰。如果某个名词在一定的语言环境中临时改变了它的上述基本功能而具有动词的语法功能，那么这个名词就活用为了动词。根据例中的言内语境，"肘"的前面有副词"皆"修饰，其后有充当宾语的代词"之"，此时名词"肘"已经被临时地赋予了动词的语法功能，意为"用肘撞"。又如：《史记·项羽本记》："楚左伊项伯者，素善留候张良。"例中"善"是个形容词，形容词的语法功能是常做谓语和定语，但做谓语时不能带宾语，而根据例中言内语境可知，"善"前有副词"素"修

---

① 王希杰：《汉语修辞学》，商务印书馆2013年版，第52、54—55页。
② 同上。
③ 同上。

饰，其后有"留候张良"做它的宾语。因此，"善"便改变了它原有的基本功能而临时地获得了动词的基本功能。因此形容词"善"活用为动词，意为"与……交好、友好"。以上这些改变是在言内语境中发生的，脱离了这些言内语境活用便无从谈起。可见词类活用对言内语境具有极强的依赖性。总之，言内语境制约着活用词的诸多方面。我们必须充分运用活用的言内语境，才能更好地理解活用后的模糊语义。

四　把握言外语境

由上文可知，语境分为言内语境和言外语境两个方面。本部分探讨的是如何把握言外语境或情景语境来更好地理解活用后的模糊语义。言外语境的定义上文已经谈到，此处不再赘述。言外语境为活用后词语模糊语义的理解起了一种补充和阐释的作用，使人们能更好地理解活用后词语的模糊语义。言外语境跟历史事实、人物背景和社会文化等方面有关。本部分从把握与历史背景相关的言外语境、把握与历史典故相关的言外语境、把握与社会文化相关的言外语境三个角度来谈言外语境对理解活用后词语的模糊语义的重要意义。

1. 把握与历史背景相关的言外语境。古汉语中有些词语的活用和一定时期的历史背景有关。把握与历史背景相关的言外语境，可以使我们更好地理解活用后的模糊语义。如《左传·僖公三十年》："晋候、秦伯围郑，以其无礼于晋，且贰于楚也。"句中"贰"本为数词，在句中活用作动词，意为"两属，同时亲附对立的双方"。又如：《左传·僖公三十年》："既东封郑，又欲肆其西封。"句中"东"、"西"本为方位名词，在句中活用作状语，意为"向东"、"向西"。我们或许不太容易理解其活用后的模糊语义。但是如果我们知道当时（僖公三十年），郑国在晋国的东边，秦国在晋国的西边，且因为郑国曾对晋文公无礼，并且郑国同时依附于楚国与晋国，晋文公和秦穆公联合围攻郑国这一历史事实，我们就能清楚地理解句中词语活用后的模糊语义。

2. 把握与历史典故相关的言外语境。我们知道，用典有加强论证的作用，可以使文章内容充实，联想丰富。也可以使文章语言简练，风格典雅。古汉语中有些词语的活用就和历史典故有关。把握与历史典故相关的言外语境，可以使我们更好地理解词语活用后的模糊语义。如《滕王阁序》："人杰地灵，徐孺下陈蕃之榻。"句中典故：陈蕃出于对徐孺子的敬重，专门为徐孺子做了一个床榻，平时挂在墙上。徐孺子来访的时候，就把床榻放下来，两个人惺惺相惜，秉烛夜谈；徐孺子走了，就把榻悬于梁上。句中"下"由名词活用作动词，意为"使……放下"。如果我们了解句中所运用的典故，就会对"下"活用后的模糊语义有更为深刻的理解。又如《滕王阁序》："望长安于日下，目吴会于云间。"句中典故为《世说新语·排调》："荀鸣鹤、陆士龙二人未相识，俱会张茂先（张华）坐。张令其语。以其并有大才，可勿作常语。陆举手曰：'云间陆士龙。'荀答曰：'日下荀鸣鹤。'"王勃借此典故以表现他期望自己被召见，受到重用的心志。句中"目"由名词活用为动词，意为"遥看"。如果我们了解句中所运用的典故，就会对名词"目"活用后的模糊语义有更为深刻的理解。

　　3. 把握与社会文化相关的言外语境。古汉语中有些词语的活用和社会文化密切相关。把握与社会文化相关的言外语境，可以使我们更好地理解词语活用后的模糊语义。如《寡人之于国也》："谨庠序之教，申之以孝悌之义。"句中"谨"由形容词活用为动词，意为"谨慎地做事"。"庠"、"序"，都是指学校。商代叫"序"，周代叫"庠"。"孝"指尊敬父母，"悌"指敬爱兄长。了解这些社会文化知识以后，我们在更好地理解句义的同时，也能更好地理解"谨"活用后的模糊语义。又如《史记·项羽本纪》："君为我呼入，吾得兄事之。"句中"兄"名词活用为动词，意指"像对待兄长一样"。为什么刘邦提出要视项伯为兄长呢？这也跟我国古代的社会文化有关。孟子《跬道》曰："理亦无所问，知己者阅奢。良驹识主，长兄若父。"可理解为"长兄如父"。这就揭示了兄长在一个家庭乃至一个社会中受尊敬的社会地位。了解这些社会文化之后，我们就知道刘邦像对待兄长一样对待项伯，实质上是想拉拢项伯。由此我们也能更好地理解"兄"活用后的模糊语义。由此可知，我们需要充分把握言外语境，才能更好地理解词语活用后的模糊语义。

　　词类活用作为古汉语中最为显著的语法现象，一直以来就受到学者的广泛关注。但从语法角度进行研究的多，而从修辞、训诂等角度进行研究的少。本文主要从模糊语言学的角度来谈古汉语中因词类活用而产生的模糊语义的理解方法。这些方法归纳起来主要有：迁移活用前的语义、联想活用后的语义、利用活用的言内语境和把握活用的言外语境，等等。运用这些方法，我们能更好地理解古汉语中因词类活用而产生的模糊语义。

（作者单位：湖北师范学院语言学研究中心）

论"失之"与"有失"的模糊语义交集

朱楚宏

一 "失之"与"有失"的区别与牵连

"有失"的"失",是"缺少"和"欠缺"的意思。"失之"的"失",则不是表示欠缺什么,而是表示存在某种缺点和错误。在表达上,这两个词存在着一定的对应性。"有失"表示按照常理应该做到的而做得不够、不好;"失之"表示按照常理不应该出现的却出现了这样的过失。①

"有失"与"失之"后边都可添加介词"于",构成"有失于"与"失之于",用法与"有失"与"失之"基本相同。"有失(于)"后面跟的都是褒义词,如"厚道"、"公允"、"大度"、"热情"等。而"失之(于)"后面跟的都是贬义词,如"粗心"、"不慎"、"疏忽"、"健忘"等。记住这条规律,可以帮助我们正确使用这两个习用结构。②

有时,"有失……"和"失之……"这两种句型可以互相转换,语义上互相呼应。转换的条件是"有失"和"失之"后面的词必须词义相反。如③:

有失斯文 — 失之粗鲁　　有失稳妥 — 失之冒失

有失稳重 — 失之轻率　　有失公允 — 失之偏颇

有失缜密 — 失之疏忽　　有失庄重 — 失之轻浮

有失慎重 — 失之草率　　有失谨慎 — 失之鲁莽

张谊生指出,造成"有失"与"失之"交集的,是一个动词性结

---

① 谢质彬:《"有失偏颇"和"失之偏颇"》,《语文建设》2001年第2期。
② 宋玉柱:《"失之于"和"有失于"》,《语文建设》2002年第5期。
③ 王彬:《"有失"和"失之"的三个平面的分析》,《时代文学》(理论学术版)2007年第1期。

构——"失于"。这是一个多义组合，与之相关的，至少有两个"失于"。从语源上看，是先有"失之于 X"，然后才有"失之 X"和"失于 X"的。"失之 X"和"失于 X"都是从"失之于 X"而来的。[①] 从"失之于 X"到"失之 X"，是省略了介词。从"失之于 X"到"失于 X"，是省略了助词。例如：

（1）如果以纯文学的角度来衡量，这些标准似乎又失之于过宽。

此例中的"失之于"可以看做原初形式。"失之于"可以有两种省略：一是省略介词——"失之"（如"失之过宽"）；二是省略助词——"失于"（如"失于过宽"）。

"失于$_1$"相当于"失之"，如"失于偏颇"；"失于$_2$"相当于"有失"，如"失于恭敬"。"失于偏颇"，是"失于 + 贬义词"；"失于恭敬"，是"失于 + 褒义词"。既然"失于$_2$"可以相当于"有失"，可以出现"失于 + 贬义词"的格式，自然也可以出现"有失 + 贬义词"的格式了。这种牵连，就使"有失偏颇"之类的"误用"结构具有了一定的合理性。

张谊生曾经指出，按理说，"有失"和"失之"的差异是很明显的，然而，由于这两个格式中都含有动词"失"，而"有"和"之"的意义又都比较虚化，加之"失于$_1$"和"失于$_2$"的干扰和感染，所以，如果不求甚解，在使用这两个格式时难免会出错。[②]

后来，张谊生也许是慢慢接受了"有失 + 贬义形容词"这样的格式，不再断言这是一种错误，而认为是否定羡余现象了。"有失 X"中的"失"本来就含有否定义，所以，"X"都应由表肯定义的形容词充当，以构成"有失公允、有失公平"这样的表达格式。但现在有些人已经不太理解"有失"的"失"的否定义了，所以就又加了一层否定义——以否定形容词充当"X"从而形成了双重否定的羡余否定式，如"有失偏颇"。[③]

二 "失于$_1$"与"失于$_2$"的后续成分

既然"失于"词形上联系着"有失"与"失之"，要了解从"失之 +

---

① 张谊生：《助词与相关格式》，安徽教育出版社 2002 年版，第 122 页。
② 同上书，第 127—128 页。
③ 张谊生：《现代汉语副词探索》，学林出版社 2004 年版，第 231 页。

贬义词"（如"失之偏颇"）到"有失＋贬义词"（如"有失偏颇"）的生成路径，不妨从"失于……"的组合着手分析。

"失于"是"动词＋介词"，后边紧跟的是介词的宾语。这种结构古今汉语基本一致。动词"失"之后，是由介词"于"组成的介词短语做补语，表示处所、范围、对象等。例如（例句均摘于CCL语料库）：

（1）得一方者，失于天下，得一时者，失于百年。（清·王夫之：《宋论》）（对象；失掉）

（2）夫智者千虑，必有一失。甲失于此，乙失于彼，第三者大可不必因甲之失而讥甲，复以乙之失而笑甲。（《读书》）（范围；损失）

（3）他的300多首作品，大多毁于战火，失于战乱之中，至今留存的几十首，已经成为中国现代音乐宝库中的珍品。（《人民日报》1995年5月）（处所；失散）

（4）精善本在抗战中流于书肆，或多失于海外。（《读书》）（处所；失散）

（5）尔宝失于何地？（清代小说《绣云阁》（下））（处所；丢失）

（6）陛下若再不信，恐江山失于奸贼了。（清代小说《狄公案》）（被动；失掉）

与"失之"与"有失"有关的，是"失（于）……"带原因补语的结构（即由介词"于"组成的介词短语表原因），这种结构既有"失于$_1$"，也有"失于$_2$"。

失于$_1$＝失之（古汉语例句）

（7）武侯之任人，一失于马谡，再失于李严，诚哉知人之难也。（清·王夫之：《读通鉴论》）（原因，因……而有失误）

（8）昔秦之亡也，失于强暴，汉之亡也，失于微弱，强暴则奸臣畏死而害上，微弱则强臣窃权而震主。（《唐史演义》）（原因，因……而有失误）

（9）汝南以纯和之姿，失于无断；楚隐习果锐之性，遂成凶很。（《晋书》）（原因）

（10）杨愔风流辨给，取士失于浮华。（《北齐书》）（原因）

失于$_2$＝有失（古汉语例句）

（11）郤克以箭伤，失于调养，左臂遂损，乃告老；旋卒。（清代小说《东周列国志》）（原因，因……而有缺失）

（12）地方官失于觉察，遂致相煽成风。（清·佚名：《西巡回銮始末》）（原因）

（13）初未尝据守城寨也，惜宋人计疏失于防御。（清·吴广成：《西夏书事》）（原因）

"失于$_1$"与"失于$_2$"都可以带原因补语。那么，同是原因补语，"失于$_1$"与"失于$_2$"的区别与"失之"与"有失"同。"失于$_1$"相当于"失之"，表示按照常理不应该出现的却出现了这样的过失，存在某种缺点和错误，如"失于草率"（很草率）、"失于偏颇"（有偏颇）等。"失于$_2$"相当于"有失"，表示按照常理应该做到的而做得不够、不好，"缺少"和"欠缺"的意思，如"失于检点"（不检点）、"失于礼貌"（不礼貌）、"失于礼节"（没有礼节）等。

"有失"与"失之"形成对立，"失于"又使这种对立产生了新的牵连。这种关系如表1所示：

表1   **"有失"与"失之"意义关系对比**

	原因（有不足、有欠缺）：不 X｜没 X	原因（有失误、有错误）：很 X｜有 X
失于$_1$＝有失	失于检点｜礼节	
	有失检点｜礼节	
失于$_2$＝失之		有失偏颇｜轻浮
		失于偏颇｜轻浮
		失之偏颇｜轻浮

三 "有失＋贬义词"的表达语气

本题讨论的语气，是指口气，即说话的气势。表达语气，即表达气势、力度。

能够进入"有失……"的框架的，除了"有失偏颇"，还有其他的贬义词。表 2 是"有失"、"失之"与几个贬义词组合的频次对比。

表 2　　　　　　　　　　　"有失"与"失之"组合频次对比

宾 动	1	2	3	4	5	6	7
	武断	草率	偏颇	肤浅	鲁莽	油滑	粗鲁
有失	1033	796	789	779	32	13	12
失之	3797	2205	732	5215	728	714	732

资料来源：材料摘选自"读秀中文学术搜索·知识"（2013 年 8 月 6 日上午 10 时制表）。

对于这些"有失 + 贬义词"的错位用法，我们的一个直观感受：除了用否定羡余解释，可能还有词义上的原因。从词义上看，"有失"与"失之"的联系主要在于：都有核心语素"失"。由于核心语素相同，在意义上，"失之"与"有失"基本相同，差异主要在表达语气上，即气势的强弱上。

"有失"是动宾式，表示有不足、不利的地方。[①] 如"有得有失"、"若有所失"、"智者千虑必有一失"等当是"有失"的扩展；"万无一失"当是"有失"的否定用法。"有失"词汇化以后，可后接句法上的宾语。这个宾语包括名词性宾语（名宾）与谓词性宾语（谓宾）两类。一是"有失 + 名宾"，表示失去、失掉。"有失体统"，失去体统（失去身份，没有身份）；"有失水准"，失去水准，没有水准的意思。二是"有失 + 谓宾"，表示违背、背离。"有失检点"，违背检点（不检点）；"有失恭敬"，违背恭敬，不恭敬。

"失之"，也是动宾式，"之"是文言代词，意义虚化。[②] 表示有错误、有失误。"失之"也后接宾语，也包括名词性宾语（名宾）与谓词性宾语（谓宾）两类，而名词性宾语较少。一是"失之 + 名宾"，表示疏忽、差错。"失之毫厘"，疏忽一点点（出现极小的差错）。二是"失之 + 谓宾"，表示失误、过失。"失之偏颇"，失误就在于偏颇；"失之草率"，失误在于草率，失误在于不认真细致。

作为动词，"有失"与"失之"都可以后加介词"于"，尤其是后接谓词性宾语的时候，且用法基本不变。如"有失于恭敬"、"失之于偏颇"。它

---

① 周建成：《〈"有失""失之"辨〉之商榷与补充》，《阅读与写作》1995 年第 10 期。

② 朱振家：《古代汉语》（下册），高等教育出版社 1988 年版，第 176 页。另有学者认为"失之"，"之"为结构助词，既起连接作用，又起协调音节的作用。参见张谊生《助词与相关格式》，安徽教育出版社 2002 年版，第 117 页。

们都存在着动宾结构与动补结构的对应性："失之 + 宾语"与"有失 + 宾语"是动宾关系；"有失 + 于 + 宾"与"失之 + 于 + 宾"是动补关系。

在传统汉语中，动宾式合成词是不能带宾语的，但在近年的报刊中，大量的动宾式合成词被随心所欲地直接与支配对象组合，这是语法的创新。①与一般的不及物动词带宾语一样，其实都是省略介词带来的功能转变。② 如"沛公军灞上"，是"沛公军于灞上"的省略；"叫板白岩松"是"叫板于白岩松"（即"向白岩松叫板"）的省略。"有失"与"失之"内部构成也是动宾式，它们带宾语也是这样：有介词，是介词短语做补语；没有介词，后续词语是宾语。"有失 + 宾"是"有失 + 于 + 宾"的省略，"失之 + 宾"是"失之 + 于 + 宾"的省略。语义理解上并无区别：

有失身份（失去身份，没有身份）→ 有失于身份（在身份方面有缺失）

有失斯文（违背斯文，不斯文）→ 有失于斯文（在斯文方面有缺失）

失之东隅（疏忽于东隅，早上有失误）→ 失之于东隅（在东隅失误）

失之粗鲁（失误在于粗鲁，很粗鲁）→ 失之粗鲁（在粗鲁方面失误）

"有失"与"失之"存在着意义上的联系，当它们后接原因补语时，动词"失"的意义有差异，整体语义也有不同（参见表1）。同是原因补语，"有失"的"失"是"不足、欠缺"；"失之"的"失"是"失误、错误"。从结构整体上看，"失之（于）……"是否定性语义。如"有失检点"是不检点；"失之礼节"是没礼节。"失之（于）……"则是肯定性语义。如"有失偏颇"（失误是偏颇）是有偏颇；"有失轻浮"（失误是轻浮）是很轻浮。不难看出，相比之下，在表达上，"失之……"比"有失……"更强势一些，"有失……"比"失之……"要委婉得多。——二者存在着表达语气上的重与轻。③ 也就是说，"失之……"、"有失……"都有否定意义，但否定的语气有强弱之分。

汉语中，形容词单用与"有 + 形容词 + 的地方"格式，功能相同，意

---

① 王建华：《信息时代报刊语言跟踪研究》，浙江大学出版社 2006 年版，第 16 页。
② 杨伯峻、何乐士：《古汉语语法及其发展》，语文出版社 1992 年版，第 573 页。
③ 语气轻重只是相对而言的。总的来看，"失之"与"有失"都是一种委婉表达，CCL 语料库中，"未免失之"有 33 例，"未免有失"有 28 例。现代汉语中，"未免"常跟"有点"、"有些"等词语搭配使用，且"未免有点"、"未免有些"之后常跟贬义词，这种搭配使表意上语气更为婉转。参见张玉金《古今汉语虚词大辞典》，辽宁人民出版社 1996 年版，第 710—711 页。另外，"失之"与"有失"后边的形容词也都只是略含褒贬。参见张谊生《助词与相关格式》，安徽教育出版社 2002 年版，第 120 页。

义相同，但有程度差异。如“这篇小说（很 | 比较）感人”，“这篇小说有感人的地方”，后者肯定程度明显降低。“有失检点”（后接褒义形容词），表示“不检点”，也可以释为“有不检点的地方”；“有失恭敬”，表示“不恭敬”，也可以释为“有不恭敬的地方”。“有失 + 贬义词”的偏移用法中，也可这样理解。如“有失草率”意思是“有草率的地方”；“有失“粗鲁”意思是“有粗鲁的地方”；“有失偏颇”意思是“有偏颇的地方”。请看下边一条关于“有失”的词典释文：

有失 有疏失；有不检点的地方：言语～。（郝迟、盛广智、李勉东：《汉语倒排词典》，黑龙江人民出版社 1987 年版，第 680 页）

“失之……”与“有失……”的这种差异，也表现在“有失 + 贬义词”的这种错位格式上。也就是说，人们之所以将“失之……”中的贬义词转移到“有失……”中来用，是为了适应语用上的需要：降低否定程度。比如，本来应该说“失之偏颇”，而人们改说成“有失偏颇”，很可能有语气委婉上的考虑。试比较下边几组例句：

（1）陕西省政府通报批评草率发布华南虎信息事件，承认信息发布缺乏实证失之草率，将继续推进“虎照”鉴定。（《视点·国内》，《大地》2008 年第 4 期）

（2）我们豪爽，粗犷，热情，同时也失之粗鲁，莽撞。如果我们敢于更加无情地剖析自身的话，可不可以这样说：我们甚至有几分粗野？（刘嘉陵：《自由飞行器》，浙江文艺出版社 2002 年版，第 122 页）

（3）《类型》作者置写卷“《尚书》”的篇题于不顾，臆断“悖仏”（惇信）为“辜佛”，实在有失草率。（张涌泉：《著名中年语言学家自选集 张涌泉卷》，上海教育出版社 2012 年版，第 247 页）

（4）吴玠对玉容道：“肖将军有失粗鲁，还望姑娘恕罪。你回去告诉铁寨主，我吴玠是来请精英下山救国，并非征剿山寨，你尽管上马走吧！”（田雪：《铁血金戈》，甘肃少年儿童出版社 1990 年版，第 482 页）

例（1）的“失之草率”，例（2）的“失之鲁莽”，是自我批评，批评比较直接；例（3）的“有失草率”是学术批评，例（4）的“有失粗鲁”代人赔罪，批评比较委婉。

在具体的组合中，"失之"与"有失"的这种差异比较微妙，也不太明显，只是一种措辞习惯上的不同。不过，其差异依然存在，可以体会得出。再如：

（5）为此，改编者曾一再叮嘱导演和演员：宁可失之愚笨，不可失之油滑；阿 Q 绝不是一个逗人发笑的喜剧丑角，一个仅供人一哂的滑稽形象。（陈虹：《陈白尘评传》，重庆出版社 2001 年版，第 326 页）

（6）作品写得过分夸张，幽默但有失油滑。（谭兴国：《艾芜的生平和创作》，重庆出版社 1985 年版，第 183 页）

（7）就事论事，停留在简单的情节和表演上，必然会失之肤浅、苍白；离开人物内心矛盾的冲突和形象刻画，就会成为单纯理性的说教而索然无味。（洪民生、田亨九等：《人间自有真情在——电视系列节目〈人与人〉作品评论集》，河海大学出版社 1989 年版，第 232 页）

（8）如果说，何大学问的感情有失肤浅，柳罐斗的感情则表现得更深沉凝重，他在政治上也更自觉更先进。（张同吾：《小说艺术鉴赏》，中国文联出版公司 1987 年版，第 48 页）

（9）性格急躁失之鲁莽但决断性强，慢性子的人稳重有余但反应迟缓。（杨金辉、张君孝、武立丰：《语文中考知识点汇编》，哈尔滨出版社 2007 年版，第 130 页）

（10）于是有人主张按这信上的电话打一个问问究竟，但娘家弟弟不同意，觉得有失鲁莽。（孟新军：《301 监室》，中国社会出版社 2005 年版，第 95 页）

（11）这种批评，或许失之武断，但也决不能说没有几分道理。（《"代表誓言"释义》，《人民日报》（海外版）2003 年 3 月 1 日第 8 版）

（12）由于长期受"革命史学"的影响，中学的历史教材，直到今天仍然在一定程度上存在着选材有失片面，评价有失公允，结论有失武断的现象。（李明海：《简谈中学历史教学内容的"有效性"处理》，《历史、地理教与学》2009 年第 2 期）

四　"有失偏颇"的生成理据

在"有失＋贬义词"的结构中，"有失偏颇"频次最高。

"有失"后接贬义形容词之后，"有失"的"失"（含有否定意义）成了羡余成分，"有"（"有无"的"有"）的动词性意义得以激活。如"有失偏颇"意思是"有偏颇的地方"；"有失"粗鲁"意思是"有粗鲁的地方"；"有失草率"意思是"有草率的地方"。正如"有失检点"（后接褒义形容词），表示"不检点"，也可以释为"有不检点的地方"；"有失恭敬"，表示"不恭敬"，也可以释为"有不恭敬的地方"。

张谊生说，就我们所收集的用例看，出错的频率是相当高的，尤其是将"失之偏颇"误写成"有失偏颇"，不但一般的文字工作者，比如记者、作家、评论家会用错，甚至连专门研究汉语的语言学家也经常出错。[①] 在"有失＋贬义词"的错位用法中，"偏颇"的书面语色彩最浓，更易于被指称化、体词化，"偏颇"经常做"有（无）"的宾语。这恐怕也是"有失偏颇"在同类结构中频次最高的原因。例如：

（1）偏颇　偏向，不公平。孟郊《达士》：君看土中宅，富贵无偏颇。杜甫《秋行官张望督促东渚耗稻向毕》：上天无偏颇，蒲稻各自长。（顾国瑞、陆尊梧：《唐代诗词语词典故词典》，社会科学文献出版社1992年版，第476页）

（2）嘉庆三年（1798）刊成后，又撰《书〈周礼汉读考〉后》、《与刘台拱书》，纠正未善处。有偏颇、失改、失校，清翁方纲《复初斋集·书汉读考后》、清黄以周《礼书通诂》曾加驳正。辑入《经韵楼集》，另有《皇清经解》本。（马文熙等：《古汉语知识辞典》，中华书局2004年版，第412页）

（3）同学们的辩论针锋相对，虽然各自的发言都不无偏颇，但每一位学生的胸膛内都跳动着一颗赤诚的中国心！（吴志樵：《当代教育家教育智慧》，辽海出版社2011年版，第80页）

（4）应该说，朱熹、陆九渊关于治学方法和如何修养的观点，各有优点，也都有偏颇。（卢忠仁：《"鹅湖之会"随想》，《人民日报》2009年9月18日第7版）

表3和表4，是笔者2013年8月3日上午9时网上相关语料搜寻的数据分析。

---

① 张谊生：《助词与相关格式》，安徽教育出版社2002年版，第127—128页。

表 3 是"读秀中文学术搜索"的数据。"读秀中文学术搜索"下分八类：知识、图书、期刊、报纸、学术论文、会议论文、文档、电子书。

表 3　　　　"有失偏颇"与"失之偏颇"频次对比（读秀网）

序号	来源	合计	有失偏颇		失之偏颇	
			数字	占比（%）	数字	占比（%）
1	知识	1521	789	51.87	732	48.13
2	图书	82	57	69.51	25	30.49
3	期刊	4283	2924	68.27	1359	31.73
4	报纸	125	100	80.	25	20.
5	学术论文	1	1	100.	0	0
6	会议论文	1	1	100.	0	0
7	文档	363	295	81.27	68	18.73
8	电子书	27	19	70.37	8	29.63
总　计		6403	4186	65.38	2217	34.62

表 4 是四个语料库的数据。这四个语料库：

（1）CCL 语料（北京大学中国语言学研究中心）；

（2）CNKI 中国知网资源总库（中国学术期刊网络出版总库），其中另有一类：中国学术期刊网络出版总库（哲学与人文科学）；

（3）人民日报系（人民网报刊杂志搜索），其中另有一类：人民日报系（人民日报）；

（4）读秀网（表 1 的统计结果）。

表 4　"有失偏颇"与"失之偏颇"频次对比（CCL、人民网、CNKI、读秀）

序号	来源	合计	有失偏颇		失之偏颇	
			数字	占比（%）	数字	占比（%）
1	CCL 语料	122	54	44.26	68	55.74
2	人民日报系	824	652	79.13	172	20.87
	（人民日报）	(167)	(118)	70.66	(49)	29.34
3	CNKI 语料	119323	47660	39.94	71663	60.06
	（哲学人文）	(31462)	(11502)	36.56	(19960)	63.44
4	读秀	6403	4186	65.38	2217	34.62
总　计		126672	52552	41.49	74120	58.51

从表4可知，"有失偏颇"与"失之偏颇"的用法基本上呈旗鼓相当之势。总的比例是41.49∶58.51，"失之偏颇"略胜一筹。各种语料库略有差异，人民日报系的"误例"最多，占79.13％，其次是读秀，占65.38％，最低的是CNKI语料库，占39.94％。值得注意的是，表中还有两种库中的对比：人民日报是人民日报系中的一部分，人民日报的"误例"略低；"哲学人文"是CNKI语料库中的一部分，"哲学人文"这一分支的"误例"略低。为什么会低一些？可能与编辑人员与作者群的语文规范意识有关：人民日报比人民日报系的其他报刊编校把关更严格，哲学人文学科的比其他学科的更重视语文规范。似乎可以这样说，这些"误例"略低的领域，都是人为干预的结果。"误例"频现的领域，其规范程度不高，但却更能反映语言文字运用的自然生态。

更有说服力的是，不仅一般语料库中"有失偏颇"的比重不低，各类工具书（包括语文工具书）中也不时出现"有失偏颇"的身影（虽然"失之偏颇"仍占上风）。下边所列材料中，都有"有失偏颇"这个结构，有的是出现在语文辞书的例句中，有的是出现在百科词典的释文中（按，着重号为引者所加）。

　　偏颇：偏于一方面，不公平。用于书面语。例：她的意见有失偏颇。（杨玲、朱英贵：《贬义词词典》，四川出版集团、四川辞书出版社2005年版）

　　偏颇〈形〉公平恰当：~的评价｜貌似~｜评论~。☆偏颇：评价~｜有失~。（李小凡等：《中华反义词词典》，中华书局2009年版）

　　事之成败，必由小生：事情的成功和失败，必定是由细小处开始的。汉·刘安《淮南子·说山训》："事之成败，必由小生，言有渐也。"【例】有人认为，只要固守大节，微小渐变难成气候。这也有失偏颇。要知道，事之成败，必由小生。小毛病，小动作，小心眼，小勾当，小贪心，如此等等，不起眼的东西最容易被忽视，或自我谅解，最终将滑向泥潭。（姚柏林：《说"渐"》）（温端政、沈慧云：《通用格言词典》，语文出版社2004年版）

　　集智：集中智慧。仿"集资"而来。例如："这种只顾'集资'而忽视'集智'的做法，是有失偏颇的。"（《经济日报》1987年8月25日）"谁有远见，谁抓集'智'，企业就能发展。这个道理已经被实践反复证明了。"（《文汇报》1991年10月13日）（于根元：《现代汉语

新词语词典》，中国青年出版社 1994 年版，第 424 页）

愚见：谦，谦称自己的看法，意谓愚钝、浅拙的见解。例：愚见有失偏颇，敬请不吝指正。（朱英贵：《谦辞敬辞辞典》，四川出版集团、四川辞书出版社 2005 年版）

肝性升发……合起来，通盘考虑。预防肝病在保健养生方面有着重要意义，虽然古人"七情之病皆由肝起"的说法有失偏颇，但亦说明情志疏畅能预防肝病的发生和达到养生的目的。（《中国大百科全书》（中国传统医学卷））

由于影响企业家行为和企业绩效的并非全是经济利益，因此仅从激励机制的角度去考虑法人治理结构似乎有失偏颇。（刘海藩等总主编，周振林等：《领导全书·第五册 关系与协调卷》，九州出版社 2001 年版，第 871 页）

但对于内障眼病（眼底病），往往仅有"视物昏渺，蒙昧不清"而外观无任何明显直观的体征，所以内障眼病多从水轮（肾和膀胱）论治，显然有失偏颇，疗效也不甚理想。（宗淑杰等总主编，赵家良分卷主编：《医家金鉴·眼科学卷》，军事医学科学出版社 2007 年版，第 333 页）

这种研究在动物中取得了很大的成功，对人的心理研究也有一定启发，但若忽略了人与动物区别，就有失偏颇。（魏群：《中国成人教育百科全书·生物·医学》，南海出版公司 1994 年版，第 707 页）

在正统观念的影响下，作者少年时"亦弃不学"，但博学广闻后，却领悟到，它们"本为不悖于古"，自己原先的态度有失偏颇。（《余景游乐府编序》）（马兴荣等：《中国词学大辞典》，浙江教育出版社 1996 年版，第 419 页）

同样的意思，是用"失之偏颇"还是用"有失偏颇"，有语气差异，更多的是使用习惯。例如：

（1）单凭某人的某句话，就对一个刊物下结论，是失之偏颇的。（施建伟：《中国现代文学流派论》，陕西人民出版社 1986 年版，第 74 页）

（2）不在讲课上下工夫，仅埋怨学生不守纪律，是有失偏颇的。（方勋臣、朱彰年：《中学教育研究与管理》，北京团结出版社 1989 年

版，第 56 页）

"有失"表示按照常理应该做到的而做得不够、不好，有不足、有欠缺，"有失"后面常跟褒义词，如"有失检点"（不检点）；"失之"表示按照常理不应该出现的却出现了这样的过失，有某种失误、错误，"失之"后面常跟贬义词，如"失之粗心"（很粗心）。汉语中有两个"失于"：一个相当于"失之"，另一个相当于"有失"。"有失"与"失之"都可后接原因宾语，都有否定性意义，所不同的是表述语气上存在差异。"有失"之后出现贬义词时，比"失之＋贬义词"，表达上更委婉。

五 结 语

对于客观现实中所存在的种种过渡现象，语言使用者的意识中往往是游移不定的①，因而难免出现亦此亦彼现象。"失之"与"有失"在句法、语义、语用方面存在的种种牵连，正反映了语言中词语语义分工的模糊性。

（作者单位：长江大学文学院）

---

① 伍铁平：《模糊语言学》，上海外语教育出版社 1999 年版，第 36—37 页。

同义形容词的模糊释义研究[①]

于峻嵘　张淑明

　　1955 年，克留耶娃的《俄语同义词》一文从学理上详尽地评述了有关俄语的同义词的各种意见和论点，并且用具体而浅近的实例解说了有关问题，在同义词的研究上产生了重要的影响。文章阐明了判定同义词的基本标准，并对同义词解释中的关键问题（如同义词的体裁性质、核心词、同义词互相区别的各种类型）进行了深入的探究，并对同义词研究中复杂问题（如术语同义词与方言、不同社会现象的词、惯用成语与同义词）给予了学理的讨论。总体而言，同义词研究会遇到很多疑难的问题。为此，研究指出："解释同义系列的教学法是很复杂的。现在我们就从这方面最常犯的错误谈起。不应当用另外一个抽象概念来解释某一个抽象概念，不应当用性质过于普遍的词解释同义词（如 страх［恐惧］是一种感觉），不应当用种来解释类（宿舍是房子）。必须用同一逻辑范畴内的词来解释同义的词，必须把同义词归结成它们共同的第三个概念。"[②]

　　同义词的解释不同程度地存在着上述问题，这说明克留耶娃所提出的问题的普遍意义。语言中总是会存在同义现象，因为，词所传达的是概念，而概念总是具有一定的抽象性。一个抽象的概念类型是以一个或一组特定的词义来描述的，其中为"一组"的部分，对应的是同义词的多个成员。在同义关系的词之间，同的部分是词义中共同的、必需的细节意义，不同的部分有的不在同义序列中，因此可以被隐藏；在同义序列中的部分，则是同义词释义的实例（也即对象）。

　　① 基金项目：国家社会科学青年基金项目"形容词性同义词群的基本词与释义元语言研究"（项目编号：11CYY047）。

　　② ［俄］克留耶娃等：《俄语同义词》，王宜光译，《俄语同义词、反义词及同音异义词研究》，时代出版社 1955 年版，第 16 页。

　　因为词义抽象的来源在于概念抽象，这一问题就带来了释义中的叙述模糊。黎千驹先生指出："构成义位同义关系的基础是两个义位的理性意义相同或基本相同。"[①] 此处所言"相同或基本相同"正是基于同义词之间多种多样的细微差别而言的。为此，释义允许有一些隐藏、变量等模糊的语言存在，看起来似乎与明晰的释义追求相矛盾；但正是抽象是这个世界必需的组成部分的原因，模糊自然地成为释义中的重要组成部分。不管是俄语、英语、汉语等语言类型，它们都有同义词词典，也都在具体的释义中存在一定的模糊；特别是形容词的释义，更因其特殊的抽象性而存在释义模糊。

一　把握词语的模糊要素

　　同义词释义的一般过程是从可调用的词语中划定一个"作用域"，从中构造一个基础释义，之后收集语料，依据实例再对初始释义加以修改完善。

　　由俄罗斯著名语言学家阿普列相主持编写而成的俄语词典 *Новый объяснительный словарь синонимов*（汉译名：《最新俄语同义词释义词典》）中，释义在整合描写原则的指导下，运用注解、词形、结构、搭配等多个单元合融的方法，形成了极具典范性的释义。如 Мокрый，влажный，сырой 这组词，其词形的（构成简单式、复合式比较级等）、结构的（可以搭配的名词与前置词的情况）特征（词法的和语法的特点）十分确定，不存在模糊性；但词义上的模糊十分显明，需要经过适切的辨析才能说明。

　　Новый объяснительный словарь синонимов 首先指出词性，加以释义：形容词。指在客体的表面或者布料里面有湿气或者水分，均可翻译为"潮湿"，有着共同的反义词 сухой。

　　其次指出不同的词义：

　　（1）在水分的含量上，мокрый 最大。

　　（2）在水分浸润客体的深度上，влажный 主要是表层上潮湿，мокрый 的表层比内里湿度要大，сырой 无论是表面还是内里湿度一样。

　　（3）从感觉类型来讲，мокрый 主要是视觉感受，сырой 主要是触觉感受。

　　（4）客体类型上，сырой 修饰的客体不能是活物，влажный 不能用来修饰大的活物。

---

　　① 黎千驹：《模糊语义学导论》，社会科学文献出版社 2007 年版，第 222 页。

（5）从潮湿的内源讲，мокрый 和 влажный 一般是源于汗水或泪水，сырой 则是源于植物的内部汁液。

（6）对于客体的评价，сырой 带有否定色彩。①

辨析中的模糊语有两种情况：一是如"最大"、"大的"等用重点号标示的部分，表明的是具象比较的模糊；二是如"主要（是）"、"一般是"等数据判断的模糊，两者都是基于对象本身的模糊性质而形成的。实际上，语义辨析单元所释同义中的"指在客体的表面或者布料里面有湿气或者水分"这一基本概念中，已经使用诸多的模糊要素了——水分含量的多少、水分浸润的程度、水分的不同内源等，这些处于出发位置的"义素"在整合词汇义与语法义的同时，对模糊词语的运用也给我们以重要的指导意义，那就是，模糊语的恰当运用是以极精准的对词义的把握为前提的。

二　判定同义关系的核心

张志毅、张庆云《新华同义词词典》对同义词辨析了 1318 组同义词，辨析了同义词在意义、色彩、语法、语用诸方面的差异。该词典的释义系统性显明，做到了"使一个词的差别项集中，便于读者对照，并从整体上掌握一个词的特点，即跟另一个词的主要差别"。② 作为单词音序索引的词也即词列的主导词，逻辑上是使用中最受使用者关注的常用的词，既能够反映成员间的同义基础，又能够在词列中显示意义分化之处，因此需要根据大量的代表用例的调查后加以选定，使得主导词真正起到"主导"的作用。《新华同义词词典》十分重视核心词的选定，所选定的词有很好的代表性。核心词选好了，有助于反映词义的模糊性。例如"不凡、超凡、非凡"这组词，词典的释义（此省略列举及例句）如下：

同形容词。超出一般的。含褒扬色彩。

异【不凡】词义较轻，只指不平常，不平凡，超出一般。

【超凡】有形容词义。词义较重，是非常高超；异乎寻常。

① ［俄］Ю. Д. Апресян. *Новыйобъяснительныйсловарь синонимов*. под общим руководством акад. Ю. Д. Апресяна. М. Школа *Языки славянской культуры*, 2003，стр. 9，pp. 538—542.

② ［俄］Ю. Д. Апресян. *Новыйобъяснительныйсловарь синонимов*. под общим руководством акад. Ю. Д. Апресяна. М. Школа *Языки славянской культуры*, 2003，стр. 7.

【非凡】词义不比"不凡"重，比"超凡"轻，义为很高超。①

从释义即可看出，释义施体在语料调查基础上，运用鲜明的比较法来释义，概括得出各词的基本义。"不凡"词义是指在"仪表、气质、经历"等寻常的内容上不平常，"非凡"是指在"识见、魅力、才华"等可贵的方面极出色，因此，"非凡"的"不平常"的意味更突出，词义比"不凡"重。进一步指出，这两个相对常用的词都比不上用例较少的"超凡"在"异乎寻常"上的程度。"超凡"可以达到"出世"、"脱俗"、"入圣"的境界，词义程度是最重的。综合可知，"不凡"为基本词义，用率最高，应用广泛，应该作为核心词。在比较的过程中，同义词的解释就十分明晰了。为此我们认为，在多项式同义词中，选定一个代表同义基础而能有助于揭示分化根由的主导词作为释义的出发点、发射地，对于更加有效地解释整个同义词列是有帮助作用的。

三 采用科学的释义程式

科学的程式有助于显示释义的结构，同时再现释义的动态流程。例如，主导的流程：对释义对象的基本说明、揭示关联关系、比较词义不同、指导词语应用。所有的同义词都这样释义，就形成一定的释义模型；在整体对象间进行比较，在释义中改进模型，找出符合释义意图的可行程式，按照程式调整执行。由英国词汇学与词典学家 Alan Spooner（艾伦·斯普纳）编著的 *The Oxford Study Thesaurus*（汉译名：《牛津英语同义词词典》）采用了科学的释义程式，为读者提供了专业的帮助；此后，翻译家思果先生所作的译本严格地遵循了英文原版的释义程式，以严格对应的程式为学习者提供了可信的简化汉字版词典。例如：在 close 词目下列举八个义项，每个义项下分别用另一个概念加以解释，列举同义词，并举典型的组合法为示例。

close/kləʊs；kloz/（adjective 形容词）1. 接近的 a close position. 接近的位置。Adjacent, adjoining, at hand, handy（for）, near, neighbouring, pointblank（point-blank range 近距离的射程）. OPPOSITES：SEE 反义词参阅 distant. 2. 亲密的 a close relationship. 亲密的关系。affectionate, attached, dear, devoted, familiar, fond, friendly, intimate, loving, ［informal 日常用

---

① 张志毅、张庆云：《新华同义词词典》（中型本），商务印书馆 2005 年版，第 77—78 页。

语］thick. OPPOSITES：SEE 反义词参阅 unfriendly.

上述是其中第一、二项释义。释义初始，解释音标、词性，之下是遵循程式释义。抽绎其中流程，则为义项（1. 2. 3. ……）词义＋典型组合→同义词（1. 2. 3. ……）［特殊固定词组标示所搭配虚词、典型搭配之句例 1］，多词性的词指明多对应的词义所属词性→OPPOSITES SEE 反义词参阅＋某个单词。因此，可以得知，其余的六项（3. 近似的，4. 拥挤的，5. 精密的，6. 秘密的，7. 吝啬，8. 闷热的）。但释义的特色程式提示我们，第七项释义与整体描写略有不合。

7. 吝啬 close with money. 用钱很吝啬。illiberal, mean，［informal 日常用语］mangy, miserly, niggardly, parsimonious, penurious, stingy, tight, tightfisted, ungenerous。

从词的常用法出发，close 的词义情况是"动词义为'关门'、'关闭'"为常用义、"形容词义'接近的'、'亲密的'"为常用义，用以表达形容词意义的"悭吝"是从修辞中固定下来的书面色彩浓厚的意义。为此，释义中需要给出语体的说明。同时，从整体释义之"＋的"式看，此义项也以表达为"吝啬的、小气的"为宜，并且调整译文，比如，可以翻译为"对钱财吝啬的"。①

四　结论与思考

"在人的实践活动中，对象的精确性与模糊性是相对的。在科学研究的认识对象中，大量存在着界限不确定的类属及形态不明晰的现象，对这类对象很难用二值逻辑来认识，很难用传统的精确数学方法进行量化考察，而只能用一些模糊的语言去描述，用模糊概念去判断，这就是模糊思维方法。"②对模糊思维的研究说明，在以指导应用为目的的同义词词典编纂中，同义形容词的高度模糊性是辨析中必须恰当处理的重要问题。

既然可以确定词义的关系是确切的、稳定的、相对不变的同义，那么，我们虽然不能够用精确的思维来划定词义各自的边界，但仍然可以较为清晰地阐释其中的模糊性特征。本文以俄、汉、英语的同义词典为例说明，释义

---

① ［英］艾伦·斯普纳编著：《牛津英语同义词词典》（英汉版），思果译，外语教学与研究出版社、牛津大学出版社 2009 年版，第 96 页。

② 李传忠：《社会科学研究方法导论》，广西人民出版社 1990 年版，第 119 页。

施体要对有抽象性而定量性不显明的同义关系进行揭示，就要在全面地把握模糊要素的基础上，注重提升相邻词义的对比度，制定并借助于适宜的程式来对同义词进行释义。这样就能够作出同义核心与异义边缘都很清楚的解释，让受体可以模糊中锐化出同中之异，掌握词义关系，并能够正确地运用同义词。

（作者单位：河北师范大学文学院）

从允准义动词到模糊限制词的演变
——以山东无棣方言中的"不准"为例

一　引　言

　　模糊限制词（hedges）又称"模糊限制语"、"模糊限制成分"，是模糊语言学在语法学领域里一项非常重要的研究内容。从传统语法的角度来看，不少模糊限制词属于语言中的情态成分，它可以就话语的真实程度或涉及范围对话语的内容作出修正，也可以表明说话人对话语内容所作的直接主观测度，或者提出客观依据，对话语作出间接的评估（何自然，1988；伍铁平，1999）。

　　前人对模糊限制词已有较多的研究，但多限于讨论模糊限制词的类别、语义特征、语用功能等方面（Lakoff，1972；Kasper，1981；陈林华、李福印，1994；伍铁平，1999；杨毓君，2002；蔡龙权、戴炜栋，2002），极少涉及模糊限制词的来源问题。而且国内已有的研究大多是以英语和汉语普通话为对象的，汉语方言中模糊限制词的使用情况鲜有研究。鉴于此，本文拟对山东无棣方言中的模糊限制词"不准"进行较为深入的研究，主要讨论"不准"的句法语义功能及其词汇化和语法化过程，并指出从允准义动词发展成模糊限制词这一具有普遍性的语言演变规律。

二　"不准"的句法语义功能及其与相关词语的比较

　　（一）"不准"的句法特征与模糊限制功能。在无棣方言中，"不准"是一个同形异构格式，我们将其分为"不准$_1$"和"不准$_2$"。其中，"不准$_1$"是短语形式，其结构为"不 + 允准动词'准'"，表示"不允许"、"不准许"，如"不准再和他们一块儿玩！"；"不准$_2$"是一个词，用于小句的谓语核心之前，表示说话人认为谓语所表事件、性状发生或存在的可能性较小，可以看做一个表达说话人对话语内容进行主观测度的模糊限制词。"不准₁"和"不准₂"的结构差异导致其语音形式存在一定的差异："不准₁"中的"准"作为一个独立语素，可以承担重音；"不准₂"中的"准"不能重读。

下面我们主要以"不准₂"为研究对象，只有在讨论"不准₂"的来源时才会涉及"不准₁"，因此，如无特别说明，下文的"不准"都是指作为模糊限制词的"不准₂"。

"不准"位于谓语核心之前，谓语核心通常都是动词形式，但也可以是形容词，例如：

（1）（说话人看着天上的乌云逐渐散去，说：）这个天<u>不准下</u><u>（雨）</u>咧。

（2）（A 想让老王出差，B 说：）他<u>不准愿意去</u>。

（3）（说话人觉得早已过了约定的时间，说：）他<u>不准来</u>咧。

（4）（A 想尝一下某种味道奇特的食品，B 说：）这个味你<u>不准吃</u><u>了</u>（liao）。

（5）（A 怀疑某人偷了东西，B 为其辩护，说：）<u>不准是他偷的</u>。

（6）（A 打算撮合两个人的婚事，B 说：）他两个人<u>不准合适</u>。

（7）（A 问锅里煮的面条熟了没有，B 回答：）<u>不准熟</u>。

从表义功能上看，上述例中的"不准"体现的是说话人的某种认识情态（epistemic modality），表示说话人主观认为谓语所表示的行为、性状发生或存在的可能性较小。因此，上述例句之前都可以加上表达说话人认识立场的标记（epistemic stance marker）"我觉着"、"我看（着）"，例如：

（8）我看着这个天不准下咧。

（9）我觉着他不准愿意去。

（10）我看他不准来咧。

（11）我觉着不准是他偷的。

（12）我觉着他两个人不准合适。

例（8）表示"我认为天下雨的可能性很小"或"天很可能不会下雨

了"，例（9）表示"我觉得他愿意去的可能性很小"。余例可类推。

"不准"所限制的行为、性状大都是未然的。只有针对未然情形，才更容易对其发生、存在的可能性进行推断。当然，"不准"后的谓语成分也不排斥表达已然事件，如例（5）。

某一行为、性状出现的可能性存在两个极端，即必然出现或必然不出现，例如对"某人是否来这里"进行判断，可以有"他必然会来"和"他必然不会来"两种表达。当说话人明确断言这两个极端时，他对该行为在可能世界中的存在情况的判断是明确的，不存在模糊性。但是，在这两个极端之间，还存在着各种可能的形式，如图1所示：

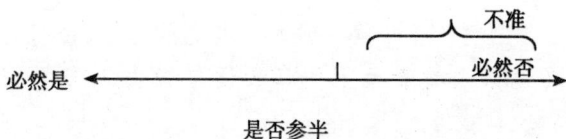

图1

"不准"对行为、性状发生或存在可能性的判断占据"是否参半"和"必然否"之间的一段区间，但其边界则是模糊的，这也正是我们将其看做模糊限制词的原因。

（二）"不准"与"不一定"的比较。许宝华、宫田一郎主编的《汉语方言大词典》（1999：615）收录了"不准"一词，标注为副词，释义为"不一定"，指明在北京官话和冀鲁官话中使用，并举了山东西北部方言的例子："他大哥在外省做事，一年也不准回来一趟。"可见，"不一定"与"不准"在表义上具有一致性，可以相互训释。

在无棣方言中，同时存在"不准"和"不一定"两个模糊限制词，但它们并不是在任何情况下都可以互换。

第一，当存在某个前提或预设且其取值为"必然是"时，说话人对此取值进行否定，只能用"不一定"，不能用"不准"。例如：

(13) 长得好必然嫁得好。

长得好不一定嫁得好

*长得好不准嫁得好。

(14) 有钱必然过得幸福。

有钱不一定过得幸福。

＊有钱不准过得幸福。

　　第二，当一方直接询问某性状（即谓语核心为形容词）是否有出现的可能性时，说话人的否定倾向回答只能用"不准"，不能用"不一定"，例如：

　　　　（15）（A 问："锅里煮的面条熟了吗？" B 回答：）不准熟。
　　　　（A 问："锅里煮的面条熟了吗？" B 回答：）＊不一定熟。
　　　　（16）（A 问："现在孩子穿毛衣热吗？" B 回答：）不准热。
　　　　（A 问："现在孩子穿毛衣热吗？" B 回答：）＊不一定热。

　　其实，上述两点有内在的联系，即话语前提或预设会影响到"不一定"和"不准"的选择，当前提或预设中存在某种必然性或倾向于必然性的判断时，对其进行否定的限制词就用"不一定"，当不存在这种必然性判断时，则倾向于用"不准"。如例（15）、例（16），如果将上文前提改为"A 问'锅里的面条应该熟了吧'"和"A 问'现在孩子穿毛衣热吧'"这种信大于疑的"吧"字问句时，用"不一定"来回答就可以接受了。
　　第三，"不准"表示说话人认为某行为、情状发生或存在的可能性较小，即"不准"处在接近"必然否"的一端。《现代汉语八百词》将"不一定"解释为"表示情况不能肯定，但偏于否定"。由此可见，"不一定"与"不准"在模糊限制等级上也有一致性。但细心揣摩之后，我们还是发现二者在限制区间上存在着细微的差异，即与"不一定"相比，"不准"更趋近于"必然否"一极。以上述例（5）、例（6）为例，当说"不准是他偷的"、"他两个人不准合适"时，说话人倾向于认为"很有可能不是他偷的"、"他两个人很有可能不合适"，但说"不一定是他偷的"和"他两个人不一定合适"时，这种肯定的语气会减弱很多。我们认为，"不准"和"不一定"在用法上的上述区别是与其词汇化程度有关的，详细讨论见下节。

三　"不准"的词汇化与语法化

　　（一）从道义情态到认识情态："准"的句法语义功能演变。在无棣方言中，"准"有"允许、准许"义，是一个言语行为动词，可以带双宾语或小句宾语，例如：

(17) 老板准了我三天假。

(18) 只准你在那里住一天。

从情态表达的角度来看，上例中的"准"可以被视为表达道义情态
（deontic modality）。彭利贞（2005：135—136）将普通话中的"准"视为一
个多功能情态动词，可以表达三种情态，即道义情态［许可］、道义情态
［必要］和认识情态［必然］。其中［许可］义道义情态用法即我们上面说
的"准"的"允许、准许"义；［必要］义道义情态表现为语用意义［保
证］，表示承许诺言时的肯定语气，如"明天我准来"；［必然］义认识情态
表示对情况的肯定性估计或推测，如"人家准会恼我们"。

我们认为，道义情态［必要］不能看做一种独立的情态，它只是认识
情态［必然］的一种语用意义，只能用于承诺这一言语行为，主语必须是
第一人称代词。如果将第一人称代词换成第三人称代词或其他名词，都只能
表达认识情态，如"明天他准来"或"明天老师准来"。所以我们将其归入
认识情态。

"准"的认识情态用法在无棣方言中也存在，例如：

(19) 你不用担心，明天他准回来。

(20) 这个事儿他准知道咧。

(21) 家里的钱准是他偷的。

(22) 这个天孩子穿毛衣准热。

上述例中的"准"都表示说话人主观认为某一行为、性状必然发生或
存在。

道义情态与认识情态具有逻辑上的联系，准许某一行为发生即意味着我
们可以作出该行为可能发生的推断。从历时角度来看，从道义情态发展出认
识情态用法是一条具有普遍性的语义演变规律（Whaley，1997：223），如
英语中的must，should，ought to，汉语中的"应该"等，都是兼有道义情态
与认识情态两种功能。为下文讨论方便，我们将表达道义情态的允准义动词
"准"标为"准₁"，把表达认识情态的"准"标为"准₂"。

（二）"准"的否定与"不准"的语法化和词汇化。"准₁"可以被

"不"否定，表达"不准许"、"不允许"义，即上文讲到的"不准₁"。"不准₁"与表认识情态的模糊限制词"不准₂"可能存在逻辑上的演变关系，即不准许某事发生意味着我们可以作出某事不太可能发生这一推断。但另外一条演变路径同样可能，即"不准₂"直接来源于对"准₂"的否定。Jesperson 在其名著 *The Philosophy of Grammar* 中指出，人类语言中的否定词含义都是"少于、不及（less than）"，即语言的否定不是完全否定，而是差等否定。石毓智（2001：27）指出，汉语中的否定词"不"用于否定结构之中，否定的含义也是少于、不及其原来的意义程度，也是一种差等否定。譬如"不很好"是指介乎"很好"与"坏"之间的某种程度。"不"直接否定形容词也只是对其程度上的否定，并非完全否定该形容词的本义。同样，对位于认识情态"必然是"一极的"准₂"进行否定得到的"不准₂"也不可能变成"必然否"一极，而只会是介乎两极之间的某一区间。至于是偏向"必然是"还是偏向"必然否"，我们认为与"不 + 准₂"的词汇化程度有关。这可以通过与"不 + 一定"结构的比较来证明。

上文说过，"不一定"与"不准₂"在模糊限制等级上存在着一定的差异，"不一定"的模糊限制区间更广，在左侧相对更接近于"必然是"一极，这与"不一定"的词汇化程度较低有关。前文指出，当存在某个前提或预设且其取值为"必然是"时，说话人对此取值进行否定，只能用"不一定"，即"不一定"是对"一定"的直接否定，表现为"一定"可以负载重音，如"明天他一定会回来"可以变成"明天他不 + 一定会回来"，该句的含义并不排除说话人认为他很有可能回来。但是，当用"准₂"表达［必然］认识情态时，却不能用"不 + 准₂"直接否定，如对"明天他准₂回来"进行否定不能直接说成"准"负载重音的"明天他不 + 准₂ 回来"。"不一定"的词汇化程度较低，导致其否定前提或预设中总是存在某种必然性或倾向于必然性的判断，也使其限制区间更接近于"必然是"一极；而"不准₂"的词汇化程度较高，只表示说话人依据自己的主观认识对行为、性状发生或存在的可能性作出判断，不依赖其他前提或预设，且其模糊限制等级固定于靠近"必然否"一极的一段区间。

（三）"不准"是否可能来自"说不准"？在普通话中，"说不准"有三种用法：（1）"说不准₁"，指"不能说确切、不确切知道"，是一个否定式动补结构，其中的"不准"为形容词"准"的否定形式。该用法的"说不准"具有独立的述谓性，可以充当谓语，可以带宾语。（2）"说不准₂"，意义上可作认知义"不知道"或推测义"或许"两种分析，后面紧跟表时间、处所、施事、方式等意义的带疑问代词的短语。（3）"说不准$_3$"，专表推测，意为"也许、可能"，在句中充当状语。其中表认识情态义的"说不准$_3$"是由"说不准$_1$"经由"说不准$_2$"的阶段语法化而来的（韩启阵，2011：68）。那么一个可能存在的疑问就是，无棣方言中表认识情态义的模糊限制词"不准"是否是由"说不准$_3$"简化而来的？我们的回答是否定的。理由如下：

首先，虽然无棣方言中也存在"说不准"这一结构形式，但只有普通话中"说不准$_1$"的用法，例如：

（23）A：他啥时候回来呃？
　　　B：说不准。

而且，即使是这种用法在无棣方言中也不常见，普通话的"说不准"的各种用法在无棣方言中更恰当的对应表达是"说不定"。例如：

（24）A：他啥时候回来呃？
　　　B：说不定$_1$。（＝说不准$_1$）
（25）别看人家目前儿（现在）穷，说不定 2 哪天就发财咧。（＝说不准$_2$）
（26）别等咧，人家说不定$_3$都早到咧。（＝说不准$_3$）

其次，不论是无棣方言中的"说不定$_3$"还是普通话中的"说不准$_3$"，在模糊限制区间上都与"不准"不同。无棣方言中的"说不定$_3$"表示其限制的行为、情状发生或存在的可能性较大，如例（26）表示说话人认为"人家很可能早就到了"。韩启阵（2011：68）认为"说不准$_3$"表示"也许、可能"。单说"可能"即意味着肯定倾向的"可能是"，如"他们俩说不准挺合适的"表示说话人倾向于肯定"他们俩挺合适"。而无棣方言中的"不准"则倾向于否定，因此其与"说不定$_3$"和"说不准$_3$"在表义上正好相反，不太可能存在演变关系。当然，在无棣方言之外，也可能存在直接来源于"说不准$_3$"的"不准"，例如：

（27）你这块同胡博士一起到美国镀过的灿烂的黄金，不准哪一天就要变成粪土呢。（杨沫：《青春之歌》）

例（27）中的"不准哪一天就要变成粪土呢"即"说不准哪一天就要变成粪土呢"，倾向于肯定判断。这是一种个人的临时言语现象还是某种方言用法，有待进一步考察。

四　余论：允准范畴与模糊限制词的关联性

在无棣方言中，允准义动词"准"通过语义演变、与否定词组合、词汇化等过程发展成一个表示认识情态的模糊限制词。对比普通话中的相关语言现象，我们可以发现从允准范畴特别是允准动词发展成模糊限制词具有一定的普遍性，下面结合有关例证略作分析。

（一）没准$_儿$。《现代汉语词典》收录"没准$_儿$"，释义为"不一定，说不定"，例如"这事没准$_儿$能成"。"没准$_儿$"中的"准$_儿$"是一个名词性语素，表示"某种明确、必然的情形"，这可以从"去不去还没个准$_儿$呢"这一用例中"准$_儿$"受"个"修饰得到证明。我们认为，作为名词或名词性语素的"准$_儿$"来自表达［必然］认识情态意义的"准$_2$"，是"准$_2$"的转指用法。而前文已经证明，"准$_2$"来源于允准义动词"准$_1$"，由此可见，模糊限制词"没准$_儿$"也与允准义动词有关。

（二）许。"许"可以作为允准义动词，表示"允许、准许"。在古代汉语中，表示该意义的"许"可以自由充当谓语核心，例如①：

（28）尔之许我，我其以璧与珪归，俟尔命；尔不许我，我乃屏璧与珪。（《书·金縢》）

（29）悝后因中常侍王甫求复国，许谢钱五千万。（《后汉书·千乘贞王伉传》）

（30）明年，立皇太子，有赦令，许归葬。（韩愈：《董府君墓志铭》）

在现代汉语中，表示该意义的"许"一般只能作为构词语素与其他语素组成合成词，如"许可"、"准许"、"允许"等，独用的例子比较少见，例如：

---

① 例（28）至例（34）引自《汉语大词典》。

（31）她救我的父亲，一定她有点意；不然，为什么许我摸她的手，为什么那样诚恳的救我父亲？（老舍：《二马》）

上例中"许我摸她的手"更可接受的说法应该是"允许我摸她的手"。在允准义动词的基础上，"许"也发展出表认识情态意义的模糊限制功能，例如：

（32）江中白布帆，乌布礼中帷。撢如陌上鼓，许是侬欢归。（《乐府诗集·清商曲辞三·懊侬歌二》）

（33）太阳啊，自强不息的太阳！大宇宙许就是你的家乡罢。（闻一多：《红烛·太阳吟》）

（34）二木匠低低说："敌人要是全不停留，这粮食今儿许不要紧哩。"（柳青：《铜墙铁壁》）

上述模糊限制词"许"的用例要么是古代汉语或诗歌，要么具有方言色彩。在普通话中，模糊限制词"许"的独用较受限制，一般也是作为构词语素构成"也许"、"或许"等表达模糊限制功能。

虽然作为允准义动词的"许"和"准"在表义上非常相似，但二者向认识情态动词演变的路径却大相径庭："准"表示完全肯定，位于"必然是"一极，而"许"表示不完全肯定，位于"必然是"和"必然否"两极之间。"准"的否定形式"不准"也可以表达认识情态，但"许"的否定形式"不许"却只能表达道义情态，依然属于允准义动词。导致二者差异的原因还需要进一步研究。

（三）别。"别"表"禁止"或"劝阻"时，是一个副词，不是一个严格意义上的允准义动词，但其与允准范畴也存在一定的联系。在此基础上，"别"也发展出模糊限制词的功能。《现代汉语词典》（第五版）对这一用法的解释："表示揣测，通常跟'是'字合用（所揣测的事情，往往是自己所不愿意的）"，例如：

（35）约定的时间都过了，别是他不来了吧。（《现代汉语词典》）

参考文献

［1］蔡龙权、戴炜栋：《关于模糊限制语精确话语信息的可能性研究》，《外语与外语教学》2002 年第 8 期。

［2］陈林华、李福印：《交际中的模糊限制语》，《外国语》1994 年第 5 期。

［3］韩启阵：《"说不准"的语法化》，《汉语学习》2011 年第 4 期。

［4］何自然：《语用学概论》，湖南教育出版社 1988 年版。

［5］彭利贞：《现代汉语情态研究》，中国社会科学出版社 2005 年版。

［6］石毓智：《肯定和否定的对称与不对称》，北京语言大学出版社 2001 年版。

［7］伍铁平：《模糊语言学》，上海外语教育出版社 1999 年版。

［8］许宝华、宫田一郎主编：《汉语方言大词典》，中华书局 1999 年版。

［9］杨毓君：《模糊限制语与言语交际，《外语教学》2002 年第 4 期。

［10］中国社会科学院语言研究所词典编辑室：《现代汉语词典》（第五版），商务印书馆 2005 年版。

［11］Kasper, Gabriele, "Communication Strategies: Modality Reduction", *The Interlanguage Studies Bulletin* 4, 1997.

［12］Lakoff, George, "Hedges: A Study in Meaning Criteria and the Logic of Fuzzy Concepts", Chicago Linguistic Society Papers, 1972.

［13］Whaley, Lindsay, J. *Introduction to Typology: The Unity and Diversity of Language*, Sage Publications, Inc.

（作者单位：曲阜师范大学国际文化交流学院）

五言诗"二二一"节奏下的句式变异及其修辞效果

刘 彦 罗积勇

到齐梁时期，五言诗句的节奏类型呈现出多样化，其中有一种"二二一"节奏因为两个原因尤其引人注意，一是因为齐梁前，五言诗中这种节奏不占优势；二是因为齐梁时这种"二二一"节奏下出现了不见于散文的特殊句式，如南朝陈代诗人阴铿《渡青草湖》："穴去茅山近，江连巫峡长。"其中"江连巫峡长"即是。又如阴铿《晚泊五洲》："戍楼因碛险，村路入江穷。"其中"村路入江穷"句亦是。庾信《明君词》："胡风入骨冷，夜月照心明。"这种句式的特点：句子末尾那个形容词或动词与前边成分的关系较复杂，不能用当时平常的句法规则来解释。到唐代，这种"二二一"的节奏多了起来，并且从这种节奏中至少可以分析出三类特殊句式。

一 一主二谓式

在古代诗歌作品中，有一种句式看起来是两个谓语共一个主语，像上面举的阴铿的诗句"江连巫峡长"、"村路入江穷"即是，"江连巫峡长"即江连巫峡并且江长的意思。"村路入江穷"即村路入江并且村路穷的意思。

到唐代这类句式多了起来。如贾浪仙《送朱可久归越中》："吴山侵越众，隋柳入唐疏。"第一句最后一个形容词"众"是叙说"吴山"的，第二句最后的"疏"是叙说"隋柳"的。如此说来，"侵越"和"众"是共一主语的两个谓语，下句"入唐"和"疏"相同。但是，细加分辨，这两个谓语间并无明显联动、连贯或并列等关系。所以，有人把它看做"侵越吴山众，入唐隋柳疏"的变式。这从古人作诗炼句的情形看，是讲得通的。有一部分句子可以这样来理解，例如，沈佺期《夜宿七盘岭》："山月临窗近，天河入户低。"张耒《首夏犹清和》："树影临山动，禽飞入汉轻。"李嘉祐《和都官苗员外》："萤影侵阶乱，鸿声出苑迟。"杨凌《钟陵雪夜酬友人》："残灯闪壁尽，夜雪透窗多。"

但也有一部分句子不便或不能作这样理解，如上举阴铿诗"江连巫峡长"就不便作这种理解。李白《渡荆门送别》："山随平野尽，江入大荒流。""江入大荒流"不能理解为"入大荒（之）江流"。

总之，这种特殊句式有一部分可能是因炼句而产生，但不管因何而产生，只要变成了"名词+动宾词组+形式词或动词"的模式，人们通常便会按一主二谓式来理解。

一主二谓，有时单音词谓语置前，可变换为"二一二"节奏，如李商隐《题郑大有隐居》："石梁高泻月，樵路细侵云。"

二　两兼式

我们先通过一个例子来看什么是两兼式。孟浩然《途中遇晴》："天开斜景遍，山出晚云低。"在第二句中，因为"晚云"既做动词"出"的宾语，又在逻辑上做"低"的主语，所以，有人称之为"两兼式"。两兼式不是通常语法中的兼语式，它只在诗歌作品中存在，是诗句限制字数造成的结果。

同类的例子如孟郊《秋怀十五首》其二："冷月滴梦破，峭风疏骨寒。"蒋防《藩臣恋魏阙》："政奉南风顺，心依北极尊。"（《文苑英华》卷180）韦应物《夕次盱眙县》："人归山郭暗，雁下芦洲白。"

有些七言诗也使用这种结构，可拿来比较。崔颢《行经华阴》："山河北枕秦关险，驿路西连汉畤平。"上句"险"指关塞险要、"平"指"汉畤"。元稹《重夸洲宅旦暮景色》："人声晓动千门辟，湖色宵涵万象虚。"后一句可看做由"湖色宵涵万象"和"万象虚"两句糅合而成。

又有一种移序了的两兼式，如王维《终南山》："白云回望合，青霭入看无。"还原即为"回望白云合，入看青霭无"。这就成了两兼式，不过两句均省略了主语。

如果按正常的语法来造句，则就不会有这种模糊，如杜牧《招李郢》："行乐及时时已晚，对酒当歌歌不成。"

为两兼式下定义，不是一件难事，但就具体例子而言，到底是一主二谓式还是两兼式，其间存在模糊区间。如庾信《明君词》（《先秦汉魏晋南北朝诗》作《昭君辞应诏》）："胡风入骨冷，夜月照心明。"第二句的"明"

的主语可以是"夜月"，也可以是"心"。又如孟浩然《京还留别新丰诸友》："树绕温泉绿，尘遮晚日红。"朱承平先生认为应理解为树绕温泉，温泉绿；尘遮晚日，晚日红。[①]但事实上，当一主二谓式理解亦未尝不可：第一句是说树绿；第二句可理解为尘因晚日返照而变红。这种理解似乎更贴切。

三　一字作总式

有一种结构跟上述两兼式相类似，但句子末尾的单音字不能按两兼来理解，如喻凫《龙翔寺居》："雀啄北冈晓，僧开西阁寒。"从语境看，作者夜宿龙翔寺，因为"雀啄北冈"才知道已经天亮，这是诗句的本义，而不是说"雀啄北冈"、"北冈晓"。换言之，这里的"晓"字是总括"雀啄北冈"的。我们把这一类称为"一字作总式"。同样的例子，如祖咏《江南旅情》："剑留南斗近，书寄北风遥。"

我们或许可以说，"雀啄北冈晓"这种"一字作总式"在人们的理解过程中被纳入了"话题主语槽"。但细加体会，这种"一字作总式"又不是标准的话题主语句，因为处在谓语位置的词，对主语的描述是模糊的，它留给了读者很多想象和补充的空间。

唐代上官仪《入朝洛堤步月》："鹊飞三月曙，蝉噪野风秋。""蝉噪野风秋"中的"秋"是总括提升前面的，关于这一点，我们可以用七言诗句中的类似结构来证明，如元代刘因《渡白沟》："黄云古戍孤城晚，落日西风一雁秋。""落日西风一雁秋"中的"秋"亦属一字总起前文的情况。

一字作总式唐代的例子还有：杜审言《和晋陵陆丞早春游望》："云霞出海曙，梅柳渡江春。"李峤《侍宴长宁公主东庄》："树接南山近，烟含北渚遥。"窦常《花发上林》："色浮双阙近，春入九门深。"王表《花发上林》："地接楼台近，天垂雨露深。"以上例子均从《文苑英华》卷188中摘出。

四　修辞效果

从修辞效果上观察，这三式有一个共同特征：每句末尾的那个单音字是

[①]　朱承平：《对偶辞格》，岳麓书社2003年版，第274—275页。

信息焦点，也是诗意中的重点，这个字是最出彩的。一主二谓式中"村路入江穷"那一类，与"村路入江而穷"的表达有些类似，落脚点是在"村路穷"；而"吴山侵越众"那一类，既然与"侵越吴山众"有些关系，无疑重点是要说"吴山"之"众"。在两兼式中，像"树绕温泉绿"这样的例子，"绿"不但是指温泉绿，而且温泉是因绿树映衬而绿，所以，"绿"这一语义占优势；而在"人归山郭暗，雁下芦洲白"这一类例句中，作为对一个动态过程的描写，"暗"、"白"是最后画面的色彩，所以也是语义重点。而一字作总式，从我们对这一特殊句式的命名和已作的分析中就可看出，最后一字是重点。

诗人们对句末这个重点字的选择是颇费匠心的，或者是选一些含有丰富意义色彩的形容词或动词，如"绿"、"白"、"暗"、"秋"（上述诗句中的"秋"，极具描绘性，与形容词近）；或者是选一些在当下语境特别贴切和传神的形容词或动词，如"闲"、"合"、"物"、"晓"。他们意在借这些词激发听读者的想象，以营造意境美。

作为修辞效果的分析，要谈的第二点是这种含特殊句式的"二二一"节奏的入诗，丰富了五言诗的节奏变换之美。在齐梁之前，一首五言诗中往往是"二一二"节奏占优势，有的甚至整首都是这个节奏的句子，显得十分单调。但到齐梁后，由于"二二一"等节奏句的相参而用，使得一首诗的节奏富于变化，从而显得活泼、流畅。如上文所举阴铿《渡青草湖》全诗："洞庭春溜满，平湖锦帆张。沅水桃花色，湘流杜若香。穴去茅山近，江连巫峡长。带天澄迥碧，映日动浮光。行舟逗远树，度鸟息危樯。滔滔不可测，一苇讵能航。"到唐代，无论古风，还是近体，诗句句式与节奏都富于变化，如前举孟浩然《京还留别新丰诸友》全诗："吾道昧所适，驱车还向东。主人开旧馆，留客醉新丰。树绕温泉绿，尘遮晚日红。拂衣从此去，高步蹑华嵩。"又孟浩然《途中遇晴》是五律，全诗："已失巴陵雨，犹逢蜀坂泥。天开斜景遍，山出晚云低。余湿犹沾草，残流尚入溪。今宵有明月，乡思远凄凄。"从这些例子我们也不难看出这种含特殊句式的"二二一"节奏句的作用。

（作者单位：武汉大学文学院古籍研究所）

英文广告模糊限制语的语用分析

刘　娜

广告活动是一种交际活动，交际的双方是广告商和消费者。作为信息时代重要的交流手段，广告极大地影响着人们的生活，而广告研究也已成为信息传播的热门研究课题之一。随着商品经济的迅速发展和市场竞争的日益激烈，以及现代模糊思想的提出和模糊语言学的发展，广告语言越来越出现模糊性和说服性的特征。目前大量广告中出现的模糊限制语受到了语言学家及业内人士的广泛关注，也出现了许多相关的研究。在这些研究的基础上，本文运用关联理论研究广告中的广告商是如何运用模糊限制语形成最佳关联以影响消费者从而达到成功交际的目的。

一　模糊限制语在广告中的应用

1965 年美国数学家、逻辑学家 L. A. 查德教授提出了模糊概念和理论，奠定了模糊学的基础，之后陆续产生了模糊数学、模糊逻辑等模糊学的分支学科。在语言学领域，相继出现了模糊语言学、模糊语义学等相关分支。随着对模糊语言研究的不断深入，作为模糊语言的一个重要组成部分的模糊限制语得到了语言学家的关注。根据格赖斯（G. Lakoff）（1972），所谓"模糊限制语"就是那些"把事物弄得模模糊糊的词语"。参照何自然（1999）的两分法，根据模糊限制语是否能够改变话语真值条件，或者说是否能够改变话语结构的原意这一标准，将模糊限制语分为变动型和缓和型两大类。变动型模糊限制语是指可以改变话语原意的词或短语。它们或者根据实际情况对原来的话语意义作某种程度的修正，或给原话定出一个变动范围，如 sort of, somewhat, really, almost 等。缓和型模糊限制语是指不改变话语结构的原有含义，并使其肯定的口气趋于缓和的词或短语；它表明所说的话语是发话人或其他人的看法，如 may, possibly, as far as I know, as... is concerned, seem，according to，等等。

"由于广告的主要目的是推销商品，因此广告语言很自然地是一种带有夸张力的倾向性语言。它没有科技或法律语言那么精确，具有一定的模糊性。"（谢纹怡、刘云腾，1997：159）因此，广告中不仅需要模糊限制语来实现其模糊性，而且还依赖模糊限制语成功地实现其广告运用的目的，提高语言表达的准确性、灵活性和简洁性，使广告更具表现力和说服力，充分体现广告的劝说功能。

二　关联理论与广告

关联理论是当代新的语用理论，在解释交际理解过程诸多理论中，它最具有解释力。关联理论主要有两条原则：关联认知原则和关联交际原则，关联认知原则指的是人类的认知常常与最大关联性相吻合。关联交际原则指的是每一个话语都应该设想为话语或行为本身具有最佳关联性。关联理论认为语言交际是一个认知推理的互明过程。广告是一种言语的、单向的、公开的交际活动，交际双方之所以能配合默契，主要是有一个最佳关联。说话人不仅要表明他有某种信息要传递，更要表明他所提供的信息有某种关联。因此听话人把注意力集中于对他来说最有关联的信息，并根据语境假设，对说话人的意图作出合理的推导，取得语境效果，达到对话语的正确理解。一般情况下，说话人选取其认为是最适当的刺激信号，而不选用处理努力大和可能有歧义的信号，那么听话人相信说话人已经从一系列的刺激信号中选取最有关联的一种，即需要最小处理能力、具有最大关联的刺激信号。这时说话人和听话人的利益就重叠一致了。如果听话人认为说话人有意选用不必要的晦涩难解的刺激信号，听话人就有可能对话语不付出处理努力，因而最佳关联性是人们成功交际的必要条件。基于模糊限制语自身的特点，我们有必要引入关联性对其审势定性，也就是交际者在话语和语境假设之间按照关联原则对语言中的某些限制语的属性功能作出准确判断，从而获得相应的语境效果。按照关联理论，语言具有两种不同的编码意义：一方面用语言形式表达一定的概念信息，构成话语的命题意义；另一方面用其他的语言形式编码出程序意义，它不直接构成话语的命题意义，而是对话语理解过程进行制约、引导或告诉听话人如何去理解和处理概念信息。同时 Sperber and Wilson 指出，交际中的话语包含命题意义高级显性意义和隐含意义，命题意义揭示出说话人的看法，高级显性意义规定说话人的命题态度，只有将命题意义纳入语境，通过对话语和语境假设的思辨推理，找到命题意义和高级显性意义之间的关联，才能获得最佳语境效果（Sperber and Wilson，1986：15—16）。

广告商的目的是劝说消费者去购买他的产品或接受其服务。而消费者经常怀疑广告是否真实。为此，广告商往往采取一些能吸引广告受众注意力的语言策略，以使消费者接受广告所传递的信息。这些注意力吸引策略正是明示刺激。这些明示刺激在广告交际过程中，一方面能吸引消费者的注意力，另一方面将消费者导向最佳关联。广告商说话人通过使用语言对产品进行宣传或推销，向消费者听话人传递相关信息；消费者借助常识等认知语境进行思辨推理从而理解广告发布者的真正意图。因而对广告信息的理解过程也就是寻找关联的过程，也必然遵循明示推理的模式。

三　关联理论对广告中模糊限制语的阐释

广告之所以能吸引读者注意是因为它作为明示刺激激活了相关认知语境。在话语理解过程中，听话人需要通过一系列的语境假设去处理新信息，获得该信息所产生的语境效果，从而推导出话语的含意。根据关联理论，任何明示的交际活动都会有一种关联期待。例如：

（1）Time does stand still for some things in life.

这是一家宾馆打出的广告。生活中的什么事会让时间都不愿继续走了呢？舒适的房间？优美的景色还是宾馆一流的服务？广告故意用模糊的词语轻描淡写，却大大增强了广告的内涵，也让读者的心里充满了期待。

（2）The great feeling that comes with knowing you've really gotten your money's worth, and more.

这是别克汽车的广告。这则广告并没有刻意揭示广告主题，没有具体内容，但是 really 这个模糊限制语却能引起读者的好奇心和购买欲，顾客有可能要看看到底是什么东西能使自己花钱花得值，原来是别克车。这就是由模糊限制语引起的关联期待，使读者经历一个先是疑惑而后恍然大悟的过程。一旦解读成功，消费者就会获得一种智力上的满足，广告自然就会给消费者留下深刻的印象，同时对广告商的不信任就会有所淡化。

广告商为尽可能减少消费者的不信任，除了用模糊限制语造成关联期待外，还充分利用模糊限制语的特点，加强消费者对商品的信任度。

（3）The world is full of good-looking women. But some really stops you.
They've got a certain glow that seems to come from within. . . .
Maybe she's born with it.
Maybe it's Maybeline. （Maybeline）

消费者根据自己原有的认知语境，可能会产生语境假设 a，而得出 b。

a. 不是所有美丽的人都使用了化妆品。
b. 但使用化妆品可以让人更美丽。

这些新信息激活了消费者原有的认知语境，同时缓和型模糊限制语 maybe 的两次使用显示出广告商并未盲目夸大其美容的作用，增加了广告的可信度。于是消费者添加新的语境假设 c：

c. Maybeline 可以使人更加美丽，值得信赖。

从而获得广告商所期待的预期的语境效果 d：

d. 购买 Maybeline 化妆品对爱美人士来说是个不错的选择。

大家都知道，广告的主要目的就是成功地影响和说服消费者，获得交际的成功。根据最佳关联原则，在交际过程中，人们总是用最小的认知努力来获取最大的语境效果。消费者一般不会花大量的时间来仔细研读广告。因此，广告商必须尽可能准确地估量消费者的现有语境，从而在广告中恰当地、有效地提供新信息，创造最佳关联，从而吸引消费者。

（4）McCain Oven Clips. Just potatoes and sunflower oil. （McCain Chips）

广告信息作为明示刺激，激活了消费者的相关认知语境：薯条是一种可

口的油炸食品，但由于其经过高温油炸的处理，多食对身体有害。根据这种
认知，消费者的语境假设为 a，b：

        a. 该品牌的薯条美味可口。
        b. 该品牌的薯条的制作过程中只使用了葵花油而非其他植物油或
动物油。

在这样的语境假设下，消费者可以找到最佳关联点，从而推导出语境效
果 c：

        c. 该品牌的薯条不仅好吃而且不会对身体有害。

在这个例子中，变动型模糊限制语 just 的使用强调了制作薯条的原材料
只是土豆和葵花油，从而排除了使用其他原料如动物油而导致消费者不健康
的可能性。这样，模糊限制语的使用增强了广告蕴涵的真值，使广告具有揭
示性。

（5）在你品尝过各种零食之后……甜的、咸的、酸的东西。想必
你吃过不少很容易腻的东西，是不是？现在，我们把苹果、菠萝、香蕉
啦，还有刀豆、黄瓜、胡萝卜、土豆制成原色原味、香脆可口的新款小
零食。……25 可贝尔脆就有 250 克新鲜果蔬的营养，对不喜欢吃蔬菜
的孩子来说是最好的补充。

这则广告充分利用了听话人认知语境中的旧信息即甜的、咸的、腻的东
西不利于健康，同时提供了大量的食品口味和营养有关的关联信息非常清楚
地明示消费者，"贝尔脆"是你的理想选择。"各种"、"不少"、"腻"、"新
款"等这些模糊修饰词以及"原色原味"、"香脆可口"这些带有情感冲击
的修饰词都在夸大广告内容的信息，扩大消费者的想象空间，激发消费者购
买的冲动。无论消费者的认知环境是如何的不同，在解码这则广告时想必都
会得出相同的认知结论：在尝过不利于健康的零食之后，是该换换口味了。

四　结　语

　　关联理论为解读广告模糊性提供了很好的理论基础和推理模式。广告中大量用模糊限制语不仅可以扩充广告语言表达的信息容量，拓宽语言的想象空间，更重要的是触动消费者的认知潜能并激活其认知语境，激发消费者的购买欲望。同时我们也应清楚地看到模糊限制语的使用也存在一些负面效果。广告商清楚地掌握人们的认知模式和消费心理，利用消费者的认知活动和语言本身的模糊性来操纵顾客。在对广告中的模糊表达进行处理时，很可能导致基于文本的理解与现实的不相符，误导消费者。因此，在广告交际过程中，广告商应遵守诚信原则，恰当运用模糊语言，消费者也应认真思考广告中模糊限制语所暗含的意思从而作出正确的选择。

参考文献

　　[1] Dan, Sperber. Deirdre, Wilson. , *Relevance: Communication and Cognition*, Oxford: Basil Blackwell, 1986.

　　[2] George, Lakoff, "Hedges: A Study in Meaning Criteria and the Logic of Fuzzy Concepts", Chicago Linguistic Society Papers, 1972.

　　[3] 何自然：《语用学概论》，湖南教育出版社 1999 年版。

　　[4] 谢纹怡、刘云腾：《广告英语》，上海交大出版社 1997 年版。

（作者单位：重庆三峡学院外国语学院）

英语学术论文修改过程中模糊限制语的变化研究

董 贺 蒋 跃

一 引 言

模糊限制语作为最典型的模糊现象逐渐为语言学家所关注。在过去的几十年里，国内外许多学者对模糊限制语的本质和形式的研究已深入不同领域。据统计，几乎世界上 80% 的科学研究论文都是用英文撰写的，英文学术论文现已成为学者们向世界和同行展示学术成果的重要的方式之一。学者们在撰写英文学术论文中必须力争命题表述准确，但是他们又不能完全确保所述命题的精确性，因此作者必须借助于某些语言手段使其陈述尽可能地做到"客观上的准确"（李萍，2000）。Hyland（1996）曾说，模糊限制语是表达可能性而非确定性的一种语言策略。模糊限制语表达的是不确定性、可能性和模糊性，它可以使论文的表述更准确和更容易被接受，可以减轻作者的责任并充分表达作者对读者的尊重。因此，更好地理解和使用模糊限制语可以使英文学术论文更易于被国外同行译审人所接受，有着至关重要的作用。

在国内，学者们也开始关注模糊限制语在中国作者所写的英文学术论文中的使用情况。比如，根据 Hyland 的分类方法，赵英玲（1999）讨论了学术文章中模糊限制语的语用功能，提到模糊限制语可以使表述更谨慎、更谦虚。李萍（2000）讨论了学术论文中模糊限制语的现象，认为模糊限制语的运用是学术论文写作的一个重要特点。蒋跃和陶梅（2007）讨论了中英医学论文中讨论部分模糊限制语的使用情况，发现汉语文本中的模糊限制语的频次和种类明显低于英文文本，从而指出中国作者使用模糊限制语的意识还是较为薄弱的。

然而，相关文献中对我国学者在写作、修改直至发表英语论文过程中使用模糊限制语的变化情况的研究至今还屈指可数。有鉴于此，本文结合 Hyland（1996）对学术论文中模糊限制语的分类方法和语料库语言学方法，自建了一个源于中国学者撰写的英文论文初稿、修改稿和发表稿的语料库，研究分析了中国学者在其英语论文写作、修改直至最终在国际期刊发表的过程中使用的模糊限制语在频次、类别和分布等方面的变化情况，分析中国作者使用模糊限制语的特点，以期帮助中国学者在用英文撰写论文时更好地理解和使用模糊限制语。

二　语料及方法

（一）定义及分类

继 Lakoff（1972）第一次提出"模糊限制语即是把事物弄得更清楚或更模糊的词"之后，语言学家们纷纷对模糊限制语进行了研究并提出了自己的见解，对其进行了不同角度的分类。Prince（1982）从语用角度把模糊限制语分为两大类：变动型模糊限制语（approximators）和缓和型模糊限制语（shields）。变动型模糊限制语可细分为程度变动型（adaptors）和范围变动型（rounders）；缓和型模糊限制语可细分为直接缓和型（plausibility shields）和间接缓和型（attribution shields）。Salager-Meyer（1994）在医学英语的基础上把模糊限制语分为五大类：缓和型模糊限制语（shields）、变动型模糊限制语（approximators）、作者参与型模糊限制语（expressions which express the authors' personal involvement）、情感加强型模糊限制语（e-motionally-charged intensifiers）和复合型模糊限制语（compound hedges）。这里特别需要说明的是 Hyland 的分类。他（1996）主要讨论学术论文中的模糊限制语，并指出模糊限制语表达可能性而非确定性。Hyland 把模糊限制语分为两大类：内容倾向型（content-oriented hedges）和读者倾向型（reader-oriented hedges）。内容倾向型又包括准确倾向型（accuracy-oriented hedges）和作者倾向型（writer-oriented hedges）。读者倾向型又被再分为精确型（attribute）和可靠型（reliability）。① attributes hedges 可以使表达更精确，一般是一些语气缓和词和认知副词，减弱动词的效果或者尽可能使信息更准确。例如，quite，almost，generally 等；② reliability hedges 承认主观的不确定性，对命题的真值有所保留，一般为认知情态动词、形容词和副词。例如，may，could，would，possibly，presumably 等；从语言策略和语用功能上讲，作者倾向型模糊限制语旨在保护作者，避免对命题直接承担责任。非人称结构常可以达到作者缺席的效果，如被动语态和 it indicates that... 等表述手段；另外，读者倾向型模糊限制语直接表明作者的观点及态度，通常是由人称归因标志语和认知判断性动词构成。如，we suggest...

笔者认为 Ken Hyland 的定义和分类法突出了模糊限制语在英文学术论文中的重要作用，比较适合本研究，因此在此研究中采用了这一分类。

（二）语料收集与处理根据可获性和真实性的原则

我们从西安交通大学的十位学者那里收集了他们所著的十篇论文。其中每篇论文包括其初稿、修改稿及最终发表稿。所选论文均发表在外国知名期刊，如 *IEEE*，*International journal of Thermal Science*，*International Journal of Multiphase Flow*，*Journal of Turbomachinery*，*Plasma Science and Technology*，*Finite Elements in Analysis & Design*，*Trans. Nonferrous Met. Soc. China*，*Int J Mech Mater Des*，*Chemical Engineering and Processing*。为确保研究语料的前沿性，这些论文均发表于2009—2012年，最终发表稿可直接从互联网上下载。基于自建的含有十篇文章的小型语料库，笔者以 Hyland（1996）对学术论文中模糊限制语的定义和分类方法为指导，首先确定每篇文章的三个稿件中的模糊限制语，再进行分类，然后统计模糊限制语的频次、类型和分布。在统计过程中，为确保统计数据的精确性，所有的统计都遵循以下原则手工完成。①为了方便标注语料，统一语料的格式即把 pdf 文档全部转换成 word 文档，然后适当清理语料，如把语料中的表格、公式和数学符号等删除；②为避免重复，所有连续出现的同一模糊词仅记为一个；③ Hyland 方法下作者倾向型模糊限制语通常是按照一个词群（clusters）来计算的，不能将其拆开统计，例如" the result would suggest that..."是一个作者倾向型模糊限制语，而不能把其分成 would 和 indicate 两个模糊限制语；④对语料的统计结果再次检查核对，防止漏计和多计。

三　结果与讨论

根据 Hyland 对模糊限制语的定义和分类方法，笔者对语料进行分析和统计之后发现，在中国作者修改英文学术论文的过程中，所使用的模糊限制语的种类和频次在三个稿子之间是存在差异的。下面将对这些差异进行描述和讨论。

（一）频次

据统计，模糊限制语普遍存在于英文学术论文中，这似乎违背了学术论文以客观和准确为宗旨的原则，但恰当使用模糊限制语可以使得论文命题更严密，可以体现作者严谨谦虚的态度，使论文更容易被读者接受（Coates，1987）。由图 1 分析得出，除了第五篇文章，每篇文章的修改稿中模糊限制语的频次普遍高于初稿，且发表稿中模糊限制语的频次是最高的。由图 2 分析得出，对比初稿和发表稿，8 篇论文发表稿每 1000 词中模糊限制语所占比率都比初稿中每 1000 词中模糊限制语所占比率高。10 篇论文的初稿中，平均每 1000 词出现模糊限制语频次为 20.25；在发表稿中，平均每 1000 词出现模糊限制语的频次为 21.41。总体来说，在写作及修改英语学术论文过程中，中国作者使用模糊限制语的频次是逐渐增加的。

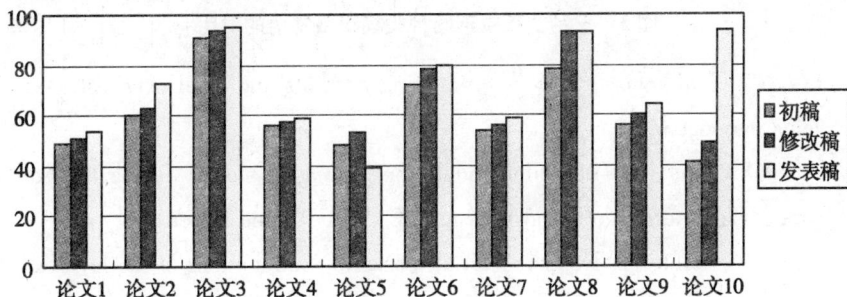

图 1　每篇文章的不同文稿中模糊限制语的频次及其变化

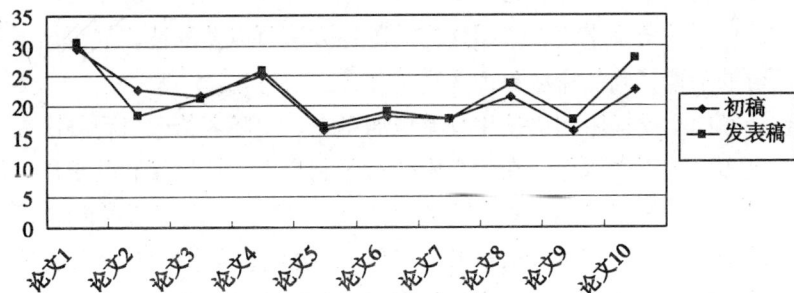

图 2　初稿和发表稿每 1000 词中模糊限制语的字词比

（二）种类

图 3 表明，可靠型模糊限制语使用频率最高，且随着修改过程频次在不断增加，这表明中国作者在陈述命题时比较客观谨慎且有所保留。Hyland（1996：262）指出，可靠型模糊限制语表达"命题的主观非确定性"，这类模糊限制语由常规的认知型词语充当，情态助动词较为常见。情态模糊限制语的使用可以使语气得到适当的缓和，显示观点的客观性，是一个更为常见的模糊限制语。例如：

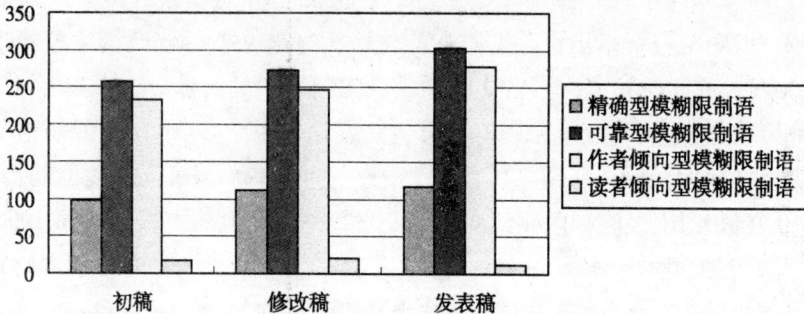

图3　三种文稿中不同种类模糊限制语的对比

（7）Otherwise, serious circulating currents and local overheating problems may occur.

（8）The load of boiler should be increased slowly during the startup process for the supercritical pressure W-shaped flame boiler.

（9）Factorial designs mean all possible combinations of the levels of the factors are considered.

在以上例子中，从读者的角度来看，他们可以看到作者对命题的信心和态度。从作者的角度来说，采用这样的陈述方法可以使陈述语气更加缓和并留下研讨的余地，确保命题更加客观。

作者倾向型模糊限制语使用频率位居第二，也随着修改过程频次在不断增加。这多少表明中国作者在论文中通过限制个人责任以缓和其承担可能出现的消极后果。作者倾向型模糊限制语经常"限定较强程度的断言，而不是指向精确的观点"（Hyland，1996：257），可以避免作者对命题直接承担责任，通常使用无人称结构来降低作者对命题的影响。例如：

（1）The results indicate that the major emitted charges from the trigger device were induced by surface plasma generated by surface ? ashover occurring on the trigger dielectric material.

（2）It is believed that the phenomena of self-breakdown of the switch can be described as follows. . . .

（3）It is assumed in this paper that there is a resistance coef? cient Z.

在例（1）中，作者强调的是实验结果（results）带来的启示，突出成果取得的客观因素，从而避免了主观因素。在例（2）和例（3）中，我们可以看出，作者在陈述命题时采用非人称结构以尽量避免提到自我主观因素，把作者自己对命题承担的责任降到最低程度，同时还起到了保护作者面子的作用。

在本研究中，中国作者使用精确型模糊限制语的频次也随着修改过程在缓慢增加。精确型模糊限制语对命题的精确性进行限制，暗示读者具体行为与理想的自然行为之间存在差距（Hyland, 1996），使命题表述趋于准确和周密。Hyland（1996）认为，这类模糊限制语通常为语气缓和标记语（downtoners）或内容外加语（content disjuncts）。例如：

（10）The deviation of the resistance factor of the trained SVM from the simulation results of FES generally remains lower than 4%.

（11）However, it is very difficult to calculate all the eigenpairs, eigenvalues and corresponding eigenvectors of a large model.

例（10）中的语气缓和标记语 generally 从程度上对命题进行了客观的描写，指出了 remain 的程度并不十分确定。例（11）中，very 更准确地限制了实验的困难程度，指明了作者对实验的认识和态度。

读者倾向型模糊限制语在本研究的语料中使用最少，它们证实作者对其命题所产生的互动影响（Hyland, 1996）。为了显示出学术研究应有的谨慎谦虚态度和对同行的尊敬，中国作者表达个人观点及态度的时候利用模糊限制语以达到该目的，此类模糊限制语通常为第一人称复数做主语并与表示推测性的动词连用，使用第一人称复数可以起到拉近作者与读者距离的作用。例如：

（4）We investigated the individual effect of each factor and determine whether the factors interact.

（5）We introduce an artificial outer boundary in....

（6）We can get that rd approaches r and Zd approaches Z....

在以上例子中，人称代词 we 与推测性动词和情态动词连用，使作者的语气显得缓和谦虚，作者恰当地表达了自己的观点并表明了自己愿对命题论述承担责任，增强了作者观点被读者和同行认同的可能性，同时也与读者拉近了距离。

（三）修改过程中模糊限制语使用的变化

我们跟踪和观察了在初稿、修改稿和发表稿中相对应处模糊限制语的使用，发现三方面存在显著变化。本文对 30 处对应处进行了分析，对比每篇文章三个文稿中模糊限制语的不同及探讨中国作者投稿至国际期刊时收到英语为母语的外国编辑们的反馈和意见之后，他们使用模糊限制语的变化。

1. 新模糊限制语替换原模糊限制语。对比三稿发现，发表稿中使用其他的即新的模糊限制语替换了前稿中原来的模糊限制语。由于任何一名外国编辑都不会接受一篇命题表述不贴切或者词语使用不标准的学术论文，所以中国作者在修改过程中不断修改模糊限制语，在发表稿中用规范、标准、贴切的词语替换掉初稿中一些不标准或中式英语表达，使论文陈述更客观准确，易于被接受。例如：

初稿　　　　　修改稿　　　　　　发表稿

（1）it means that... 　vs 　it refers to... 　vs 　this indicates that...

（2）...would result in ...problems vs would result in...problems vs...problems may occur

（3）...were less affected 　vs...were minimally affected 　vs...were minimally affected

2. 在发表稿中增加了许多模糊限制语。增加的模糊限制语大多都是认知情态助动词（epistemic modal auxiliaries）或认知型副词（epistemic adverbs），这些词是让论文作者实现个人主观意见客观化的重要手段。中国作者在写学术论文中使用情态动词或认知副词的意识较为薄弱，但随着修改和投稿的过程，他们使用这类模糊限制语的频次不断提高。这些词的使用大大增加了这些论文被外国编辑认同和接收的可能性。有研究人员认为，掌握恰当的使用模糊限制语的能力是论文撰写者趋于成熟的重要表现之一（刘鸽，2008）。例如：

（4）Some parameters which have influences on ... vs Some parameters which have influences on... vs Some parameters that may affect...

（5）... achieve saturation with vs ... achieve saturation with... vs...

can achieve saturation . . .

　　（6）. . . is stated as . . . 　　vs　 . . . is stated as. . . 　　vs　 . . . can be stated as. . .

3. 在发表稿中删去了很多主观意义的模糊限制语。在发表稿中删去了很多自我提及的表达方式而改用非人称结构或被动语态。外国编辑们严格遵循学术论文的客观性，中国作者在写作和修改论文过程中也最好摒弃主观意见力求客观。例如：

　　（7）we have investigated. . . 　　vs　 we have investigated　 vs　 . . . was investigated.

　　（8）we can see that. . . 　　vs　 it can be seen that. . . 　　vs　 it can be seen that. . .

以上分析表明，一方面，为了确保文章可以被外国编辑认同并接收，中国作者在修改过程中不断改进模糊限制语的使用，争取与国际标准接轨；另一方面，与英语为母语的外国编辑相比，中国作者使用模糊限制语的能力还较差，因此中国作者需要不断克服这一弱点，不断增强运用模糊限制语的能力。

四　结　论

　　本文对中国作者撰写的英语学术论文在写作和修改过程中模糊限制语的变化情况进行了研究及分析后，得出如下结论。①模糊限制语普遍存在于每篇英文学术论文的每个版本中，虽然总体数量不多；但是随着写作和修改的过程，模糊限制语的频次是在逐步增加的；②每篇论文的三个版本的稿子中，可靠型模糊限制语与作者倾向型模糊限制语的频次最多，且随着修改过程在不断提高，而读者倾向型模糊限制语的频次最少，说明中国学者在撰写学术论文中试图避免主观因素以求论文观点的客观性；③在修改和发表英语学术论文的过程中，中国作者不断变换模糊限制语的使用，较多地使用认知情态动词及认知副词等模糊限制语，使论文陈述更易于被接受。总之，在写作和修改英文学术论文的过程中，中国作者使用模糊限制语的频次和意识在渐渐地提高。

　　由于所选语料样本数量有限，本研究结果只在一定程度上反映了中国作者使用模糊限制语的情况。笔者希望该研究可以提示中国学者加强模糊限制语的使用意识和提高运用能力，这样会有助于中国作者在用英文撰写学术论文时能更好地理解和使用模糊限制语，使其论文的刊用率和影响因子有所提高。

参考文献

　　[1] Coates, J., "Epistemic Modality and Spoken Discourse", *Transactions of the Philological Society*, 1987, 85 (1).

　　[2] Hyland, K., "Nurturing Hedges in ESP Curriculum", *System*, 1996, 24 (4).

　　[3] Hyland, K., "Talking to the Academy: Forms of Hedging in Science Research Articles", *Written Communication*, 1996, 13 (2).

　　[4] Hyland, K., "Writing without Conviction? Hedging in Science Research Articles", *Applied Linguistics*, 1996, 17 (4).

　　[5] Lakoff, G., "Hedges: A Study in Meaning Criteria and the Logic of Fuzzy Concepts", *Chicago Linguistics Society Papers*, 1972, 2.

　　[6] Prince et al., "On Hedging in Physician Discourse", *Linguistics and the Professions*, 1982, 2.

　　[7] Salager – Meyer, F., "Hedges and Textual Communicative Function in Medical English Written Discourse", *English for Specific Purposes*, 1994, 13 (2).

　　[8] 李萍：《科技论文中模糊限制语现象》，《广东师院学报》2000 年第 10 期。

　　[9] 刘鸽：《学术语篇中情态模糊限制语及其评价意义研究》，《华东交通大学学报》2008 年第 6 期。

　　[10] 蒋跃、陶梅：《英语医学论文讨论部分中模糊限制语的对比研究》，《外语学刊》2007 年第 6 期。

　　[11] 赵英玲：《英语科技语体中的模糊限制语》，《外语与外语教学》1999 年第 9 期。

（作者单位：西安交通大学外国语学院）

同义形容词释义与模糊限制语的应用

蔡仲凯

　　"模糊限制语"的作用是"限制模糊词的模糊程度"①。《新华同义词词典》(简称《新华》)②中"超凡"、"非凡"释义中都含有"高超","超凡"的释词为"非常高超",而"非凡"则为"很高超"。"非常"程度大于"很",此处"模糊限制语"的使用得出两个同义词在使用程度上有差别。何自然先生指出它"可以模糊地反映实际情况在某种程度上接近于,但不等于原话题所说的典型"。③如词典"较、多、常(常)"等。此外,还包括表推测或不确定的词语,如"一般认为,可能"等。

　　同义词词典在程度、使用范围、色彩等辨析中都用到模糊限制语,以求使词语内涵、外延更加精确。张志毅、张庆云主编的《新华同义词词典》共有83组三项式形容词。其中包括5组形容词与其他词性词语构成的同义词,如"必定/必然/一定",形容词"必然"、"一定"和副词"必定"构成一组同义词。

一　"模糊限制语"释义的应用类型

　　(一)按所处位置分类。模糊限制语根据不同标准可以分为不同类型。黎千驹先生依据模糊限制语位置形式不同,分成在中心语前、在中心语后和在句子里做插入语三种类型。④在同义词典释义中在中心语前这种情况占优势,有"较、多、常"等几种,例如:

---

① ［美］查德:《模糊限制语的模糊集论解释》,《控制论杂志》1972年第3期。

② 张志毅、张庆云:《新华同义词词典》,商务印书馆2009年版。本文列举的例子均出自张志毅、张庆云《新华同义词词典》(中型本)。

③ 何自然:《语用学探索》,暨南大学出版社2012年版。

④ 黎千驹:《模糊修辞学导论》,光明日报出版社2006年版,第128页。

腌臜：从江南至河北使用较广的方言词。

污秽：多用于书面语。

肮脏：（二）义常用于人、思想、事情、语言等。

模糊限制语在中心语前的主要作用是"对某个模糊中心词进行修饰限制而改变其模糊程度"。词典释义具有模糊性，需要使用模糊限制语区别同义词在词义轻重、用法等的差别，使词典释义相对明晰。如下面加点词：

便当：一般着眼于事物，不跟在表人的名词之后。

便利：多着眼于事物，不常跟在表人的名词之后。

方便：有时着眼于人，常跟在表人的名词后面。

"一般、多、有时"和"不、不常、常"都具有模糊性，体现了词典释义的模糊性。但通过对比发现，这组同义词释义中都有"着眼于事物"和"跟在表人的名词后"这两个义项，区别在于着眼的程度不同。"一般"表示普遍情况，"多"指使用频率，"有时"列出了偶然情况。同样，"不、不常、常"表现的模糊程度也不相同，表现同义词之间的词义差别。

（二）从语用学角度分类。何自然先生根据是否改变陈述命题或原语内容，将模糊限制语分为变动型模糊限制语和缓和型模糊限制语两种类型。"变动型模糊限制语按照实际情况改变对话题的认识，应属于语义范畴"[1]；它分为程度变动语、范围变动语两类。"缓和型模糊限制语并不改变话题内容，只是传达了说话者对话题所持的猜疑或保留态度，应属语用范畴"[2]；分直接缓和语、间接缓和语。苏远连先生在"变动型模糊限制语"上增加频率变动语。增加"频率变动语"具有合理性。表示频率的词本身具有模糊性，如"偶尔、常常"等，表达不确定的状态。

同义词词典在释义时常常使用"频率变动语"，如"常、有时、不常"等。例如：

（1）迟钝：常形容人的感官、思想、行为等。有时形容事物或动物。

---

① 何自然：《语用学探索》，暨南大学出版社2012年版。

② 同上。

（2）猖狂：不常用于疫病。

以何自然、苏远连先生的分类为参照，可以对模糊限制语进行分类。如图 1 所示：

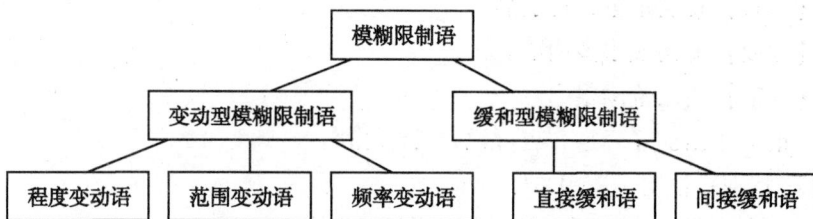

图 1

词典释义要求客观、准确，直接缓和语如"我认为、我想等"带有主观猜测性，间接缓和语"听说、据估计"带有含糊性，不够准确。所以，词典释义中"模糊限制语"不包括直接缓和型模糊限制语这一类型。我们主要从变动型模糊限制语这一支探讨。

《新华同义词词典》三项式形容词限制语，如表 1 所示：

表 1

类型	常见限制语例示
程度变动语	较、很、非常、特别、极、稍、接近、过分、极度、低于、十分
范围变动语	一般、只、都、有的、泛、某些、渐、十几、偏于、不一定
频率变动语	常、多、少、有时、偶尔

二　"模糊限制语"释义研究

（一）程度变动语。程度变动语对形容词表现的状态进行定量，主要用以描述词义侧重点。

1. 较：程度＋使用范围＋词义区别＋使用频率

【沉静】义同"沉寂"，但程度较轻。

【腌臢】从江南至河北使用较广的方言词。这跟"肮脏"等区别较明显。

【便当】使用频率较低。

模糊限制语"较"对形容词所指状态进行模糊定量分析。如例1，"轻"是一个相对概念，"较"将无极限的概念限定在一个可计算的范围内。"较"还指出使用范围等同义区别等。

2. 很：程度＋词语搭配＋使用范围

【沉寂】程度很重，特别静。

【方便】能构成很多词语。

【复杂】使用范围很广。

"很"指出词义轻重；也可说明搭配范围。

3. 特别：程度＋适用文体

（渺小、藐小、微小）同：形容词。特别小，极小。

【璀璨】多用于书面语，特别是文艺语体。"特别"表示接近极限，也表示突出的语体特征。

4. 非常、极、极度、十分、过分、稍、接近、低于

【超凡】有形容词义。词义较重，是非常高超、异乎寻常。

【奢靡】强调极度浪费，极度享受。

【奢侈】强调过分享受，物品、生活、开支等享受超过限度。

【暖和】比"温和、温暖"温度稍高，偏于暖，接近热。

程度变动语都表示词义程度，分为极限类："非常、极、极度、十分"，指程度的较高点。过度类："过分"即超过正常值，解释贬义词。接近类：如"稍、接近、低于"。

（二）范围变动语。范围变动语在词典释义中多表现被释词的使用范围。具体分析如下：

1. 一般：范围＋词义区别＋词语搭配＋是否能够重叠

【低廉】前面一般不用"不"。一般不做状语。

【便当】一般着眼于事物，不跟在表人的名词之后。

【便利】一般不说"～群众，～顾客"。

【轻率】一般不重叠。

"一般"的用法为指明同义词的词义区别、词语搭配以及能否重叠。"一般着眼于事物"，即"人"不属于"便当"的义素。"轻率"则一般不能重叠。

2. 只：范围＋"指"前＋"形容"前

【孤独】只用于人。

【不凡】词义较轻，只指不平常，不平凡，超出一般。

【短暂】只形容时间短。

"只"与"一般"对应。"一般"具有模糊性，"只"表示有且仅有一种情况。

3. 都、泛、偏于、有的、某些、渐、十几、不一定

（纷繁、纷纷、纷纭）同：都可以用于人或事物。

【好听】泛指听着舒服、有趣。

【暖和】偏于暖，接近热。

（低廉、廉价、便宜）同：有的地方可以换用。

【宽阔】除形容某些抽象的范围之外，常形容不很大的具体范围。

【藐小】渐被"渺小"取代。……在十几亿巨型语料库中……

【特殊】着重指跟一般不同的，但不一定是很个别的。

"都"用来释同，表现几个同义词词义的共同之处。"泛"用在"指"前，表示宽泛概念。"有的"、"某些"表示个别情况，"某些"的书面语色彩更浓。"偏于"指出双音节词侧重于其中一个语素表现的意义，也可以作为辨析同义词的手段。"渐"表示词形发展。"十几"是一个概数。"不一定"解释词义范围，但具有不确定性。

（三）频率变动语。频率变动语多用在"用（于）、做"等之前，表示被释词在某个义项上使用频繁。具体分析如下：

1. 常：用法＋词语搭配＋色彩＋是否重叠

【鲁莽】常用于言行。

【霸道】常说"横行～"，"专横～"。

【廉价】常用于书面语。

【冷清】常重叠成"冷清清、冷冷清清"。

"常"是最常见的频率变动语，还可以表示词语搭配。说明被释词色彩，如"廉价"一般为书面语，也多见重叠式。

2. 多：色彩＋词义区别＋用法＋词语搭配＋适用文体

【强横】多用于书面语。

【便利】多着眼于事物，不常跟在表人的名词之后。

【脆弱】多用于人及其身体、精神、情感、意志、性格等。

【肥胖】多跟双音节词搭配。

【苦痛】多用于现代早期书面语。

"多"与"常"都表示使用频率，指高频率发生的事情。

3. 少：义项比较＋色彩＋用法

【污秽】（二）义比"肮脏"少用，比"腌臜"常用。

（稠密、茂密、浓密）同：常用于书面语，口语少用。

【巍然】多做状语，少做谓语。

"多"用的次数多，用以列举词语的常用义项。

4. 有时：提示词义＋写法＋用法＋色彩

【脆弱】有时指生物、物体。

有时也说成"静寂"。

（干净、洁净、清洁）同时：有时可换用。

【扭捏】有时带贬义（造作）。

"有时"指出非普遍用法；或者用来说明词的写法、指明被释词用法（换用）。

5. 偶尔：写法＋用法＋词性

【马虎】偶尔写做"马糊"。

【便宜】偶尔用于比喻，表示"价值低"。……偶尔做状语、宾语。

"偶尔"比"有时"表现的频率低得多，说明这种情况存在，但是很少出现。如"马虎"是我们的常用写法，而"马糊"几乎不用。"便宜"在比喻修辞条件下才表示"价值低"。

（作者单位：河北师范大学文学院）

凌晨是几点
——基于语料库的一项研究

郭曙纶　马玄思

一　引　言

近一段时间以来，有好几篇文章谈论"凌晨"的用法，有的认为用错了，有的认为应该规范，有的还明确指出了凌晨是从"1 点至日出"①。这里稍微展开说一说。

"凌晨"在词典中的含义是明确的。2005 年，《现代汉语词典》（第 5 版）②把"凌晨"解释为"时间词。天快亮的时候：～三点"。到了 2012 年，《现代汉语词典》（第 6 版）③把"凌晨"解释为"时间词。天快亮的时候，也指午夜后至天快亮的一段时间：～三点"。在这里我们看到最新版本的《现代汉语词典》释义已经把"凌晨"的词义扩大了，由指"天快亮的时候"这一较为短暂的时间，扩大到"指午夜后至天快亮的一段时间"这一较长的时间。这说明《现代汉语词典》（第 6 版）的编撰者认为"凌晨"的词义已经扩大了。

不管怎样，"凌晨"肯定是个模糊时间词，没人能说清它究竟具体指几点到几点，即使是《现代汉语词典》（第 6 版）也只是指出了其起点是零点，没有指出具体终点是几点。

我们所见最早讨论"凌晨"一词的是张宿东。他 1985 年在《新闻知识》上发表了《何谓"凌晨"?》一文，认为"'凌晨一时'、'凌晨三时'

---

① 李世文：《"凌晨"是何时》，《新闻三昧》2001 年第 9 期。

② 中国社会科学院语言研究所词典编辑室：《现代汉语词典》（第 5 版），商务印书馆 2005 年版，第 867 页。

③ 中国社会科学院语言研究所词典编辑室：《现代汉语词典》（第 6 版），商务印书馆 2012 年版，第 825 页。

之称不妥"，"为使汉语使用规范化，建议澄清'凌晨'一词的含义"。① 对"凌晨"一词讨论得比较充分的是何伟渔先生。他在《"凌晨一点"一类的说法怎么会流行开来？——兼谈词汇规范化的三原则》中，讨论了"凌晨"这个词，并从词汇规范化三原则出发，认为"凌晨一点"的说法，在运用需要原则和明确原则时是相左的，普遍原则"将起决定性作用"。"'凌晨一点'一类说法必须听任群众的选择，必须经受时间的考验，最终能否'约定俗成'，现在还不好说，还不能轻易下结论。"② 此后在 1997 年，何先生又撰写了一篇《"凌晨"是什么时候》再次讨论"凌晨"这个词。"大而化之地说，有两次强大的社会冲击波，促使'凌晨'调整义项，扩大使用范围。"何先生 1993 年的文章《"凌晨一点"一类的说法怎么会流行开来？》内容涉及第一次冲击波——1992 年在巴塞罗那举行的第 25 届奥林匹克运动会上我国运动健儿取得了前所未有的喜人成绩，由于巴塞罗那和北京两地时差的缘故，当时，我国的新闻媒介在报道中，就大量地出现了"北京时间凌晨一点（或两点，或三点）"这一类说法。第二次冲击波是 1997 年 7 月 1 日香港回归中国。何先生在文章结尾说："看来，定位于'从午夜 12 点以后到天亮以前这个时段'的'凌晨'，必将被人们所认可，成为现代汉语的一个通用词。"③ 从"现在还不好说，还不能轻易下结论"，到"必将被人们所认可，成为现代汉语的一个通用词"，相隔四年多的时间，何先生从人们的语言实践中作出了明确的推断［现在从《现代汉语词典》（第 6 版）的"凌晨"释义来看，何先生的推断已经成为事实］。

1999 年，雷露春在《用词三题》④ 中则明确表示"凌晨"在误用，因为其"错误在于，把零时到天亮前这长达几个小时的时段统称为'凌晨'，扩大了凌晨的时间范围，有悖于凌晨原意"。2001 年，李世文在《"凌晨"是何时》⑤ 中认为"凌晨"为"1 时至天亮的时间"，但并没有给出论证或出处。2003 年，方孜行在《如此"凌晨"焉有午夜》⑥ 中则认为"凌晨"应该是在 3 时 30 分至 6 时 30 分之间。时隔五年，到了 2008 年，他又写了

① 张宿东：《何谓"凌晨"？》，《新闻知识》1985 年第 7 期。
② 何伟渔：《"凌晨一点"一类的说法怎么会流行开来？——兼谈词汇规范化的三原则》，《语文建设》1993 年第 4 期。
③ 何伟渔：《"凌晨"是什么时候》，《咬文嚼字》1997 年第 11 期。
④ 雷露春：《用词三题》，《新闻三昧》1999 年第 4 期。
⑤ 李世文：《"凌晨"是何时》，《新闻三昧》2001 年第 9 期。
⑥ 方孜行：《如此"凌晨"焉有午夜》，《新闻战线》2003 年第 6 期。

一篇《何来"今日凌晨零时许"》①，认为"今日凌晨零时许"的说法中"有两处时间概念上的谬误"。2007 年，刘配书在《"凌晨 12 点"?》② 中则指出"凌晨 12 点"的说法绝对是错误的。

的确，不论用得正确与否，"凌晨"一词还在继续使用着。不过，"凌晨"究竟是几点，目前似乎谁也说不清楚。

二　语料来源及整理

本文从北京大学 CCL 现代汉语语料库③中提取了所有 5769 个包含"凌晨"一词的例句，仔细统计分析人们在使用"凌晨"一词时，究竟指几点。

为了便于统计，我们首先把例句分为两类，一类是"凌晨"单独使用，另一类是"凌晨"与某个时点连续使用（即如"凌晨×点（×分）"之类的形式）。前者共有 3181 个例句，占 55.14%，后者共有 2588 个例句，占 44.86%（这说明人们在使用"凌晨"时，更多的时候只是笼统地用"凌晨"，并不关注"凌晨"具体指几点）。由于前者并未明示究竟是"凌晨"几点，所以我们把注意力集中到后者，对后者进行了统计分析。

首先，我们把"凌晨"后面包含的"几点几分"全部提取出来，然后为了便于统计，对于"几点几分"之类的内容进行了一些技术处理。这些技术处理包括：把汉字数字及全角数字如"一"、"1"等换成半角的阿拉伯数字"1"等；把"1 点多"等换成"1 点"（即忽略了"多"，共 128 次）；把"一两点"等换成"1 点 30 分"等（即取"一点"和"两点"的均值，共 108 次）；把"近 1 点"等换成"1 点"（即忽略了"近"，共 4 次）；等等。经过这样的技术处理后，有 873 个含有"几点几分"，占 33.73%，其余 1715 个只含有"几点"，占 66.27%。另外，我们在普通的统计之外还作了一种额外的处理，即把"几分"换算成"几点"并取整。这样一来，大于等于 30 分的就相当于增加了"1"（点），而小于 30 分的就相当于后面没有"几分"了，如"1 点 30 分"经过这样的处理后就变成了"2 点"，而"1 点 29 分"经过这样的处理后就变成了"1 点"。经过这一系列的处理后，我们就可以对"凌晨"后面的"几点几分"进行汇总统计了，具体数据及

---

①　方孜行：《何来"今日凌晨零时许"》，《新闻与写作》2008 年第 11 期。

②　刘配书：《凌晨 12 点》，《咬文嚼字》2007 年第 8 期。

③　http：//ccl. pku. edu. cn：8080/ccl_ corpus/index. jsp? dir = xiandai。

分析见下节。

三　语料统计与分析

从算术平均数看，2588 个"凌晨"后的平均时分（几时几分）约为 2 点 52 分；如果只看时点（几时），那么平均时点为 2.69，即约 2 点 41 分。因此，如果一定要说出"凌晨"是几点的话，最有代表性的就是 3 点，看来《现代汉语词典》释义中给出的示例（"～三点"）是非常准确的。

从众数看，如果我们只对几时（时点）进行统计，得到的结果见表 1。

表 1　　　　　　　　　　　"凌晨"时点统计

时点	0	1	2	3	4	5	6	7	8	9	总计
次数	85	527	660	537	480	217	74	6	1	1	2588
百分比	3.29	20.36	25.50	20.75	18.55	8.38	2.86	0.23	0.04	0.04	100.00

从表 1 可以看出，"凌晨"后出现最多的是 2 点，其次是 3 点和 1 点，然后是 4 点、5 点、0 点、6 点，7 点出现了 6 次，8 点和 9 点各出现 1 次。也就是说，"凌晨"后面主要出现的是从 1 点到 5 点，0 点和 6 点出现得较少，7 点及 8 点、9 点就可以说是极少出现了。这也正符合了我国的日出时间，因为 7 点后大部分时间在我国都已经是天亮了（日出了）（这只是就一般情况而言，如果就极端情况而言，由于我国南北和东西相差都很远，仅以省会城市来说，日出时间最早的当属最东边的哈尔滨，其 6 月 11 日的日出时间为 3 点 43 分，而最晚的当属最西边的乌鲁木齐，其 1 月 1 日的日出时间为 9 点 44 分①）。

从众数看，如果我们把分钟也考虑进去，即把分钟化成小时，然后根据四舍五入的办法取整数（小时），与前面的几时相加，那么得到的结果如表 2 所示。

---

① 全国主要城市日出日落时间（http：//wenku.baidu.com/link？url = ZcX1QmTSKNdxB8MvJl97zAjih7SDhRo51X9pb0HMFY_ lll8Z83OO5_ oX6E6EKi8ruRTP8RXLPvX-d8B8ewrlhjnrKCWQ-F_ zfmIw-fCq9XpC）。

表2   "凌晨"时分统计

时点	0	1	2	3	4	5	6	7	8	9	总计
次数	60	399	641	577	513	275	105	16	1	1	2588
百分比	2.32	15.42	24.77	22.30	19.82	10.63	4.06	0.62	0.04	0.04	100

从表2中可以看出,"凌晨"后出现最多的还是2点,其次是3点和4点,然后是1点、5点、6点、0点,7点出现了16次,8点和9点各出现1次。也就是说,"凌晨"后面主要出现的是从1点到5点,6点也有一些(4.06%),0点出现得较少,7点及8点、9点就极少出现了。这跟表1的数据相比没有根本的变化,总体趋势基本没变。

如果把表1和表2的数据放在一起比较,可以看出分钟数的影响(虽然这种影响很少,但影响还是明显存在的),具体数据见表3。

"凌晨"时分统计("次数1"是表1中的次数,
表3   "次数2"是表2中的次数):

时点	0	1	2	3	4	5	6	7	8	9	总计
次数1	85	527	660	537	480	217	74	6	1	1	2588
次数2	60	399	641	577	513	275	105	16	1	1	2588
差异数	25	128	19	−40	−33	−58	−31	−10	0	0	0

从表3的差异数可以看出,0点和1点后面带的分钟数大于等于30分钟的比较多,具体数据见表4。

表4   "凌晨"分钟取整百分比

时点	分钟取整后为1		分钟取整后为0	
	次数	百分比	次数	百分比
0	25	29.41	60	70.59
1	153	29.03	374	70.97
2	172	26.06	488	73.94
3	132	24.58	405	75.42
4	99	20.63	381	79.38
5	41	18.89	176	81.11
6	10	13.51	64	86.49
7	0	0.00	6	100.00

续表

时点	分钟取整后为 1		分钟取整后为 0	
	次数	百分比	次数	百分比
8	0	0.00	1	100.00
9	0	0.00	1	100.00
总计/平均	632	24.42	1956	75.58

说明：取整后为 1 表示分钟数大于等于 30，为 0 则表示小于 30。

从表 4 可以清楚地看出，分钟数取整后为 1 的只占 1/4 少一点，分钟数取整后为 0 的占 3/4 多一点。而且分钟数取整后为 1 的当中有 108 次还是前面处理时把概数"一两点"等换成"1 点 30 分"等的结果，因此实际语料中分钟数取整后为 1 的就更少了。这说明我们在表达时间时有趋于取整的做法。

当然从另一个方面，我们也要看到，在这 1956 次取整后为 0 的当中，有 1715 次（占 2588 次的 66.27%）是本来后面就没有分钟数的。如此算下来，在有分钟数的时间表达中，取整后为 1 的还是要远多于取整后为 0 的。或者我们可以这样说，一般情况下在表达时间时，如果分钟数小于 30，我们倾向于忽略掉（此时在时点后用"多"，或者用"约"、"左右"、"许"等），如果分钟数大于 30，我们也倾向于采用取整的方式往它接近的那个时点靠（此时在时点前用"近"，或者用"约"、"左右"、"许"等）。这些概数表达的具体数据为表 5 所示。

表 5　　　　　　　　　**"凌晨"后的概数表达方式**

概数表达方式	次数	百分比
许	197	31.47
左右	187	29.87
多	128	20.45
"一两点"类	108	17.25
约	10	1.60
近	4	0.64
总计	626	100.00

说明："约"单独表达只有 2 次，另有 6 次与"左右"前后同现，有 2 次与"许"前后同现，所以最后的总计不是 634，而是 626（634 – 8）。

从表 5 可以看到，626 个概数表达的例句数，已经占 2588 个"凌晨"

后有时点表达例句数的 24.19%，近 1/4。这说明在使用"凌晨"加上时点表达时间时，用概数形式来表达的情况也占有相当的比例。

四　结　论

基于上述统计与分析，我们可以知道，在北京大学 CCL 语料库 5769 个使用"凌晨"的例句中，有 3181 个例句（占 55.14%）的"凌晨"后并没有出现具体的时点，另有 2588 个例句（占 44.86%）的"凌晨"后出现了具体的时点。这说明人们在使用"凌晨"时，超过一半的时候只是笼统地用"凌晨"，并不关注"凌晨"具体指几点。从出现了具体时点的例句看，首先，"凌晨"平均是指 2 点 52 分，指 2 点的时候最多，占 1/4，其次是指 1 点和 3 点，各占 1/5，最后是指 4 点和 5 点，二者加在一起也占 1/4 强。

如果一定要说出"凌晨"具体是几点的话，我们可以说是 3 点，正如《现代汉语词典》释义中给出的示例那样。因此，"凌晨"一般指 3 点，主要用来指 1 点到 6 点，也可以用来指 0 点到 7 点。

本文尝试对模糊时间词"凌晨"进行基于语料库的量化处理，以便明确"凌晨"的具体语义。由于是首次尝试，难免有考虑不周的地方，还请方家多多指正。

（作者单位：上海交通大学国际教育学院）

模糊时间词"傍晚"的多角度考察①

王淑华　姜益欣

　　本文将以模糊时间词"傍晚"作为研究对象，主要分析其在大类时间词中的典型性、语义模糊性和具体所指时段等问题，期望通过对这一个例的具体考察，能促进相关模糊词语的研究进一步深化。②

一　与"傍晚"相关的系列时间词

　　"傍晚"内部结构为述宾关系，按"傍×"模式构成还有"傍亮儿"、"傍明子"、"傍午"、"傍晌"、"傍黑儿"五个时间词。除"傍晚"、"傍午"外，另4个均为方言词。在"傍×"系列时间词中，"傍晚"使用最为广泛，其次是"傍黑儿"，在北大 CCL 语料库中，"傍晚"有3384例，"傍黑"有78例，另4个词语均不足10例。"傍晚"一般是指"临近晚上的时候"，和它意义相近的时间词还有"黄昏、日暮、薄暮"等。它们和"凌晨、黎明、早晨/早上、上午、中午、下午、晚上、夜里/夜间"等词语构成了一个系列，表示一天中的不同时间段。

二　"傍晚"是一个比较典型的时间词

　　袁毓林指出，词类是一个原型范畴，是人们根据词与词之间在家族上的相似性而聚集成类的，属于同一词类的词有典型成员和非典型成员的不同。③ 时间词作为汉语词类中的一个类别，同样也体现了这个特性，其家族

①　基金项目：教育部人文社会科学青年基金项目（09YJC740050）。
② 文中所有例句均来自北京大学中国语言学研究中心语料库，谨致谢意。
③ 袁毓林：《词类范畴的家族相似性》，《中国社会科学》1995 年第 1 期。

内部的成员也有典型和非典型之分。袁毓林等在《汉语词类划分手册》中列出了判定时间词的量表，有九种分布特征和相应的权值设定，并明确了基本的衡量尺度[①]：

典型：得分 100；　　　　比较典型：得分 99—80；　　　不太典型：得分 79—60；

很不典型：得分 59—45；　　无法归入：得分 45 分以下。

下面我们以袁著量表中的九种分布特征为依据，根据"傍晚"在语料中的表现来确定其典型程度。

（一）可以做介词"在、到、从"和动词性结构"等到"的宾语，可以出现在"的时候"的前面。得 20 分。

（1）大会特意在傍晚安排了富有美国特色的烤肉野餐。
（2）到傍晚，白雪已成了这座山城偶尔的点缀。
（3）从傍晚到二更天，一直说到口苦唇焦。
（4）从中午一直等到傍晚，前线终于传来捷报。
（5）傍晚的时候，钟其民坐在自己的窗口。

（二）不能受副词"很"和"不"的修饰。得 10 分。
＊很傍晚　　　　　　　＊不傍晚

（三）可以做不典型的主语（有人称之为状语。这时，一般可以在其前面加上介词"在"）。得 10 分。

（6）（在）傍晚又来了一条船。
（7）（在）傍晚还吃了一碗粥。

（四）可以做不典型的谓语。得 10 分。

（8）50 年代时，我到疢斋去拜访鹤老，时已傍晚，只见高朋满座。
（9）天已傍晚了，王强和小山在小炭屋里结着账，计算分给队员们家属的钱数。

[①]　袁毓林等：《汉语词类划分手册》，北京语言大学出版社 2009 年版，第 71—73 页。

（五）不能带宾语和补语。得 10 分。

（六）可以做中心语受其他时间词修饰，可以做定语直接修饰少数时间词。得 10 分。昨天傍晚　当天傍晚　翌日傍晚　夏日傍晚　傍晚以后　傍晚以前

（七）不能做中心语受名词直接修饰，但能做定语直接修饰一些不典型的名词。得 5 分。

傍晚时分　傍晚时候　傍晚时刻

（八）可以后附"的"构成"的"字结构。得 10 分。

傍晚的（天空）　傍晚的（云雾）　傍晚的（景色）　傍晚的（影子）　傍晚的（空气）

（九）可以用"什么时候"提问。得 10 分。

（10）他在傍晚去了神学院。

（10a）他在什么时候去了神学院？

（11）管家……告诉他农民将在傍晚集合。

（11a）官家……告诉他农民将在什么时候集合？

（12）研究者认为，体育比赛安排在傍晚最能取得好成绩，健身运动的最佳时机也在傍晚。

（12a）研究者认为，体育比赛安排在什么时候最能取得好成绩？健身运动的最佳时机也在什么时候？

由上可知，"傍晚"积分共 95 分，隶属度 0.95，属于比较典型的时间词。

除了上述分布特征以外，在使用中的"傍晚"，还有两点值得我们关注：

（十）"傍晚"经常受数量短语"一个"的修饰，表示无定。

（13）一个傍晚，她接到弟弟发来的加急电报。

（14）前几天的一个傍晚，左云飞突然到他家来找他

（15）他们实在不放心儿子，就在一个傍晚赶到袁家岗。

（十一）"傍晚"可以独立成一个小句。

（16）傍晚，我独自在海边。

（17）傍晚，海老体温再度升到38℃。

（18）傍晚，官兵们又得顶着星星摸回宿营地。

三　"傍晚"语义模糊的表现

张乔认为，模糊语义具有三大特点：不确定性、确定性和变异性。[1]"傍晚"作为一个典型时间词，同样也体现了这些特征。

（一）"傍晚"语义的不确定性。

模糊词语的模糊性主要表现在其外延的不确定上。"傍晚"语义的不确定性从其内部结构可以看出来。姚双云指出，时间词的内部一般都包含"时基"与"时示"两个要素，或者是"时基＋时示"，或者是"时示＋时基"。[2]"傍晚"一词是按照"时示＋时基"的方式构成。充当时示的是动词性语素"傍"，意为"临近"；充当时基的是表示时间的语素"晚"，意为"晚上"（词典释义为"太阳落了以后到深夜以前的时间，也泛指夜里"）；"傍晚"即为"临近晚上的时候"、"临近太阳落山的时候"。对于时示"临近"，不同个体的认知有很大差异，有的人可能认为半小时以内才算"临近"，有的人可能认为一小时以内也可以算"临近"；对于时基"太阳落山"来说，即使不考虑所属地区经纬度、海拔高度的影响，就同一地区同一时间的个体来说，虽然客观上太阳落山的时间是同一的，但不同个体的认知结果也可能有差异。既然组成"傍晚"的"时示"和"时基"都有很大的不确定性，那整个时间词的语义具有不确定性也就在所难免了。

（二）"傍晚"语义的确定性。

"傍晚"语义的不确定性主要表现在其边缘成分上，正如黎千驹指出的，表示时间序列的义位往往具有模糊性。而时间义位之所以模糊，就在于时间本身是一个连续体，各时段之间没有截然分明的界限。[3] 也就是说，"傍晚"与处于其前的"下午"、处于其后的"晚上"之间没有明确的分界线。但是，"傍晚"的中心部分基本上是确定的。就"傍晚"所指的时间，

---

① 张乔：《模糊语义学》，中国社会科学出版社1998年版，第122页。

② 姚双云：《汉语时间词的两个核心要素及其理论价值》，《华中师范大学学报》（社会科学版）2010年第49期。

③ 黎千驹：《论语义场的类型与语义的模糊性》，《陕西理工学院学报》2006年第24期。

我们曾经作过一次小型调查，回收的有效问卷共 45 份。虽然这 45 个被调查者对"傍晚"所指时间段的起止点有不同认识，但都无一例外地认为 5 点半到 6 点半这一段时间肯定是"傍晚"。

（三）"傍晚"语义的变异性。

1. "傍晚"语义的自身变化。时间词"傍晚"的参照点是"太阳落山"，但不同季节、不同地区太阳落山的时间是有区别的。既然参照点"太阳落山时间"会随着季节、地区的变化而变化，那么"临近太阳落山"这段时间自然也会随着季节、地区的变化而变化。我们在网上找到了一份资料，从中可以看出黄山 2011 年不同月份日落时间的差异，具体如表 1 所示：

表 1　　　　　　　　　　2011 年黄山不同月份的日落时间

月份	1.21	2.21	3.21	4.21	5.21	6.21	7.21	8.21	9.21	10.21	11.21	12.21
时间	5：35	6：00	6：19	6：38	6.57	7：11	7：07	6：40	6：45	5：30	5：09	5：12

我们还在网上查找了 12 个城市 2014 年 3 月 12 日的日落时间，具体如表 2 所示：

表 2　　　　　　　　2014 年 3 月 12 日 12 个不同城市的日落时间

地点	吉林	长春	上海	南京	北京	武汉	太原	西安	银川	兰州	西宁	拉萨
时间	5：35	5：40	5：59	6：10	6：17	6：28	6：33	6：49	6：58	7：09	7：17	8：01

从表 1 和表 2 中可以看出，黄山地区不同月份日落时间从 11 月 21 日的 5：09 到 6 月 21 日的 7：11，冬夏差异达到 2 个小时；不同地区同一天的日落时间从吉林的 5：35 到拉萨的 8：01，差异接近两个半小时。因此，同一地区的人们在不同时间关于"傍晚"所指时间段的理解是平移的，冬季的"傍晚"所指时间段较早，夏季的"傍晚"所指时间段略晚；不同地区的人们受不同经纬度、不同海拔高度的影响，所理解的"傍晚"时间也会依据日落时间的不同而平移。

2. 模糊语义变化为精确语义。"傍晚"作为一个时间词，所指模糊，但是并不影响交际。因为大部分的时候"傍晚"仅是作为背景信息出现，表明事件发生的大致时间。例如：

（19）第二天傍晚，我便去了邓妈妈那里。

（20）在一个晚霞很别致的傍晚，父亲将杨昶抱在膝头。

这时，交际双方关注的是事件的直接参与者和影响等核心信息，对于事件发生的准确时间，没有要求。如果是在一些对时间要求比较精确的特殊语体如新闻报道中，为满足合作原则中量的准则，可以在"傍晚"后加上准确的时点甚至时分，使模糊时间变为精确时间。例如：

（21）傍晚18时刚过，雷暴雨即突袭上海。

（22）8月24日傍晚6点35分，记者把电话打到凌峰台北的家中，这位海峡两岸观众都熟悉的电视片《八千里路云和月》的主持人，刚刚结束了他七天的绝食活动。

（23）由于月亮在傍晚6时14分出现后，会一直挂在半空，直至次日早上6时38分才月落，市民可以连续赏月达12个小时。

"傍晚"和"下午"、"晚上"的界限在一般情况下虽然不大容易辨明，但可以通过硬性的规定转变为精确语义。例如，气象学上规定17点到20点这段时间为"傍晚"，那么在天气预报、天气新闻等特定的范围和场合，"傍晚"都是指这个时间段。

四 "傍晚"多指几点钟?

"早晨、上午、中午、下午、晚上"这些时间词，有一个比较常见的用法是后面加表示具体时间的词语，如早晨6点多、上午9点半、中午11点46分、下午3点50分、晚上7点45分，等等。时间词"傍晚"经常以"×日傍晚"这样的形式出现，有时也可见到"傍晚＋具体时间"这样的用例。在CCL语料库中，我们一共搜索到了"傍晚＋具体时间"的用例159条，占总用例的4.69%。为了了解"傍晚"的准确所指范围，我们对这159条实例进行了整理，结果如表3所示：

表3　　　　　CCL语料库中"傍晚＋具体时点"的实例分析

	时间	数量	合计
	4点钟	3	3
5点钟	5时/点/点钟	13	33
	5点/时多/许/左右/前后	12	
	5点半	8	

续表

时间		数量	合计
6 点钟	6 时/点/点钟	40	86
	6 点/时多/许/左右	18	
	6 点半（左右）	11	
	其他精确时间（6：14、6：20、6：35、6：44 等）	17	
7 点钟	7 时/点/点钟	11	23
	7 点/时多/许/左右	8	
	近 7 时	1	
	7 点半（左右）	3	
8 点钟	8 点钟	1	5
	8 点/时多	2	
	8：05	2	
时间段	4—5 点钟	1	9
	五六点	3	
	5：30 到 6 点	2	
	6—7 点	1	
	七八点钟	1	
	5 时 20 分到 7 时 20 分	1	
合计		159	159

　　为了更为直观，我们对上述数据进行了整点处理，即把"N 点 X 分（X<30）"、"N 点多/左右"等处理为整点，"半点" X 分（X>30）"处理为"N+1"点。① 这样处理以后结果如表 4 所示：

表 4　　　　　　　　CCL 语料库中"傍晚"后的整点实例

时间	4 点	5 点	6 点	7 点	8 点	合计
数量	3	25	73	41	8	150

　　从表 3 和表 4 中都可以看出，不管是取时间段，还是取整点，"傍晚"后出现得最多的都是 6 点，5 点和 7 点因是否取整点而呈现出一些差异，8 点、4 点都很少，8 点的实例略多于 4 点。从这个意义上，可以认为，6 点

---

① 时段中的 5 点 20 到 7 点 20 分，表中没有表示出来。表示时段的 9 个实例此表中没有表示。

是"傍晚"的原型，范围扩大一点，可以是5点半到6点半，再继续扩大就是5点到7点。4点钟到5点钟是下午与傍晚的边界，7点钟到8点钟是傍晚与晚上的交界。

因此，对于"傍晚"来说，就隶属度而言，6点的隶属度最高，可以用"1"表示；从4点到6点，隶属度不断提高，从6点到8点，隶属度不断降低。就整体而言，5点半到6点、6点到6点半两个时段，隶属度虽然较6点为低，但仍处于一个较高的范围。7点之于"傍晚"的隶属度要高于5点，而4点的隶属度非常低。

结　语

表示一天中不同时段的时间词其实可以分为两个序列，一个序列后面可以加上具体的时点，如"凌晨、上午、下午、中午、晚上、夜里"等，另一个序列是后面不能加具体的时点，如"黎明、拂晓、黄昏"等。"傍晚"实际上正处于这两个序列之间，后面虽然可以加具体的时点词语，但这一用法不如前一序列的时间词常见。这其实也从另一个角度反映了语言的模糊性。以后如有时间，当对这两个序列的时间词进行更加深入细致的研究。

（作者单位：上海大学文学院）

"一 + N_1 + N_2" 结构研究①

谭 飞

一，最小的正整数，汉语里常用来表示最少数量。古老的中国哲学赋予了"一"原初的意味，如《老子》云"道生一，一生二，二生三，三生万物"。于是"一"又可以用来指无所不包的最大量。"一 + N_1 + N_2"格式中的 N_1 后来大多渐成典型的量词，但有不少名词仍可进入这一格式。"数量名"结构现代汉语常见，这里，我们主要讨论"数名名"中的"一 + N_1 + N_2"格式。

学界多将 N_1 放在借用量词或临时量词里讨论，在哪些名词可做临时量词方面成果丰硕。储泽祥指出："只有具有空间义的名词，才有可能充当临时量词。"② 吴雅慧发现由临时名量词形成的数量结构有两种情况，"一种是数量结构中的数词是任意的"，"另一种是数词'一'不能用别的数词来替换"。③ 认为数词受限是因为"名词所指的事物本身的数量有限制"和名词与名量词间"无语义搭配关系"。④ 我们拟着重从 N_1 对 N_2 的修饰作用、"一"与 N_1 的配合关系及"一 + N_1 + N_2"的结构义方面作一些探讨。

一 "一 + N_1 + N_2" 格式的主要表意类型

（一）主观大量和主观小量。按 N_1 的语义作用分，"一 + N_1 + N_2"格式

① 基金项目：教育部人文社科青年基金项目：罗振玉文字学研究（13YJC740083）。湖北省教育厅人文社科项目：《增订殷虚书契考释》研究（13g069）。中央高校基本科研业务费项目：汉字文化传播的方式与机制研究（2011058）、现代汉语数词的虚化与模糊（2722013JC047）。江西省社会科学研究"十二五"规划青年项目：当代汉语新词衍生变异研究（12YY31）。

② 储泽祥：《名词的空间义及其对句法功能的影响》，《语言研究》1997 年第 2 期。

③ 吴雅慧：《数词有限制的数量结构》，《语言教学与研究》1994 年第 4 期。

④ 同上书，第 60 页。

可表主观大量和主观小量。

李宇明指出表达主观量的语言手段主要有数量标、句末标、副词标、框架标四类。[①] 李先生是在量范畴内作的分析，我们这里讨论的 "一 + N_1 + N_2" 非数量结构，它借助于结构，主要依靠 N_1 来传达对 N_2 的量的一种主观认识和界定。

1. 主观大量。用 "一 + N_1 + N_2" 格式来表主观大量的情形最为丰富。充当度量单位的 N_1 本身属性并不一定是体量大的，但格式中借助 "一" 表示 N_2 充盈了 N_1，于是产生一种多、大、满的感觉。例如：

（1）月下何所有，一树紫桐花。（唐·白居易：《初与元九别后忽梦见之。及寤而书适至，兼寄》）

（2）一川烟草，满城风絮，梅子黄时雨。（宋·贺铸：《青玉案》）

（3）人家走路都没出一滴汗，为了我跟他说话，却害他出了这一头大汗，这都怪我了。（茹志鹃：《百合花》）

（4）陈奂生背了一身债，不是钱债，是粮债。（高晓声：《"漏斗户"主》）

（5）她写的一手好字，待人接物，很有城府，她妈妈也甘拜下风。（王民嘉：《惜楼烟云》）

例（1）、例（2）树、川本身空间有限，但花、草充盈了这个有限的空间，于是就显得多了。例（3）、例（4）、例（5）以 "头"、"身"、"手" 这些空间能感知到的具体事物来作度量。例（3）头就那么大，但全是汗就说明汗多了。例（4）债务多少本是用金额来衡量的，当我们说 "一身债"、"一屁股债" 时都在极言债务之多之重。例（5）用写字的手来度量字，是说写出的字个个漂亮。赵元任先生说临时量词 "跟别的量词的形式上的特异之处是不允许 '一' 以外数词做它的区别词，而用 '一' 的时候也是取它的 '全'、'满' 的意义"。[②] 以上诸例中的 N_1 就是借助 "一" 表达出 "全"、"满" 的多来的。

具有可容性和可附性的名词进入 "一 + N_1 + N_2" 格式中的 N_1 的位置时往往表主观大量。如表人体部位或器官的名词：头、脸、鼻子、口（嘴）、

① 李宇明：《数量词语与主观量》，《华中师范大学学报》（人文社会科学版）1999 年第 6 期。

② 赵元任：《汉语口语语法》，商务印书馆 1979 年版，第 270 页。

下巴、腔、肚子、脑子、身、手、脚。表自然地理的名词：江、湖、池、山、地。表建筑物场所的名词：屋子、院子、教室。表家用器物的名词：桌子、柜子、床、锅、缸。这些名词，因为它们本身的容量有限，当有限的空间被全部占满就能传达出主观感受上的量大来。

"一 + N_1 + N_2"格式表主观大量时，往往可以在"N_1"前加"满"、"大"等，如一满屋子人、一大车西瓜。一般可以在 N_1 后加"的"，如一肚子的坏水、一地的纸屑。加"满"、"大"是把意欲传达的量大直接用形容词表现出来，加"的"则在于通过延宕表述节奏在语音上提示听者注意前面"一 + N_1"的满。

2. 主观小量。"一 + N_1 + N_2"格式表主观小量的情形不多。充当度量单位的 N_1 往往是细微的，大多具有摹状性。例如：

（6）暮烟幂幂锁村坞，一叶扁舟横野渡。（唐·黄光溥：《题黄居巢秋山图》）

（7）袅袅一线命，徒言系细缊。（唐·孟郊：《秋怀》）

（8）一丝风也没有，船像抛了锚似的停在海面上。（周而复：《海上的遭遇》）

（9）夕阳落下去了，一缕余霞仍在白杨树梢徘徊留连。（黎汝清：《生与死》）

（10）他宁可用菜头填他的肚子，也不捞公家的一星蛋花。（从维熙：《雪落黄河静无声》）

以上诸例分别以叶的单薄、线的细小、丝的微弱、缕的纤淡、星的碎少来描摹"舟"、"命"、"风"、"霞"、"蛋花"。N_1 本身所具有的特性是这一组合传情达意的生发点，小量的意蕴借助于众所周知的细微物来具象地传达。

也有一些借语境表少量的，例如：

（11）一箪食，一瓢饮，居陋巷，人不堪其忧，回也不改其乐，贤哉回也。（《论语·雍也》）

（12）今之为仁者，犹以一杯水救一车薪之火也。（《孟子·告子上》）

（13）老厂长对大学生总有那么点不以为然，他注重的是才干，而

不是那一纸文凭。(陈朝声:《星海》)

箪、瓢、杯均为容器,容量较小,在数量上却都仅有"一",少得可怜。语境中,一箪食、一瓢饮、一杯水均言量少。一纸文凭是说文凭的分量在老厂长的心里不重,文凭不过是一张纸。

"一 + N₁ + N₂"格式表主观小量时,N₁ 往往具有细微的特征,以其自身的微弱,突出所状或所量之物体小量少。大多借 N₁ 的外形来摹状,以点状和线状为主,如星、点、粒、眼、丝、缕、线等。偶有其他形状,如叶、钩等。还有少量容积小的容器类名词,如勺、匙、碟等。现代汉语中有不少以这些 N₁ 为语素组成的词也有微小的含义,如零星、颗粒、丝毫、丁点等。

因其摹状生动,语言生活中采用得比较频繁,这些 N₁ 大多已量词化了,如丝、缕之类的。但仔细品析,不难发现这些词不少仍处于名量之间,并未完全退去名词的特点。虽然分布位置对词的语法化有重要影响,但很多 N₁ 仍未量词化,因为使用得不多,与其他名词组合的能力不强,故仍被视为名词,如叶、星之类的。

"一 + N₁ + N₂"格式表主观小量时,"一"有时可以换成"半",如半点风都没有、半粒纤尘也难容身。"一"已是观念中的最小数字了,用比它更小的"半"当然也是可以传达量的少。"一"前往往可以加"就"、"只"、"才"或在 N₁ 前加"小"等。这些副词、形容词本身就是表程度低、量度小的,语意上与"一 + N₁ + N₂"的结构表达义一致,可以起一种强化作用。

(二)虚数和虚中带实。"一"在"一 + N₁ + N₂"格式中的语义,大致可分为虚数和虚中带实两类。

1. 虚数。"一 + N₁ + N₂"结构中的"一"一般表示为虚数。

表主观大量的"一 + N₁ + N₂"一般限于"一","一"并非具体的数量,而只是在笼统地表总量多。如"一肚子牢骚",是说牢骚满腹;"一屋子人",是说人挤满了屋子。这样的情况下,均不能用其他数字来代替"一"。受 N₁ 实际数量的影响,有时可以用"两"来替换"一",如"厂长满身灰尘,一手油污"、"晴天一身土,雨天一脚泥"里的"一手油污"、"一脚泥"换成"两手油污"、"两脚泥"表意不变。"箱子"、"车子"等体量不大、边界清晰的物质,有时也可以用其他数字来修饰。但"两手油"、"两脚泥"也好,"两箱子书"、"三车子人"也罢,其关注焦点和表意基础实际仍在于作为载体的每只手、每只脚、每个箱子、每辆车都是满的,核心语义在结构所传达出的"满"上，并且能这样更换数词的 N_1 只是极少数，因为"一"在汉语里早已引申出全、满的义项来了。

表主观小量的"一 + N_1 + N_2"，有时习惯用"半"、"两"、"三"、"几"或"一两"、"两三"、"三四"、"三五"等来代替"一"。如"明净的窗玻璃上有几丝光亮在闪烁"，"偶尔可在地上寻到两三粒玉米"。不难发现，这些数词即使用在典型的量词前也是表量少的，也就是说，"一"与它们之间实际属于近义代换，而这正折射出了"一"并非实指。

一般情形是"一 + N_1 + N_2"结构具有某种特定的意义，"一"并非实际的计量数字。表主观大量时，大多可以用"满"替换；表主观小量时，则可以以含义为少的一些数字或概数替换。替换之后，"一 + N_1 + N_2"的含义没有多大影响，这说明，结构中"一"并非实指。

2. 虚中带实。常见的数量结构中数词是可以随着表量的多少而有所增减的，"一 + N_1 + N_2"中的"一"一般不能换成其他数词以表量上的差异，仅少数的可以。

主观大量的"一 + N_1 + N_2"结构是以 N_2 遍布或充盈 N_1 来极言其多的，而要达到周遍的程度，N_1 必定是有限的，这就使得"一"在一定程度上保留着实意。如一江春水、一床虱子、一下巴胡茬，所说的江、床、下巴客观上的数量确实只是"一"个。

主观小量的"一 + N_1 + N_2"，因"一"为自然数中的最小数字，可以传达小、少的意思，所以在一定程度上仍保持着本义。这也是用小的其他基数来替换"一"时表意没有多大差异的原因所在。如"才一杯酒下肚，他什么话都来了"说成"才两杯酒"或"两三杯酒"或"几杯酒"，这与听者的理解是很接近的。而诸多说法中，因"一"为最小数字，所以是最可见出他不胜酒力的。

值得注意的是"一"表实数时，N_1 往往已量词化或明显具备量词的特征了。如一床被子、一瓶水、一杯酒、一篮鸡蛋、一桶油、一尾鱼、一杆枪、一峰骆驼等。量词的基本功能是计数称量，即所谓 measure word，这些例子中床、瓶、杯、篮、桶已承担这样的功能。当然，这样的情况下，它们虽一般已作量词分析，但仍较多地附有名词的实在意义，如尾、杆、峰。

二　N_1N_2 之间的语义制约

"一 + N_1 + N_2"格式中，N_1 与 N_2 往往有语义上的修饰关系，它们的组合并不是随意的，有一定的选择性。邢公畹先生指出："语言结构公式的正确性的基础就是它的真实性。"[①] "$一 + N_1 + N_2$"结构能被人接受，就在于N_1N_2是能建立起一定的联系的，一般或在客观的时空上有相关性，或从主观的某一角度看有相似性。

朱德熙先生曾指出"名词和跟它相配的个体量词之间有的时候在意义上有某种联系"[②]，其实，这种联系在人们为N_2选择度量方式之初已经建立，即N_2前还只是N_1而不是典型的量词时人们已有考虑。如甲骨文中有"贝十朋"，以"朋"为单位度量"贝"，正是上古保存贝的形制，如同后世的铜钱常用吊、贯一般。"缕"，本指丝线，其特性为细、软、轻、薄，说一缕清风、一缕情思，正在于它们有相似性。[③]

典型量词因语法化程度比较高，使用中这种语义的制约性就比较小了，如"个"，可以说一个人，一个问题，一个机会，人、问题、机会之间却毫无共性可寻。邵敬敏指出："量词一开始总是相当具体的，以后随着组合的泛化，导致本身语义的虚化。"[④] 虽未对名词、量词作细致的区分，但指出了N_1虚化为量词的一般路径：组合由具体而泛化，语义由实在而虚化。

三　"$一 + N_1 + N_2$"与数量名的区别

（一）"$一 + N_1 + N_2$"语义重点不在于对N_2的量作出准确界定。使用"$一 + N_1 + N_2$"结构者主观意愿不是对N_2的量作出准确界定，这是与数量名结构最本质的区别。

N_1主要表达的是主体对N_2的一种认知感受和心理体验。郭先珍曾指出"当量词用于修辞时，它的计量功能减弱，描写功能增强"[⑤]，"$一 + N_1 +$

① 邢公畹：《语词搭配问题是不是语法问题》，《安徽师大学报》（哲学社会科学版）1978 年第 4 期。

② 朱德熙：《语法讲义》，商务印书馆 1982 年版，第 48 页。

③ 因名量词本来大多来自名词，所以在修饰名词时很多仍有一定的选择性。如"颗"，本义指小头，所以小而圆的东西，我们往往用"颗"；"粒"，本义指米粒，所以细小的固体，我们往往用"粒"；"枝"，本义指枝条，所以细而长的东西，我们往往用"枝"；"节"，本义指竹节，所以分段相连的事物，我们往往用"节"。

④ 邵敬敏：《量词的语义分析及其与名词的双向选择》，《著名中年语言学家自选集·邵敬敏卷》，安徽教育出版社 2002 年版，第 15—16 页。

⑤ 郭先珍：《谈谈物量词对前搭配数词的语义选择》，《中国人民大学学报》1996 年第 3 期，第 101 页。

N_2"结构本是修辞现象，所以其功用不在计量，而在描述。一尾鱼，是因灵活的鱼尾给人印象深刻；一峰骆驼，是因驼峰是言者观察到的骆驼的最显著的部位。一钩新月，是说月如钩；一叶扁舟，是说舟如叶。一腔热血，是说热血充盈、意气高扬；一池荷花，是说看到的池塘里满是荷花。这些组合，重点都是将言者最强烈的感受表述出来。

一般情况下，数词与量词的搭配是自由的，而"一 + N_1 + N_2"格式中的数词却不能随意更换、较多地受 N_1 的客观属性的制约，这是与数量名结构形式上的明显区别。

N_1 所指事物本身的数量是客观明确的，只有一个，当然只能用数词"一"了，如头只有一个，当然就不能说"两头黑发"或"三头黑发"了；偶尔有用"两"替换的，如"两手灰"、"两脚泥"，是因为客观事物本身的数量为二。在表主观小量时，"一"也仅能在有限的习惯用来表小量的"两"、"三"等之内变换。

N_2 一般是不可数的、抽象的事物，没有显著的形体特征，如春风、青烟、霞光、希望、微笑、苦水等，用 N_1 称量 N_2 时具有一定的艺术性，是语言使用者的一种创新。如"一线希望"，希望是抽象的，这里用具体的"线"作限定，其实表意重点不在于计量它，而是作一种比喻性的具象描述，描述希望如线一样细微、渺茫，化抽象为具体，以帮助听者和读者感知，增强表达效果。

（二）"一 + N_1 + N_2"结构形式上比较松散。"一 + N_1 + N_2"可以添加的其他成分比数量名结构要多。

数量名结构的"数量"与"名"间一般是不能加"的"的，因它表达的是客观的数量情况。而"一 + N_1 + N_2"结构带有浓厚的主观色彩，意在强调 N_2 怎么样，所以一般可以在 N_1 后加"的"。当然，已成相对固定格式的说法一般不能加，如一席话、一帘幽梦等。

数量名结构一般情况下是不能在数词后加形容词的，只能在名词前加，有少数虽可以加，但只有数词为"一"时方可。① "一 + N_1 + N_2"中 N_1 N_2前均可加。如可以说"一满箱子衣服"，而不能说"一大件衣服"；可以说"一大箱子新衣服"、"一件新衣服"，不能说"一大件新衣服"。N_1 前的形容词多为"大"、"满"、"小"，与"一 + N_1 + N_2"的整体义一致，以起到一种主观强调的作用。

---

① 陆俭明：《数量词中间插入形容词情况考察》，《语言教学与研究》1978 年第 4 期。

四 结 语

"一＋N_1＋N_2"结构本身带有较强的语义表征，主观色彩浓厚，与一般的计量性质的数量短语在结构义上有较明显的差异。有些 N_2 本身是有与之相配的量词的，但语言使用者特意换作一 N_1，通过这种用词上的陌生化起到强化感受、凸显特征、描摹物态的作用。能够表达特定语意是"一＋N_1＋N_2"结构存在的根本原因。

"一＋N_1＋N_2"格式的出现是语言生活中的一种创新，这种创新是新的量词产生的一条重要路径。

计量的需要使得不少词临时充当量词的角色，当这种计量渐成常态后，N_1 就可能渐渐量词化。很多名词特别是容器类的名词，渐渐成为量词，如碗、杯、瓶、盘、缸、罐、锅、碗、瓢、盆、坛、桶、壶、斗、勺、袋、笼、筐、箱、盒，等等。量词化的典型表现除了数词不再仅限于"一"外，再就是由临时的组合变成可以限定与 N_2 相类的一系列事物。

（作者单位：中南财经政法大学新闻与文化传播学院）

论外来商标词译名中意义再创的模糊化

开 天 石楠楠

一 引 言

语言的模糊性与语言的翻译有着密切的关系，"语言存在这样或那样的模糊特性，这些模糊特性在语际翻译时无法回避"①。"近年来，以自然语言模糊性为研究对象的模糊理论开始用于翻译，指导翻译理论研究和实践。"② Nida 指出："绝对等值的翻译是不可能的，但由于语言、文化和人们的智力在很大程度上相似，使译文起到与原文相同的效果则是可能的。"③

外来商标词是一种来自外语的商标词，在进入中国市场时，往往需要译成汉语。然而，"商标翻译并非易事，它不是单纯的翻译，而是一项再创造的艺术"④。在这个再创造的过程中，存在着大量的意义再创现象，集中反映了对语言模糊性的运用。在国际文化交流频繁，全球经济一体化的今天，从模糊语言学的角度研究外来商标词的意义再创现象，探讨其模糊化的过程和原因，不仅对语言学、文化学、翻译学、广告学等各领域具有较为重要的意义，也有助于我们在跨文化交际中的应用。综合前人所作的研究，外来商标词的译名方法大致包括纯音译、直译、音意兼译、谐音意译、会意再创、音义组合等类型。

1. 纯音译法，即完全按照源语读音找出汉语中相同或相似的替代词或语素。如 Cadillac——凯迪拉克（汽车）。

---

① 邵璐：《论翻译的模糊法则》，《外国语》2008 年第 3 期。

② 关海鸥：《模糊语言学架构下的语义模糊性理解与翻译策略研究》，《长春理工大学学报》（社会科学版）2007 年第 3 期。

③ Nida, E. A. "Approaches to Translating in the Western World"，《外语教学与研究》1984 年第 2 期。

④ 李毅："On the Problems and Strategies in Trademark Translation"，《科技信息》2009 年第 7 期。

2. 直译法，即完全按源语词义直接译成中文。如 Apple——苹果（微型电子计算机）。

3. 音意兼译法，即兼顾源语读音和词义选择汉语词为商标译名，是纯音译和直译的兼用。如 Quick——快克（感冒胶囊）。

4. 谐音意译法，即按源语读音命名汉语商标词（其中某些商标词在重命名时只是保留了原商标的首字母），且注意挑选相关意义美好的谐音词语，向消费者暗示有关信息。这一类词"兼有谐音，即挑选同原词意义有关的汉字去表达"①。如 Safeguard——舒肤佳（香皂）。

5. 会意再创法，即不考虑源语读音，而是根据商品的某些特征为商标重新定名。这一类词有时虽与源语词的意义有一定的联系，但并不是直译。如 Rejoice——飘柔（洗发露）。

6. 音义组合法，即半音译半直译，音译部分采用谐音意译，是直译和谐音意译的组合。如 Goldlion——金利来（领带、服装系列）。

我们发现，在以上六种类型中，谐音意译法、会意再创法和音义组合法皆出现了对原词的意义再创，即在译名过程中对原词意义进行了增添、延伸、调整或完全转变，充分运用了语义模糊化的手段。下文将以上述三类译法为例，具体描述其意义再创中的模糊化表现，并对模糊化的原因进行初步的分析。

二　外来商标词意义再创的模糊化现象

1. 谐音意译商标词。谐音意译法对原商标词的意义创新，往往是在译入语背景下对原意的调整与延伸，在这种译入过程中，形成意义的模糊化是必然的。这一类的例子较多（见表1）。

表1　　　　　　　　　　　　谐音意译商标词举例

源语词/产品类别	原意及来源	译名	再创意义及效果
Youngor/男装	取自英语"Younger"，寓意"更年轻"	雅戈尔	产生高雅、绅士风度之联想，且具异域风情
Avon/化妆品	取自莎士比亚故乡 Stratford-on-Avon（斯特拉特福镇）中的"Avon River"（埃文河），有"恬静幽美"之意	雅芳	仍令人产生优美之感，但这种优美更贴近女性的典雅、芬芳

---

① 史有为：《汉语外来词》，商务印书馆2003年版。

续表

源语词/产品类别	原意及来源	译名	再创意义及效果
Safeguard/香皂	原意为"安全卫士"，象征对人身体健康的保护	舒肤佳	更注重描述产品"令肌肤舒适、状态俱佳"的功效
Maybelline/化妆品	以创始人之妹的名字 Maybel 和 Vaseline（凡士林）缩合而成	美宝莲	增添了女性清新秀丽之意
Kodak/摄影器材	来自该公司生产的第一部名为"Kodak"的胶卷相机	柯达	有"发达"之义，且朗朗上口
Pentium/软件	取希腊文"penta"（"五"）加拉丁文的名词词尾"ium"结合而成，意为"第五代"	奔腾	取"万马奔腾"之义，充分体现出产品运行迅速的特性
Goodyear/轮胎	为纪念硫化橡胶发明人 Goodyear，取其姓氏而创	固特异	取"特别牢固"之义，使消费者更容易理解
Gillette/刮胡刀片	取自其创始人 Gillette 之姓氏	吉利	多了一层吉利祥和的新寓意
Johnson & Johnson/婴幼儿用品	取自其创始人 Johnson 之姓氏	强生	使人迅速获得该产品的使用信息：使幼小生命更加强壮
Lux/香皂	来自拉丁语中的"日光"一词，具有浪漫的象征义	力士	具有"清洁有力，健康卫士"的联想意义，具有亲和力
Procter & Gamble/美国日用品	取两位创始人 Procter 和 Gamble 之姓氏	宝洁	增添"清洁之宝"新意
Poison/香水	原意"毒药"	百爱神	便于中国消费者接受
Colgate/牙膏	取自其创始人 Colgate 之姓氏	高露洁	体现产品特点，"使你露出美丽洁白的牙齿"，增添美感
Reebok/运动鞋	原指非洲的一种羚羊，寓意穿上这种鞋后，能够像羚羊一样自由奔跑	锐步	具有"步履矫捷，锐不可当"的象征意义
Pepsi Cola/饮料	原意为"胃蛋白酶"	百事可乐	给人"万事如意"的联想
Sprite/碳酸饮料	原意为"小妖精"，有机灵可爱之意	雪碧	避免直译为"妖精"，突出"晶莹剔透，凉爽沁心"之义

2. 会意再创商标词。会意再创是对原商标词最为大胆的改变，不仅不考虑源语的发音，而且其意义模糊化的程度最大。译名综合考虑目标语语言特点、文化传统、民族思维等，对原商标词重新命名，致使本义几乎完全淡化。这一类的例子见表2。

表2　　　　　　　　　　　　　　**会意再创商标词举例**

源语词/产品类别	原意及来源	译名	再创意义及效果
Duracell/美国电池	由"durable cell"（耐用电池）缩合而成，喻产品电量充足，经久耐用	金霸王	借"力拔山兮气盖世"的楚霸王项羽的形象，仍能使人联想到该产品储电量巨大，并蕴涵了传统文化①
Rejoice/洗发水	原意"使高兴，使快乐"，喻舒适与愉悦	飘柔	从洗后头发的状态出发，给人"飘逸顺滑"的联想意义
Ladycare/卫生巾	原意"女士保养"	洁婷	具"女性柔美"之意

3. 音义组合商标词。音义组合中的音译部分通过意义再创而模糊原意，增添新意。这一类的例子较少。例如，香港服装品牌"Goldlion"，原为"金狮"之意。译名时，将 Gold 和 Lion 分译，前者采用直译法，取"金"字，后者用谐音意译法，取"利来"，二者结合组成"金利来"，增添了"黄金财源滚滚来"的象征意义，迎合了国人期盼富足的心态②。

三　意义再创模糊化现象的原因分析

外来商标词的译入过程中，为何会出现意义再创的模糊化现象？我们认为，这与语言本身的模糊性、不同语言间的形式及其社会、文化背景的差异以及人类认知思维的模糊性等方面息息相关。下文试图从这几个方面探究意义再创模糊化现象的产生原因。

1. 译名受目标语形式限制而导致意义再创的模糊化。外来商标词译名受目标语形式限制，常需在重新命名过程中作一定改动，由形式上的改动可能引发意义上的变化，形成意义再创。商标名要尽可能"易识易读、易于流行与记忆"③，并且简洁顺口，富有美感。因而此类改变在谐音意译法中尤为突出。由于原商标名由音及意发生了一定的变化，其原有意义往往被模糊化，而译名中的意义再创过程经常采用描绘性词语，同时又具有新的模糊性特征。例如，摄影器材品牌"Kodak"来自该公司生产的第一部名为"Kodak"的胶卷相机，是一个臆造词。若音译为"叩代克"，既难记又不具

---

① 张爱苗：《文化差异影响下英语商标词翻译的原则和策略》，《焦作师范高等专科学校学报》2008年第3期。

② 李淑琴、马会娟：《从符号学看商标词的翻译》，《上海科技翻译》2000年第4期。

③ 贺川生：《商标英语》，湖南大学出版社1997年版，第117页。

音律美，改译为"柯达"，读起来朗朗上口。此时，原商标名的语音形式先被模糊化，只保留了相近发音，又采用了中国人喜爱的"达"字，给原来的臆造词增加了"通达、顺达"之意。至于描绘性词语"达"，本身便具有一定的模糊性，如何才算"通达、顺达"，恐怕就取决于消费者的理解了。又如，香皂"Lux"，取自拉丁语中的"日光"一词，具有浪漫的象征义。若译为"勒克斯"，会比较拗口。如今译为"力士"，不论是语音还是语义都被模糊化了。采用这样的意义再创后，增加了"清洁有力，健康卫士"的联想意义，十分符合中国消费者追求安心实在、关注商品性能的文化心理。尽管原意"日光"已完全模糊化而消失，但新的译名也可以引发丰富的联想，虽不精确，却好读好记，更加平民化。

2. 译名受目标社会背景限制而导致意义再创的模糊化。Nida 指出："译语中的信息接受者对译文信息的反应应该与源语接受者对原文的反应程度基本相同。"[①] 外来商标中，有不少是以创始人的名字来命名的。这些人在其本国可能家喻户晓，然而对中国受众来说，如果加以纯音译，那么面对这些陌生的商标名，他们所感知到的信息极其有限，且因读记困难也会产生排斥感。为达到与原商标名同样的宣传效果，译名往往模糊原名音意，形成意义再创，具有更贴近受众的效果。例如，"Goodyear"轮胎，原商标名是为纪念硫化橡胶发明人 Charles Goodyear 而创。若将其姓氏按标准音译为"古德伊尔"，受众对其缺乏了解，得到的信息极其有限。将其译为"固特异"，模糊了原商标名的发音，且赋予其更具体的内涵意义，能够反映该产品"异常坚固、有韧性"的特点，更容易被消费者了解和接受。又如，刮胡刀片"Gillette"，来自其创始人 King C. Gillette。其相近的音译为"吉勒特"，读起来拗口，模糊发音改译为"吉利"，反而谐音双关，虽模糊原意，却多了一层"吉利、祥和"的新寓意，而译名仍属于无法精确感知的描绘性词汇，具有一定的模糊性。

3. 译名受目标群体文化背景影响而出现意义再创的模糊化。不同的目标群体具有不同的文化背景，其语言孕育于不同的文化。Deeney 指出："每一种语言都从文化中获得生命和营养，所以我们不能只注意如何将一种语言内容译成另一种语言，还必须力求表达两种文化在思维方式表达情感方面的习惯。"[②] 具体而言，"基于民族文化距离的客观存在，译者应该充分定夺模

---

① Nida, E. A. & Taber, C. R., *The theory and Practice of Translation*, Leiden：Brill, 1969：25.

② Deeney、J. J.：《熟悉两种文化与翻译》，王士跃译，《中国翻译》1989 年第 5 期。

糊语言意义的文化内涵、语用文化差异以及最佳的表达方式"。① 因此，外来商标词的译名过程多考虑目标群体的文化传统与风俗习惯，使之在文化内涵上更贴近目标语文化，以使受众认可并产生深刻印象。"为适应和迎合译语消费者的文化习惯对源语商标名的文化意象作艺术性地再创造，往往能产生意想不到的效果。"② 这样的意义再创，使商标词在文化意象和习惯方面更加贴近目标群体，这样往往会模糊商标名原有的内涵意义，同时由于文化背景和文化心理的不同，受众对译名的感知也会产生一定的模糊性，由此产生意义再创的模糊化。例如，香水商标"Poison"，原意为"毒药"，象征该香水富有魅力，使人迷醉，体现出西方民族的冒险精神与野性。然而，若将它直译为中文，因与汉民族含蓄保守的思维相背，受众易对其产生消极的印象。因此，译者模糊其原意"毒药"，改译为"百爱神"，译名产生了"人见人爱"、"如若仙人"等模糊联想意义，既不失对产品原有特性的描述，又符合汉民族的文化习惯。又如，美国电池"Duracell"，原意为产品电量充足，经久耐用。在中华文化的背景下，翻译时，借"力拔山兮气盖世"的楚霸王项羽的形象来推销产品，译为"金霸王"。③ 译名融入中华文化，完全模糊了它的原意。

　　事实上，为获得目标群众好感，译名中常出现与中华文化中美好事物有关的词语。上述的例子中，"莲"是中国人喜爱的植物；"宝"表达了人们对美好生活的期盼；"雅"则象征着中华文明的高度发展。这些词语本身都具有模糊性，能够带给受众丰富的联想。

　　4. 译名因译者和受众认知思维的模糊性而产生意义再创的模糊化。查德认为："人的大部分知觉过程和思维过程都浸透着模糊性。"④ 而且，"语言在输入和输出时，普遍存在着模糊化现象；人类思维往往要以模糊的逻辑方式，在受授语言时，对它进行再处理，才能促成意义的实现"。⑤

　　由于思维的模糊性，中外语言之间的词汇意义也往往不完全对应，有时甚至差异显著。即使字面意义相同，也有可能使受众产生截然不同的联想。

---

　　① 曾文雄：《语用学翻译研究》，武汉大学出版社 2007 年版。
　　② 贝可钧：《英汉商标词的翻译策略："文化意象"视角》，《华中师范大学学报》（人文社会科学版）2010 年第 1 期。
　　③ 张爱苗：《文化差异影响下英语商标词翻译的原则和策略》，《焦作师范高等专科学校学报》2008 年第 3 期。
　　④ 伍铁平：《模糊语言学》，上海外语教育出版社 1999 年版，第 337 页。
　　⑤ 彭望书：《从语言的模糊性看语言与思维的关系》，《贵阳师专学报》1991 年第 2 期。

因此，无论商标的取名还是译名，都必须能诱发顾客的积极情感，触发有益联想，留下美好印象，从而激起他们的购买欲。顾客从细细品味商标的美好寓意中得到了某种程度的精神愉悦和审美享受，而这都是因为模糊思维在起作用。① 因此，译者在翻译商标名时，往往根据自己的文化进行理解，导致译名中意义再创的生成，而意义再创后的译名，同样在描述商品时具有相当程度的模糊性，或容易让消费者获得具有一定模糊性的感知与联想。例如，香皂商标"Safeguard"，原名的字面意义是"守卫"，象征对身体健康的保证。译者看到这个词时想必产生了更具体的联想，即"对皮肤的护理"，因而译出"舒肤佳"一名。从原商标名抽象的象征意义到译名具体的对产品功效的描绘，是语言词汇与人类认知思维的模糊性所导致的。译名既模糊了原商标名的象征意义，又赋予其再创的描述义，并且"舒"、"佳"本身同时具有描绘力和受众感知方面的模糊性。显然，译名更符合中国受众的认知，更加平实易懂。而这整个译名过程就是一个模糊化的过程。又如，洗发露"Rejoice"（飘柔），原意"使高兴，使快乐"，侧重于描述使用者的心情，即该产品带给人的舒适与愉悦。译名"飘柔"，字面上感知到的仍是带给人的舒适，却更偏向于从洗后头发的状态或者说洗发露的功效着眼。这是译者对同一词语感知不同而造成的意义再创的模糊化。译名是一个相当宽泛的描绘性词语，在语义上的模糊性较原商标名更强，但对于中国受众来讲，这样的一个"模糊"译名更加切合产品实际，符合消费心理。同时，中西思维方式的差异也影响了商标词的译入过程。"中国思维以直觉体悟、整体综合把握事物，易使思维带有模糊性；西方科学认知型的思维方式重探索自然，重求知，重理性，因而带有强烈的客体对象性。"② 因此，许多外来商标词由精确义被转译为模糊义，反而更能接近原名的宣传效果。例如，运动鞋"Reebok"，取自非洲的一种羚羊名，Reebok 公司希望消费者像 Reebok 一样奔驰，充分享受运动的乐趣。而译者却对原商标的动物名及象征义采用了模糊化处理，译名"锐步"，带给人"步履矫捷，锐不可当"的新的模糊感知，对于受众来说反而更具体生动。又如，饮料"Pepsi Cola"，源于希腊语"Pepsis"，原意为"胃蛋白酶"，指一种消化剂，能帮助提神、解渴消食。而译名"百事可乐"，模糊了原名蕴涵的具体功效，以"百事"代替，

① 吴勇：《商标翻译中的模糊信息及其处理技巧》，《西华师范大学学报》（哲学社会科学版）2005 年第 5 期。
② 张琴：《从接受美学看翻译的模糊性》，《连云港职业技术学院学报》2007 年第 4 期。

给国人带来"万事如意"等联想，起到了更好的宣传效果。

四 结 语

由上所述，作为一种特殊的外来语群体的外来商标词，其译名的意义再创是其特有的现象。在其译名过程中，充分体现了语言的模糊性。意义再创的模糊化现象，既是语言本身模糊性的共性之体现，也具有其相较于普通词汇译名过程的特性。

本文仅对外来商标词翻译过程中的一个具体现象——意义再创的模糊化作了尝试性的总结与分析，有关外来商标词翻译中更全面的模糊化处理方式，诸如语义、语音、语法等急需更具体的分类总结与溯源分析，而翻译层面对意义再创和模糊化处理的应用原则，也有待未来探索。

（作者单位：上海交通大学国际教育学院）

《新华同义词词典》二项式同义词的模糊释义

李贝贝

"人们为了求得释义的准确，既可以用精确的语言来解释词义，也可以用模糊语言来解释词义。只要运用得恰当，无论是用精确语言还是模糊语言都可以使释义准确；如果运用得不恰当，无论是用精确语言还是模糊语言都可能造成释义的不准确。"① 由于辞书释义是用语言去解释语言的工作，需要不断地追求释义标准的提高，而释义的效果又需要到实践中去检验，所以词典的释义修正和完善是一个长期的过程。单纯的辞书释义如此，解释词语关系的同义词词典更是如此。在此当中，形容词的释义又以其独特的抽象性对模糊语言的运用有着极高的要求。本文以张志毅、张庆云编纂的《新华同义词词典》②（以下简称《同义词词典》）为例，希望对同义形容词释义的模糊语言与准确释义的关系问题加以探究。

一 《同义词词典》二项式同义词

《同义词词典》形容词性双音节二项式同义词 197 组，有 177 组是有共同语素的双项同义词组。因为"相同的语素，能体现意义共同的成分，而余下的语素的不同，便往往是意义细微差别的依据或表现所在。由于现代汉语大多数的词都是双音复合词，在同义词范围内尤其以双音复合词占压倒优势，因而彼此共同含有某个语素的同义词便可从其另一不同的语素来分辨词义的细微差异"。③ 两个词目统一为形容词性的，有 163 组；兼具其他词性的，有 15 组。根据同语素词的位置，又可以分为四类。如表 1 所示：

---

① 黎千驹：《实用模糊语言学》，广西师范大学出版社 1996 年版，第 208 页。
② 本文示例若无特殊注明，均出自张志毅、张庆云《新华同义词词典》。
③ 刘叔新：《略谈现代汉语同义词的特点》，《汉语学习》1984 年第 3 期。

表1

类型	AB—CA 型	BA—AC 型	BA—CA 型	AB—AC 型
举例	安全—平安	安闲—闲逸	奥妙—玄妙	卑鄙—卑劣
统计	7.9%	5%	37.4%	49.7%

可以见出：（1）AB—CA 型（安全—平安），14 例，包括形容词性的同义词 11 例，兼有其他词性的同义词 3 例。

（2）BA—AC 型（安闲—闲逸），8 例，为形容词性的同义词。

（3）BA—CA 型（奥妙—玄妙），67 例，包括形容词性的同义词 60 例，兼有其他词性的同义词 7 例。

（4）AB—AC 型（卑鄙—卑劣），88 例，包括形容词性的同义词 83 例，兼有其他词性的同义词 5 例。

确定词群内涵和外延，要分析出同义词的核心义，这也是同义词模糊性研究的基础。

（一）AB—CA 型同义词组的模糊性。这类 14 个同义词组分别是安全—平安、笨拙—愚笨、怅惘—惘怅、畅通—通畅、淡泊（澹泊）—恬淡、毒辣—狠毒、合适（合式）—适合、紧要—要紧、进步—先进、蛮横—野蛮、密切—亲密、生就—天生、瘦削—消瘦、旺盛—兴旺。其中畅通—通畅、合适（合式）—适合、紧要—要紧是同素异序同义词。例如：

1. 紧要—要紧。同：形容词。关系重大。重要。

异：【紧要】多半指紧急、迫切而又重要。有时只指重要。常说"～关头，无关～"。

【要紧】常指重要或严重。

这两个词都指"关系重大、重要"。"紧要"用了模糊限制词"多半"，并补充说"有时只指重要"，说明词的核心意义是"重要"；为了区分同中之异，加上"紧急、迫切"的意义。

2. 笨拙—愚笨。同：形容词。不聪明。

异：【笨拙】除不聪明之外，也可指身子、动作、说话、方法等不灵巧，或体积大的器物不灵便。

【愚笨】主要指头脑不灵活，有时兼指动作不灵便。词义范围比"笨拙"窄。

本组同义词的核心词义是"笨，不聪明"。而它们的区别主要在于"拙"和"愚"。"拙"用来形容"体积大的器物不灵便"；"愚笨"的释义中写出"主要指头脑不灵活"，"头脑不灵活"是其核心义，这也包括"笨拙"义。

（二）BA—AC 型同义词组的模糊性。这类同义词组共有 8 例，安闲—闲逸、潮湿—湿润、工整—整齐、繁忙—忙碌、光辉—辉煌、涣散—散漫、陌生—生疏、荣幸—幸运。

1. 工整—整齐。同：形容词。齐整不乱。都能形容字迹、韵律、摆设、建筑等。

异：【工整】强调规矩端正，细致，不潦草。常形容字迹及相关的作业、卷面等，也常形容对联、对仗、韵律，有时形容物品、建筑等。

【整齐】强调"齐"，有秩序，有条理，有规则等。常形容建筑、摆设、物品、服饰、队伍、阵容、画面等，有时形容字迹、韵律等。

这两个词的相同语素是"整"，核心意义都有"齐整不乱"的意思。不同的是"工整"强调"工，端正"，"整齐"强调"齐，有条理"。但是在所形容的事物上，并不是那么界限分明，"韵律"既能够被"工整"修饰，也能被"整齐"修饰，同样，"建筑"也可被两者修饰，这说明它们的核心意义虽然相同，边界并非截然分明，而是模糊的。

2. 潮湿—湿润。同：形容词。有水分，不干燥。都常用于空气、地面、衣物等。也表示眼里含着泪水。

异：【潮湿】多指含的水分过多，程度较重。用于物时，多带厌恶意。

【湿润】常指含的水分稍多一点，程度较轻。也可以指水分适度，含有喜爱意。表示含泪水时，比"潮湿"常用。可以重叠成"湿润润"，"潮湿"不能。

这组同义词的核心语义是"有水分，不干燥"。"潮湿"指水分过多，"湿润"指含水分稍多一点。可以看出"湿润"的程度较轻，但释义模糊性也十分明显。

（三）BA—CA 型同义词组的模糊性。这类同义词组共有 67 例。例如：
奥妙—玄妙。同：形容词。事理难以了解。

异：【奥妙】强调深奥，不易了解、明白。常说"～无穷，～难解"。还常有名词意义。

【玄妙】强调奇妙，难以捉摸。常说"～莫测"。偶尔有名词意义。

两词的核心词义是"难以了解"。但是"奥妙"侧重于"深奥"，"玄妙"侧重于"奇妙"。并且"奥妙"是"常"有名词义，"玄妙"是"偶尔"有名词义。显然，"奥妙"的名词意义要多于"玄妙"。"常"与"偶尔"是它们两者作名词义的一个重要区分,但是它们的频度是多少,这里没有一个明确的数值,只是知道一个模糊的比较值,但这并不影响我们对于这组同义词的辨别与使用。

(四)AB—AC 型同义词组的模糊性。这类同义词组是四种类型中出现最多的,约占据总数的 50%。

恐怖—恐惧。同:形容词,遇到危险等心中不安或发慌。用于书面语。

异:【恐怖】词义较重。多指生命受到威胁而引起的恐惧。

【恐惧】词义较轻,泛指很害怕、惧怕。

核心义是"不安"。"恐怖"用于生命受到威胁的状态,"恐惧"指一般的害怕。"多指"与"泛指"说明其范围的不同,模糊限制词语"多"与"泛"使得辨析更加明确。

二　具有标示性的模糊限制语

依据模糊限制语的主导词,可以对其进行分类如下:

(一)"形容"类。"形容"作为词典释义的标示语,是形容词释义的典型标志。"形容"前有"常"、"都"、"更宜"、"有时"、"多"、"还"、"可以"、"一般"等对中心词进行限制,用以说明模糊义的隶属度;从高到低,它们是"都形容 > 多形容 > 一般形容 > 有时形容"。

(二)"用于"类。"用于"前的模糊限制词,如"多"、"常"、"也常"、"可"、"少"、"较少"等。

(三)其他类。还有一些修饰限制的模糊词,如"多指"、"常指"、"偶尔"、"较窄"、"较少"、"很"、"通常"、"多侧重于"、"某些"、"不太"等。这些在具有标示性的词语前进行限制,在改变真值条件的情况下使表义更灵活。例如:

【背静】离喧闹的地方有一段距离,不太偏僻,着重指清静。

【僻静】离喧闹的地方很远,很偏僻,很清静。

"有一段距离"与"很远"能够说明"背静"和"僻静"距离喧闹地点的不同程度,从"偏僻"与"不太偏僻"可以看出"不太"很好地舒缓了否定的语气。

三　小　结

　　词典释义最基本的要求是准确，为求得释义的准确，过去人们往往大量地选用精确语言来释义，自觉或不自觉地排斥模糊语言。通过以上的论述可以看出，运用精确语言来解释词义，可以使释义准确，运用模糊语言来解释词义，同样可以使释义准确，关键在于运用得是否恰当。有时运用模糊语言来解释，会得到比运用精确语言更好的效果。

参考文献

［1］张志毅、张庆云：《新华同义词词典》（中型本），商务印书馆 2005 年版。
［2］黎千驹：《实用模糊语言学》，广西师范大学出版社 1996 年版。
［3］黎千驹：《模糊修辞学导论》，光明日报出版社 2006 年版。
［4］王迎春：《〈简明同义词典〉探析》，《玉溪师范学院学报》2005 年第 10 期。

（作者单位：河北师范大学文学院）

试析「考え切る」的成立与否

——基于词汇体貌搭配的模糊性

陈盛远

一 引 言

日语中的复合动词由前项动词 V1 与后项动词 V2 搭配而成。「考え切る」便是如此，为［V1 考える + V2 切る］。但是针对该词的搭配在日本国语界还未有确切定论：姬野昌子（1999：252）提到 V2「切る」与作为持续动词的 V1 搭配时可表示 V1 该动作的完成义。照此而言，作为持续动词的 V1「考える」则理应和「切る」发生搭配以示思考动作的完结。中村园子（1998：136）在复合动词收录表中也标示了「考え切る」一词。廖淑君（2008）在实际调查中发现日语母语者对「考え切る」的准允度为 81%，可见对于日本人而言该词并非不自然。然而与此相对，目前已出版的日本国语辞典均未收录「考え切る」一词。由此可见，对于「考える」与「切る」之间的搭配合格性在日语国语界存有认识不一的现象，并对此未有确切定论。

我们已知日语复合动词是由两个动词成分搭配而成的。Firth（1968a：2000）就词汇搭配提出语言结构是内部期待的并由横向关系组成并处于一个连续统当中。Howarth（1996：32）也将词语搭配视为一个连续体，搭配成立与搭配受限之间的界限并非截然分明。方子纯（2013）在 Firth 观点的基础上提到词汇之间的搭配界定不能简单地以"是"或"不是"来进行区分，而是应该把词语描述成一个连续体并且用过渡性的视角来考察。基于上述观点，对于 V1「考える」与 V2「切る」的搭配而言，是否会存有搭配模糊这一性征并以此解释上述现象呢，本文就此进行考察。

二 基本理论框架

词汇体貌（aktionsart）以界限性（boundary）为研究重点，认为界限性体貌特征决定了动词各成分间的搭配，其验证范围便囊括动词间的匹配度考察。对于日语动词界限性的判定，我们可通过与动作有关的时间量予以衡量，具体为动词若能与所需时间，如「～時間で」搭配，则为有界。若能与经过时间，如「～時間」搭配，则为无界（孙敦夫，2011）。界段重合原则（Talmy，2000：55）则是在词汇体貌的基础上，指出搭配成分之间须有界段重合方可发生搭配潜势，重合部分涉及起点（Departure）、途中（Traversal）和终点（Arrival）三种基本矢量。下面我们分别通过图1和图2来表示：

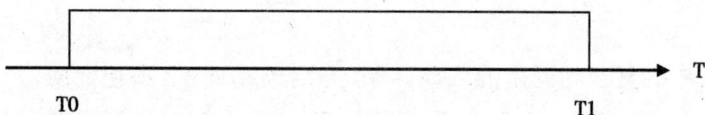

图1 动词有界性

在图1中，T轴为时间轴，T0与T1时刻分别为动作的起点与终点。至此，T0至T1的时间段为所需时间，即为完成某事或某一目标所需要的时间，因为动作在T1时刻完结，此时我们可将T1视为动作完结点，体现出动作的有界性。

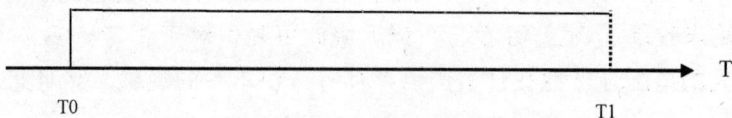

图2 动词无界性

在图2中，T1时点以虚线标示，以此体现动作不涉及完结这一时点。T1时点前的任一时间片段均是所需时间的部分截取，即T0至T1之前的时间段为经过时间，仅仅单纯记录某动作所经过的时间片段，这时动作体现为无界性。

综上图1、图2，我们可视T0为起点矢量，T1为终点矢量，T0到T1之间的部分为途中矢量。动词界限性可进一步表述：若具备T1这一终点矢量则为有界；反之仅含有起点或途中矢量的则为无界。界段重合原则正是基于搭配成分间是否能寻得重合的矢量部分来评判词汇之间的搭配潜势。在上述理论框架之下，本文以 V1「考える」和 V2「切る」的各自词汇体貌为切入点，通过界段重合部分的有无来对「考え切る」的合格性作出判定。

三　对「考え切る」中 V1V2 的词汇体貌考察

（一）V1「考える」的词汇体貌。「考える」自身的词汇体貌如何，我们以上述的所需时间与经过时间为衡量标准。

（1）三時間でこの問題を考えた。（＋终点矢量）

（2）この問題についてはすでに二時間考えている。（－终点矢量）

例（1）中的「三時間で」为所需时间，是动作主体为寻求问题答案所耗费的思考时间，带有"破解问题"这一终点矢量，在这种情况下「考える」为有界。而例（2）则是以经过时间予以标示，表示单纯地记录思考时间的发生尺度，相对于需要三小时的考虑时间方可解答该题，「二時間」仅为整体思考所需时间中的部分片段截取，并不涵盖最终是否解答了该题，故此时「考える」体现为无界。由例（1）、例（2）可见「考える」既可接所需时间，又可接经过时间，可窥「考える」本身既可有界亦可无界的双重性，我们可将其界限性标示于同一时间轴上，如图 3 所示：

所需时间「三時間で」

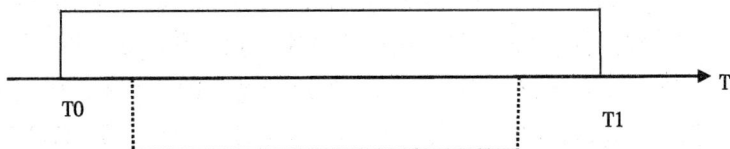

图 3　「考える」界限性

经过时间「二時間」

图 3 中，在所需时间方面，「三時間で」体现了「考える」动作的开始至完结这一整体时间段，具有明显的起止界限，因而此时「考える」带有明确的终点矢量 T1。与此相对，经过时间「二時間」则只能描述「考え

る」动作的持续过程，与破解这道题需要「三時間で」相对，经过时间「二時間」只是所需时间中的一个时间片段，并没有具体的终止矢量 T1 存在。

　　由此我们可以看到「考える」在词汇体貌上的双重性，「考える」的有界与无界之间的界限并不绝对，我们不能简单地视「考える」为有界而非无界，也不能说仅为无界而非有界，因为在时间范畴上有界与无界的区别很难划分出一条截然分明的界限，毕竟时间轴本身就是一个连续体。除了「考える」词汇体貌的双重性，还有相对性。如在例（2）中的「二時間」虽为经过时间，但当主体对这道题已用两个小时来思考并且此时思考主体已经达到自己的能力极限，无法再往下深入探究时，实则意味着「二時間」转换为了所需时间，这时「考える」便从无界递进到了有界。综上可见「考える」在词汇体貌中的双重性与相对性，概言之即模糊性。

　　（二）V2「切る」的词汇体貌。

　　（3）彼は<u>一時間で/一瞬で</u>この木を切った。（＋终点矢量）
　　（4）田中さんはもう<u>何分間も</u>この木を切っている。（－终点矢量）

　　例（3）中的「一時間で」与「一瞬で」均为所需时间，为达到"砍"这一动作使树断裂这一目标而需要花费的时间，在界限性上含有终点矢量。需要注意的是「一瞬で」这一所需时间表示"瞬间/一下子"，意味着「切る」动作即刻完成、即刻终止，因此我们可以将其直接置于终点矢量上，因为主体所观察到的仅为「切る」动作达成后的结果状态"树断了"。但无论一小时也好瞬间也罢，在词汇体貌特征层面均为有界。而例（4）句的「何分間」为经过时间量，仅仅是记录"砍树"这一动作已经持续若干分钟这一时间尺度，并不涉及"树断"这一终点矢量，即「切る」在该句式义中则体现为无界。由例（3）、例（4）可见「切る」既可接所需时间，又可接经过时间，可窥「切る」也带有既可有界亦可无界的双重性。由此我们可将其像「考える」一样标示于 T 轴上，如图 4 所示。

　　所需时间「一時間で/一瞬で」

　　经过时间「何分間」

　　通过图 4，我们可以发现「切る」同「考える」的词汇体貌特征一样，有界与无界之间的界限并不绝对，不能简单地视「切る」为有界而非无界，

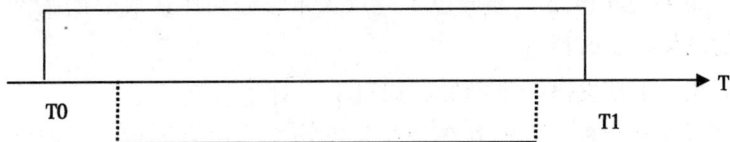

图4　「切る」界限性

也不能说仅为无界而非有界，而这也恰恰体现了「切る」在词汇体貌中的双重性。同样地，伴随「切る」词汇体貌双重性的还有相对性，譬如例（4）中，在该句中「何分間」为经过时间表无界，但是如果动作主体用了若干分钟砍树之后因故终止了，那么此时「切る」则递进为有界。综上分析，可见「切る」在词汇体貌特征上同「考える」一样，具有模糊性的词汇体貌。

四　「考え切る」中 V1V2 的界段重合情况

在对 V1「考える」与 V2「切る」的词汇体貌作出分析后，我们可以看到两者本身均存有起点矢量、途中矢量和终点矢量。那么它们二者互相搭配时，界段重合情况如何，请看下面的例句：

（5）最後まで考えきる人は、極めて少ない。

（6）＊長い間考えきった計画ですから、失敗しても後悔しません。

（7）＊一時間でこの問題を考え切った。

「考え切る」在例（5）、例（6）中合格性不同。例（5）中的「最後まで」关注于思考量度的最终变化，具有终点矢量，可见搭配而成的「考え切る」整体是有界的。而例（6）中的「長い間」非特定时间量不能与「考え切る」搭配，可见「考え切る」在经过时间即途中矢量部分无法寻得界段重合。另外例（7）中的「一時間で」不能与「考え切る」搭配，可见「考え切る」不含有起点矢量至终点矢量这一整体时间所需时间段。

由例（5）至例（7）我们可得，「考え切る」仅仅聚焦于终点矢量，聚焦于考虑这一动作行为最终的充分性、透彻性。而且我们已经发现例（6）、例（7）两句中无法接经过时间或者所需时间，这也恰恰反映了「考え切る」整体的界段重合部分位于终点矢量，即动作达成时的瞬间时点及其之后的结果状态的持续。

至此我们不禁提出一个问题，通过上文对「考える」与「切る」的词汇体貌进行分析发现，它们在各个矢量上均应寻得界段重合，但是「考え切る」的界段重合部分却仅仅是在终点矢量，而起点矢量与途中矢量未寻得重合，原因何在？这需从V2为「～切る」的复合动词整体着眼，V1为持续动词时，则「V1＋切る」这一复合动词整体表示动作完成、终结义（姬野昌子，1997：123），意味着整体组合后体现出对终点矢量的关注，所以若「考える」与「切る」两者均在起点或途中矢量寻得重合的话，则复合动词本身就不带有终点矢量，而这与表完成的性征相悖，而这也是为什么「考え切る」不能够与「長い間」这样的经过时间搭配或「一時間で」这样的所需时间搭配的原因。

由上分析，我们可将「考える」与「切る」搭配时的界段重合情况表现为图5：

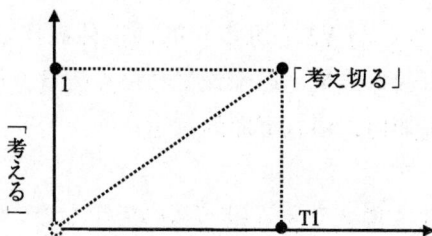

图5　「考え切る」

图5中的横轴为「切る」时间轴，纵轴为「考える」时间轴，T0/T′0为「考える」和「切る」的起点矢量，T′1为「考える」的思考量度达成时点，即动作的达成量不断增加而残余部分不断减少直至为零的时点，T1为「切る」的终点变化时点。因为「考え切る」本身所关涉的矢量为终点矢量T1。故在图中以实心表示终点矢量，即仅关注于最终的动作结果。而T1之前的途中矢量以虚线表示，表明两者在起点矢量与途中矢量未产生界段重合部分。通过该图，我们能更直观地看到：「考える」与「切る」之间的重合部分聚焦于终点矢量，从界段重合原则出发，我们能够看到「考える」与「切る」之间确实存有搭配潜势。

五　结　论

　　「考える」和「切る」由于在词汇体貌上的模糊性，使得「考える」与「切る」搭配时两者间可寻得界段重合部分。由此可得，虽然「考え切る」该词未被收录于日本国语大辞典中，但我们不能断然就此否定「考え切る」成立的合格性。这也从侧面体现了对于词汇搭配合格性与非合格性的划分并非截然分明。我们亦可在本文一窥在词汇搭配中之所以会有界限不明的诱因之一为词汇体貌的模糊性。

参考文献

　　[1] Dowty. D. R. , "Thematic proto-roles and argument selection", *Language*, 1991 (67)：547–619.

　　[2] Talmy, L. , *Toward a Cognitive Semantics*, Vol. 1 & 2, Cambridge, Massachusetts：The MIT Press, 2000：55.

　　[3] Firth. J. R. , "A synopsis of linguistic theory 1930–1955", Selected the papers of J. R. Firth, 1968.

　　[4] 森田良行：《意味分析の用法——理論と実践》，东京：ひつじ書房，1996：372。

　　[5] 城田俊：《日本語形態論》，东京：ひつじ書房，1998：144—145。

　　[6] 高桥太郎：《动词九章》，东京：ひつじ書房，1997：73—75。

　　[7] 姫野昌子：《複合動詞の構造と意味用法》，东京：ひつじ書房，1999：177—251。

　　[8] 工藤真由美：《アスペクト・テンス体系とテクスト——現代日本語の時間の表現》，东京：ひつじ書房，1997：73。

　　[9] 中村园子：《日本語複合動詞の意味形成と特性—言語認知の立場から》，《经济情报研究》1998，No. 2：136。

　　[10] 杉村泰：《複合動詞との共起から見た日本語の心理動詞の再分類》，《日语教学国际会议论文集》，2007：427—438。

　　[11] 寥纹淑：《～始める、～続ける、～終わる/～終わると内的状態動詞との共起関係についての記述的研究》，《福井工業大学日本語研究論集》2008：11—13。

　　[12] 沈家煊：《"有界"与"无界"》，《中国语文》1995 年第 5 期。

　　[13] 孙敦夫：《论日语中动作的"有界"与"无界"》，《解放军外国语学院学报》2011 年第 34 卷第 5 期。

［14］余秀金：《组合—映射模型与"V 了/过 + 数量名"结构的时体研究》，《语言教学与研究》2013 年第 4 期。

［15］聂中华：《动态性表现和静态性表现》，《日语知识》1998 年第 5 期。

［16］杨静：《延展类虚拟位移的体验基础及其对句法的影响——路源假说》，《西安外国语大学学报》2013 年第 21 卷第 3 期。

［17］李晓霞：《论日语动词谓语句中的"界"》，《长春理工大学学报》（社会科学版）2013 年第 26 卷第 2 期。

［18］方子纯：《词汇意义的百科性与搭配潜势》，《外语教学》2013 年第 34 卷第 3 期。

［19］程琪龙：《也谈完成性》，《外语教学》2013 年第 34 卷第 1 期。

（作者单位：西安外国语大学）

第三编

模糊修辞与模糊语用研究

模糊语言风格文化窥探

黎运汉

文化是人类在认识、改造自然和社会实践中所创造的物质文明和精神文明的总和，汉文化是以汉民族为主体的中国各民族共同创造的文化，其外延分为物质文化、制度文化、精神文化和语言文化。语言是文化的产物，是人类认知的工具、思维的工具、交际的工具、实践的工具、创造的工具和文化凝聚体及建构与传播的手段，是明晰与模糊的融合体；汉语言风格是中华民族言语交际的产物，是交际参与者在主客观因素制导下运用汉语言表达手段的诸特点综合呈现出来的一种美感形态的气氛和格调。中华文化、汉语和汉语言风格都是中华民族心智活动的成果，它们共生、共存、共长，相依为命，天然地存在着极为密切的互融互动关系。这是本文从汉文化角度窥探汉语言模糊现象以及对其运用而生成的模糊风格的缘起。

一 模糊语言的含义与属性

（一）模糊语言的含义

模糊语言是指核心意义清晰明白，而外延边界或性状不确定、不明晰的语言。它意蕴客观世界的自然、社会和人类思维中的模糊现象，辞盖语言要素和超语言要素中的模糊现象。它根于文化土壤，存在于各种语体的言语作品之中，蕴涵丰富、深沉，耐人寻味遐想。例如：

"让幸福像花开在家门口、让幸福像果甜在心里头"（《广州日报》标题，2011 年 2 月 23 日），其中"幸福"是模糊词语，"幸福像花……"是模糊辞格，它们是传统文化和制度文化、精神文化作用于现实社会现象的模糊语言手段。按《现代汉语词典》的解释："幸福是使人心情舒畅的境遇和生活"，"（生活、境遇）称心如意核心"意涵是清晰明白的，但外延边界却因个人文化素养或视角不同而有不同的理解。例如万庆良说："幸福广州的体现是'五味'：生活有甘甜味，环境有清新味，事业有成就味，社会有人情味，文化有高品味。"（《广州日报》2011 年 2 月 23 日）陈鲁民说："前几天，我接一个住院的朋友出院，他因急性肾炎住院近一个月。紧握着我的手，他老泪纵横，感慨万千，'我算是想明白了，什么是幸福？不在医院躺着就是幸福。'……一个退休老工人，没什么文化，却不乏睿智深刻之见，他说：'幸福就是医院里没躺着咱家的人，监狱里没关着咱家的人。夜里睡觉不怕有人敲门，白天不怕反贪公安请'喝咖啡'。……而华人首富李嘉诚谈到自己的幸福观时说：'能不带保镖，一个人到公园里转转，和游客聊聊天，那就是幸福。"① 著名心脑血病专家、保健养生专家洪昭光认为："对现代人来说，能有一个平静的心情是最大幸福。"澳门大学人文学院程祥徽教授说："老人幸福的标准是三老：老伴、老友、老本。"不同的人对"幸福"有不同的理解，就是模糊幸福文化观对幸福模糊现象的折光。

（二）模糊语言的属性

语言是反映客观世界和表达人类思维的社会现象。客观世界丰富多彩，瞬息万变，客观事物纷繁多姿，错综复杂，既有明晰现象，也有模糊现象。二者相互联系，又有区别。人类既能抽象思维和明晰思维，也会形象思维和模糊思维。前者对明晰现象折光或两相统一，便会生成明晰语言；后者对模糊现象折光或相统一，便会生成模糊语言。明晰语言与模糊语言相对，二者对立又辩证统一于语言体系以及对其使用之中，"构成语言的两种相互对立又相互联系的属性"。② 语言的明晰和模糊现象是一种普遍现象，它客观地存在于语言交际活动中，明晰和模糊是语言的重要属性，这是汉民族对客观事物和客观现象相反相成的辩证关系认知的外现。下面仅谈模糊语言。

模糊是语言的一个重要属性，这可见证于出自语言三要素以及对其运用所生成的众多模糊现象。

1. 语音系统的模糊现象

语音是语言的物质外壳，是一种具有一定意义的、用来进行社会交际的声音。它具有由社会成员约定俗成的表意功能、民族特征或地域特征，因而具有模糊性。这可见诸语音的四要素和音节以及对其运用之中。

语音四要素是指音高、音强、音长、音色，而声音的高低、强弱、长短和音色都没有量化标准，是模糊现象。

---

① 陈鲁民：《什么是幸福？》，《广州日报》2011 年 12 月 3 日。
② 黎千驹：《模糊语义学导论》，社会科学文献出版社 2007 年版，第 27 页。

　　音节是语流里最自然的语音单位，根据使用的频率不同，可分为高频、中频、次频和低频音节。这高、中、次、低都不是绝对的，都有过渡地带。

　　汉语音节由声、韵、调三部分组成。根据声、韵、调的特点，可生成押韵和平仄。汉语里韵文大都要求押韵，而古汉语、近体诗要求严格，规矩较多；现代诗歌押韵比较宽松，句句押、隔句押、押平声韵、押仄声韵、不押韵的都有，这种灵活自由性，正是模糊的体现。汉语以现代普通话的语音为标准音，把同韵字放在一起，形成了切合口语的韵辙，现在比较通行而又比较简明、便于应用的韵辙为"十三韵"。"十三韵"根据韵母的元音开口度的大小分为洪亮级、细微级、柔和级。开口度大和小，洪亮、细微、柔和，都没有明确的分界点，相互之间都存在着过渡的状态或阶段，所以也是模糊现象。

　　平仄是通过声调的有规律变化来实现的，汉语每个声调都有高低变化不同的四声。四声又分为平声和仄声，简称平仄。四种声调的读法描绘出来就是"平声平道莫低昂，上声高呼猛烈强，去声分明哀远道，入声短促急收藏"（明·释真空：《玉钥匙歌诀》）。平声、仄声不仅有音高的区别，音长也不一样。平声语调平缓洪亮，仄声语调曲折爽脆，而平缓洪亮、曲折爽脆都是模糊的，因而配调平仄也是模糊语音手段。

　　汉语词分单音节词、双音节和多音节词。单双音节词安排合理，或者交错运用，或者让同一个词的单音、双音形式分别出现，都能造成音节整齐匀称、富于节奏感的语言结构。单音节词和双音节词是同义手段，相互变换和组合都有灵活性，这也是模糊性的体现。此外，同音、叠音、谐音、拟声、双声、叠韵、节奏的运用等，也是造成语音美的手段，也都具有一定的模糊性。

　　2. 词汇系统的模糊手段

　　词汇是语言的建筑材料，其生成、发展、演变的整个过程都是处于赖以生存的社会文化环境之中的，它属于社会文化现象，具有历史、民族、概括、模糊等主要基本属性。

　　词汇是个开放型的复杂系统，它由明晰词语和模糊词语两个子系统组成。汉语词汇系统大量地、普遍地存在着模糊现象。这突出地表现在两个方面：一是举凡所指对象的意义外延存在不确定性或性状存在交叉地带的词语，诸如，表示事物范畴和性状，表示一定时段没有精确起止时间，表示空间和地域没有精确范围界限，表示估量、概数、程度、地域没有精确范围界限，以及表示颜色的词语，例如，树木、文化和冷热、优雅、善良，凌晨、中午、傍晚、深夜，上空、地下和长江流域、沿海，多、少、大概，非常和前后、东边、西边，以及红、黄、粉红、米黄等都有模糊性；二是举凡表示色彩的词语，诸如感情色彩，形象色彩，语体色彩，风格色彩，地域色彩，宗教迷信色彩，民族色彩的礼俗词语、象征词语、熟语，以及时代色彩的词语，例如爱、恨、乐观、自高自大，火舌、羊肠小道、红艳艳，会谈、谈话、诗歌、散文，豪放、柔婉、上品、下品、返璞归真，冰棒（武汉话）、雪枝（客家话）、雪条（广州话），孔庙、土地庙、风水先生、道士，吉祥如意、鸳鸯、吃粉笔灰，狗眼看人低、懒婆娘的裹脚——又长又臭、老马识途、农民工、中国梦、三个代表等，它们或为多义词，或为同义词，或为反词语，或为同音异义词，其核心意义是明确的，但边缘模糊或性状亦此亦彼，所以都属模糊性词语，都是社会文化的产物，是模糊语言的核心成员。

3. 语法系统的模糊现象

语法是语言的构造规则，它具有抽象性、生成性、民族性等基本特质。这些特质决定其必然具有一定的模糊性，对此，吕叔湘[1]和王力先生[2]都具有精辟的论述。这突出地表现在词类和句子，以及对其运用所生成的模糊语法现象之中。

词类是词的语法分类。词根据什么标准分类，词法学界见仁见智，而黄伯荣、廖序东主编的《现代汉语》（增订五版）认为汉语里给词分类"语法功能是主要依据"。"词的语法功能主要是指词在语句里充当句法成分的能力与词的组合能力。""汉语的实词如动词、形容词，大都是多功能的，即每类词大都能充当多种句法成分。"[3] 这就缘于语法具有灵活性。我们对实词作组合能力分析常常会遇到"不确定"的情况，对词进行语法性质分类时会碰到兼类现象，原因就在词类边界的本质是模糊的。

句子是语言的使用单位，人们对其认识和分析都存在着诸多模糊性。首先，表现在句子的分类上。句子按结构模式分为单句和复句。单句分为主谓句和非主谓句。前者含名词性、动词性、形容词性主谓句，后者含名词性、动词性、形容词和特殊非主谓句。复句分为联合复句和偏正复句。前者含并列、连贯、递进、选择和解说复句，后者含因果、条件、转折、假设和目的

① 吕叔湘：《汉语语法分析问题》，商务印书馆 2006 年版。
② 王力：《词和仂语的界限问题》，《中国语文》1953 年 9 月号。
③ 黄伯荣、廖序东主编：《现代汉语》（增订五版）下册，高等教育出版社 2011 年版，第 7—8 页。

复句。句子按语气功能，分为陈述句、疑问句、祈使句和感叹句，这些还都有再分类。这些分类都是相对的，彼此之间都没有绝对分明的界限，都存在着相互过渡的状态。其次，表现在句子成分的排列上。汉语句子成分的排列通常是主语在谓语之前，宾语在谓语动词之后，定语、状语在中心语之前，补语在中心语之后，这样生成的是常式句，但它们的位次并不是僵化的，都有一定的灵活性，都可变序生成变式句。如"祖国的山河多美啊！"和"多美啊，祖国的山河！"常式句和变式句是同义句。俗话说："一句话，百样说。"一句话的意思可以用多种句式说出来，这多种句式就是同义句。同义句核心意义相同，但结构不同，外延意义也有别，这就是句子模糊性的体现。汉语里利用语序变位、语气变换、句式单复变化，可生成大量的模糊同义句。同义句都有模糊性。此外，如把字句和非把字句、被字句和非被字句、紧句和松句、繁句和简句、整句和散句等同义句，以及独立语与"的"、"地"、"得"的灵活运用都是语法系统的模糊现象。

4. 辞格系统的模糊现象

修辞格是人们在运用语言的长期实践中创造的有助于增强语言表达效果的固定格式。这是根据语言三要素及其书写符号——文字的特点，借助联想而用变异手法构成的言语现象，它们大都具有模糊性，对此伍铁平[1]和黎千驹[2]都有开拓性研究。

修辞格的模糊性突出地表现在辞格的分类和辞格自身的构成上。前者如学者们对辞格和非辞格的区别；辞格按什么标准分类，分多少类；某些辞格相互间有哪些联系和区别等问题的把握，常常举棋不定，存在着或此或彼的犹豫性，原因就在辞格的类型存在着模糊性。后者，如比喻"别把白云山当作金山银山"（《广州日报》标题，2013年9月19日）重在本体和喻体的相似性；比拟"哭声震荡着血红的河水，青山发出凄怆的共鸣"（冯德英：《苦菜花》）重在把甲事物当作乙事物来描绘；借代"中国百姓荷包年年见涨"（《广州日报》标题）重在本体与借体的相关性；夸张"姑娘一闪身向外溜跑，院子里连扫帚也在欢笑"（李季：《报信的姑娘》）是故意扩大或缩小客观事实。四者原则上是有区别的，其核心意蕴也是确定的，但其中有的本质特征如"相似"、"相关"就存在模糊性，"相似"、"相关"到什么程度，没有量化标准；有的既有相关性，也有相似性，还有扩大性，如

---

① 任铁平：《模糊语言学》，上海外国语出版社1999年版，第558页。
② 黎千驹：《模糊修辞学导论》，光明日报出版社2006年版。

《报信的姑娘》是借代？是比拟？是夸张？还是"兼用"、"套用"都有道理。四者的修辞和风格功用有同也有异，同一辞格有多种修辞和风格功用，在不同的语境里功用都有异，而且它们生成的文化心理机制都是联想，而联想根于模糊思维，往往因人而异，具有不确定性，受这种不确定性的影响，用语言表达对事物联想的结果，就不可避免地具有不明晰性。此外，诸如排比与层递、排比与反复、反问与设问、衬托与对照、较物与比喻和夸张、反语与异色、拟物与拈连等相互之间边界都不明晰，都在一定程度上存在着亦此亦彼、非此非彼性。

5. 辞趣系统的模糊现象

辞趣是有别于辞格而富有表现力的语言文字的情趣，这是利用词语的意义和声音，文字的形貌和书写款式，以及图符等自身的情趣造成的修辞现象。它是个开放、灵活的系统，包括意趣、音趣、形趣。辞趣含意丰富，具有亦此亦彼的特点，是一种富有语用功能和审美情趣的模糊现象。

　　（1）常说文人相轻，其实香港人也相轻。
　　"你说香港人管理香港？究竟是哪一位或哪几位港人？他，他，还是他？……"（理由：《九七年》，《文汇月刊》1986 年第 11 期）
　　（2）应声说："这好极！他，——怎样？……"
　　"我这时很兴奋，但不知怎么说才好，只是说'阿！闰土哥，——你来了？……'"（鲁迅：《故乡》）

例（1）是利用指代范畴的词语构成的意趣。指代词语具有既可确指，又可不定指的特点。此例故意使三个词形相同的"他"后带问号和省略号，明显是虚指任何人而非一人，它等于说是"张三？"是"李四？"还是"王五"或者"陈六"、"邱七"。虚指，泛指须是模糊的体现。例（2）是利用标点符号造成的图符趣。标点"之于言文有同等的重要，甚至远在其上"（郭沫若《沸羹集·标点符号》）。标点有的确指，有的虚指，有的形同意异，对它的使用，既有规范性，也有灵活性，恰切地与文字相配合。标点符号融合描述事物，所包含的信息往往超过纯文字的表达，且能增强语言情趣。此例带点的两处词语都用了完全相同的五个标点符号，表达了难以述说的极为复杂的思想感情，但极不相似："我"30 年前在故乡认识的闰土是个十一二岁天真、勇敢、聪明、充满活力的小英雄，现在重回故乡，得知将能见到久别的好友的信息，当即应声大叫："这好极！"感叹号表示出强烈语气和无比高兴与喜悦。20 年不见了，自然急欲知道他的景况，于是接着追问说："他，"但一时又不知道问些什么好，所以用逗号表示停顿。过了一会还想不出来，用破折号表示语言戛然而止和语意的转换，模糊地问"怎样？"用了问号，但许多话一时不知从何说起，使用省略号，表示余音未尽。后来闰土出现在眼前时，"我"虽然一见便知道是闰土，但不是记忆上的闰土，不由得叫出"啊！"一个感叹号表示无比的惊讶和诧异，叫他"闰土哥"后，便不知说什么好，用逗号表示停顿，再用破折号表示改变话题，然后似问非问地说："你来了？"一个问号表示了作者对闰土的诸大变化，怀着万分诧异和不安，怀疑为何竟至变化如此之大；最后使用省略号表示自己千言万语难以说尽的情绪的悲凉和对闰土的同情和怜惜。几个标点符号的灵活巧用，蕴涵着对封建社会政治文化给农民精神上的毒害和摧残的控诉，寄寓着作者对改变农民命运的热烈企求，发人深思，给人启迪，足见标点情趣的巨大模糊功用。

由上可见，语言三要素系统以及对其运用而生成的超语言手段都普遍存在着模糊现象，所以不少研究模糊语言的论著都以模糊的同义手段称"模糊是自然语言的重要属性"、"模糊是自然语言的本质特征之一"、"模糊性是语言的一种无法避免的自然属性"、"语言是明晰与模糊现象的对立统一体"等，都有可信的语言文化理论和语言文化实际作依据。

二　模糊语言风格

俗话说"木不钻不透，话不说不明"。说话是为了表达情感，交流信息。清楚明白，让人痛快；模糊朦胧，耐人寻味。法国人为法语的表达明晰而骄傲，日本人为日语的表达暧昧而自豪。在言语交际活动中，既用明晰语言，也用模糊语言。明晰语言与模糊语言各有语用功能，同等重要。既用明晰语言与模糊语言，也就必然有明晰语言风格与模糊语言风格。这里只说模糊语言风格。

模糊语言风格是运用模糊风格手段所形成的诸特点综合呈现出来的气氛格调。风格手段是风格形成的基本单位，是体现风格的外部标志，气氛格调是风格手段聚合的结果，是体现风格面貌的美学形态。二者是生成和展现模糊语言风格的语言文化因素。

（一）模糊风格手段

语言风格手段是个系统，它主要由语言三要素及其语用变体中，具有审美功能即风格色彩的表达手段组成，而语言三要素及其语用变体中的模糊手段，都具有审美功能，可作各种风格手段。

1. 模糊语音风格手段

汉语是富有音乐美的语言，利用音乐美的特点，如前所说可以生成各式各样的模糊语音手段。模糊语音手段都有风格色彩，可作生成模糊表现风格、语体风格和民族风格的语言文化手段。例如：

（1）剑外忽传收蓟北，初闻涕泪满衣裳。却看妻子愁何在，漫卷诗书喜欲狂。白日放歌须纵酒，青春作伴好还乡。即从巴峡穿巫峡，便下襄阳向洛阳。（杜甫：《闻官军收河南河北》）

（2）门口的兵士，在胸前各各绣花上一个大"勇"字，打着绑腿，佩着枪刀，守卫城门。进城出城的人多极了，抬轿的，骑马的，挑瓜贩菜的，拉车卖浆的，徒手的，提篮的，人来人往，好不热闹。（秦牧：《愤怒的海·省城风光》）

（3）青青河畔草，郁郁园中柳。盈盈楼上女，皎皎当窗牖。娥娥红粉妆，纤纤出素手。（《古诗十九首·青青河畔草》）

例（1）是押韵的语例。押韵是文化传统的一种重要修辞手段，是体现语言民族风格的鲜明标志，是文学语体常用以生成豪放、柔婉和优美表现风格的手段。杜甫用发音开口度大的洪亮级表现"闻官军收河南河北"的兴奋快乐情绪，让人"念起来就像汤汤流水、洋洋琴韵；又像振翅凌空，翱翔蓝天白云中"。"通首一气奔驰，如洪泉下注。""文势、音调迅急有如闪电，准确地表现了想象的飞驰"，给人一种难以言传的朦胧壮丽美的享受。例（2）是音节协调配合的语例。单、双音节词和多音节词协调配合，造成节奏优美的旋律，是汉语音乐文化特有的一种普遍的节奏现象，很能体现语言的民族风格。古人谈音节的组合，提到"偶语易安，奇字难适"。汉语音节组合多取偶数形式，有些奇数音节组合，也常常喜欢并列起来使用，以起化奇为偶的作用，而"易"、"难"、"多"、"有些"、"常常"等都说明音节组合是模糊语音风格手段。此例是长篇小说开头一段中的情景描写，作者交替使用四音节、三音节、五音节的词语组成两两对称的句式，语言节奏明快，音节匀称，又富有变化，既平稳，又不失跌宕，使人对历历如绘的情景神思飞荡，如收眼底，留下简洁、明快、优雅的强烈美感。例（3）是叠音（复叠）自然、形象优美的语例。台湾修辞学家董季棠说："复叠的好处是，用在论说，能增强文章的气势；用在抒情，能给人一种情韵回环、风致缥缈的感觉。读起来也就言有尽而意无穷的了。"① 叠音是动用模糊的语言手段。大量运用这种语音手段是我国词曲文化的优良传统，现代文学语体叠音手段也用得很普遍，它是富有风格功能的模糊手段，运用自然、恰当，既可表现出鲜明的民族风格，也可体现出语体风格和表现风格。《青青河畔草》用六个叠音词描写思妇春日寂寞，登楼遣闷的情景："青青"、"郁郁"分别摹写春草之苍翠，春柳之茂盛，展现出一片春光逗人的景象，为下文起兴。"盈盈"、"皎皎"、"娥娥"、"纤纤"从不同的侧面分别描绘思妇丰盈白皙、美艳皎好的仪态，生动地刻画了一个艳妆少妇凭窗凝望的形象，美好景色与美的人物彼此配合，声情与文情相互调匀，格外凸显出描写对象的仪态和神情，画面多彩烂漫，音节和谐悦耳，格调清新优美。

2. 模糊词语风格手段

汉语词汇如海洋，丰赡优美，广积荟萃，文采缤纷，而这丰赡的词汇海洋中如前所说，有丰富多彩的模糊词语手段，模糊词语手段都有风格色彩，可作各种模糊语言风格手段，例如：

（4）德天大瀑布气势磅礴、水势激荡，既雄奇瑰丽，又变幻多姿，被评为中国最美的六大瀑布之一。

德天大瀑布河水时急时缓，时分时合，迂回曲折于参天古木之间，加之花草掩映，百鸟低徊，如遇朝阳东升，还可见彩虹、银瀑同时展现，更显得秀丽壮观。远眺飞泻而下的瀑布，只见滚滚洪流连冲三关，蒸腾之水汽直上云霄，瀑顶群峰浮动，瀑水飞溅如万斛明珠，瀑声远震数里，而且碧水长流，终年不涸。无论其魄力，或气势，或风采，或震声，莫不动人心弦、摄人心魄，令人赞叹不已。

德天瀑布分三层。第一层河水沿笔直的山势，俯冲百多米而落入山潭之中，银瀑飞泻，动人心魄；第二层比较低缓，由第一层猛冲而下的瀑布，在此经过一个几十米的台阶，使之有一个喘息之机，然后蓄势而发，形成更为壮观的第三层瀑布；在第三层，由于汇聚了从源头流出的所有河水，所以瀑布几乎是垂直倾泻而下，直落宽广的河面，流淌出一幅掩映在绿树怀抱中的天然水幕画卷。（梁必骐：《壮观的德天跨国大瀑布》，《广东老教授》2013 年第 3 期）

---

① 参看黎运汉、盛永生《汉语修辞学》（修订版），广东教育出版社 2010 年版，第 352 页。

（5）与老年人分开居住的家庭成员，应当经常看望或问候老年人。（《中华人民共和国老年人权益保障法》）

（6）身着深色西装，佩带红色领带，胸挂出席证，身材高大的习近平微笑站立，从容自信。清朗而浑厚的声音，坦诚而刚毅的目光，透出激奋人心的力量。（《中国梦，人民的梦——国家主席习近平在十二届全国人大一次会议闭幕会讲话侧记》，《人民日报》2013 年 3 月 10 日）

例（4）中不少的词语或表示事物的范畴，如瀑布、花草、百鸟、朝阳；或表示时段，如时急时缓，时分时合；或表示空间，如云霄、东升；或表示估量、概数、程度，如群峰、数里，百多米、比较低缓、更美；或表示颜色，如彩虹、银瀑、绿树；或表示形象，如秀丽、滚滚洪流、飞溅；或表示风格色彩，如气势磅礴、雄奇瑰丽，等等，都属模糊词语，常作文学语体风格和藻丽优美表现风格手段。例（5）"经常看望"等是模糊词语风格手段，它们跟当代一首流行歌曲的首句"常回家看看"的模糊语句相通。法律语体用来构造话语，表述保障老年人的权益，既是承传中华民族敬老孝道文化传统，又与法律职能相应。法律条文不适宜也不可能硬性要求家庭中哪些人探望多大年纪的老人。模糊语言切合法律语体风格简洁而又切合实际的规范，而且灵活，有弹性，便于家庭成员根据具体情况执行，合情合理，能为广大人民群众拥护。例（6）是记者对国家主席习近平讲《中国梦，人民的梦》所写的侧记中描述习主席外貌形象的语段摘录，属新闻语体的通讯。体文中使用带有描绘色彩和褒扬敬重色彩的模糊词语"深色"、"红色"、"高大"、"微笑"、"从容"、"自信"、"清朗"、"深厚"、"坦诚"、"刚毅"、"激奋"等，不仅让受众有身临其境之感，而且使受众体味到作者的判断价值、观点和感情。通讯体借助模糊词语风格手段的使用，增强了新闻的生动性、可读性和感染力量。

3. 模糊句式风格手段

前面说过，汉语利用句子成分在句中位次的常规性和灵活性、虚词的增减和语气变化的灵活性，可以生成各种各样的同义模糊句，同义模糊句都有这样或那样的风格色彩，可作或此或彼的模糊风格手段。例如：

（7）南方，遥远而美丽的！

南方是有榕树的地方，榕树永远是垂着长须如同一个老人安静地站立，在夕暮之中作着冗长的低语，而将千百年的过去都埋在幻想里了。

晚天是赤红的。公园如同一个废圩。鹰在赤红的天空之中盘旋，作出短促而悠远的歌唱，嘹唳地，清脆地。

鹰是我所爱的。它有着两个强健的翅膀。（丽尼：《鹰之歌》）

（8）手，伟大的手，神奇的手！人类靠着它，在高山峻岭开辟了道路，把荡荡平原变成了锦绣，建起了城市，疏浚了河流。伟大的手，神奇的手！人类靠着它，播种了谷物，驯养了家畜，烧制了陶器，冶炼了五金，创造了千千万万种产品，使生活变得文明和富裕起来。伟大的手，神奇的手！人类靠着它，制造了种种机械和仪器，可以穷究从"至大"到"至小"事物的奥秘。（秦牧：《神奇的手》）

（9）我们这文坛是一个百戏杂陈的"大世界"。有"洪水猛兽"，也有"鸳鸯蝴蝶"；新时代的"前卫"唱粗犷的调子，旧骸骨的"迷恋者"低吟着平平仄仄；唯美主义者高举艺术至上的大旗；人道主义者效猫哭老鼠的悲叹；感伤派喷出轻烟似的微哀；公子哥儿沉醉于妹妹风月。（茅盾：《我们这文坛》，载《茅盾文集》）

例（7）文中融合了三组模糊句：变式句"南方，遥远而美丽的"、"作出短促而悠远的歌唱，嘹唳地，清脆地"；长短句"南方有榕树的地方，榕树永远是垂着长须，如同一个老人……幻想里了"；跳跃句"晚天是赤红的。公园如同一个废圩"。它们灵活多变，交叉使用，错综成文，语势有缓有急，波浪起伏，呈现出华丽多姿的风格文化品位。例（8）用的是整散句式相结合的风格手段。整齐和疏散是可以灵活互变的同义句。它们结构不同，功用有别。大体来说，整句对仗和谐，富有气势，便于表达舒缓的语势和奔放的感情，但是用得过分了，反伤于凝滞，缺乏多姿的风采；散句音节参差，调遣自如，灵活多变，宜于表现行云流水般的叙述和急剧变化的情景，但是清一色的散，没有整齐句式的点缀，则伤于烦琐。文章语言只有整散交错，才会灵活洒脱，缓急有致。朱熹、归有光、李涂等均主张文章须错综见意，曲折生姿，认为语言须有数行整齐处，数行不整齐处。整句与散句没有截然的界限，整散交错没一成不变的定规，数行也没有定量标准，这是模糊同义句。秦牧此例整句反复"伟大的手，神奇的手"和排比"变成了锦绣，建起了城市，疏浚了河流……"错综运用，气势浩瀚流转，语言雄浑奔放，从中间以参差的散句"在高山峻岭开辟了道路"、"创造出了千千万万种产品"等，就使雄伟奔放的语言有变化，有波澜，既有整齐美、豪放美，又有参差美、柔和美，淋漓尽致地展现出赞美炽情，体现出豪放、柔和模糊风格手段相错综的美感价值。

例（9）"有洪水猛兽……妹妹风月"是同类性质的一连串模糊语句，作者不用关联词语，而用并置法连续描绘出一个百戏陈杂的文坛大世界，明显呈现出它是集中而细腻地描绘事物，增强繁丰细腻美的模糊风格手段。

4. 模糊辞格风格手段

前面说过，汉语修辞格丰富多彩，它们自身都存在着模糊性，不少辞格相互之间都存在着或此或彼的不确定性，所以修辞格大都具有明显的模糊性，可以充当各种模糊风格手段。下面看几个语例：

（10）年年岁月如痕，家家亲情似水。（亲情似水网站广告）

（11）《中国人民志愿军要爱护朝鲜的一山一水一草一木》（毛泽东同志给中国人民志愿军的指示标题）

（12）夜正长，路也正长，我不如忘却，不说的好吧。（鲁迅：《为了忘却的纪念》）

（13）问君能有几多愁？恰似一江春水向东流。（李煜：《虞美人》）

例（10）"年年岁月"、"家家亲情"语意模糊深沉，难以确表，似可意会，难以言传，说其"如痕"、"似水"便是用模糊比喻来描绘该网站如同温暖的家一般。格调优雅、凝重、蕴藉，能引人遐思联想，体现出模糊朦胧美之文化品位。例（11）属公文语体的公报体，用的是借代格。"一山一水一草一木"是财物的一部分，以之替代"任何财物"是模糊表述，比"任何财物"具体形象可感，具有新颖有趣的风格品味，蕴涵着国际主义精神文化意涵。例（12）属文学政论交融的杂文体，"夜正长，路也正长"是语义双关，"指物借意"，关涉到表里两层意思，"夜"表面上指黑夜，实际上指反动统治；"路"表面上指水路、陆路，实际上指人生的道路，亦此亦彼，明显地带有模糊性，是曲折地表达思想感情，造成语意含蓄、耐人寻味的风格手段，此例用于反动统治的政治文化环境，十分恰切、得体。例（13）开首以模糊句设问，掀起语言波澜，接着将"愁"先夸张地比作"一江春水"，再把"愁"的力量，夸张成"一江春水向东流"，突出愁苦之大，愁苦之力量无穷。这是人为的与现实的严重背离而再现现实的夸张修辞。夸张是受人的主观意愿或情绪的支配而形成的"激昂之言"，诗人用来极度膨胀愁苦，很能引人神思飞荡，视野开阔，想象中的愁苦如"一江春水向东流"展现在眼前，语言气势浩瀚，格调奔放雄健。

5. 模糊辞趣风格手段

辞趣是一种富有修辞功能和审美情趣的修辞手段，它既可以用来示意，也可用于描绘和抒情，使语言含意丰富，而又形象、生动、有趣，它可以充当各种模糊风格手段。例如：

（14）鲁迅先生当年一句"无聊才读书"的讽刺，恐怕今天恰恰要变成"无才聊读书"了。……于是，人们由"无聊才读书"逐渐演变成"无聊书才读"……既然"无聊书才读"，读书就谈不上；既然"无书才聊读"，聊也不过是空聊。（《文汇报》1993年4月16日）

（15）再从外面炸进来，这"生命圈"便收缩为"生命线"，再炸进来，大家便都逃进那炸好了的"腹地"里面去，这"生命圈"便完结而为"生命O"。（鲁迅：《中国人的生命圈》）

例（14）是利用汉语语法结构的灵活性，有意变换词法顺序形成不同的语句所生成的组合趣。由本体"无聊才读书"仿造出三个结构和意义上有联系而又有区别的新词语："无才聊读书"、"无聊书才读"、"无书才聊读"，不仅显示出特有的情趣，而且意蕴厚丰，是生成新奇、有趣、简约的风格手段。例（15）是利用图形符号造成的图符趣。图形符号本身并不具有确切具体的意义，也没固定的读音，只是形状相似相关而已，但与文字配合，可以作文字的辅助工具去表情达意，体现出模糊手段的价值。这里的"O"不是表示"圈"，而是表示"零"，生命"O"即"没有生命"的意思。这种模糊辞趣的恰切运用，非常明显地表现出鲁迅幽默含蓄的语言表现风格。

（二）模糊风格类型和气氛格调

1. 模糊风格类型

语言风格，通常分为表现风格、语体风格、民族风格、时代风格、地域风格、流派风格和个人风格等基本类型。依此标准再往下划分，有些风格类型还可分出下位层次的若干不同类型，如表现风格可分为豪放与柔婉、繁丰与简约等。这些类别正如陈望道《修辞学发凡》所说："只是假定的两个极端或两种倾向，实际多是位在这两种倾向中间的。"各种类型的风格之间，没有截然的分明界限，相互之间都存在着过渡的现象，这是风格类型界限上体现出来的模糊性。

2. 模糊气氛格调

各种类型的风格，都有特定的气氛格调。气氛格调是在文化因素制导下综合运用风格手段所呈现出来的美学形态。而作为美学最基本的范畴"美"的核心意蕴是美丽好看，令人心旷神怡，但其外延是不稳定的。在中国传统文化中，"美"常指有味、有趣、完善、和谐、漂亮、潇洒、丰满、绮靡、秀丽、可爱、奇妙的创造与愉快的享受，等等。这种种既有联系又有区别的外延意蕴，表明"美"是一种模糊现象。因而，美学形态也必然是模糊现象。美学形态升华没有量化标准，不易把握，升华的结果气氛格调，就成为只可意会难以言传的了。古代学者论述风格都是用模糊的语言手段来表现的。例如，刘勰《文心雕龙》："黄、唐淳而质，虞、夏质而辨，商、周丽而雅。"（时代风格）"章、表、奏、议则准的乎典雅……"（文体风格）"贾生俊发，故文洁而体清……"（个人风格）"一曰典雅，二曰远奥，三曰精约……"（表现风格）豪放就是"行神如空，行气如虹"（司空图：《二十四诗品》）。"如雾如电，如长风之出谷，如崇山峻崖，如决大川，如奔骐骥。"（姚鼐：《复鲁絜非书》）含蓄就是"意不浅露，语不穷尽，句中有余味，篇中有余意，其妙不外寄言而已"（沈祥龙：《论词随笔》）。现代学者论述表现风格，例如陈望道《修辞学发凡》："平淡和绚烂的区别，是由话里所用辞藻的多少而来。少用辞藻，力求清真的，便是平淡；全用辞藻，力求富丽的，便是绚丽"；张瓌一《修辞概要》把作品的语言风格分为："简洁和细致"、"明快和含蓄"、"平实和藻丽"等类型；倪宝元主编的《大学修辞》："豪放是气势磅礴，格调高昂，境界雄浑，感情激荡……柔婉是笔调柔和，感情纤细，委婉缠绵，意味深美"；张德明《语言风格学》："繁简得当"、"隐显适度"、"华朴相宜"、"亦庄亦谐"、"严疏并用"；王希杰《修辞学通论》："藻丽风格追求语言本身的美，尽量运用华丽的词藻和整齐的句式，词语艳丽多姿，句式繁丰多姿，修辞格多样而奇巧，节奏和谐，声情并茂，富于音乐的美"；郑荣馨《语言表现风格论》："幽默是一种诙谐轻松，妙趣横生的言语风格"；黎运汉《汉语风格学》："含蓄的表现形式主要是意在言外，意藏辞中委婉曲折"等，都承传了古代学者运用模糊语言表述语言风格的文化传统，就缘于语言风格的模糊性特质。

三　模糊语言风格的文化成因

汉语言风格的成因，包括制导文化因素和语言文化因素，模糊语言风格也是这两个方面的因素相互作用的产物。语言文化因素，前面已有论述，下面谈制导文化因素。

制导文化因素是指对风格的生成起决定和制约作用的因素。它包括主观和客观文化因素。

（一）主观文化因素

主观文化因素，是指交际主体（表达主体和接受主体）所属的民族文化和个人特有的文化因素。交际主体是文化的动物，是社会的人、民族的人。风格创造和读解都是人的一种文化行为，都受民族文化和个人特有的文化因素影响和制约。文化因素是个多元体，而对模糊语言风格的创造和读解起最重要制导作用的是民族文化传统和思想意识、思维方式、认知能力和审美情趣。例如"九二共识，一中各表"①，"一中"是体现简约和含蓄风格的模糊手段，"一中"指两岸同属一个中国，核心内涵明确，其基因是中华文化：两岸是中国不可分割的领土，居住在两岸的是骨肉同胞，是同种同语的兄弟姐妹，但政治文化不同，思想意识有异，所以导致"一中"的外延或此或彼，但符合在台湾执政的国民党和在大陆执政的共产党，以及两岸广大同胞的共识（认知能力），所以成为两岸关系向着和平发展方向迈进，两岸人民友好交往与日益密切的基础。如果改为明晰语言"九二共识，一中指中华人民共和国或中华民国"，大陆和台湾都不会同意，这样海峡两岸就不会有现在这样的大好局面了。可见，在传统文化和表现主体自身的政治文化和认识能力制导下生成的模糊风格手段，能符合客观事物实际，能取得比明晰风格手段更好的表达效果。前面第二小节中例（5）的模糊风格手段也是承传中华民族孝道文化传统，又符合现在人们思想感情和认知能力的优质的模糊风格现象。

思维是认识客观世界，动脑筋时进行比较、分析、综合以认识客观事物的能力，而人们认识客观事物的能力，总是要受到一定条件的限制，所以用语言表达认识的结果时，就往往采用抽象概括的办法，使用含糊的语言形式；同时，人们对客观事物的边界、情态的把握，又往往存在着某种不确定性，受这种不确定性的影响，人们在进行逻辑思维时，往往无法精确地确定一定思维对象的内涵和外延，这种思维的结果要表达，也就不可避免地要用近似的表达手段，去勾勒思维对象的轮廓，对其作出近似的、灵活的论断。例如：

---

① 《台湾蓝绿"正面交锋"九二共识》，《参考消息》2013 年 7 月 26 日。

（1）王小玉便启朱唇，发皓齿，唱了几句书儿。声音初不甚大，只觉入耳有说不出来的妙境：五脏六腑里，像熨斗熨过，无一处不伏贴；三万六千个毛孔，像吃了人参果，无一个毛孔不畅快。唱了十数句之后，渐渐的越唱越高，忽然拔了一个尖儿，像一线钢丝抛入天际……（刘鹗：《老残游记》）

刘鹗的写法绝妙，让我们今天读来还能品味到白妞独特唱腔的无穷韵味。这妙就妙在恰当地运用模糊语句"声音……妙境"、"渐渐……一个尖儿"和模糊比喻"五脏六腑里，像……"等。正由于模糊的表达，只是约略写其风韵，令人仿佛如灯镜传影，了然目中，却又捉摸不得，只能遐思。"五脏六腑……无一处不伏贴"、"三万六千个毛孔……无一个毛孔不畅快"、"忽然拔了一个尖，像一线钢丝抛入天际"，究竟是什么样子？让观众自己去想象，就给观众的创造性想象留了广阔的空间。人们尽可以根据自己的文化体验，创造出自己心目中的白妞来。如果说有一个读者就有一千个哈姆雷特的话，那么有一个观众也就有一千个白妞。这就是在模糊思维制导下运用模糊风格手段所生成的模糊风格的魅力所在。

追求美、创造美和欣赏美、接受美是人的最根本的天性。中华民族素有崇尚美的强烈意识和追求话语风格美的优良文化传统，古今汉人在创造模糊言语风格成品时，大都会自觉或不自觉地在自身的审美情趣制导下根据接受主体的审美情趣，选用具有审美功能的模糊风格手段，生成模糊的气氛格调，使其既含语义信息，又有美学情味，让读者在对其揣摩中，既能接收到语义信息，又能获得美学享受。例如：

（2）心语 T360 手机正向你展现画面中最抢眼的部分，那就是今冬流行的水晶紫和闪光银——最使多梦女孩感动的梦幻时尚色彩。淡雅及至单纯，耀眼及至妩媚。此外手机的外型设计窈窕有致，楚楚可人，非常适合人的手型，恰可盈握……（摩托罗拉手机广告）

这里很多的词语都是充满形象美、色彩美和动态美的模糊风格手段，它们综合生成优美的模糊格调，既是受制于表现对象自身的模糊特点，又是迎合女性消费者对商品外在形状、色彩、样式、花色的审美需求。它语词模糊优美，蕴意深刻，耐人寻味，使得受众在欣赏和咀嚼优美的艺术品中，既能收到语义信息，又能获得美学享受，无疑会心动。这是广告主体和接受主体的美学情趣相互作用而生成的模糊广告语言风格的良好效应的体现。

（二）客观文化因素

客观文化因素是指表现对象、交际环境、语体和交际需要。

表现对象是指风格所蕴涵的思想内容，它是表达主体的精神文化作用于客观对象的融合体。模糊风格是模糊表现对象决定的，是模糊思想内容在语言风格中的表现。客观事物存在着模糊属性，人们对客观事物的认识和反映也存在模糊性。这二者相结合就决定了作为反映客观世界和表达思维结果的语言及其呈现出来的气氛格调，也就必然具有模糊性。例如《中国梦，人民的梦》。[①]"梦"，按《现代汉语词典》的解释："睡眠时局部大脑皮质还没有完全停止活动而引起的脑中的表象活动。""比喻幻想。"梦的本质特征是模糊的，所以词典对其诠释也是模糊的，正因为它模糊，所以正如报上所说："'梦'——2012年中国年度汉字，简简单单一个字，饱含亿万人民对生活的美好憧憬，饱含一个国家对未来的无比信心。富强中国、民主中国、文化中国、和谐中国、美丽中国……无限愿景，'梦'字囊括2012年中国年度大事记。"[②] 习近平在十二届全国人大一次会议闭幕式上说："实现全面建成小康社会、建成富强民主文明和谐的社会主义现代化国家的奋斗目标，实现中华民族伟大复兴的中国梦，就是要实现国家富强、民族振兴、人民幸福……"[③] "中国梦"三个字蕴涵这么大的信息量，可谓言简意赅之至了。

交际语境是指语言风格生成过程中，影响、制约着表达主体选择风格手段、构造话语、展现气氛格调的言语环境，其核心因素是社会政治文化、经济文化、地理文化、交际对象的心理文化、审美文化特征等因素。例如前面讲到的"九二共识，一中各表"就是大陆和台湾的政治文化的产物，"幸福"、"中国梦"是根于现代社会政治文化、经济文化的成果，《壮观的德天跨国大瀑布》是个人文化因素作用于地理文化风光的物质体现。

语体是为了更加有效地实现语言交际功能而产生的语言表达体式，它的发生和发展变化都根于特定的文化土壤，是民族文化历时性积淀，是全民族成员约定俗成、对人们的言语交际都具有一种潜在的无形约束力的语言范式，是规范语言风格创造和读解的客观因素。因此，风格创造和读解都"先须辨体"、"明体定势"和"观位体"，受语体制约。语体有多种不同的

---

① 《广州日报》2013年3月18日。

② 《同心共筑中国梦》，《人民日报》2012年12月27日。

③ 《广州日报》2013年3月18日。

类型，不同的语体，由于交际目的、交际功能和风格基调不同，对模糊风格现象的需求和制约也不同。模糊说来，谈话语体对模糊语言开放性较大，制约性很小；公文语体不排斥，甚至不可避免地使用模糊语言，但制约性很大；科学语体跟公文语体一样对模糊风格现象制约性很大，但由于有些科学现象具有模糊性特点或者其他原因而不完全摒弃模糊语言；政论语体对模糊手段的选用既制约又开放，是处于公文、科技与文学语体之间的状态；新闻语体对模糊语言既制约又开放，模糊与明晰语言在其中是辩证统一的；文学语体对模糊语言是极为开放的，几乎不制约；广告和演讲语体对模糊现象都具有相当大的开放性，但没有文学语体那么大，大略与政论语体相当。

　　交际需要是指必须使用模糊语言，或者使用模糊语言比使用明晰语言效果更好。言语交际总是在特定言语环境中进行并受其制约的。在特定言语环境使用模糊语言，表达者和接收者都不会觉得它们是模糊的，因为它们不但不会妨碍交际，而且是不可缺少的。例如前面提到的"九二共识，一中各表"，又如《老年人权益保障法》只能用模糊语言规定"与老年人分开居住的家庭成员应该经常回家看望老人"合情合理，为广大人民群众所拥护。江苏无锡市北塘区人民法院对一起赡养案进行审判处理明确宣告被告人马某（女儿）、朱某（女婿）除承担储某（母亲）赡养费外，"马某每两个月至少需至储某居住处看望问候一次，端午节、重阳节、中秋节、国庆节、元旦这些节日，马某也应当至少安排两个节日期间内对储某予以看望。众多网友对此规定议论纷纷：有支持者，有反对者，也有献计献策者"。① 这是判决的语言过于明晰，不符合《老年人权益保障法》的实质所导致的后果。可见："保障法"的模糊语言是比无锡判决书明晰语言简洁而又切合客观实际且效果更好的风格手段。有些客观事物本身具有模糊性，根本无法明晰表达。例如："往身上洒一点，任何事情都可能发生。"（国外香水广告）"香水"本身就非常美妙，给人的主观感受更是见仁见智。这种涉及主观精神产品，广告主体完全不可能对其进行明晰的表述，而使用夸张的语言作模糊的表达，既能突出宣传对象的特点，加深受众对该产品的认识，又能给受众以猜测与遐想空间，让他们在对模糊含蓄的语言寻味中，增添品评广告的乐趣，得到美的享受。康德说过："模糊概念要比明晰概念更富有表现力……美应当是不可言传的东西，我们并不总是能够用语言表达我们所想的东

---

① 《"不常回家看看"，今起违法》，《广州日报》2013 年 7 月 1 日。

西。"① 这则广告的模糊语言交际效果是用明晰语言替代难以达到的。有些客观事物，其意蕴是确定的，表达主体也能对其进行精确明晰的表达，但在特定的文化语境中，表达主体因为某种特殊需要，故意用模糊语言表述。例如：外交场合的模糊语言，出于忌讳需要或礼貌原则的模糊语言，等等。

　　总之，任何事物都有模糊性，模糊性是语言的本质特征之一，模糊语言现象广泛存在于语言三要素以及对其运用之中。既有模糊语言，就必然有模糊语言风格。然而，我国传统风格论与现代汉语风格学论著都未见明确提出模糊语言风格问题。伍铁平《模糊语言学》称"风格也是一种模糊现象"。② 秦秀白《论语言的模糊性和模糊的言语风格》说："人们在运用语言进行交际时，有时并不需要做到准确，有时却也故作'模糊'，因此产生了模糊言语风格。这种言语风格主要是通过选用模糊的语言实现的。"③ 这些都是开拓性的见解，虽然都未展开具体论述，但对人们扩宽研究语言风格的视野，全面深入认识语言风格的本质特征，把语言风格研究进一步引向深入，无疑颇有启迪。从模糊性的角度研究汉语言风格现象，这是一个拓荒性的课题，这里试从文化的视角对汉语言风格的模糊现象作初步探讨，恳望学者们教正。

（作者单位：暨南大学文学院）

---

① 康德：《判断力批评》，邓晓芒译，人民出版社 2002 年版。
② 任铁平：《模糊语言学》，上海外国语出版社 1999 年版，第 558 页。
③ 《外国语》1984 年第 6 期。

交际模糊：一种寻求共识的催化剂

弗拉基米尔·季米特洛夫，大卫·罗素著，朱宏华编译

一　交际模糊

人类在理解方式、解释方式、描述方式或分享经验的方式上各不相同。依据各自的经验，我们构建了各自既不连续也不完全统一的概念系统（包括信仰和价值观）。不管你喜欢与否，这个你自己选择的概念系统都存在。他们好像并不会消逝，因为他们是人的基本能力使经验概念化了。如果不承认业已存在的概念相对论就会有道德问题，这将直接导致概念精英主义和概念帝国主义，即认为我们的行为是合理的，而别人的则不是，也会把我们自己的思维方式强加于人（拉科夫，1987：337）。

没有谁被证明了他们对世界的理解是正确的而别人是错误的——在人类交际中不存在清晰明确的判断正确与否的标准。"如果我们想要与他人共处，我们必须清楚'他对某事的肯定（这对我们来说并不合理）就像我们自己认为是合理有效的一样……'"（马图拉娜与巴雷拉，1988：245）

那么，想法不一样时人们是如何设法与人交流的呢？我们的语言中就有某种东西来帮助我们减少误解、缓解或者是避免冲突。这种"东西"就是语言中固有的模糊。

然而，令人矛盾的是，我们总想澄清语言中无处不在的模糊性，明确它在我们日常生活交际中的意思。我们的交际不是交换精确信息，也不是寻找唯一意义，而是用共存于模糊语言中的平行与相互补充的最可能的多样化形式来交互。我们的语言的模糊性（马图拉娜与巴雷拉，1988）对互补性施予影响，有助于交流。它使人类交际中的明确的异议失去了力量，甚至融入永无终结的意义产生过程。

人生来就有理解和操控交际中模糊语言的能力。我们知道如何减少或增大模糊，如何重新使用和再造模糊，如何分析或合成一个新的模糊语，目的

就是为了更好地理解或使别人的观点对我们来说更清楚，更有意义。语言的模糊为我们提供了更好理解的钥匙，为"差异"这个概念提供了实际应用，这是后现代主义话语的中心概念："自指形式中语言学术语包括其反义词，这样就避免了只抓单一意义。"（德里达，1973）模糊使传统的"是"或"否"逻辑终结了，在自相矛盾的模糊中使矛盾兴起，使对立面融合了。

不相容原则（札德，1973）为我们在解释和理解社会现实时揭示了模糊的必要性：因为其复杂性的增加，绝对精确的陈述失去了意思，而有意义的陈述又不再是精确和绝对了。

不相容原则是模糊集和模糊系统的一个里程碑，但其也非常实用：它在任何一个共识寻求者的功能方面起到了至关重要的作用，共同关心的问题既不是最终给出的精确答案，也不是独一无二的科学解决方案（如公众最关心的环境和生态问题）。要解决这些问题，共同寻求的各方必须有一种能力，一种开阔的"多视角"眼光，包容各种各样的想象、态度和观点。

二　二级共识

在模糊条件下，我们知道不存在最终答案和解决办法，追求互相理解就成为一种创造性的学习过程，交互各方都敞开胸怀，包容参与各方（利益相关者）。正是这个过程，驱动着共识寻求者，有助于公众参与。

共识不再被认为是一种组织缜密、明白确定的交互各方的观点的相似簇。这只是因为这些观点在人们交流的混乱中极难发现。共识不再是交互各方的长期和平的共性，这种共性越来越坚定和稳定。不幸的是，无论是坚定性还是稳定性都没有人们交际交流的复杂特征。我们越是追求共性，它越是跑得远。难怪在后现代组织中，"共识是无法企及的一种眼界"（利奥塔尔，1984）。

在我们进一步探究决策的多样性和不确定性时，一种不能复归的不确定经常出现。自相矛盾的是，共识不是普通社会行为的动力室，而是"离意"，在寻求共识中离意，是在交际过程中永久移植混乱的共鸣。然而，这种混乱并不一定会造成交际网络消散，反而会在交互各方之间以一种新的共识形式产生"一种新的秩序"，即一种共识寻求另一种共识。

这种类型被称为"二级共识"，交互各方同意寻求共识，寻找另外一种可能达成共识的方式，准备下一步一起进入共同期待的模糊。我们并不在乎我们社会中的共识被"诅咒"为瞬间的、瞬态，可以适时容忍的是人们对此的希望和渴望，一起行动的一种冲动，很自然地想相互交流，分享，并关照对方。换句话说，不仅是追求对意义的一般的自我实现，而且是强大的情感因素冲破异议、争论、矛盾和冲突的混沌而催生二级共识。

三　建立共识与追求共识

传统上讲，交互各方的共识建立包括：

（1）确立一个共同基础：找到各方利益、价值、目标的重叠点；

（2）在共同基础上，建立一座合作大厦，交互各方必然要求都改变各自的观点和立场（以适应大家都可以接受的合作计划）；

（3）大家一起行动去实现预定的共同目标。

共识是一个合理的、结果导向的过程，要认真计划，合乎逻辑地权衡策略，尽可能避免意想不到（自然出现的）的情况，避免各方有矛盾的日程安排。建立共识常常运用"梭子"逻辑，就是交互各方及协调人（促进者）频繁举行碰头会。寻求共识从本质上来说有别于建立共识过程。寻求共识时，交互方不必寻找一个"共同基础"。相反，他们更看重相互之间存在的差异，努力理解使交互方在兴趣、价值、目标等方面存在差异的社会机制。

作为开始寻求共识的初步条件，不能强制要求对方改变价值观和信仰，对各方的观点和看法也不设限。这个过程对于新的东西和出乎意料的情况是完全开放的，"自发性"是该过程最重要的特征。不存在预设目标，任何预设的强制性的目标、限制或者要求都不可避免地限制各方追求高速的视野。

各方都要努力相互补充，把共同关心的问题的复杂性理解得更好，找出一起行动的路径，从各方不同的知识结构中获益，这驱动着共识的达成。正是由于各方意识到该知识存在不可避免的模糊和不确定，各方才同意一起探讨，一起再造。所以，一个"共识的出现"，不仅仅只是以各方的兴趣、价值、目标、地位、观点等重叠的形式出现，而且要对复杂性和准备一起行动相互理解，并按此共识一起行动。

1. 准备一起行动

交互各方一起行动（如共识为寻求共识）可以解释为三个主要部分的一种模糊的合成：愿意改变；相互信任；愿意分享能力 。

愿意改变，意指愿意承认对各方共同关心的问题的不同陈述，或观点的有效性，而不是结束在预设的严格的概念框架内，而是追求一种基于"模糊逻辑"的环境。在这种环境中，各方的意图和希望都是模糊的，只是一些很容易改变的构想，既可以重构，也可以随对方，或者收缩，或者增大，这些都在一个树型结构中进行。在这种流线性的模糊决策中，重要的是各方乐于"保持一起行动"，探究能形成共识的选择，分享知识和经验，一起学习如何创新，实施群体决策，在人们的思想和行动中容忍、欣赏，甚至"庆祝"这些差异。

相互信任细化于一起行动：不再是过去的衍生物，而表现为各方的团结精神、合作能力。

愿意分享能力，有助于公平公正条件下保持相互关系，在决策能力和责任方面保持平等地位。

越是朝着更高层次的相互信任和权利分享去改变，各方的准备一起行动的可能性就越趋于达成共识。

各方之间的交互（交际）被认为是一个改变的过程，可这样描述：

如果 A 与 B 交互，那么，A 就变为 A′，B 就变为 B′，所以，那个 A′就一直与 B′交互：(A B) (A A′) & (B B′)：(A′B′)　　　　　　　　　(1)

这个"如果/就"法则是一个模糊类型，既不是 A 和 B 之间的交互，也不是 A 和 B 变化过程的精确界定（它们必然包含相互关联的复合谱，蕴涵不确定和模糊）。

公式（1）的周期性形式：

(Ai Bi) (Ai Ai + 1) & (Bi Bi + 1)：(Ai + 1Bi + 1)　　　　　　　(2)

这里，i 表示 A 和 B 之间的交互阶段为 i - th，Ai、Bi 表示 A 和 B 在 i - 阶段的交互，Ai + 1，Bi + 1 表示 A 和 B 在 i - th 交互阶段的变化过程。

i (i = 0, 1, 2, ..., m) 的每一个交互阶段可看成某个二级共识过程 m 的步幅 i - th。

公式（1）很容易延伸 n (n > 2) 交互方为 S1, S2, ..., Sn：

(S1S2 ... Sn) (S1 S′1) & (S2 S′2) & ... (Sn S′n)：

(S′1 S′2 ... S′n)　　　　　　　　　　　　　　　　　　　　　(3)

寻求共识的每一个步幅，必须创造这样的交互条件（社会"气候"），在这种条件下，交互方 S1i, S2i, ..., Sni 好像比 S1i - 1, S2i - 1, ..., Sni - 1 在执行下一个步幅前准备得更好。

2. 计算机辅助寻求共识

通过计算机支持系统可以改善寻求共识的功能。这个系统模型就是"共识导向模糊逻辑"FLOCK（Fuzzy Logic Oriented Consensus Knitting）。

FLOCK 数据库包含交互方的兴趣、需求、目标、定位、预测、价值、信仰、情感、预感、希望等。每个交互方的数据都集合成"模糊集"。

在交互和交际过程中，交互方模糊集结构及其相互关系是可以发生变化的；这些变化影响着由 FLOCK 产生的信息，即寻求共识的可能方式。不同的"容易使用"算法反映了寻求共识过程中的社会"气候"（交互各方之间交互交流的条件），并可以用于：

（1）表现交互各阶段追求共识的一系列可能性选择

（2）表现交互各阶段交互方集的内部结构

（3）勾画交互各阶段交互方集之间的结构关系图

（4）表示关系变化如何影响交互方的一起行动准备

在极为复杂的多方决策过程、充满内在模糊和不确定、利益矛盾、目标冲突、不可预知限制、难以克服的困难和障碍等中，公众参与实践者（促进者、咨询者、中介人）以及管理者可以把 FLOCK 用作导航。

参考文献

［1］Derrida, J. , *Theory of Signs*, Evanston：Northwestern University Press，1973.

［2］Lakoff, G. , *Women, Fire, and Dangerous Things*, University of Chicago Press，1987.

［3］Lyotard, J. F. , *The Postmodern Condition*：*A Report of Knowledge*, Manchester University Press，1984.

［4］Maturana, H. and F. Varela, *The Tree of Knowledge*, London：Shambala，1988.

［5］Zadeh, L. , "Outline of a new approach to the analysis of complex systems and decision processes", IEEE Trans, SMC, SMC – 3（1），January, 1973, pp. 28 – 44.

（译者单位：曲靖师范学院外国语学院）

论报纸标题陌生化的语言手段

盛新华

"陌生化"（defami & arization）是 20 世纪初俄国形式主义理论代表人物什克洛夫斯基提出的。"他认为，文学所以存在的根本理由，就在于唤起人们对生活的新鲜感受。唤起对生活的新鲜感受，就是要打破无意识的习惯性，亦即改变日常对待生活那种见惯不惊、无动于衷的眼光。"① 文学如此，新闻也如此。新闻的作者一是将新鲜的事物直接在标题中表达出来以引起读者的关注。如方钊等人 2011 年 8 月 13 日发表在解放军报上的《"海上幽灵船"不再是传说》一文，其中"海上幽灵船"是新事物，强烈的好奇心驱使读者去文中了解它的外在和内在的特点以及它的功能。二是作者通常有意采取某种超常规的语言手段制造出让读者感到陌生的标题，从而延长读者的关注时间，激发读者的好奇心理，增强读者的阅读兴趣，提高读者的审美情趣。报纸陌生标题要达到比常规标题更具优势、更受读者关注的目的，除表达的内容新异以迎合人们求新求异的心理期盼外，其中作者别出心裁的用词、词语的非常规搭配等语言手段在很大程度上更便于表达具有丰富内涵的特定概念，更能激发出读者的好奇心和阅读兴趣。报纸标题陌生化的形成主要通过以下语言手段。

一 报纸标题所用的是新词或新义

周祖谟先生认为："新词就是新创造的词。它或者指示的对象是新的，或者代表的概念是新的，同时它的形式也是新的。"② 王铁昆先生认为新词

---

① 张谊生：《从"非常 X"的陌生化搭配看汉语修辞学的现代取向》，《修辞学习》2008 年第 2 期。

② 周祖谟：《现代汉语词汇》，北京大学出版社 1985 年版，第 169 页。

是指"一个新创造的或从其他语言中，从本民族语言的方言词、古语词和行业语中新借用过来的词语，也指一个产生了新语义、新用法的固有词语"。① 刚面世的新词或新语义在报纸上尤其是在报纸的标题中出现的时候，便能很快吸引读者的注意力，激起强烈的好奇心。例如：

（1）型男煮夫的诱惑（陈保才，《扬子晨报》2010 年 12 月 9 日）
（2）留学一年花掉 30 万"海归"回家成"海带"（贺卫玲、李谢谢，《三湘都市报》2012 年 12 月 13 日）

例（1）标题中用了"型男"、"煮夫"两个新词。从字面看，"型男"应该是指高大帅气的有型男人，"煮夫"是能下厨做饭菜的男人，但当今社会谁是"型男"、"煮夫"的代表性人物呢？好奇心驱使读者急于去文中找答案。文中以日本著名作家村上春树和中国国际大导演李安为例来分别说明高大帅气的"型男"和会做经典美味的"煮夫"是诱惑女人的两大原因。

例（2）标题中"留学一年花掉 30 万"说明出国留学花的经费多，但为什么回国以后不仅没有成才倒成了可以吃的海带呢？岂非怪事。一看文章，方知表达的内容是海外留学归来找不到适合自己理想的工作，在家待业。作者利用"带"与"待"谐音，将人们熟悉的"海带"一词不露痕迹地用来表达"海归待业"，以诙谐的语言来调侃海归们略带苦涩味的尴尬处境。

需要注意的是：在报纸标题中运用的新词或方言词，一定要在文中对其语义阐述清楚，否则会让受众看后不知所云。例如：《新京报》2012 年 1 月 27 日发表的《京广高铁开通首日满座"走你"》一文，其中该标题中的"走你"一词表达的是什么意思？《现代汉语词典》中找不到该词。可是通过百度搜索，却发现"走你"近期几乎成了网络热词，但究其语义则众说纷纭。有的说"是解决了、完成了的意思"，有的说"是有点邪恶的意思"，还有的说"走你"是让一方进行某事的语气词，起源于北京话。比较起来，最后一种关于语气词的说法与标题内容较为靠谱，即"京广高铁开通首日满座啦"。我们认为：《新京报》尽管是具有浓郁北京特色的报纸，但北京是中国的首都，在北京工作的有大量来自全国各地的外地人，如果《新京

① 王铁昆：《新词语的判定标准与新词新语词典编纂的原则》，《语言文字应用》1992 年第 4 期。

报》用的是比较偏僻的本地方言，则会在一定程度上影响交际的效果和报
纸的品位。

二　报纸标题表达的内容奇特

"奇特"是罕见的、特殊的意思。作者在制作标题时，常常突破人的思
维定式，或在表达标题的语句中有意用一些令读者感到按常理不可解读的词
语，或故意将从表面看来表达没有外延关系的几个事物的词语强行组合在一
起构成标题，以形式新颖、内容奇特来诱发读者到文中去探其究竟的好奇
心。例如：

（1）电脑治愈癌症　细菌开动汽车（张代蕾，《新民晚报》2010
年1月11日）
（2）中国孩子何时能从一枚蛋中孵出克林顿？（李甘林，《中国青
年报》2010年11月25日）

上述两则标题反映的或是新鲜事物或是不可理解的近乎荒谬的事情。例
（1）随着科技的发展，绝大多数读者对"电脑治愈癌症"的相信度较高，
而对"细菌"开动汽车却认为是闻所未闻的新奇事，这样就吸引读者急于
去文中找答案。看完全文，方知是说美国一批植物生物学家利用生物工程技
术，改变一些细菌的基因，促使这些微生物充分释放植物中蕴藏的能量，并
最终将这些能量转换成汽油替代物。有了这样的汽油替代物，也就自然了解
了细菌能开动汽车的理由了。例（2）标题中的"蛋"，按照常规，只能孵
出小鸡、小鸭、小鸟等动物，怎么能孵出万物之灵的人呢？而且孵出的居然
是大名鼎鼎的美国总统克林顿呢？这就令读者感到十分奇怪了，于是急于去
文中找答案，看完全文，方知是说在全球21个受调查国家中，中国孩子的
计算能力排名第一，想象力排名倒数第一，创造力排名倒数第五。为什么会
出现这样的现象？这是重庆市人大常委会分组审议《重庆市义务教育条例
（草案）》时，市人大常委会副主任、市总工会主席胡健康提出的问题和发
出的感慨。接着，作者讲述了两篇作文的不同命运。说是有个美国小学生前
几年写了一篇作文，大意是一群孩子在森林里发现了一枚蛋，他们小心翼翼
地捡回来准备将其孵化出来。孩子们纷纷猜测这是什么蛋，有的说是孔雀
蛋，有的说是鸵鸟蛋。孩子们在猜测中焦急地等啊等，28天后终于有动静

了，蛋壳中竟孵出了他们的总统克林顿，孩子们欢呼雀跃。这篇作文获得全
美最优秀作文奖。几乎与此同时，武汉有一名小学生写了篇《春天不好》
的作文，竟被语文老师批为"胡思乱想"。该文作者李甘林就美国小学生写
的《一枚蛋中孵出克林顿》与武汉小学生写的《春天不好》两篇作文所得
的评价不同一事，论述了中国的教育工作者应该怎样开启孩子们的想象力，
使他们从小就培养出一种创造心智和创造能力的重要性。

三　报纸标题表达的内容奇怪

奇怪是离奇、荒诞的意思。为了吸引读者，作者故意制作一些表面看来
不合情理甚至有些怪诞的标题，以此激起读者的阅读兴趣。表达的内容主要
有以下几种情况：

1. 怪事

怪事是指令人感到违背常理、常情等稀奇古怪的事情。例如：

　　（1）吃个鸡蛋，官升一级（朱楠，《南方周末》2011 年 7 月 10 日）
　　（2）中年人每天应吃"十个网球"（马丹、董纯蕾，《新民晚报》
2009 年 4 月 1 日）
　　（3）崀山千人集体"脱光"（李旋，《三湘都市报》2012 年 11 月
10 日）

　　例（1）吃个鸡蛋就能官升一级？这应该是一件令人不可理解而又感到
十分怪诞的事情，强烈吸引读者到文中去探其究竟。原来是说安徽淮南刚成
立时是一个县级市，首任市长享受县级待遇，每天中餐时他都要吩咐工作人
员多煮一个鸡蛋，因此被反映其"搞特殊待遇"。当时华东局领导考虑到该
干部这样的做法在群众中造成的影响不好，就采取了组织措施，另行安排工
作。由于工作人员粗心，开调令时没有说明淮南市是县级市，就安排其前往
江西南昌报到。南昌市将他安排为副市长，这样一来，此人因为吃一个鸡蛋
而官升一级，即由县级市长升任为地级副市长。例（2）标题的内容令人感
到疑惑、奇怪，网球是球，怎么能吃？读者急于到文中去找答案，看后不禁
恍然大悟。原来十个网球是指一个成年人每天吃饭不超过一个网球大小的
肉，相当于两个网球大小的主食，保证三个网球大小的水果，不少于四个网
球大小的蔬菜，加起来就是十个网球的体积。看了例（3）标题中的"脱

光"，读者会感到很惊愕，中国历来是个文明古国，1000 人怎么会在旅游胜地崀山将衣服脱光呢？叫人不可思议。看完正文，才恍然大悟，原来是2012 年 11 月 11 日将在崀山为 1111 对男女脱离光棍生涯而举办的相亲会。为了吸引读者，收到良好的宣传效果，作者可谓费尽心机，巧妙构思，将"脱离光棍生涯"中的短语"脱离光棍"简缩为"脱光"一词，让标题中的每一个字都洋溢着生气，充满了魔力，巧妙地将受众吸引过来，并迫不及待地去阅读全文，既达到了宣传效果，又让读者得到美的享受。

2. 怪形

怪形是指作者故意将表面看来没有任何语义联系的几个词语强行组合在一起构成有悖常规的奇形怪状的标题。在这类标题中，尤以并列结构的标题最为常见。例如：

（1）处女膜、猪蹄子与法律隋性（练洪洋，《三湘都市报》2005年 10 月 21 日）

（2）省优、部优、葛优（曾焱，《三湘都市报》2010 年 1 月 26 日）

上述三个标题均是由三个名词性词语组合成的联合结构，仅从语法的角度看，完全符合句法规则，是规范的，但是三个词语的语义又相距甚远，超出了词语组合过程中语义之间应遵循的关联原则和逻辑范畴中的常规组合规则，因此，该类标题的表达形式在读者的潜意识中产生了一种怪诞的陌生感，燃起读者去文中探其究竟的欲望。

例（1）处女膜、猪蹄子、法律隋性是风马牛不相及的三样东西，将其相提并论未免有些荒唐，但作者在文中将其置于特定的语境下，不但让三者紧密地联系起来，而且还能使所揭示的内涵深刻而精到。

例（2）标题"省优、部优、葛优"中的"省优""部优"表达的是产品质量的获奖级别，而"葛优"是中国一个家喻户晓的著名的喜剧演员，两者之间完全没有语义联系，但作者强行将其拉扯在一起制作成标题，其用意何在？看完全文，方知著名喜剧演员葛优和著名相声演员冯巩曾是双汇火腿肠的代言人，因此他们设计的广告词：双汇火腿肠，省优、部优、葛优。因三者均有一个"优"字，作者就别出新裁地将物之等级和人之姓名有机地联系了起来，从而使双汇火腿肠的广告增添了浓厚的喜剧色彩，在一定程度上使双汇火腿肠的销售后来居上，迅速占领了全国市场。至于后来因双汇火腿肠卷入"瘦肉精"事件，一下子八方冒烟，那已是另一码事。

3. 怪理

怪理是违背常规的奇怪道理。为了吸引读者，作者常常别出心裁地有意制作一些表面看似奇怪而实则合理的标题。例如：

（1）别把"两会"开到娱乐版上（段思平，《三湘都市报》2013年1月25日）

（2）喝米汤的梦想要靠规范权力来实现（周东飞，《潇湘晨报》2013年1月30日）

例（1）"开会"是指若干人聚在一起议事、联欢、听报告等意思，该标题用祈使句对"把'两会'开到娱乐版上"的行为予以批评和劝阻。把会议开到娱乐版上，这一现象有悖读者常识，实属怪理。正因为如此，才吸引读者去看下文。原来是有人对作为政协委员的香港女星彭丹参加甘肃省第十一届委员会的会议予以质疑。所以，作者对"把'两会'开到娱乐版上"这一行为用否定词"别"予以劝告和制止。例（2）想喝米汤，对于普通百姓来说可谓小菜一碟，为什么该标题却将其称为"梦想"，而且还要靠规范权力来实现这一简单的梦想呢？岂非小题大做之怪事。但在饭局就是仕途、一场饭局就是一次升迁机会的腐败风气下，某些官员想不奢侈、不讲排场也很难，也就是说，不想吃肉，想喝米汤也难。可见，某些官员的喝米汤之梦并非出于炫耀，而是发乎真情。如何才能实现喝米汤的梦想？作者认为：公款大吃大喝的盛行，与财政支出权力的无序和混乱有关。对上规范行政审批等权力，以初步消除各方对于吃喝接待的畸形需求；对下通过预算监督等途径实现对地方政府财政支出权力的精细化控制，从而弱化吃喝接待的畸形供给。在这样一个基础之上，明确必要公务消费的各类标准，严厉惩处顶风违规者，铺张浪费的问题才有真正解决的希望。

四　词语的超常搭配

从语法的角度来说，词语之间的常规搭配应符合三个条件：一是各成分之间应搭配恰当，二是各语义之间应组合得拢，三是组成的句子应符合人们表达的习惯。报纸标题的语言陌生化的形成是作者故意违反上述三个条件，将一些语义根本无法搭配的词语强行纠合在一起，组成一些搭配奇特的句子，以此激发读者去正文中探寻就里的兴趣，从而达到宣传效果。黎千驹先生从语义性质的角度进行了分析，他认为：“超常组合型的语句改变了通常的组合关系，这也使得整个句子具有模糊性。”词语超常搭配是构成报纸标题陌生化的主要语言手段，一般有以下几种情况：

1. 主谓超常搭配

　　　（1）自来水管消灭了邻居之后（吴伯凡，《三湘都市报》2006年1月15日）

　　　（2）“党课走起来”，好！（满东广，《人民日报》2008年4月18日）

　　上述两则标题，从修辞的角度看，都运用了“拟人”辞格，从现代汉语语法的角度看，则是运用了主谓超常规搭配的方法。因为“自来水管”和“党课”均是无生命的事物，是不具有动物所属的“消灭”和“走”一类行为特征的。人都有好奇心，正是这种极强的好奇心促使读者迅速读完全文，方知当相邻而居的人们独自在家凭借各种开关和按钮获取来自公共设施的帮助时，也就是说，无须靠一口水井吃水的时候，人们之间的关系便会疏离，邻居已变得无关紧要，在连接个人和社会关系的链条中，也就逐渐成了“消失的一环”。例（2）“党课走起来”中的主语“党课”是指党组织为了对党员或申请入党的人进行党章等教育而开的课，显然“课”是不能走起来的。但此标题不是指的“党课”本身，而是指由科技专家和农村致富典型组成的“党课团”的主讲者到乡下去上党课，贴近人民群众，把深奥的理论化为浅显的道理，用身边的事例来诠释改革开放的历史进程，使听者入耳、入脑、入心。可见，该标题吸引人之处是作者在不经意中巧妙地将“党课”这一事物不露痕迹地替换成了“讲党课的人”，让读者感到既贴切又生动，既陌生又熟悉。

2. 动宾超常搭配

　　　（1）寄存老公向左，寄存太太向右（十一郎，《三湘都市报》2006年7月20日）

　　　（2）骑着梦想去长征（王欢，《潇湘晨报》2012年5月22日）

　　例（1）“老公”、“太太”都是人，人怎么能寄存呢？标题很新奇，吸引读者去文中探寻究竟。原来是某商业步行街推出的为顾客排忧解难的奇招，他们给不愿陪同老婆购物的男士设置了"先生寄存处"，先生在里面可以喝茶、聊天、看电视，让老婆尽情地去购物。当妻子购物完后发现丈夫正在寄存室里聚精会神地看欧洲杯足球比赛的电视，不愿离去，这时服务员又将妻子引到右边设置的"太太寄存处"，里面全是衣服、鞋帽、首饰等时尚高档物品，任其挑选。该奇招可谓先生、太太各取所需，而商家得利，各享其乐。例（2）梦想是指渴望实现的理想，按常规只能说"怀着梦想"，而该标题却说"骑着梦想"。梦想怎么能骑呢？令读者感到陌生和好奇，于是急着去文中找答案。原来是来自湖南永州冷水滩的今年已 51 岁的许永春与62 岁的李卫平和 48 岁的李永祥三人骑着摩托车跑遍东南亚，实现了他们儿时到远方旅游和探险的梦想。所以"骑着梦想去长征"比"骑着摩托去长征"更显现出了胸怀壮志的男士们的优雅形象和浪漫情怀。

　　3. 定语与中心语超常搭配

　　根据定语的作用，将其分为限制性定语和描写性定语。"限制性定语是对中心语所指的事物的范围加以限制，使之与同类事物区别开来。""描写性定语在语义上对中心语所指事物加以描写或形容，它的作用主要是描绘事物的性质状态。"① 例如：

　　　　（1）幸福衣裳（梅子，《家庭百科报》2007 年 3 月 2 日）
　　　　（2）"筷子男孩"敲出生命最强音（赵仁伟，《打工》2009 年 5月刊）

　　例（1）中的"幸福"与"衣裳"之间是定中关系，充当定语的形容词"幸福"属于描写性定语。该文是说在母亲 60 岁生日那天，父亲赶了 30多里路逛了一趟街，给母亲买了件衣服，颜色不亮又极不合身，但凡外出和在家款待客人，母亲都很高兴地穿上这件衣服。"衣裳"是没有感知的物，作者用人所特有的感知到的"幸福"来修饰"衣裳"，这一定中关系无论是从结构上还是语义上都搭配不拢，但作者以结构上的这一超常搭配手法，将表面上附着在"衣裳"上的"幸福感"极为自然地投射到母亲的内心深处，这样就使看得见的"衣裳"与内心深处尽管看不见但能感知到的"幸福"巧妙相连，相辉成趣。例（2）中的"筷子"是限制性定语。例中的"筷子"是用竹、木、金属等制作的用来夹饭菜或其他东西的细长棍儿。此处

　　① 黄伯荣、廖序东主编：《现代汉语》（下），高等教育出版社 2007 年版，第 64 页。

用"筷子"来限制名词"男孩",按照常规读者可能会理解成男孩有着像筷子一样细长的身材,但该标题中"筷子男孩"后面的谓语是"敲出生命最强音",据此,又可理解成"男孩用筷子敲出了生命最强音"。标题语义的多元性促使读者去文章中去寻求唯一正确的答案。原来高位截瘫的男孩赵仁伟身残志不残,口含筷子打字、上网,以此方式帮乡亲们收集辣椒等农副产品的销售渠道,帮中考、高考的学生查分数和招考信息,将用嘴含的筷子敲出的80余篇文章先后在《羊城晚报》、《北京晚报》等30多家报刊发表,是个名副其实的用筷子敲出了生命最强音的有志男孩。

4. 并列成分语义的超常搭配

相对于前面所述的几种语义组合来说,由几个词语尤其是名词性词语并列成分语义的超常搭配在报纸标题中更为常见。例如:

(1) 院长、裸模与裤子 (赵强,《三湘都市报》2010年7月19日)

(2) 杂交水稻与N亿条裤子 (张朴尧,《长沙晚报》2006年1月26日)

例(1)标题中的"院长"是领导职务,"裸模"是光着身子的模特,"裤子"是下装,孤立来看,很难找到这三个词语所表达的语义之间的联系,但作者却将这三个词语制作成并列式标题,其意图是通过词语的超常组合来引发读者的陌生感和阅读兴趣。例(2)标题中的"杂交水稻"是农作物,"裤子"是服装,显而易见,"杂交水稻"与"裤子"是风马牛不相及的两种事物,何况还是"杂交水稻"与"N亿条裤子"之间的关系,更叫人不可思议。看完全文,方知是讲中国工程院士、杂交水稻之父袁隆平教授的一系列科研成果,尤其是杂交水稻,都是响当当的中国品牌,贴的都是"中国创造"的标签,走的都是自主创新的道路。然而,著名经济学家林毅夫"用N亿条裤子换一架波音飞机"的高论,一时声震华夏。按照林毅夫的观点,中国应该大力发展"裤子"产业,以"N亿条裤子"去换一架波音飞机,以此论点来暗中否定中国走自主创新道路。

综上所述,作者运用新词、语超常搭配等陌生化方法来制作报纸标题,其目的是打破受众的思维定式,激发起新奇感和阅读兴趣,并能在因超常搭配而形成的空间里充实内容,从而达到"题约而意丰"的功效。

(作者单位:湘潭大学文学与新闻学院)

从委婉语的"去委婉"和"再委婉"看
词语模糊和明晰的历时转化
——以"厕所"类词语的演变为例

李柏令

一 引 言

　　委婉语是人们在言语交际中用来规避语言禁忌的一种修辞手段，它利用语言的模糊性而产生，因而是一种模糊语言。与之相对的，则是直白语，即直接、明晰地表达词语内涵的词语。委婉语的使用，是一种重要的交际策略。"委婉语（在希腊语中是谈吐优雅的意思）就是通过一定的措词把原来令人不悦或比较粗俗的事情说得听上去比较得体、比较文雅。"（利齐，1987）① 由此可见，委婉是文雅的重要特征之一。伍铁平曾将产生委婉语的主要方法总结为四种：（1）用模糊词语婉指精确词语，（2）用同属一个集合的模糊程度大的词语婉指模糊程度小的词语，（3）用属于不同集合的模糊词语婉指另一个模糊词语，（4）用一个精确词语婉指另一个精确词语。② 我们认为，不管哪种方法，都是利用了语言表达的模糊性。

　　词语的模糊性和明晰性是对立统一的两面，在一定的条件下，两者会出现相互的转化。这种转化，既可以在共时平面发生，也可以在词语发展的历时平面发生。一方面，在委婉语产生过程中所发生的词语的模糊化，就是在共时平面发生的。另一方面，从历时平面来看，某一事物的委婉语产生之后，未必可以"一劳永逸"。在一定的条件下，现有的委婉语也会变得不再委婉，需要代之以新的委婉形式，即再委婉（re-euphemization）。

　　鉴于"再委婉"现象出现的前提是原有委婉语"失去委婉色彩"，我们可以把这种现象称之为"去委婉"（de-euphemization）。因而，委婉语在其

---

① ［英］利齐：《语义学》，李瑞华等译，上海外语教育出版社 1987 年版。
② 伍铁平：《模糊语言学》，上海外语教育出版社 1999 年版。

历时发展中，会经历一个"委婉—去委婉—再委婉"的过程。具体而言，某个委婉语的"去委婉"发展到一定阶段，就会启动另一个"委婉"过程，即"再委婉"，从而导致词语的变更。从语言模糊性的角度来看，这是一个在历时平面上词语模糊化和明晰化反复交替的过程，反映的是模糊语言的历时转化，即"模糊—去模糊（明晰化）—再模糊"。

至于"去委婉"和"再委婉"的条件和诱因，一般认为是由于使用时间的长久。如郝丽宁、刘渊认为，"同一委婉语用得时间太久，便可能失去委婉色彩，原来的模糊性词语或表达变成了精确语义。因此，人们便不断创造出新的委婉说法取而代之，出现再委婉现象"。①

俞理明在研究"上厕所"一语的来源及其理据时指出，"上厕所"这个行为具有不雅和隐私的特点，因而人们除了可用直白的动词如"溲、屎、尿、厕"（A 组）等以外，也通常用"下、后、泄、泻、拉、撒"等其他动词（B 组）来委婉地表示，"不过，久用之后，B 组动词就失去隐晦的色彩，跟 A 组混同"。②

对于模糊词语与明晰语言的相互转化规律，已有不少学者进行了大量研究。不过，现有研究往往着重于共时平面的转化，对历时平面的转化则关注较少。本文将以"厕所"类委婉语为例，对这一历时转化作一个初步探讨。

二　"厕所"类委婉语的"去委婉"和"再委婉"

2006 年，某位台湾女艺人在台湾的一次电视综艺节目中，介绍了自己在内地工作时的一些经历和观感。在谈到她在内地使用厕所的话题时，说如要找厕所，"你不能是洗手间，太文雅，你就直接问厕所在哪"。③ 后来，她在针对内地网友的质疑时，又进一步解释说，台湾人说话都是文绉绉的，而内地人就有些不同，喜欢直接一点，例如要去厕所，就直接说，不要说什么"洗手间"、"化妆间"之类的词。④ 由这一事例可见，在台湾人看来，"厕

① 郝丽宁、刘渊：《从模糊语言学角度分析英语委婉语的构造方式及语用交际功能》，《河北农业大学学报》（农林教育版）2008 年第 10 期。
② 俞理明：《"上厕所"的来源和它的理据》，《语言科学》2010 年第 9（2）期。
③ 《孟广美是怎样言行嘲笑内地》，2007 年 6 月 6 日（http://v.ku6.com/show/1gyXrsmEC2JoJu3i.html？st＝1_1_3_1）。
④ 《新浪独家专访孟广美澄清"侮辱内地"事件》，2006 年 9 月 5 日，新浪娱乐（http://ent.sina.com.cn）。

所"一词比较"直接"，属于直白语，而"洗手间"、"化妆间"之类则比较"文雅"，属于委婉语。

按汉语"厕所"类词语的变迁，确实反映了"去委婉"和"再委婉"的反复交替。现代汉语中，具有"厕所"义的同义词确有不少，如"便所"、"厕所"、"茅厕"、"茅房"、"茅坑"、"卫生间"、"洗手间"、"盥洗室"、"化妆间"、"一号（间）"等。在这些词语中，2012 年出版的《现代汉语词典（第 6 版）》① 收录了前七个词条，即（按拼音字母次序排列）：

［便所］〈方〉厕所。

［厕所］专供人大小便的地方。

［茅厕］〈方〉厕所。

［茅房］〈口〉厕所。

［茅坑］①〈口〉厕所里的粪坑。②〈方〉厕所（多指简陋的）。

［卫生间］有卫生设备的房间；厕所。

［洗手间］婉辞，指厕所。

就以上七个词条的释义来看，"便所"、"茅厕"、"茅坑"标注为方言词，"茅房"标注为口语词，"洗手间"明指为婉辞，"厕所"和"卫生间"则无任何标注或强调，显示为中性词。不过，"厕所"和"卫生间"似乎并不相等，因为"卫生间"的释义突出了其字面义，即"有卫生设备的房间"，反映了其"厕所"义仍具有一定的模糊性，不如"厕所"直白而明晰。如按文雅或委婉的程度来分，这七个词可归为四组，并作如下排列：

洗手间 > 卫生间 > 厕所 > 茅房/便所/茅厕/茅坑

另外，上述词典并未收入"盥洗室"、"化妆间"、"一号（间）"等词条，根据该词典所遵循的"促进现代汉语规范化的一贯宗旨"② 来看，这几个委婉表达"厕所"的词语尚不具有规范性或稳定性。

其实，从"厕所"、"茅房"、"便所"、"茅厕"、"茅坑"等的字面义来看，这些词本来也是委婉语。

在上古汉语中，厕所就叫"厕"（另有"溷/圂"、"圊/清"、"屏"、"偃/匽"、"更衣之室"等说法），上厕所一般称为"如厕"。如《左传·成

---

① 中国社会科学院语言研究所词典编辑室：《现代汉语词典》（第 6 版），商务印书馆 2012 年版。

② 中国社会科学院语言研究所词典编辑室：《现代汉语词典第 6 版说明》，见《现代汉语词典》（第 6 版），商务印书馆 2012 年版。

公十年》："（晋侯）将食，张，如厕，陷而卒。"大约自东晋以来，又陆续产生了以"厕"为语素的双音词"厕屋"、"厕溷"、"厕所"等。大约自明清以来，又曾出现过"东厕"的说法。①

从"厕"的表义理据来看，"厕"字繁体作"廁"。据《说文解字》，"廁，清也。从广［yǎn］，则声"（《九篇下·广部》）。"广，因厂［hàn］为屋也。从厂，像对刺高屋之形。凡广之属皆从广。读若俨然之俨。"（《九篇下·广部》）"厂，山石之崖岩，人可居。"（《九篇下·厂部》）由此可见，"厕"是一种建于山崖上的房子。又据西汉《急就篇》"屏厕清溷"颜师古注："厕之言侧也，亦谓僻侧也。"王作新②曾对古汉语中的"圂、清、屏、偃"以及"厕"的得名理据作过一番考证，发现"屏"、"偃"、"厕"三词"均含有'隐蔽'的意义"。总起来说，"厕"在字面上是指建于民居偏侧之处的一种房子。"厕"的意义中突出的是该词的"隐蔽"特征，并未直白地指明这种房子的功能。可见该词的委婉程度是很高的。至于"便所"，从字面上来看，意即"与人方便之所"；"茅坑"、"茅房"意即"茅草搭建之坑/房"，突出了其简陋性；"茅厕"则是"茅房"和"厕所"的结合。这些都无一例外地回避了厕所的具体功能。然而，这些词在长期使用中，却经历了一个"去委婉"的过程，其委婉色彩不断被磨蚀，以至于有些已经磨蚀殆尽，成为直白语，有些则尚未完成"去委婉"的过程，处于委婉语和直白语的中间状态。

三　委婉语历时转化的成因

对于委婉语的这种"委婉—去委婉—再委婉"的历时转化，我们可以从语言功能和语言发展规律的角度来分析。

我们知道，语言是在矛盾和冲突中发展的。例如，在语言的发展过程中，始终存在着繁化与简化的矛盾。根据马丁内（1955，见刘润清③）提出的语言演变的经济原则，使语言发展变化的力量有两种，一是人类交际和表达的需要，二是人在生理上和精神上的自然惰性。人类交际和表达的需要始终在发展变化，促使人类去创造新的、更复杂的、具有特定功能的语言单

---

① 方国平：《"东司"表"厕所"义的由来》，《汉字文化》2009年第5期。
② 王作新：《圂、清、屏、偃——厕所名义及其文化内涵》，《语文建设》1991年第9期。
③ 刘润清：《西方语言学流派》，外语教学与研究出版社2002年版。

位；而人在各方面表现出来的惰性则要求在说话过程中尽可能减少力量的消耗，去采用省力的、熟悉的、习惯的表达方式。这就构成了一对矛盾。矛盾的结果是使语言经常处于相对平衡的状态。

我们认为，委婉语的历时转化同样是在矛盾中发生的。导致这种转化的力量也有两种，一是语言明晰化的实际需求，二是语言模糊化的心理需求。一方面，语言作为人类最重要的交际工具和思维工具，在使用中必须以明晰为追求目标，以实现交际双方的共同理解。如果语言表达做不到明晰，将直接导致交际失败。另一方面，由于受到交际主体心理需求的制约，人们又常常在一定的语境中刻意降低言语的明晰程度，而代之以较为模糊的表达形式。委婉语的变化过程，所反映的就是人类这两种互相矛盾的心理需求反复角力并不断达到相对平衡的过程。

具体而言，先是由于直白语所表达的事物可能令人产生不快，人们的第二种需求上升到主导地位，于是在语言形式上加以委婉化、模糊化，即采用模糊的委婉语来代替明晰的直白语。这种模糊化可以使语言符号和所指事物之间拉开一段距离，使人们在心理上较易接受。然而，无论是委婉语还是直白语，表达的是同一概念，而这个概念在不同词语中都是明晰的。事实上，委婉语只是在形式上将语言符号和所指概念之间拉开了一段距离。因此，委婉语的模糊，仅仅是形式上的模糊，并非其所指概念的模糊。

由于人类认知的特点在于明晰化，第一种需求再次占据主导地位，使语言形式和概念内涵的联系越来越紧密而固定，原有的距离不断缩小以至消失，于是就表现为"去委婉"。一旦某个委婉语的"去委婉"过程启动，人们的第二种需求又会再次激发出来，并开始"再委婉"的过程。这样一来，委婉语的发展，就表现为"委婉—去委婉—再委婉"此起彼落的动态过程。

不过，委婉语的"去委婉"和"再委婉"也受到诸多条件的制约，并不是仅凭"用得时间太久"① 或"久用之后"② 可以一言以蔽之的。以下试择其要端而述之。

一是直白语的衬托。委婉语和直白语是相辅相成的一对语言现象，委婉语的产生是以直白语的存在为前提的。没有直白语，也就没有委婉语。同样，委婉和直白也是相对而言的，它们代表了一个连续统的两端。在这个连

---

① 杨晓敏、李泽昊：《模糊与精确——模糊语义不再模糊之成因探析》，《吉林师范大学学报》（人文社会科学版）2008 年第 2 期。

② 俞理明：《"上厕所"的来源和它的理据》，《语言科学》2010 年第 9（2）期。

续统中，分布着一系列的同义词语。我们上文按委婉程度排列的七个"厕所"类词语，就可以看做这样一个连续统。

那么，相对于"洗手间"来说，"厕所"确实较为直白，但相对于"茅房"之类，它就委婉得多了。换言之，"厕所"虽然处于"去委婉"的过程中，但由于"茅房"之类词语的衬托，其委婉色彩并未褪尽，仍然可以看做相对的委婉语。尽管近一些年来已经出现更委婉的如"洗手间"之类，但其使用范围似乎尚不广泛。至于其今后如何发展，则还有待继续观察。

二是词语的多义性。委婉语的产生方式，我们可以分为两类，一类是新造一个词语，另一类是借用一个现成的词语。新造的词语，因其专门用来替代直白语，故而具有单义性；而借用的词语，由于增加了一项委婉义，就具有或增强了多义性，包括原为单义词而成为多义词，或原为义项较少的多义词而成为义项较多的多义词。

我们发现，具有单义性的词语，更容易"去委婉"；而具有多义性的词语，则不容易"去委婉"。而一旦某个多义词语的其他语义消失，仅留下其委婉义，也成了单义词语，就会在其他条件的共同作用下开始其"去委婉"的过程了。这是因为，在共时平面上，多义词的语义的明晰化严重依赖语境，而"语境对词的语义具有非常大的影响力，可以使词义单一化和具体化"①，即只有在具体的语境中，多义词的某个义项才会凸显出来。以"厕"为例，该词在古汉语中曾是一个多义词，除了"厕所"义以外，还有"夹杂"、"猪圈"、"侧面"等义。但"厕所"一词自产生起，就是一个单义词。

二是地区的差异。语言的发展，会受到不同地区人文环境的影响而呈现出不平衡的状态，委婉语的发展也不例外。例如，上文所介绍的台湾某艺人认为"厕所"一词比较"直接"的事例，反映的就是大陆普通话和台湾"国语"的差异。具体而言，在台湾"国语"中，可能由于没有其他直白语的衬托，"厕所"的委婉色彩已经完全褪尽而成为最直白的词语，显得"粗俗"了，因而需要进行"再委婉"，采用"洗手间"、"化妆间"之类词语来填补这个空缺。然而就内地人看来，"厕所"一词并未显得"不文雅"或"不委婉"，仍然可以作为委婉语使用。尽管内地也已开始采用"洗手间"为委婉语，但与台湾相比，使用频率并不高，也是由于"厕所"一词仍然

---

① 杨晓敏、李泽昊：《模糊与精确——模糊语义不再模糊之成因探析》，《吉林师范大学学报》（人文社会科学版）2008年第2期。

足够委婉。

　　总之，委婉语产生之后，会经历一个"委婉—去委婉—再委婉"的动态发展过程，从这个过程中可以发现，这也是一个"模糊—去模糊—再模糊"的历时转化过程。这种模糊与明晰反复交替的现象，是人类语言使用中明晰性和模糊性这两种互相矛盾的需求之间不断实现相对平衡的表现。而这个过程的发展，也受到若干条件的制约。

　　　　　　　　　　　　　　　（作者单位：上海交通大学国际教育学院）

《庄子·让王》中的模糊语义及其文章学意义[①]

贾学鸿　蒋茜茜

模糊性是语言的本质属性之一，其突出表现是语义的模糊性。汉语古籍中语言的模糊现象相当普遍，如《周易》的符号象征、《左传》的"微言大义"、《诗经》中的"比兴"、诸子中的寓言……由此形成汉语表达的隐喻传统。

先秦诸子中，《庄子》一书堪称创建模糊语言的典范，它综合汉语的内、外机制，将语言的模糊性发挥到了极致。《庄子》杂篇中的《让王》，是一篇争议颇多的文章。自宋代苏轼《庄子祠堂记》称其"浅陋不入于道"后，该篇就被冠以"伪作"之名，以致宋元以降，不少注庄学者把它归入不予注解之列。[②] 然而细读此文，就会发现并非《让王》的作者与编者粗鄙不堪。从语言表述角度看，造成这一局面，恐怕与该篇语言表义的模糊性有直接关系。

下面将通过剖析《让王》中三则寓言故事来表述语言的模糊性，揭示该篇文本的结构特色，进而从文章学的视角，来把握"辞让"话题下面的潜层意涵，并深入领会《庄子》所论之道运化无痕的玄妙过程。

一　《让王》故事中的模糊语义

《让王》是《庄子》杂篇第六篇，全文大致由 19 则有关"辞让"的寓言故事组成。唐代陆德明《经典释文》认为，《让王》是"以事名篇"。[③]从故事的表层语义来看，16 则寓言表意清晰，故事本身不存在模糊性，而

①　基金项目：扬州大学"新世纪人才"资助项目。
②　王夫之：《庄子解》卷28，中华书局1981年版，第252页。
③　郭庆藩：《庄子集释》，中华书局2004年版，第965页。

其中的"颜阖拒受鲁君之币"、"许由娱于颍阳而共伯得乎丘首"和"伯夷、叔齐不食周粟，饿死首阳山"三则故事包含语义朦胧的语句，具有模糊特征。

（一）"颜阖拒受鲁君之币"中的强调性副词。颜阖是鲁国的隐者，喜好清廉之道。鲁君听说颜阖是得道的贤人，欲聘他为相，于是就派使者事先送钱财给他。文章写道：

> 鲁君闻颜阖得道之人也，使人以币先焉。颜阖守陋闾，苴布之衣而自饭牛。鲁君之使者至，颜阖自对之。使者曰："此颜阖之家与？"颜阖对曰："此阖之家也。"使者致币，颜阖对曰："恐听者谬而遗使者罪，不若审之。"使者还，反审之，复来求之，则不得已。故若颜阖者，真恶富贵也。

在这段话中，表现出模糊性的语句有两处。第一处是颜阖对赠币使者所说的话："恐听者谬而遗使者罪，不若审之。"意思是说，"恐怕会因为我听错话而使你获罪，不如核查一下吧。"实际上，这是颜阖拒绝受币的委婉之词。不过，这一模糊语义对读者理解文意并不构成阻力。

第二处造成语义模糊的言语是故事结尾的一句评论："故若颜阖者，真恶富贵也。"这句话的奥妙在于副词"真"的用法。"真"作为状语，是对动宾短语"恶富贵"的强调。在故事开头，文章即交待了颜阖是位得道者，同时又"守陋闾，苴布之衣而自饭牛"，即居疏陋闾巷，穿粗恶布衣，亲自饲养牛，说明他是一位不慕仕途的隐者。拒绝接受鲁君之币，是通过事实再次证明他不贪富贵、厌恶官场的道家风范。然而，副词"真"的再次强调，不免让人产生联想：真假相对，在颜阖"恶富贵"的背后，是否有很多"假恶富贵"的现象？困顿的生活，是否有益于生命的存在？既然是得道之人，他的做法与道家的"重生"观念是否相符？颜阖的故事与文章中反复强调的"让王"到底是什么关系？一连串的疑问，便由一个"真"字生发开来。《吕氏春秋·贵生》篇也记载了这则故事，将这句强调话语改成了"故若颜阖者，非恶富贵也，重生恶之也"。从而把"微言"变成直言，模糊韵味全无。

（二）"许由、共伯之乐"中的典故对比。《让王》中关于许由与共伯的故事只有一句话，严格来说，这根本算不上寓言，而是在"孔子穷于陈蔡"故事之后，用两个串联的典故作总结。原文写道：

　　古之得道者，穷亦乐，通亦乐。所乐非穷通也，道德于此，则穷通为寒暑风雨之序矣。故许由娱于颍阳，而共伯得志乎丘首。

　　这是一段议论性话语，强调悟道贵在圆通。而"许由娱于颍阳而共伯得志乎丘首"是对这段议论的总结和印证。许由和共伯是两位历史人物，这句话的模糊性来自典故背后的历史事实。

　　许由是道家崇尚的代表人物，有关他辞让天下的故事还出现在《逍遥游》、《徐无鬼》、《外物》、《盗跖》诸篇。传说他是尧的老师，隐居箕山。尧知其贤，让以帝位。许由闻之，乃临河洗耳，人称"洗耳翁"。① 许由与尧之间的辞让故事成为历史佳话，儒家、道家都广为传颂。儒家把禅让之礼视为至高的道德理想，道家则以许由拒受天下为最高境界。

　　有关共伯的故事，成玄英疏曰："共伯，名和，周王之孙也，怀道抱德，食封于共。厉王之难，天子旷绝，诸侯知共伯贤，请立为王，共伯不听，辞不获免，遂即王位。一十四年，天下大旱，舍屋生火，卜曰：厉王为祟。遂废共伯而立宣王。共伯退归，还食本邑，立之不喜，废之不怨，逍遥于丘首之山。"② 由此可见，共伯的"辞让"带有复杂性，登上王位非他所愿，他让而不成；放弃王位同样非他所愿，又不得不让。实际上，共伯一直处于被动地位，这已经不是纯粹意义上的"让王"，与许由为辞让而逃隐的行为形成鲜明的对照。文中"故许由娱于颍阳而共伯得乎丘首"这句关键性的话语，将许由与共伯对举，展现了二人之乐的共通性，即心对道的体悟。而二人行为的差异，与全文的"辞让"主题的关联，仍然是模糊的。由此可知，对历史典故的追索，只能拭去语句表层意义的模糊色彩，话语中蕴藏的深层意涵，如共伯之"让"与许由之"让"的关系、"让王"与道的关系，靠孤立地解读故事语言，恐怕难以厘清。

　　（三）"伯夷、叔齐之节"的条件假设。《让王》最后一则寓言是关于伯夷、叔齐的故事。相传伯夷、叔齐是古孤竹国的两位公子，因互相谦让王位而隐于世。后来二人闻周文王善养老，便往归之。然而令他们失望的是，继文王之位的武王"见殷之乱而遽为政，上谋而下行货，阻兵而保威，割牲而盟以为信，扬行以说众，杀伐以要利，是推乱以易暴"，实行的是征战杀伐之道，与神农时代的上古之道相去甚远。于是，二人拒绝武王的封赏与

----

① 　郭庆藩辑，王孝鱼点校：《庄子集释》，中华书局 1961 年版，第 23 页。
② 　同上书，第 983 页。

结盟，不食周粟，隐居首阳山，冻馁而死。

伯夷、叔齐抱道守节的事迹广泛见于古代典籍。《论语·微子》篇孔子称赞曰："不降其志，不辱其身，伯夷、叔齐与！"[①]《韩非子·说疑》评价他们"上见利不喜，下临难不恐，或与之天下而不取，有萃辱之名，则不乐食穀之利"。对二人的行为都是褒赞有嘉。《吕氏春秋·诚廉》篇有二人的传略，称其"出身弃生以立其意"，把他们归入重志保节的清廉士人之列。《让王》篇的叙述与《吕氏春秋·诚廉》篇的记载相近，只是《庄子·让王》在故事结尾加了一个假设条件句，致使文章对伯夷、叔齐的态度变得模糊起来。原文写道：

> 若伯夷、叔齐者，其于富贵也，苟可得已，则必不赖高节戾行，独乐其志，不事于世，此二士之节也。

"苟可得已"，就是说如果二人不是无可奈何的话，一定不会选择"高节戾行，独乐其志，不事于世"的道路。于是，二人广为世人称颂的"气节"似乎只是无奈的选择，或者是"知其不可奈何而安之若命"的被动做法。这样一来，人们对伯夷、叔齐的津津乐道就显得有些荒谬了。从寓言的表述看，整个故事对二人的事迹有极力彰显之势，结尾却用一个假设复句，悄然透出否定态度，使得二人的重义轻生抉择与基于生命价值的"让王"主张构成悖论逻辑。

二　《让王》寓言模糊语义的篇章结构意义

《让王》篇被历代注庄学者所否定，一个重要原因是它没有明显的章法逻辑。19 则寓言故事依次排列，串联成文，前后文意不相联属，甚至出现矛盾。如果仅从语言层面解读，确实难以厘清文意。但 19 则寓言构成了有关"辞让"的语义空间。在这个语义空间中，上述三则寓言中的模糊语义，却起着重要的作用。

（一）语义模糊寓言间隔开的板块结构。根据语言学的语义场理论，将每个"辞让"故事按"出让者"、"受让者"、"辞让内容"、"辞让原因"、"辞让结果"、"辞让态度"六个义项进行比较，然后把义项相同的寓言归

---

① 杨伯峻：《论语译注》，中华书局 2000 年版，第 197 页。

并，于是发现，上述三则语义模糊的寓言，可将这 19 个故事依次间隔为三大板块。

前九则寓言可归为第一板块。它们依次是：1. 尧让天下于许由；2. 尧让天下于子州支父；3. 舜让天下于子州支伯；4. 舜让天下于善卷；5. 舜让天下于石户之农；6. 大王亶父让土地于狄人；7. 越人王子搜逃王位未成；8. 子华子劝昭僖侯让地；9. 颜阖不受鲁君之币而隐。

这九则寓言都以"让王"为话题。前五则中，上古圣王尧、舜主动让"天下"给得道者，得道者均以"重生"为原则，不受而隐。故事展现了远古和谐社会的美好风尚，也可以说是战国士人对原始道德风尚的美好想象。随后的三则故事，出让者身份稍有变化。大王亶父是周族先祖，因爱护百姓生命不与狄人争地，保留了"尊生"的远古遗风。越人王子搜和魏国昭僖侯的故事是纷争四起时代的现象，王子搜辞让失败终登王位，昭僖侯经人劝说放弃土地之争，无论辞让的态度和结果如何，都能以生命为本位。第九则寓言颜阖不受鲁君之币，实质上是拒绝为鲁国之相，与王权联系紧密。因此，这一板块的中心可归纳为"因重生而让王"。

第二板块由第十则至第十六则寓言组成，它们分别是 10. 列子拒受郑子阳之粟；11. 屠羊说拒楚昭王之赏；12. 原宪居鲁与子贡辩贫病；13. 曾子居卫处贫而颂歌不绝；14. 颜回知足不仕；15. 魏牟"身在江海而心居魏阙"；16. 孔子困于陈、蔡论穷通。

这七则故事中，辞让者不再是王侯，而是士人和普通百姓。辞让的内容不是王位，而是由王权所带来的"富贵"，具体表现形式在不同寓言中又各不相同。郑子阳之所以送给列子粟米，意在表现自己尊重贤士。然而郑子阳生性严酷，并非好贤之人，因为受到远游客人的讥刺，才做出这一举动。列子对这种当权者具有较高的防范意识，拒绝他的馈赠，是"明哲保身"的选择。相比之下，屠羊说推辞楚昭王的封赏，称得上超脱之人。楚昭王"失国"发生在公元前 505 年，伍子胥为报父兄被楚平王杀害之仇，引吴伐楚。楚昭王逃亡过程中，几次险些被杀，历时十个月才得以返国。地位卑下的屠羊说，跟从昭王奔走，保护有功。屠羊说临难不惧、受赏不喜、位卑义高，成为道家称颂的典型。原宪、曾子和颜回都是儒家士人的代表，他们不图富贵、安贫乐道的人生抉择，得到道家的肯定。然而，他们放弃富贵的原因是有差异的：原宪因厌恶仕途钻营，恪守君子的道德节操；曾子养志忘形，热衷身心的修养；颜回则是知足常乐、自适其心的得道者形象。与安贫乐道之士相比，封于中山的魏国公子牟，"身在江海而心存魏阙"，"有嘉遁之情而无高蹈之德"，瞻子于是劝他"不能自胜则从"。这里，瞻子放弃了"让"的原则，从生命角度出发提出了顺随心神的主张。由此可见，在远离富贵的行为背后，不一定都是重生原则，相反，有时会因贫困而伤生。重生与辞让没有必然联系，重生的关键在于顺应心神，心道冥合。所以，孔子处困境而弦歌不缀，是安时处顺、通达大道的境界。模糊语句"许由娱于颍阳而共伯得乎丘首"的结语，正是这种观点的总结。因此，这一板块的主旨可概括为"辞让或伤生，重生在顺道"。而中山牟故事结尾"魏牟，万乘之公子也，其隐岩穴也，难为于布衣之士；虽未至乎道，可谓有其意也"一句，只是迷惑人的"幻影"，是《庄子》语言"滑疑之耀"的具体例证。

实际上，第二板块已透出全文的中心观点。接下来的三则寓言，属于文章的一尾余波，构成第三板块。这一板块包括"物极必反"的三个例子：17. 舜让天下于北人无择，北人无择投清冷之渊而死；18. 汤让天下于卞随、瞀光，卞随投稠水而死，瞀光负石沉庐水而死；19. 伯夷、叔齐因不食周粟，饿死于首阳山。

这三则故事，都是通过被让主人公现身说法，认为受到不仁不义的无道之人的辞让有辱人格，从而因恪守"无道之世，不践其土"的观念，由"让王"走向了殉名轻生。文章在表述中，极尽笔力彰显主人公的守道气节，肯定倾向闪烁其间。直到文章结尾关于伯夷、叔齐之节的朦胧假设，作者的批判态度才浮出水面。原来，前面的叙写全在造势，一句"苟可得已"，把五位逸士为人称道的"气节"温和地掀翻。这一板块的主旨是"因让王而丧生"。明清之际的王夫之看得很透，他说："卞随、瞀光恶汤而自杀，殉名轻生，乃庄子之所大哀者。"①

至此，文章开头"因重生而让王"的主张，经过"辞让或伤生，重生在顺道"的变化过程，已经转向"因让王而丧生"的反面，这一否定之否定的辩证逻辑，便是贯穿于三个板块之间的整体脉络。

（二）模糊语义的承上启下作用。由语义模糊的寓言间隔出三个板块，是偶然的巧合？还是有意安排？回答这一问题还要结合寓言之间的关联，即寓言故事的语义空间来确定。"辞让"语义场义项的变化，反映了寓言序列的语义变化规律。而包含模糊语义的寓言，在这一变化中起着重要的结构作用。

在第一板块中，颜阖是一位处于贫困境遇的得道隐士，其身份与不受天

① 王夫之：《庄子解》卷 23，中华书局 1981 年版，第 257 页。

下的许由诸人同属一个类型；不受鲁君之币，实是拒绝出任相职，这与让天下、让王位、让土地一样，与王权联系密切在一起。因此，颜阖可与侯王"并驾齐驱"，同列于第一板块。对此，文章议论道：

> 故曰，道之真以治身，其绪馀以为国家，其土苴以治天下。由此观之，帝王之功，圣人之馀事也，非所以完身养生也。今世俗之君子，多危身弃生以殉物，岂不悲哉！凡圣人之动作也，必察其所以之与其所以为。

前面九个故事的动机都在这里，修道固然有益于治理天下，但生命才是"道"的根本。"让王者"以尊生为原则，但"让"不是目的。这是对社会片面宣扬"礼让"的一种反拨。不过，颜阖的处境比较特殊，他以喂牛为业，居室简陋，衣着粗糙，应该说正挣扎在生活的贫困线上。从"重生"角度来说，他的推让大可不必。可见，颜阖看重的不是生命本身，而是"道"。此处的细微变化十分重要，预示出下文义脉的转向。而"道之真以治身"一语，又将"重生"与"重道"连在一起，使二者难以区分。故事末尾一句韵味颇深的评价："故若颜阖者，真恶富贵也！"将颜阖为修道而伤生的态度潜藏其间。自颜阖起，话题开始转向修道。"凡圣人之动作也，必察其所以之与其所以为"一句，提示下一板块的关注重点在于行为表现背后的动机与目的。

承"道"而来的第二板块，意在说明怎样做才算得道。尽管列子、屠羊说、原宪、曾子、颜回、魏牟、孔子七人的境遇和表现不尽相同，却都能超越现实利益而上达于"道"，都是值得肯定的。屠羊说临危不离、遇赏不劝的表现，似乎比列子明哲保身的辞让更近于道。原宪与曾子都处于困顿之中，但原宪对功利"伪君子"的斥责，与曾子不言而歌的"修道忘心"境界相比，似乎稍显逊色。颜回知足常乐、"不以利自累"、"无位而不作"、"行修于内"的举止，与瞻子劝"身在江海而心存魏阙"的魏公子牟"不能胜则从"的观点，都是"重道"的表现。而孔子内心旷达的至道境界，是对这一板块的总结。然而，究竟什么是至道呢？答案在板块结尾的议论中：

> 古之得道者，穷亦乐，通亦乐，所乐非穷通也，道得于此，则穷通为寒暑风雨之序矣。故许由娱于颍阳，而共伯得志乎丘首。

这里所说的穷、通，应该是人生境遇的贫穷与显达①，在这样的人生磨砺中，更有助于参透道体。不过，上述这段论述的最后两句特别耐人寻味。关于"许由娱于颍水"，成玄英疏曰："许由偃蹇箕山，逍遥颍水，膻臊荣利，厌秽声名。"② 许由是位怀道隐士，因恶为天下，隐居颍水。共伯则不同，他是周王之孙，"厉王之难"后被立为王，十四年后又被废而改立宣王。③ 因此，共伯最终是被废除的，并非纯粹的"让王"，但他"立而不喜，废而不怨"，同样是怀道抱德的贤人。此处再次隐约地告诫人们，"让王"与得道并无必然的因果关系。至此，《让王》的主旨意图渐明：所谓"道"并非空洞的概念，也不是现实中穷与通的表面现象，更不是束缚人的桎梏，思想的圆通才是得道的关键。而"故许由娱于颍阳，而共伯得志乎丘首"一句模糊性总结，又引出"让王"话题，回击文章开头，进而又引出第三板块一连几个"弃生殉物"案例。

《让王》篇的章法结构模式，明显受到《易经》的影响。三个板块分别涉及九、七、三则寓言，尽管构成每一板块的寓言数不同，但《周易》卦爻辞"六爻而成章"的结构模式依稀可辨。这一结构遵循的是"同类相从"原则，这是先秦时期人们思维和表达的常用方法，也是自然界事物类聚的普遍现象和运化规律。《让王》作者根据这一原则来设计文章的表达顺序，通过展示与"让王"有关的各类事象，透射出"道"的运化规律。其中三则语义模糊的寓言，分别位于三个板块的结尾处。因其语义的模糊性，可以上下逢源，承上启下，使不同板块的语义相联系，又使语义在渐变中悄然转向。在自然而然中，把对"辞让"的辩证否定认识，呈现于语言形式中。

（作者单位：扬州大学新闻与传媒学院）

---

① 曹础基：《庄子浅注》，中华书局2000年版，第436页。
② 郭庆藩：《庄子集释》，中华书局2004年版，第25页。
③ 同上书，第983—984页。

绍兴"炼话"中的模糊修辞研究

吕洁丽

引　言

"方言土语例，很有些意味深长的话，我们那里叫'炼话'，用起来是很有意思的，恰如文言的用古典，听者也觉得津津有味。"（《且介亭杂文》）"炼话"，即方言土语中意味深长、富于表现力的话。绍兴人擅长在各种环境中，使用各类特色话语，并且加以不同的语调形态。根据说话情景的不同，炼话可分为操话、绝话、盾话、杜话、犯话、荡话、藤话等52种。模糊性是自然语言的属性之一。[①] 炼话常运用模糊语言和模糊辞格，其表达含蓄凝练、形象深刻。本文拟运用模糊语言学原理，结合文化背景，浅析模糊修辞的心理机制及其在炼话中的运用以及语用效果。

一　模糊修辞的产生机制

模糊修辞学是研究在言语交际过程中如何精心地选择模糊语言材料来表达意旨，交流思想以提高表达效果的方法、原则和规律的一门科学。[②] 而模糊语言则指事物类属边界或性质状态亦此非彼，非此非彼的词语。模糊性是自然语言的属性之一，有些词语本身就是模糊的，有些语言则是在使用的过程中呈现模糊性。既然模糊修辞是从动态的角度研究模糊语言在言语交际活动中的表达效果，那么我们也从具体言语的交际活动中来探讨模糊修辞的产生。一方面，人脑理解语句是一个信息加工的过程，需要通过联想、主观化等心理机制对信息进行处理；另一方面，它的产生不仅依赖语言本身的模糊

---

①　屠国平：《绍兴方言语音特征与越地语言文化》，中国社会科学出版社2012年版。
②　黎千驹：《模糊修辞学导论》，光明日报出版社2012年版。

性，更遵循在动态交际过程中的言语使用规则。

（一）心理机制

1. 联想。联想指由于某人或某事物而引起对其他相关的人或事物的联想。范畴、概念的形成和存在必须借助言语来表达。认知语言学认为人所建立的范畴大多是"典型范畴"，不能靠"界定特征"来界定，范畴与范畴之间的边界是模糊的，一个范畴内各个成员的地位是不均等的，有"典型"与"非典型"之分。[①] 对于词汇来说，典型成员是指对客观对象构成义位的义素，非典型成员则指长期处于被抑制的潜伏状态中的义素。例如"孩子"，"人、男性或女性、未成年"是它的典型成员，提供其正确使用这个词的标准。但除此之外，"孩子"还可以包括"脆弱、天真、须保护"等其他附加的特性。这就是"孩子"的非典型成员，他们的存在往往依赖人们的联想。词汇的典型成员即词的理性意义，包括理性义和色彩义；非典型成员即联想意义。在言语交际的过程中，通过联想，某个范畴内的非典型成员显现，典型成员发生弱化或脱落。

（1）甲：侬个杀胚，日日嚯夜回来，饭啊勿烧，是外头有人拉。
　　　 乙：侬个梅里个西风，哪有嚯毒啦。

"梅里个西风"指的是梅雨时节的西风。但这里并非指它的理性意义。绍兴有句农谚"梅里西，毒如砒"，若梅雨季节刮西风，会导致雨量更大。"毒如砒"用来说明下雨对农作物影响严重。这里使用了"梅里西"的联想意义。

2. 客体主观化。交际言语的模糊性，一方面是语言本身的模糊性，另一方面是由于言者"自我"因素的介入而建构的模糊语义。语义的模糊化是在模糊修辞的运用中，通过言者的立场、观点、看法、目的和意图等主观因素的介入，客体的非典型语义凸显化。例如：

（2）甲：侬总前世大木鱼敲透啦！白白来了嚯西多钞票。
　　　 乙：侬就看见俄外头光鲜，牛（没有）看见我里头辛苦。

例（2）"前世大木鱼敲透"意为"家境富裕，衣食无忧"。可是怎么

---

① 鲁茨：《多元视域中的模糊语言学》，社会科学文献出版社 2010 年版。

从"大木鱼"联系到词语的含义呢？大木鱼原指僧尼念经、化缘时敲打的响器。这里用"大木鱼"来指代吃斋念佛。上虞人认为信佛可以积德，也相信因果轮回，觉得上辈子的积德会延至这辈子的福报。由于主观认识的介入，使得"前世大木鱼敲透"引申了新的含义"物质条件优厚"。事实上，此处语义的外延是由溯因推理造成的。溯因推理是从小前提和事实推出大前提的一种推理形式，可以表示为如果P那么Q；Q，那么很可能P。有福报之后，人的生活条件自然也就优越了。那么，人的生活条件优厚，很有可能是前世行善积德，即"大木鱼敲透"。由此可见，语言并不是一个实在的反映，而是对我们实在的思想的反映。而模糊修辞正是通过一定的语言结构形式传递说话人的主观见解，包括说话人的立场、态度、情感和意图等。同时，模糊修辞体现着主观因素对客体产生的延伸作用，即通过主观因素的介入，客观事物的范围外延。

　　（3）噶冷的天家就不要吃棒冰了吧，小心冻出来。（天冷别吃冰棍了，小心感冒。）
　　（4）后半日勿可走哉，等歇要热出来个。（下午别走了，不然要中暑的。）

　　冻和热原属于肢体感觉，后可加程度副词"冻煞哉（冷极了）"、"热煞哉（热极了）"。这里与趋向动词"出来"非常规搭配后，词性由形容词转为动词，并且语义发生延伸。"冻出来"表示"受冷、感冒"，"热出来"表示"受热、中暑"。两者都延伸了"生病"这个义项。中医认为病有冷热之分，且生病源于体内阴阳失调。显著的事物往往是引人注意的，容易识别、处理和记忆。在受冷和受热之后，人出现"病"的症状。人们主观地将冻、热和"病"联系在一起。同时，趋向动词"出来"语义指向"冻和热"，又强化了"生病"这一义项，"他受冻/受热得不行，都病出来了"。

　　（二）构式原则
　　认知语言学认为，有语素组合成的词、各种短语、单句和复句等都是大大小小的"构式"，都是形式和意义的结构体。一个"构式"是一个心理上的"完形"，其整体要大于部分之和。当一个构式的形式和意义在约定俗成之后，其组成部分的语义也会随之延伸。这里我们主要以言语交际时的短语、句子为单位，论述由构式产生语义的模糊化。

（5）侬多来去，假惺惺。（你别和我交往，假惺惺。）

当多放在"VP"前，且"VP"为光杆动词时，意为"没必要 VP"。这时句子不再是"多"、"VP"意义的简单叠加，还表示对施事者"VP"行为的强烈否定，延伸出"厌恶、嫌恶"的色彩义。"来去"原属于中性词意为"交往"，"我想先和她来去"。在此"多 VP"结构中，来去则带有厌恶的色彩。

（6）上海去了趟，钞票没赚了来，伊倒弄勒人勿人，鬼勿鬼。

在"A 勿 A"结构中，虽然 A 的外部书写形式相同，但 A1 表示客观事物在人的认知领域里的联想义，A2 表示客观事物本身的存在义。通过自相矛盾的结构使用，模糊了 A 的外延，并使得整个构式带有模糊性质。"人勿人"中，人 1 指现在的如此糟粕、邋遢的他，人 2 指生活正常、有序的人。整个构式指目前的他处于人和非人的状态之间。同理，"鬼勿鬼"指其处于鬼和非鬼的状态中间。整个构式的中心内涵非常明确，即他目前的处境十分不堪。但构式的外延又是模糊的，人和非人之间的状态究竟是怎么样的？与鬼和非鬼之间的状态一样吗？但我们不会深究临界点具体实际的状态。

二　模糊修辞在炼话中的运用

（一）模糊语言的锤炼

与模糊语言相对的是明晰语言，即指那些表达事物类属边界或性质状态方面的确定性、非此即彼性的语言。在言语交际活动中，绍兴炼话出于其情景的需要为使语言表达能更灵活、准确，明晰语言和模糊语言在一定条件下相互转换。这里，我们主要分析明晰语言的模糊化现象。根据原因，将其分成两类：语用模糊化现象；句管控模糊化现象。

第一，语用模糊化现象。顾名思义，即出于语用修辞的需要而使得语义发生转化。这里，我们试以数词、量词、名词为例，分析明晰语言的模糊化。

1. 精确数词模糊化。自然数，出于计数的需要在刚刚出现的时候是精确的。然而在情景的具体使用中，数词逐渐模糊化。一类表示概数，概言多或少，如例（1）；另一类语义发生引申，表示事物的程度［如例（2）］、范围、形状 [如例 (3)]。

（1）甲：阿桩（这个）事体我打算则（和）舅舅、叔叔拼进东（合作），钞票多赚些。

乙：三三四四偷只牛，勿如独自偷只狗。拆空个生活少做做（别做没用的事）。

"三、四"在表确数的基数词时是精确的。但后来出于修辞的需要表示虚数，这里意为"人数多"。与此结构类似的，还有"七七八八"，指多而零碎。如"葛两日七七八八发勒勿少钞票"。这类词往往数字重叠，在句子中以充当状语为主，有的也可充当定语。如"本来阿种七七八八个事体也阿来麻烦侬个（本来这些小事情也不来麻烦你），真寻弗出第二个活菩萨哉（真的找不出第二个人了）"。

（2）甲：等俄（我）今年 200 多万去赚来，给你买辆奥迪，给儿子买辆宝马，全家去香港。

乙：本事是大搭（真大啊），可（别）大话三十三，南瓜当晏饭（午饭）。

例 (2) "三十三"不再是基数词，它表示吹牛的程度深。与此类似的还有"乱话三千"、"陈年八古"。这类词在句子中充当谓语，用来形容前面的主语，也可以是数量结构。如"侬个人（你这个人），总晦气了不对哉，气数十八代（倒霉得很）"。

（3）甲：明朝（明天）俄想穿阿件衣裳、阿条裤，再配夯（那）双鞋。

乙：打扮个四四一十六咯做啥西？

这里的四四一十六，不是乘法口诀，而意为"整齐、正规、讲究的形式"。"二八一十六"也表示相同含义。但"三七廿一"、"四七二八"则表示"所有的情况"。如"阿管（不管）四七廿八，天下十八省，道理一个生"。"九九八十一"则表示"最终"，如"九九八十一，阿忙（这次）总算过去哉（这次考试合格了）"。

（4）甲：已经是个二姑娘哉，还打扮了噶俏。

　　　乙：勿打扮了翘，嫁得出去的啊。

　　绍兴风俗中，由于男尊女卑的思想，女子再嫁被看做大逆不道，被社会所不容。古时称未结婚的女子为姑娘，已经结过但又成单的称为"二姑娘"。以此来指代那些改嫁的女人。与此类似的，还有"二婚头"、"回头人"。这些词常带有侮辱性，以"二婚头"最甚，"回头人"次之，"二姑娘"至末，似乎只有结婚生子才能被当做正常的人看待。"二"由此引申了"再次、已经"的含义。

　　2. 精确量词模糊化。某些量词的本义十分精确，但出于修辞的需要变得模糊。能够计量的事物大多是具体的，但抽象名词为了能表达得更具体也使用量词。此时，这个量词便转为模糊语言。例如：

　　（5）甲：妈妈，等我长大了，带侬到北京去搞起（到北京去玩）。

　　　　旁人：小人真当乖哉，乃姆妈听东心花有朵开东哉（你妈听了都开了朵心花）。

　　例（5）的"朵"本是精确量词，例如"一朵玫瑰"。当"朵"修饰"心花"时，就成了模糊量词。"心花"指是"喜悦之情"，不可视、不可碰，只可感。一朵心花和两朵心花是否存在量上的差别，这并不能推算。

　　3. 精确名词的模糊化。某些名词的外延原是明确的，后由于某种原因而改变了外延，转化为模糊名词。主要体现在名词借作量词且修饰抽象名词；名词作语素的模糊化。

　　（6）勿话一肚皮气，话话两肚皮气（不说不气，说了更气）。

　　"肚皮"指的是身体器官肚子。此处的意义发生隐喻引申。因其容纳性的特征，"肚皮"由实物名词临时转为量词，用来形容抽象的"气"。但由于"气"并非具体可量，精确名词"肚皮"模糊化。

　　（7）一些些事体就哭，怪不得别人讴侬哭作猫。

　　"哭作猫"与"猫"无关，指讥笑善哭的孩童。可见精确语言"猫"

在"哭作猫"中转化成了模糊语素。

第二，句管控模糊化现象。所谓句管控，指句法机制对各种语法因素的管控作用。[①] 句法格局是一种具有规定性的"框架形态"。当词语进入框架后，词语的语义便因为框架的结构而发生转变。这里我们试举"量把"结构以及词语的超常组合结构来分析句管控下的明晰语言模糊化现象。

1. "量把"结构。绍兴方言中的量词常常与"把"结合构成"量把结构"。这里的量词不仅可以是度量衡量词，也可以是个体名词。意为"数量接近这个单位数"。例如：

　　（8）甲：俄年轻辰光（时候）也是到处跑，老哉，动勿了哉。
　　　　　乙：我看侬大概也就出去过冒把（我看你也就出去过一两次），造话勿可讲。

"冒"的本义为"次"，"冒把"表示"一两次"。在含有"量把"结构的句式中，常常出现"大概"、"大约"等表示估计的词。

2. 词语的超常组合。词语组合成短语、句子有其固定的方式。在形式上，组合方式有主谓结构、动宾结构、述补结构、偏正结构、并列结构；在语义上，词语的搭配要符合逻辑。

　　（9）侬勿可厌恶做知己，别人家背后来笑侬。

厌恶，原是动词，**表示**"讨厌、憎恶"。例（9）中的"厌恶"处在原属主语的位置上，暂时充当名词，意为"厌恶你的人"。受句子的管控作用，在主谓宾的格式里，厌恶被配置为名词。整个句子的含义为把厌恶你的人当成知己，讽刺是非不分的人。

　　（10）仅晓得自穿红戴绿，勿晓得问乃爹娘个冷则热。

"问"是动词，其后应搭配宾语，形成动宾结构。受句子管控，冷和热在这由形容词转为名词。但是"冷和热"，怎么和"问"搭配呢？原来它们发生了语义引申。"冷"与"受冷、受冻"的情形相关，"热"与"温暖"

---

① 鲁茯：《多元视域中的模糊语言学》，社会科学文献出版社 2010 年版。

相关，这里用"冷"与"热"来指代"目前的处境"。

（二）模糊辞格的运用

话语的语义并非是客观现实的镜像反映，是语言运用者的主观认识和客观现实相互作用的结构。模糊修辞的使用既可以表现客观语义又可以表示主观语义。在客体主观化的过程中，炼话通过采取模糊修辞手段如比喻、借代、夸张等，模糊了客体的外延。

（11）甲：老赵，我阿忙子有些事体难牢搭载，就侬好帮啦。

乙：可（别）来，有事体我是老膏药，呒得事体（没事情）当俄狗皮膏药。

为了使深奥的道理浅显化，抽象的事物具体化，概括的东西形象化，人们往往使用比喻生动地描绘事物和说明道理，使人印象深刻。例（8）"老膏药"原指中医采用传统方法制作的药量更足、药效更好的膏药。其界限本身就是模糊的，多少剂量的药才算充足，怎样的效果才算有效，但其中心是明确的，即有效的膏药。绍兴人认为膏药、草药等疗效好，能治百病。例如"单方一味，气煞名医"，用以形容中草药的疗效。这里用来比喻可以信任的人或有把握的事。同样是膏药，"狗皮膏药"却具有明显的贬义色彩，这是因为走江湖的人常假造狗皮膏药来骗取钱财，这里喻为骗人的货色。这里对于同一个客观对象"膏药"，却存在不同的感情倾向。这是因为人们对事物的认知含有主观化的成分，对自己有利时称为"老膏药"，不利时称为"狗皮膏药"。乙方以两种膏药自喻，模糊自身的性质，来反衬甲方的善变。

（12）选老公勿可光看外表，红脚跟也会走条路出来个。

借代指利用客观事物之间的种种关系，借其密切相关的事物来指代另一事物。使用借代能使表达更加形象、特点更加突出。红脚跟在这里代指农民。绍兴一带以种植水稻为主，农民总是赤脚在田地里从事插秧、施肥等农事活动。人们根据经验将"红脚跟"与"农民"建立在同一认知框架内。在这个语境中，与走路相关的是脚。"红脚跟"一方面突出"走出一条路"的难度，另一方面也凸显其可能性。通过借代的使用，"红脚跟"激活了走路"艰难但仍有可能"的义素，并且由此临时拓展出"农民"的概念。

（13）侬伊个说话好相信的啊，伊话嘞死尸会走，白鲞会游。

夸张指对事物的某方面特征加以合情合理的渲染，虽不真实，但胜似真实。例（13）用来形容嘴上功夫厉害，多含贬义。白鲞指的是被腌制过的鱼。死尸会走、白鲞会游，显然是不可能的事情。从语义上说，"死尸"与"走"，"白鲞"与"游"是不能搭配的。然而这里通过夸张的方式构成了语义的超常组合，使不可能之事转为可能，暗指话说得有起死回生之效。

（14）山戴帽哉，阳伞打把东。

拟人，即把物当作人来写，赋予"物"以人的言行或思想感情。越人相信"万物有灵"，在许多谚语中，他们赋予山川河流、花木鸟兽、虫鱼家禽等以人的形象。例（14）山没有手，不可能戴帽子，如果真的有，帽子会是怎样的呢？这里通过比拟的方式，将"山"人格化，把"山雾缭绕"的情景拟写成"山戴帽"，使山具有人的动作形态。这是主谓宾上语义的超常组合。

为使语言表达显得含蓄、幽默，人们常常使用双关以加深寓意，增强表现力。双关可分为谐音双关和语义双关。在双关的语境中，为了某种目的，需要指称一个"目标"概念 B。概念 A 和概念 B 具有相关性，人们根据目的，临时建立起概念 A 与概念 B 的关联模式。通过对概念 A 的描述，赋予概念 B 以相同的性质状态。前提条件是，在人们的经验认知中，概念 A 比概念 B 的显著度要高，也就是更熟悉。

（15）豆腐心肠，越烧越硬。

例（15）心肠指的是思想意识，如"心肠多好的人啊"。很显然，这个看不见摸不着的抽象概念是不可能用火烧的，也无法感知心肠的硬度。在使用双关之后，豆腐和心肠临时建立起关联模式。在描述豆腐的性质状态时也赋予心肠以相同的状态模式。"越烧越硬"既指豆腐，又指人的心。然而对于豆腐，"烧"指"用火或发热的东西使物品受热起变化"。那么对于人来说，什么是烧呢？这便是"磨练"。整个句子的意思是你不要小看这个人心肠软，如果你把他激起来会越激越坚，犹如煮豆腐一样越煮越硬。如"一个人也和豆腐一样，经过磨练后软心肠也变成铁心肠了"。

（16）肉骨头吹喇叭——荤（昏）嘟嘟。

谐音双关。为了说明人状态的昏昏沉沉，需要找一个与"昏"相关的概念。利用"荤"和"昏"同音相谐，在描绘"荤"时也赋予了"昏"以相同的状态。肉骨头吹喇叭既指肉的"荤"，又指人的"昏"。与此类似的，还有"肉骨头敲鼓——荤（昏）都都"、"肉锅里煮汤圆——荤（昏）蛋"、"肉骨头敲铜鼓——荤（昏）咚咚"、"肉锅丢进河——荤荤（昏昏）沉沉"、"肉汤里洗澡——荤头荤脑（昏头昏脑）"。

除以上几种修辞格外，炼话还使用对比（如宁可给聪明人背旗，勿可给冤子孙把帅。指为人做事要看清对象）、顶针（钱财性命，性命卵袋。指钱财就是性命）等其他修辞格。不仅单独使用一个辞格，有时还辞格兼用（有酒请醉人，有饭请饱人。指多此一举）。

三　模糊修辞在炼话中的语用效果

绍兴方言的"炼话"流传于绍兴人口耳之间，富有地域特色。词语的模糊性有助于增强语言的灵活性，更显说话人语言的策略性。从语言表达效果的角度看，模糊语言在语言交际活动中具有含蓄委婉、新异灵活、生动形象的特点。

（一）含蓄委婉

人们常用"幽而深"来形容绍兴人的特点。在言语交际活动中，人们同样推崇"含蓄委婉"。所谓含蓄委婉，指不直接言明语义，含而不露，意在言外。通过模糊语言的使用，使得言语的表情达意更具韵味。

（1）甲：老长时间牛看见侬哉。侬怎么不到我家来了？

乙：乃屋（你们家）我倒是想去，噶（这么）高个门槛，我爬勒过个啊（我过不去）。

以上的话属于刁话（指桑骂槐的话）。"门槛"只是一个模糊概念，并非实指"门框下端的横木条、石条或金属条"，如果用标尺去量，也不会高于人的身体产生"过不去"的结果，否则正常人都进不了门。显然，"门槛"已经虚化为一个抽象概念，语义从具体的感知域延伸至思维域，即"界限高、不易亲近"。同样"高"的典型语义也发生弱化，而"有距离感"的联想义在此凸显。这句话既可以是在抬高对方的同时，又讽刺对方，让人吃着蜜感觉酸。

（2）大人话错话话过，小人话错打屁股。

这里的"大人"、"小人"一语双关，既指"年龄"概念上的成年人和小孩，也指"身份地位"概念里的有地位的人和平民。生活在下层的百姓，无法直言世道的不公，生怕说错了"打屁股"。这里以现实社会中成年人和小孩"说错话"的不同结果作比，以讽刺现世社会的不公平现象。

绍兴炼话喜用借代、借喻、比拟等模糊辞格使语言曲里拐弯，让听者思索后才能心领神会，在约定俗成后渐渐成为定式。

> 大头寸：有权有势的人。小汽车噶稀多，有大头寸来东哉。
> 出屁股：指赌本全部输完。五百块钱勿到一个钟头就出屁股了。
> 三寸头难过：指遇到不平之事难以开口。钞票多少倒无所谓，是在是三寸头难过。
> 挺尸：骂人老是睡着不肯起来。太阳晒肚皮哉，还要挺尸来。

（二）新异灵活

绍兴炼话注重锤炼，注意词语之间的细微差别；注重创新，力求将最恰当贴切的词语用在最合适的位置上，以取得最好的表达效果。一方面，模糊语言突破常见的表达方式，将熟悉的事物陌生化或将陌生的事物熟悉化；另一方面，模糊语言讲究灵活运用，使交际变得简单，满足交际活动的需要。

（3）甲：乃儿子名牌大学毕业，总出山哉。（你儿子名牌大学毕业，肯定有出息）
　　　乙：牛（没有）什格出息，就是公司里拎拎兜篮个。（没什么出息，就是公司里上班）

显然，"拎兜篮"并非实指"提着篮子"这样一个动作，而是指"给人做下手"。古时候，平民老百姓帮大户人家干活时，总是提个篮子进进出出。这里使用借代的方式，把"下人"这个熟悉的概念陌生化，以"拎兜篮"代替。与此类似的还有以"吃粉笔灰"指代"教师"、以"做做着"

指代"公务员"。这些往往用在表谦虚的环境中，以工作性质中不好的一部分来指代工作本身。

(4) 斧吃木，木吃凿，凿吃木。

这是日常生活中比较常见的一个现象，但却隐含着深刻的道理。凿子的柄子一般为木头所做，钉进凿子上半身内，木头凿进了凿身，凿子张开嘴咬住了木头柄。"斧吃木，木吃凿"意味着"一物降一物"；"木吃凿，凿吃木"又意味着"物与物之间又相生相克"。这里以现实生活中常见的事物作比，将抽象的概念具体化，以便人们理解。

(5) 甲：听话乃老婆生东哉，生了啥以啊。

乙：生了个赔钱货＼老酒坛＼菜头鸟，你等东吃酒好哉，来了个南风。

女儿，除了女性、孩子等理性义素外，还有许多联想义。在父系氏族社会女儿被养大了，总要嫁出去，成为别人家里的人。俗话说"嫁出去的女儿，泼出去的水"，因此用赔钱货来指代"女儿"。赔钱货，往往带有贬义色彩，用在不如意的语境中，衬托乙重男轻女的思想。绍兴风俗中，女儿出生时父亲要埋一坛老酒，至女儿结婚时再开启；订婚时男方要给女方许多老酒以作为聘礼。因此，女儿也常常用"老酒坛"等一系列与酒相关的言语来指代。此时，说话人并不带有明晰的感情色彩。另外，在父母死后，女儿须在正月初一的凌晨，守在材头（棺材）边哭灵。因此，女儿也用"菜头鸟"指代。用此语时，说话人十分期待女儿的诞生。在绍兴地区，女儿指称"囡"，与"南"同音。这里以麻将中的"南风"指代，十分幽默诙谐，也衬托了说话人的喜悦之情。

（三）形象生动

绍兴人常常以整体直觉思维方式和取象类比的形象思维方式去观察思考周边事物。整体直觉思维方式重视整体性，对整体性的把握除逻辑推理外，更注重思维的直觉和顿悟。[1] 与之相应的是语言表达上的形象生动。对于抽象、复杂、陌生的概念，往往观物取象，超越具体而又回归具体。在模糊词

---

① 邢福义：《说"句管控"》，《方言》2001 年第 2 期。

语和模糊辞格的运用中,摹状绘景,绘色探物。例如,对于鸡这个概念,除了"喙短锐,有冠与肉髯,翅膀短的家禽"这一印象外,还会产生"矮而小"、"有时不安稳、好动"、"孵蛋时又待在原地不好动"、"雄鸡走路时头时常歪着"等印象。于是当这些性状牵连至人身上时,鸡便和人扯在了一起。"小鸡婆"用来形容个子矮而小的女生,"调窠鸡娘"形容不安分、变来变去的人,"赖孵鸡娘"形容不愿意动、懒惰的人,"斜撇雄鸡"形容斜着身子走路的男子。"常恨言语浅,不如人意深。"模糊辞格能根据场合和表达者的意愿,将具体变得抽象、通俗变得深刻、单一变得丰富,以提升表达效果,缩小言意之间的差距,满足表达需要。

四 结 语

通过模糊修辞的运用,炼话所传递的信息极其丰富且富有绍兴的地域特色。本文以模糊修辞学的理论为指导,以绍兴"炼话"为材料,浅析其中的模糊修辞现象。在语言交际的初期,在联想、客体主观化心理机制下,概念的内涵明确,其外延发生模糊化,联想义凸显化。在语言交际的后期,除了受心理机制的影响,约定俗成的构式也使得进入此构式的言语外延模糊。

这些模糊修辞现象主要包括模糊词语的锤炼以及模糊辞格的运用。在言语交际的过程中,一些明晰的词语模糊化,如精确数词、精确量词、精确名词,等等;通过词语的超常组合,在句管控的作用下,词语的外延模糊,性质转变。在模糊辞格的运用中,通过比喻、借代、比拟、夸张等方式缩小事物之间的差别,临时建立起联系,从而模糊外延。在模糊修辞的运用下,绍兴"炼话"形成了自己独特的风格和特点——含蓄委婉、新异灵活、形象生动。

参考文献

[1] 屠国平:《绍兴方言语音特征与越地语言文化》,中国社会科学出版社 2012年版。

[2] 黎千驹:《模糊修辞学导论》,光明日报出版社 2012 年版。

[3] 鲁茜:《多元视域中的模糊语言学》,社会科学文献出版社 2010 年版。

[4] 刑福义:《说"句管控"》,《方言》2001 年第 2 期。

[5] 吴子慧:《吴越文化视野中的绍兴方言研究》,浙江大学出版社 2007 年版。

［6］寿永明、宋浩成、俞琬君：《越地民俗文化论》，人民出版社 2010 年版。

［7］黄伯荣、廖序东：《现代汉语》，高等教育出版社 2002 年版。

［8］杨葳、杨乃浚：《绍兴方言》，国际文化出版公司 2000 年版。

（作者单位：浙江财经大学人文学院）

委婉语模糊的语用机制

李军华 葛文艳

　　自然语言具有模糊性，这是自然界本身根深蒂固的界限不清的特点和人脑对客观世界认识的局限的一种反映和表现。语言的模糊性表现在语音、词汇、语义、语法和语用等各个方面，其中最典型的是词语和表达一定命题的句子。就词语而言，在人类自然语言中最典型的模糊用法：（1）表示刺激感觉器官的词语，如描述颜色、声音、气味、温度等作用于人的感官的词语；（2）表示数字的词语；（3）模糊限制词语；（4）没有上、下限度的词语。① 之所以出现这种情形，是因为"客观世界的事物是无穷无尽的，语言必须尽量用最少的单位来表达最大限度的信息量，否则语言就会非常累赘，语言打破客观事物或概念的界限，用同一个词表达各种不同的感觉，就可以大大节省语言单位。这是语言模糊性质存在的内在因素"②。另外，"当事物出现几种可能状态时，尽管说话者对这些状态进行了仔细的思考，实际上仍不能确定，是把这些状态排除出某个命题（proposition），还是归属于这个命题。这时候这个命题就是模糊的"。因而"语言的模糊性产生于客观事物的模糊性"。③ 概言之，模糊性既然是客观世界固有的属性，就必然成为人类思维的一种本质特征，人类的语言作为客观世界的载体，思维的表现形式，也就不可避免地带有模糊特性。这种模糊有一个共同的特征，那就是一种被动的反应或映射，是一种无可奈何、无能为力的结果，具有被动性或自然性，但委婉语却不是这样。

　　委婉语虽然也是一种自然语言现象，本身也具有一定的模糊性，但这种模糊很特别，它是应特殊的社会交际而产生的，不同于上述纯粹因表现对自

　　①　邱志华：《语言模糊性的语用研究》，《江西社会科学》2002 年第 11 期。

　　②　伍铁平：《模糊语言学》，上海外语教育出版社 1999 年版，第 24 页。

　　③　秦秀白：《论语言的模糊性和模糊的言语风格》，《外国语》1984 年第 6 期。

然、社会和思维的认知而产生的一般自然语言的那种模糊。原因正是它是在
特殊的语言环境中，针对特殊的交际对象而特意使用的一种明确反映一定民
族的人文观念、宗教信仰、社会心理、风俗习惯、审美情趣的语言现象。

　　如果说一般自然语言的模糊性是因自然界的固有属性、思维的局限性与
语言自身的人文性而产生的话，那么，委婉语的模糊性则是由特定的语用机
制造成的。从某种意义上说，委婉语的这种模糊是人们刻意追求的结果，是
人们故意造成的，是适应交际需要而产生的。换言之，委婉语的模糊是为进
行有效表达而积极创造的结果，具有主动性乃至创新性。委婉语是特定社会
环境对交际对象和交际话语产生制约和影响、为达到特定的交际目的的产
物，反映了畏惧、避讳、求雅、美化、维护自尊及掩饰等社会心理，这在一
定程度上揭示了委婉语模糊产生的语用机制，本文则主要从委婉语的定义、
委婉语的构成机制以及委婉语的构造和语用原则方面予以探讨，这主要是因
为这几个方面反映了语言学家们对委婉语模糊性的一种主观认知，体现了委
婉语在语言的流变和发展过程中的作用和特性。

一　从委婉语的定义看其模糊的语用机制

　　《牛津现代高阶英汉双解词典》和《牛津当代简明英语词典》在给 eu-
phemism（委婉语）释义时都用了 vague（模糊）一词。福勒（H. W. Fowl-
er）在其 *A Dictionary of Modern English Usage*（《现代英语用法词典》）中对
此下的定义："一种适度的或模糊的（vague）改变说法的表达方式，以代
替率直地、确切地表达某种不愉快的实话。当要表达的意思诸种原因不愿
直说、不敢直说或不宜直说时，人们使用缓和的或模糊的单词或表达法，委
婉曲折地陈述或暗示给读者（听者）。"① 而《语言和语言学词典》则说得
更直截了当："用一种不明说的、能使人感到愉快的或含糊的说法，代替具
有令人不悦的含义或不够尊敬的表达方法。"使用这种"不明说的"、"模糊
或含糊的"说法，就强调了表达手段的间接性，从而体现了其特有的语用
机制。

　　委婉语在汉语中一直是作为一种修辞方式定义的，除了"委婉"之外，
还有"婉转、婉曲、委曲、曲指"等名称。陈望道先生对"婉转"的解释

---

① 　伍铁平：《模糊语言学》，上海外语教育出版社 1999 年版，第 391—392 页。

是"说话时不直白本意，只用委曲含蓄的话来烘托暗示"①，《修辞学词典》对"婉曲"的解释是"用委婉曲折的话来表达本意"②，黄伯荣、廖序东则认为，"有意不直接说明某事物，而是借用一些与某事物相应的同义语句婉转曲折地表达出来，这种辞格叫婉曲，也叫'婉转'"③，王希杰在《汉语修辞学》中认为"婉曲，指的是不能或者不愿直截了当地说，而闪烁其辞，拐弯抹角，迂回曲折，用与本意相关或相类的话来代替"④，但在《修辞学通论》则将"委婉"单列一节进行探讨，认为"在传统修辞学中，委婉格是一种重要的修辞格。委婉格，就是为了避免刺激对方，并显示说话人自己的教养，对一切敏感的话题和事物采用没有刺激性的说法"，并且提出借代、比喻、反语、暗示、象征、类比等都可以构成委婉语。⑤ 从以上的定义可以看出，汉语探讨"委婉"是在话语层面进行的，是人际沟通时由于受到言语交际环境的制约而"不能或者不愿直截了当地说"形成的，其主要特征各定义中分别用"委曲、委婉、婉转、曲折、迂回、含蓄"来表示，其中蕴涵着方式的间接性和语义的间接性。而间接往往意味着模糊。至于词语，则正如王希杰所强调的，"委婉语经常是运用模糊词语来构成的"。更重要的是，"委婉"是人们在言语交际活动中"有意"造成的。正如李国南所言，"'委婉'作为一种辞格，与其说是'手段'，毋宁说是'目的'。细心观察英语中大量的委婉语，就不难发现：它们正是运用各种各样的表现手法以达到'委婉'这一目的"。⑥ "委婉"既然是目的，那达到这一目的的手段是什么呢？我们认为，"模糊"是其中较为重要的一种。实际上，王希杰先生所列举的一些修辞格都含有一定的模糊性，所以都是委婉语的构成手段。而且，都是人们为达到实现"委婉"的目的而有意识地加以运用的，这就体现出其特定的诣用机制。

二 从委婉语的构成机制看其模糊的语用机制

伍铁平在《从委婉语的机制看模糊理论的解释能力》一文中指出："产

---

① 陈望道：《修辞学发凡》，上海教育出版社 1976 年版，第 135 页。

② 王德春：《修辞学词典》，浙江教育出版社 1987 年版。

③ 黄伯荣、廖序东：《现代汉语》（增订五版·下册），高等教育出版社 2011 年版，第 206 页。

④ 王希杰：《汉语修辞学》，北京出版社 1983 年版，第 234 页。

⑤ 王希杰：《修辞学通论》，南京大学出版社 1996 年版，第 384—389 页。

⑥ 李国南：《辞格与词汇》，上海外语教育出版社 2001 年版，第 191 页。

生委婉语的方法有以下几种：

　　1. 用模糊词语婉指精确词语；

　　2. 用同属一个集合的模糊程度大的词语婉指模糊程度小的词语；

　　3. 用不属于一个集合的一个模糊词语婉指另一个模糊词语；

　　4. 用一个精确词语婉指另一个精确词语。（1）包含关系。下分：A. 身体部位上的包含关系；B. 处所上的包含关系；C. 概念上的包含关系（即上位概念和下位概念的关系）。（2）相邻的关系。（3）比喻关系。下分：A. 形状上的比喻；B. 部位上的比喻；C. 作用上的比喻。（4）从婉指语（即直白语）所表示的事物的功能出发产生的委婉语。"①

　　伍先生讨论的这四种机制产生的委婉语，并不是整个的委婉语，实际上只是委婉语的重要构成部分，即委婉词语，但这已经足以说明人们是利用自然语言的有机成分来实现委婉目的的。

　　在用模糊性词语婉指精确词语的用法中，最有代表性的是"这"和"那"以及与这两个词组成的复合词，如"这个、那个、这事、那事、那话（《儒林外史》第 32 回指"钱"）、那玩意儿、那东西儿、那什么、那地方"等，这些模糊词语在语义上几乎没有确定的所指，只是用来替代一个名词或名称，即"名词或名称的地位标志"（place holder for a noun/name）。如"那事"和"那件事"，离开了语境往往无法理解，因为它们所代替的精确语是很多的。它们可能指只有交际双方才知道的见不得人的勾当；也可能指人们不愿直言的凶物或祸事，如"棺材"、"枪毙"等；还可能指女子羞于启齿的婚姻、恋爱或性行为等。

　　而用模糊词语婉指模糊词语则有两种类型，一是同一个集合中模糊程度大的婉指模糊程度小的，二是用不同集合中的一个模糊词语婉指另一个模糊词语。前者是在一个语义连续统中，用接近边缘的词语来代替接近中心或典型特征的词语，以增大其模糊性。正如耶格尔（Yager）所言："模糊性是指一个命题与其否定命题之间缺乏明确的区别，具体地说，一个概念离它的否定面愈远，它就愈不模糊，相反，如果一个概念离它的否定面愈近，这个概念就愈模糊。"我国语言学家赵元任曾指出："一个符号，如果它运用于边缘的场合比运用于清晰的场合还突出，它就是模糊的。"② 而选用模糊性强的词语，无疑是表达者为达到某种交际目的而实施的一种言语行为，具有

---

　　① 伍铁平：《从委婉语的机制看模糊理论的解释能力》，《外国语》1989 年第 3 期。

　　② 李勇忠、李春华：《模糊语言的语用功能分析》，《语言文化教育研究》2000 年第 4 期。

主动性甚至创新性。后者是语言运用过程中的一种创造性联想的结果。首先，这两类词语各自具有明确的所指，而其模糊性则是一般自然语言反映客观对象的特征或人类主观认识所产生的结果；其次，被替代的词语具有表达上的直白性特征，因此，对委婉词语的选用仍然是为了创造模糊性，即有意用积极的正态的乃至人们所向往的境界的说法来代替消极的负面的人们力图避免的情形的说法，从而起到一定的优化、美化等作用。如"胖"是体态特征，具有一定的模糊性，"富"和"福"表示的是"财富"与"运气"，也具有一定的模糊性；而"富态"与"发福"则是地位高贵或家庭富有的一种表现，于是就用来婉指"发胖"，给人以美好的联想。

用精确词语婉指精确词语同样可以产生模糊。这主要是因为所用的精确词语范围有大小，所指对象不相同而造成的。例如用"胸部"婉指"乳房"，用"上五台山"婉指"当和尚"，用"跳黄浦"婉指"自杀"，用"排气"婉指"放屁"，就是因为委婉语的所指范围大，包含了直白语的所指对象，也就造成了对象的不明确、不具体，从而运用模糊手段达到了委婉的效果。相邻的事物往往因空间上接近而可能产生联想关系，如有的地方就用"胯子"、"腿"来婉指女性的私处。这也是因模糊了事物之间的界限而造成的委婉。

王永忠认为：不论是"用模糊词语婉指精确词语"，还是"用同属一个集合的模糊程度大的词语婉指模糊程度小的词语"，或是"用不属于一个集合的一个模糊词语婉指另一个模糊词语"，实际上都改变了词或概念原有的所指范围，使原来精确词语的确定边界产生位移，或使原来模糊词语的不确定边界变得更加模糊。也就是说，这四种机制都是在用模糊信息传递语言的内涵。[①] 由此可以看出，之所以使用具有模糊性的委婉语，完全是交际主体对语言的一种刻意运用乃至创造性的作为，既是为了适应交际的需要，更是为了主导言语活动的顺利进行，使语言温和、悦耳，或幽默、活泼，或文雅、高尚。

三 从委婉语的构成和语用原则看其模糊的语用机制

委婉语是在社会生活的言语交际中产生、形成、积淀和发展的语言现象，主要是为了避免使用禁忌的、不礼貌的词语，或为了避免贬损他人，或

---

① 王永忠：《从语言模糊性看委婉语的交际功能》，《福建外语》2001 年第 4 期。

为了避免提及不能、不愿、不宜提及的某事而在一定的原则基础上建构起来。所谓"原则"，必须具有三个特点：普遍性、指导性和贯通性。普遍性是指广泛存在，放之四海而皆准；指导性是指产生指引作用，能够对行事、行为发挥规范性的影响；贯通性是指对整个过程保持张力，不可忽视或违背。对委婉语的原则分析可分为两个方面，一是构造原则，二是语用原则。"委婉语的构造原则应指委婉语在构成时所遵循的标准，和语言符号本身有关；委婉语的语用原则应从委婉语使用者对委婉语的态度出发，和人的因素有关。"① 语用的最高原则是目的原则。目的性是人的活动的带有根本性的特征，因此，所谓目的原则，是指"任何理性（正常）的人的理性（正常）言语行为都是有目的的，或者说，任何理性（正常）的人的理性（正常）行为都带有目的的保证——'交际目的'。说话就是表达目的，说话就是实践（实行）目的，说话就是实现目的。在这个意义上说，说话不是手段，说话是生存；语言不是工具，是生命和生存的展布。换句话说，目的是言语生成的原因。目的是言语发展的动力"。② 就委婉语的使用而言，体现目的原则的是自我保护原则和礼貌原则。

礼貌就是意识到他人的自我形象或意识到别人期望他们的自我形象能被尊重。"礼貌是人类文明的标志，是人类社会活动的一条重要准绳。作为一种社会活动，语言活动也同样受到这条准绳的约束。"③ 英国语言学家利奇（G. H. Leech）于 1983 年提出"礼貌原则"（Politeness principle），用以弥补"合作原则"，他认为，人们在交谈时有时并不恪守合作原则，这是出于礼貌或照顾对方的"面子"，他提出礼貌原则的六条准则：策略准则、宽宏准则、赞扬准则、谦虚准则、赞同准则和同情准则④。这些准则解释了为什么有的话语比较礼貌，有的则不礼貌。根据中国文化的特点，顾曰国教授则提出了以下几条礼貌准则："自卑而尊人"与贬己尊人准则，"上下有义，贵贱有分，长幼有等"与称呼准则，"彬彬有礼"与文雅准则，"脸"、"面子"与求同准则，"有德者必须有言"与德、言、行准则。⑤ 就礼貌原则与

———————————

① 邵军航、曹火群：《对委婉语"语用原则"的批判分析》，《孝感学院学报》2006 年第 26（2）期。

② 廖美珍：《"目的原则"与目的分析（上）——语用研究新途径探索》，《修辞学习》2005 年第 3 期。

③ 何兆熊：《新编语用学概要》，上海外语教育出版社 2000 年版，第 211 页。

④ Levinson, Pragmatics, Cambridge University Press, 2001.

⑤ 顾曰国：《礼貌、语用与文化》，《外语教学与研究》1992 年第 4 期。

自我保护原则的关系而言，由于保护自己，顾全自己的面子和利益是人类的天性，因此"人们在遵守礼貌原则的同时，深层心理是在进行自我保护，免除不必要的伤害"。① 束定芳对自我保护原则的解释："人们在交际过程中，会更多地考虑自己的社会地位和身份，竭力在语言表达中保护自己的利益，保持自己的尊严，不用粗俗的字眼或表达法谈论有关的事物，尽量用'好'的字眼来描述自己或与自己有关的人或事物。自我保护原则与礼貌原则既是一种相互补充的关系，又在某种程度上制约着礼貌原则。当礼貌原则与自我保护原则发生冲突时，最终是礼貌原则服从自我保护原则。"与此同时，束定芳还提出了委婉语的距离、相关和动听三条构造原则。②

所谓距离原则是指拉开语言符号与所指事物之间的距离③，即在构造上通过变换能指即语言符号的形式，使能指和所指产生新的变化而不形成直接的对等，从而在语用心理上增加了能指和所指之间的距离。具体而言，人们的观念构成中，传承有一种语言符号与所指事物是等同关系的意识，传统禁忌语之所以被禁忌，就是因为人们把它与它所指称的事物等同了起来。要消除这种直接的对等联想，根本的办法之一就是拉开这两者之间的距离，换一种新的说法则能达到这一目的。新的语言符号与被禁忌的语言符号产生联系，而与所指之间则有了一种距离，至少不像原来禁忌语与所指之间那样紧密了。距离原则要求所指事物与委婉语之间的距离越大越好，而相关原则却紧紧制约着它，使两者之间的距离不超过在正常语境下听话者所能理解的限度。

这些原则的揭出，为我们对委婉语模糊现象的讨论从一个方面奠定了基础。按照我们的分析，委婉语实际上形成了一个从语用原则到构造原则的连续统：自我保护原则—礼貌原则—动听原则—相关原则—距离原则。这个连续统充分地体现出委婉语模糊的语用机制。

首先，代替禁忌语而产生的委婉语在言语交际中执行着特有的语用功能。对于社会生活中的禁忌和因此产生的禁忌语，人们必须回避，以防不测。当人们不能或不愿说出禁忌的名物或动作，但有时又不得不谈及的时候，就用动听的词语来标示，用隐喻来暗示，用曲折的表达来提示，于是，动听的、代用的或暗示的委婉语便应运而生了。很显然，使用委婉语的目的

---

① 束定芳、徐金元：《委婉语研究：回顾与前瞻》，《外国语》1995 年第 5 期。
② 束定芳：《委婉语新探》，《外国语》1989 年第 3 期。
③ 束定芳、徐金元：《委婉语研究：回顾与前瞻》，《外国语》1995 年第 5 期。

就是要保护自己免遭祸殃或受到不利的影响。例如，出于对鬼神的敬畏，神明与魔鬼的名字首先必须回避，上帝的名字 Jehovah（耶和华）便是最大的禁忌。构成整个西方世界道德基础的《圣经》中就有"十诫"，其中明文规定：不可妄称耶和华上帝的名字；妄称上帝者，耶和华必以他为有罪。社会语言学家赫茨勒强调：《圣经》中这一诫令现在仍然是人们言语习惯中很活跃的一种力量，至今许多人在笔语中不用"God"，而用"G-d"或者"G-"。尼曼等也指出："甚至今天人们还常常避开'God'这一名字，而称呼魔鬼则有上千个头衔，从'the Big D'直至'Lord of the Flies'。"① 于是，英语中上帝的婉称就特别多，有采用语义手段加以颂扬表示敬仰的，例如 the Creator, the Maker, the Supreme（Being），Holy One, the Almighty, the Eternal, the Saviour, King of kings, Lord of lords, the Light of the World, Sovereign of the Universe, Our Father, 等等；也有采取语音手段改变读音的，例如 Gad, Gosh, Golly, Godfrey, 等等；还有采取拼写手段改变书写形式的，如将"God"逆拼成"Dog"。这种现象说明，采用语音手段、语义手段和改变字形等方式来模糊地指称上帝，就是为了避免获罪于上帝，就是为了保护自己，从而能够正常地生活乃至死后可以上天堂。

汉语中所存在的名字避讳分为"公讳"（或称"国讳"）和"私讳"两种，其中尤其是"公讳"，达到了系统化和制度化的程度。如唐代法律明文规定："诸上书若奏事，误犯宗庙讳者，杖八十；口误及余文书误犯者，笞五十；即为名字触犯者，徒三年。"（《唐律义疏·职制篇》）宋代以后，尤其清代，对触犯帝王名字讳的惩罚更变本加厉。乾隆年间，江西举人王锡侯作《字贯》一书，因犯康熙、雍正的庙讳以及乾隆皇帝的圣讳，乾隆皇帝认为其"大逆不道"、"罪不容诛"，便诛杀王锡侯及其族人多人。由此可见，不用委婉语，竟有杀身之祸，而且殃及族人。

当然，现代社会中，对人体器官、有些生理现象和性行为的禁忌是因为直接在口语中提及它们时会遭人白眼，被人视为不文明，没教养。因此，用委婉语替代这些禁忌语就可以保护自己。而所谓用于政治、战争、职业或商业委婉语，其最终目的是为了自己的利益和颜面，用委婉语进行粉饰以达到自我保护的目的。戏谑、求雅、动听类委婉语给人以文雅、有教养、有品位、幽默的印象，而这些往往表现出人的优良品质。因此从广义上说为委婉语使用者涂上了一层亮丽的保护色。所有这些都表明，为了恪守自我保护原

---

① 李国南：《委婉语与宗教》，《福建外语》2000年第3期。

则，人们会利用乃至创造性地使用具有模糊特征的委婉语来达到目的。

其次，委婉语的功能之一是避免提及那些禁忌词语。为了达到这个效果，人们努力寻找一些更好听的词语来代替那些禁忌词语，从表面意义上将使用的语言代码与真实所指的事物代码拉开距离，避免直接涉及禁忌事物，并让人们通过联想或推断来理解这个语言代码的真实所指，因此，尽管委婉语与禁忌语有着相同的指称对象，交际双方终因能回避不敬不雅之词，从心理上得到某种安慰。

比如说，"死亡"这种现象的意思（meaning）是其所能引发的联想的总和，包括神秘、恐惧以及该事物的语言表达形式"死亡"。本来，神秘、恐惧与"死亡"只是死亡这种现象所引发的三种联想，前两者是心理学上的反应，后者是语言学上的反应。当然，死亡这种现象所能引发的联想可以很多，而语言学上的反应只是其中之一，并且与其他联想之间没有必然的联系。然而，如果这个语言学上的反应经常地被用来表示这种现象，那么这个语言学上的反应"死亡"，就会吸收"死亡"这种现象所可能引发的诸如神秘、恐惧、永远消逝等的其他联想。在语言交际过程中，如果某个语言形式，已经牢固地或者说强有力地吸收联想中的不愉快的消极因素，那么人们就会倾向于用新的没有这些负面联想的语言形式来替换之。这个新的语言形式尽管所指的事物相同，但是，与这事物的其他联想之间还没有建立任何联系，即还没有吸收联想中的不愉快的方面，与这个事物及其所引发的其他联想之间是有距离的。例如"升天"、"仙逝"、"驾鹤西去"等让人联想到得道成仙，能够过上"不食人间烟火，长生不老"的逍遥生活，这就从根本上模糊了死亡的实质。

如果说自我保护原则和礼貌原则提供了形成委婉语模糊的理论导向和心理机制，那么，距离原则则是实施委婉语模糊的操作路径，它们都构成了委婉语模糊特有的语用机制。现实社会中，具有模糊性的委婉语服务于人们的语用需求，能够为人际交往增添润滑性，营造和谐的交际氛围，建立和维系良好的人际关系，卓有成效地促进交际目的的顺利实现。

综上所述，本文主要从委婉语的定义、构成机制、委婉语的构成与语用原则等方面探讨了委婉语模糊的语用机制，为我们进一步认识和研究委婉语拓展出一条新路径，深入一个新层面，以期达到委婉语研究不断取得新成果的目的。

参考文献

［1］邱志华：《语言模糊性的语用研究》，《江西社会科学》2002 年第 11 期。

［2］伍铁平：《模糊语言学》，上海外语教育出版社 1999 年版。

［3］秦秀白：《论语言的模糊性和模糊的言语风格》，《外国语》1984 年第 6 期。

［4］陈望道：《修辞学发凡》，上海教育出版社 1976 年版。

［5］王德春：《修辞学词典》，浙江教育出版社 1987 年版。

［6］黄伯荣、廖序东：《现代汉语》（增订五版·下册），高等教育出版社 2011 年版。

［7］王希杰：《汉语修辞学》，北京出版社 1983 年版。

［8］王希杰：《修辞学通论》，南京大学出版社 1996 年版。

［9］李国南：《辞格与词汇》，上海外语教育出版社 2001 年版。

［10］伍铁平：《从委婉语的机制看模糊理论的解释能力》，《外国语》1989 年第 3 期。

［11］李勇忠、李春华：《模糊语言的语用功能分析》，《语言文化教育研究》2000 年第 4 期。

［12］王永忠：《从语言模糊性看委婉语的交际功能》，《福建外语》2001 年第 4 期。

［13］邵军航、曹火群：《对委婉语"语用原则"的批判分析》，《孝感学院学报》2006 年第 26（2）期。

［14］廖美珍：《"目的原则"与目的分析（上）——语用研究新途径探索》，《修辞学习》2005 年第 3 期。

［15］何兆熊：《新编语用学概要》，上海外语教育出版社 2000 年版。

［16］Levinson，Pragmatics，Cambridge University Press，2001.

［17］顾曰国：《礼貌、语用与文化》，《外语教学与研究》1992 年第 4 期。

［18］束定芳、徐金元：《委婉语研究：回顾与前瞻》，《外国语》1995 年第 5 期。

［19］束定芳：《委婉语新探》，《外国语》1989 年第 3 期。

［20］李国南：《委婉语与宗教》，《福建外语》2000 年第 3 期。

（作者单位：湘潭大学文学与新闻学院）

模糊语言的语用功能及其关联理论阐释①

周树江

"语言的模糊性质很早就引起了许多语言学家的注意。"② 但最初语言学家大都把模糊语言当成一种语义现象，研究限于模糊语言的定义、本质特征、体现形式等方面。后来人们逐步认识到模糊语言是一种交际现象，其形式存在于各种语境中，人们开始从语用的角度来观察模糊语言的形式变化和交际功能，并寻求用语用学理论对模糊语言现象进行解释。近年来有不少学者用礼貌原则解释模糊语言现象，分析了模糊语言的礼貌功能；另有一些学者关注模糊语言的会话含义，认为模糊语言是一种间接语言；还有的学者分析了模糊语言的修辞效果，认为模糊语言提高了语言表达的含蓄、委婉、幽默、适应性、灵活性、生动性等功能③。但很少有人再进一步分析模糊语言产生这些语用效果的深层原因。本文拟从认知语用角度来探讨模糊语言的语用效果，运用关联理论来阐释其原因。

一　模糊语言及其语用功能

英语中模糊语言被称为"fuzzy language"或"vague language"。在英国语言学家 David Crystal 所著的《现代语言学词典》中，模糊语言被定义为"原为数学术语，有些语言学家用来指分析一个语言单位或形式时涉及的不确定性"。④ 在言语交际过程中，模糊语言表现为各种形式的不确定性，它们以各种言语表达形式体现出来，主要包含有外延不确定的概念词语、模糊

---

① 基金项目：山东省社科规划项目"大学英语教师话语的和谐顺应研究"（12CWJJ04）。
② 伍铁平：《模糊语言学综论》，《西南师范大学学报》1997 年第 6 期。
③ 黎千驹：《模糊修辞学导论》，光明日报出版社 2006 年版，第 50 页。
④ CRYSTAL, D. A, *Dictionary of Linguistics and Phonetics*，商务印书馆 2002 年版。

指称词、标示模糊意念的模糊限制语，以及对数量、特性、频率进行模糊表征的词语。

在言语交际过程中，由于大千世界的多样性、语言形式的不足以及人们认识能力和水平的限制等原因，语言模糊性在所难免。模糊语言在交际中无处不在，表现形式从词语到句子甚至是篇章。清晰准确是人们所追求的交际目标，模糊语言的存在在一定程度上妨碍了这一交际目标的实现，所以在交际过程中人们大多会尽量选择使用精确语言，避免模糊语言的出现。但语言学家研究发现，在很多情况下，人们对概念的理解是清晰的，但他们却主动地选用模糊词语来对清晰概念进行模糊表征。Powell 把这样的模糊现象称做"蓄意地、稳定地模糊"（deliberately and unresolvably vague）。[1] 人们之所以这么做，是因为模糊语言的使用在特定语境下会产生一些额外语用效果，而使用精确语言反而会无法实现这种效果。

根据 Halliday 的功能语言学理论，语言有三大元功能，即概念功能、语篇功能和人际功能。[2] 其中概念功能涉及话语的命题意义，是一种语义功能；而语篇功能和人际功能则属于语用范畴，它们与话语的真值意义关系不大，其意义分别为程序性意义和人际意义。

（一）模糊语言的语篇功能

一个完整的话语是一次独立的交际事件，而这个大的事件是由数个次事件组成的，作为连接性言语结构，模糊语言通常会位于这些次事件之间，衔接前后交际事件，标示它们之间的逻辑关系和主题意义。它们的这种语用意义就是我们上文提到的"程序性意义"，在这里，所谓的"程序"是指会话中事件的次序（sequence）。曾文雄研究了模糊语言的语篇功能，指出模糊语言出现在语篇的各层面，是"语篇现象"，并以某种方式参与语篇构建。[3]

指称语是语篇中的最基层单位，是对大千世界中各种实体的语言形式体现。理论上讲，指称语与所指对象应该一一对应，但由于语境的变换多端，对某一个特定实体，语言中有时会存在不止一种的指称方式。有时为了使得交际能够顺利进行，交际者会有意避免使用精确指称语而使用模糊语言。这时的模糊指称语为虚指，主要行使语篇功能，目的是保证交际能够顺利进

① Powell, Mava Jo, "Purposive vagueness: An evaluative dimension of vague quantifying expressions", *Journal of Linguistics*, 1985 (21): 34–45.

② Halliday, M. A. K., *Language as Social Semiotic: A Social Interpretation of Meaning*, London: Edward Arnold, 1978.

③ 曾文雄：《模糊限制语的语言学理论与应用研究》，《外语教学》2005 年第 4 期。

行。如甲乙二人在谈论刚刚进行过的旅行：

（1）甲：你们都玩了什么地方？

乙：我们到了云南以后，先在省会昆明游览了一个高原湖，接着又到另外一个城市游览了另一个湖泊，然后又往北去看了一座古城还有一座雪山。

在这里，甲可能对地理知识不很精通，而乙对甲的这种情况又非常了解，所以为了保证交际的顺利进行，乙在回答甲的提问时除了昆明使用了确定指称外，其余都用了模糊指称语，如用"高原湖"来指称"滇池"，"另一个城市"指称"大理"，"另一个湖泊"指"洱海"，"一座古城"和"一座雪山"则分别指称"丽江"和"玉龙雪山"。在这里，模糊指称语的存在保证了语篇的完整，其语篇意义远大于概念意义。

模糊限制语是模糊语言的重要组成部分，用来指那些有意把事情弄得模模糊糊的词语。模糊限制语可以有多种表现形式，从单个词到短语不等。无论是变动型模糊限制语（approximators）还是缓和型模糊限制语（shields），它们被用来限制、说明话语义，它们依附话语命题内容，很多在语篇中行使着元话语的功能。例如：

（2）A：This accident was completely caused by the driver.

B：Yes, to some extent, the driver caused it.

在例（2）中，B加入模糊限制语 to some extent，其实撤销了 A 的会话含义，否定了 A 的看法。"to some extent"是一个话语标记语，连接话语，标记后续话语与前面内容相对甚至相反。

（二）模糊语言的人际功能

系统功能语言学认为，所有话语都是发生在特定情境语境中的交际事件，话语组篇方式受情景语境的制约，体现情景语境。情景语境是文化语境现实化的表现，包括三个变项：话语范围、话语基调和话语方式。① 其中，话语基调涉及交际者，包括他们的地位、参与交际的程度以及他们参与交际

① Halliday, M. A. K., *Language as Social Semiotic: A Social Interpretation of Meaning*, London: Edward Arnold, 1978.

时的情感，体现着语篇的人际因素。交际者在交际时会使用模糊语言来组织会话，顺应情景语境，特别是话语基调，体现人际功能。

Jucker 列举了模糊限制语 well 的四项语用功能，其中两项属于人际功能，即作为应对面子威胁的缓冲器（a face—threat mitigator），以及当说话人不确信怎样应对时，可被用作一种拖延手段（a delay device）。[①] 我们分别来看两个例子：

（3）B：Her lips are moving way too fast. That's such a dumb commercial.

A：I've never seen this before.

B：Well, look at it.

（4）A：Do you want to go, uh where would you like to go to teach? If you had your choice, to pick your favorite spot.

B：Uh, well, I like Japan.

在例（3）中，B 用了命令句——look at it。这种直接话语具有对人际关系的负面效应，如威胁面子、引起情感对立等，进而导致人际关系的不和谐。为了降低命令句所带来的人际危害，说话人使用了 well 来充当"缓冲器"，以消除或降低直接话语对人际关系的负面影响力度。而例（4）中的 well 则起到了拖延时间的作用，这样说话人会有足够多的时间来思考，以寻求恰当的话语来应答。

二　语用功能的关联理论阐释

关联理论揭示了话语生成和理解的实质是创造交际的最佳关联，是语言学家在认知—语用层面研究话语标记语的重要理论基础。[②] 关联理论认为，人们的交际过程是一个明示推理过程。明示是指说话人"明确地向听话人表示意图的一种行为"[③]，而推理是听话人的心理活动，是听话人凭说话人

[①] Fuller, "Jannet M. The influence of speaker roles on discourse marker use", *Journal of Pragmatics*, 2003 (35): 24 – 45.

[②] Blakemore, D., *Semantic Constraints on Relevance*, Oxford: Blackwell, 1987.

[③] Sperber, D. & Wilson, D., *Relevance: Communication and Cognition*, Oxford: Basil Blackwell, 1986.

所提供的显映的方式进行解码，并结合自身的认知语境对话语进行推理。明示推理过程是一个追求最佳关联的过程，是用小的推理成本来获取大的认知效果。

模糊语言具有语篇功能，它们具有衔接作用，促成了话语的成篇性和连贯性。模糊语言的这种衔接功能不仅仅是由语言形式来实现的，它们连接的还有听话人的推理途径。① 模糊语言与其说是引导话语进程，倒不如说是引导认知推理，话语的生产与解读都是认知机制，语篇连贯是交际者追求最佳关联的结果。

在关联理论的框架中，语境被认为是变项，关联是常项。寻找语境就是寻找语境关联。在特定条件下，交际者使用模糊语言来衔接语篇，创设最大的关联语境，从而实现最佳关联。如例（1），在听话人缺乏相关地理知识的情况下，使用模糊指称就是最佳选择。交际双方可顺利完成交际任务，达到最佳关联。

在语境效果相同的情况下，处理话语的努力越小，关联性越强。在生成话语时，说话人有时会使用模糊词语来指称人或物，在这种情况下，模糊指称词语仅起功能词的作用，从"图形"变成了"背景"。② 模糊词语的出现向听话人表明，这一部分信息不需要特别关注，听话人可以把注意力集中到其他部分，从而节省了听话人处理话语的努力，实现了话语的最佳关联。请看下面一例：

（5）A.：Tell me how your morning was?

B：Very, very badly. My car broke down, so I had to take it to the garage. They said it would took long and drove me to Enterprise Rental Car and I rented a car, so that I could down here.

对话中的"they"没有明确的所指对象，说话人在说话时可能很清楚是谁告诉他修车要花费很长时间又是谁驾车带他去出租车公司的，这可能是同一个人，也可能是不同的人，但无论是一个还是两个人，"they"在说话人大脑中是有特定所指的。在这里说话人用一个复数代词来指代，主要不是为

---

① Halliday, M. A. K., *Language as Social Semiotic: A Social Interpretation of Meaning*, London: Edward Arnold, 1978.

② 赵艳芳：《认知语言学概论》，上海外语教育出版社 2001 年版。

语义连接，而是在行使一种句法功能，仅仅提供一个背景来说明当事人与动作及动作目标之间的关系，不需要听话人特别注意，从而凸显了后面的动作及动作目标，节省了听话人的认知努力。

Rosch 的实验表明，"约数"常常被用作认知参照点，成为范畴内其他数字的参照，在认知过程中最容易被获取。因此，在会话中使用约数，可以减轻交际者的认知负担，从而顺利实现交际目标。Sperber & Wilson 则从关联的角度研究这一模糊现象，指出精确真值不等于最佳。她们举了下面一例来说明她们的观点。

(6) A: How much do you earn ?

B: I earn £ 797. 32 pence a month.

Or B: I earn £ 800 a month.

如果答话人能够记清楚他的精确收入，他就有以上两种选择，第一种为精确真值，第二种为模糊处理。在一般情况下，第一种表达方式没有必要，因为它既增加了说话人的话语加工负担，又不可避免地增加了听话人的心理负担，话语关联性虽然最大但不是最佳，违反了数量准则。模糊表达与此时的活动类型相符合，是会话合作原则的最好体现。

四　结　语

模糊语言是一种语义现象，更是一种语用现象，在应用中表现出一定的语用模糊性。交际者在交际中应用模糊语言，利用它们的语用模糊特征，结合特定语境达到最佳语用效果。

从认知—语用角度阐释模糊语言的语用功能能够跳出言语形式的束缚，为准确探究这些语用功能产生的原因提供了新的角度。将模糊语言及其语用功能放在关联理论的框架下进行研究，可以对模糊语言的语用功能作出更合理的解释，同时也为更加有效地理解话语的整体意义提供了一个新的视角。

参考文献

[1] 伍铁平：《模糊语言学综论》，《西南师范大学学报》1997 年第 6 期。

[2] 黎千驹：《模糊修辞学导论》，光明日报出版社 2006 年版。

［3］CRYSTAL，D. A，*Dictionary of Linguistics and Phonetics*，商务印书馆 2002 年版。

［4］Powell，Mava Jo，"Purposive vagueness：An evaluative dimension of vague quantifying expressions"，*Journal of Linguistics*，1985（21）。

［5］Halliday，M. A. K.，*Language as Social Semiotic：A Social Interpretation of Meaning*，London：Edward Arnold，1978。

［6］曾文雄：《模糊限制语的语言学理论与应用研究》，《外语教学》2005 年第 4 期。

［7］Fuller，"Jannet M. The influence of speaker roles on discourse marker use"，*Journal of Pragmatics*，2003（35）。

［8］Blakemore，D.，*Semantic Constraints on Relevance*，Oxford：Blackwell，1987。

［9］Sperber，D. & Wilson，D.，*Relevance：Communication and Cognition*，Oxford：Basil Blackwell，1986。

［10］赵艳芳：《认知语言学概论》，上海外语教育出版社 2001 年版。

（作者单位：山东工商学院外国语学院）

"中国梦"的模糊语言特征及其语用策略探析

杨春宇

一 序 言

（一）"中国梦"一词产生的背景

自从习近平同志在参观《复兴之路》展览时发表重要讲话提出"实现中华民族伟大复兴，就是中华民族近代以来最伟大的梦想"之后，"中国梦"迅速成为2012年度以来的最热词汇之一，并持续升温。十二届全国人大一次会议，又明确提出了"实现全面建成小康社会、建成富强民主文明和谐的社会主义现代化国家的奋斗目标，实现中华民族伟大复兴的中国梦"的命题。"中国梦"作为中国语言生活中的高频词已是家喻户晓，并被更广泛地使用与传播着。在这个动宾句式中，动词"实现"支配"中国梦"，且中心词"中国梦"受"全面建成小康社会、建成富强民主文明和谐的社会主义现代化国家、中华民族伟大复兴"等具体内容的限定诠释，所以这里的"中国梦"等于"中国理想"。是一个普遍的、非集合的、实体的正概念。

在当下多元、多极的世界秩序中，相对于止于至善、趋向大同理想的"中华民族伟大复兴的中国梦"，还有一种个人英雄主义色彩浓厚的所谓的"美国梦"（American Dream）。它相信只要在美国，经过努力不懈的奋斗便能实现获致更好生活的理想，亦即人们必须透过自己的勤奋、勇气、创意和决心迈向繁荣，而非依赖特定的社会阶级和他人的援助。通常这代表了人们在经济上的成功或是企业家的精神。许多欧洲移民都是抱持着"美国梦"的理想前往美国的。尽管有些人批评"美国梦"过度强调了物质财富在衡量胜利和快乐上扮演的角色，其掩盖了为达到个人成功有时不择手段的实质，但许多美国人坚信，这种获致成功的机会在世界上其他国家是找不到也并不存在的，在美国任何人都有可能透过自己的努力迈向巅峰。"美国梦"

同样是一个普遍的、非集合的、实体的正概念。

实际上，当下美丽的"中国梦"虽被赋予了深刻内涵，但国人对"织梦"却向来情有独钟。其中的褒贬姑且不论，从周公解梦到临川四梦、从一枕黄粱、南柯一梦到红楼梦、续红楼梦，国人总是心怀憧憬和理想，文化的指向总是趋于大团圆，是向善，是天下"大同"的理想，这种民族思维模式、思维习惯和民族文化本身就带有人类追求自由王国的形而上的超凡意义，更容易获得人类的普遍认同。而这恰与西方"梦的解析"、自我救赎，或追求个人成功奋斗的"小我"的现实极致目标有着本质的不同。归根结底，"中国梦"也好，"美国梦"也罢，其本身都是有着开放的、丰富外延的概念。本文尝试从模糊语言学的视角加以分析和阐释。

（二）研究的目的、意义

拙文即是在前贤研究的基础上，以模糊语义学和认知语言学研究为出发点，探讨"中国梦"一词的模糊性认知特征，并将其扩展到社会语言学及当下政治语用的层面，以更好地发挥其在国内语言生活和国际政治话语交际中的积极作用。

二 "中国梦"的概念特征

明确任何一个概念，都必须要明确其内涵和外延。"中国梦"的内涵即为中国理想，是实现中华民族的伟大复兴。这样，实现"中国梦"就是一个历史过程，其决定了"中国梦"的历时和阶段性形态和表现；既包括对外政治层面的中国理想，又涵盖对内政治生活中不同阶层的不同诉求，总之"中国梦"可以概括为一个多角度、多元化、与时俱进、不断丰富的开放的文化体系。

（一）汉语词汇"梦"的历时分析

《说文》中对"梦"的解释：不明也。从夕，瞢省声。"梦"被评为"2012中国年度汉字"。梦是一种主体经验，是人在睡眠时产生想象的影像、声音、思考或感觉。"梦"和"梦想"相区别，"梦"的客观性因素占得多，且具有不自觉性。"梦想"的主观性因素占得多，且具有自觉性和可延续性。"中国梦"是中国人实现中华民族伟大复兴的共同梦想和奋斗目标，是历史形成的中国文化的自觉，代代传承。

（二）"中国梦"的外延例释

《尚书·说命》"梦帝赉子良弼"。《诗经·小雅》"乃占我梦"。《周礼·春官·占梦》"以日月星辰占六梦之吉凶，一正梦、二噩梦、三思梦、四寤梦、五喜梦、六惧梦"。《庄子·齐物论》"昔者庄周梦为蝴蝶，栩栩然胡蝶也。俄然觉，则蘧蘧然周也"。《张子正蒙》"梦形闭而气专于内，梦所以缘旧于习心，饥梦取，饱梦与"。又泽名，《尚书·禹贡》"云土梦作"。又《司马相如·子虚赋》"楚有七泽，一曰云梦。云梦者，方九百里"。这些文献记载了中华民族有关梦之文化的流转与传承。

从秦汉帝国到康乾盛世，中国历代统治者成就了中华文化"万国来仪"的天国之梦；然而，到了近代，西方的坚船利炮惊醒了东方睡狮的沉梦，从鸦片战争到八国联军火烧圆明园，彻底唤醒了中华民族意识与民族精神，于是从太平天国到辛亥革命，怀着民族复兴、国家富强的梦想，多少仁人志士奋起抗争，自觉"追梦、寻梦"。从"等富贵，均田地、耕者有其田"的朴素理想，到"人民当家做主"、"建设与实践有中国特色社会主义"、"科学发展"、"实现全面建成小康社会、建成富强民主文明和谐的社会主义现代化国家"的奋斗目标，"中国梦"融会了历朝历代中国人前仆后继、继往开来的个人理想与民族理想，与时俱进，内涵上不断传承并赋予着时代的新声与内容，外延上亦不断增加与扩大，最终衍化为一种民族思维的自觉与思维习惯。

（三）"中国梦"的比喻义分析

从个人的周公解梦，发展到周礼的占梦，集中体现了"中国梦"的肇始阶段既带有个人之梦与家国之梦息息相关的文化色彩与烙印。以"易姓革命"为特征的理想天国，虽有"万国朝贡来仪"，却终因无法调节森严的等级制度，让泱泱帝国带上了亦梦亦幻的色彩；辛亥革命首倡"民族、民权、民生"，使得"中国梦"的内涵与外延更趋明确；新民主主义革命让人民当家做主，是近代"中国梦"最迫切最真实的体现。而小康社会、共同富裕、和谐等具体生动的目标体系则构建与充实着当下"中国梦"的深刻内涵。

（四）"中国梦"的引申义分析

在文化上，由于"中国梦"涵盖着个人之梦与民族之梦，因此"中国梦"的外延是一个开放的文化体系。这里既可以承载个人的大学之梦、创业之梦、成长之梦；又可以衍化为国家的航天之梦、海洋之梦、科技之梦、生态之梦、幸福之梦等。这使得"中国梦"的义项不断增加，外延不断扩大。在意义上可以叠加、引申、复层、类化、泛化。这些义项作为"梦想"的中心信息是明确的，但是边缘是模糊的。

三　"中国梦"的认知特征

（一）"中国梦"语言模糊的生成与转化

我们之所以把"中国梦"看做一个模糊概念，是有认知上的理据的。从认知语言学的角度来说，"中国梦"因为定语"中国"使得个人与民族之梦紧紧相系相连，家国一体。流行歌曲"我的中国心"、"我们拥有一个名字叫中国"、"大中国"等都典型地体现这种民族的思维方式、思维习惯。而在当下中国特色、科学发展观的思维范式下，一个开放的、从容的"中国声音"，"中国道路"，"中国特色"，当然是"中国梦"的应有之义和最新诠释。可能这其中还会隐含着同"美国梦"的相对，提供给世界秩序以另一种范式和选择。这便构成了认知上的范畴维度，凡为个人成功与民族利益奋斗的理想均具有"梦"家族的相似性，均获得了"中国梦"的隶属度。但是各个具体梦想之间的边界是模糊的。如"大学之梦"与"航天之梦"，共同具有"梦"的家族相似性，均隶属"我的中国梦"，但是这两个梦之间的边界是模糊的，并不影响其在"中国声音"、"中国道路"、"中国特色"中取得家族的相似性和范畴意义。

（二）"中国梦"的隐喻分析与阐释

我们认为，"中国梦"的"梦"虽然内涵上指向中华民族的伟大复兴的梦想，但是从认知角度看也构成一个隐喻。这里的"梦"作为一个成词语素，可以作链式的类比推理，泛化为一个类词缀，从而使"梦"的边缘与所指趋于模糊，而以"梦"构成的词汇符合经济性、灵活性、动态性、容纳性、开放性的原则，这样就构成了中华民族伟大复兴的不同层面的多元意义，而且可以开放扩展。况且这里的"梦"还涵盖着施事主体强烈的情感体验，体现着作为一个民族、一个文化大国在"梦"的内涵、实现途径、发展前景、终极目标、价值取向上的自强与自信，在情感深层衍化出强烈的励志与源动力成分，从而获得了民族文化上的张力和传承意义，这便符合模糊语言特征，从而突出民族性的认知心理、认知方式、认知习惯。

（三）"中国梦"的语用特征及功能表达分析

"中国梦"作为一种隐喻、一种修辞、一种政治话语，在新闻政治媒体中、在中国语言生活中，作为高频词，广为人知，家喻户晓。这足以说明，其有着能动的外延张力与语用功能。

1. "中国梦"的引语功能。作为一个模糊概念、一个隐喻、一个诗意的表达，"中国梦"可理解为整个中华民族复兴的引语。这个诗国的引语是一个民族重振雄风的世界宣言、是实现民族复兴的铮铮誓言，是民族文化、民族自信、民族智慧的集中体现。

2. "中国梦"的夸张功能。"中国梦"，可以用一个/每一个和多个来修饰，构成数量上的夸张。这里的"一个"梦，就是"每一个"的梦，是多个"$1+1+1+\cdots=1$"，也可是"$1=1$"不变的民族思维范式，因此即可以无限夸大，又可以有条件地缩小成每个"1"的概念。体现了这个模糊概念的灵活性、动态性。正因为在"中国梦"的指向中，隐含着每一个人的"梦"，所以可以激励每一个国人自觉奋起，在语篇语用中形成向背的张力。

3. "中国梦"的委婉表达功能。"中国梦"作为政治外交生活中的"委婉语"来理解，体现了中华文化的内敛、含蓄。中国的腾飞、中华民族的复兴是向世界宣言"中国声音"，是传承了几千年的中华文化使然，是历史的选择，不是自封的，它在文化上向来不故步自封，而是开放融容、海纳百川，尤其在当下现代化进程的征途上，这是"中国梦"的文化态度。其涵盖着个人成功与民族的振兴，这是"中国道路"、"中国模式"、"中国特色"的文化选择。在多元化的世界秩序中，无疑构建了一种最新聚焦的文化参照与独特的模式存在。

四 结语——兼论"中国梦"的模糊语用策略

综上，我们分析了当下中国语言生活中高频词"中国梦"与模糊语言的关系及"隶属度"。我们认为，当下的高频词"中国梦"已经是一个具备模糊语言性质和认知特征的词汇与概念，在中国语言生活中已经和正在发挥着它的模糊语用功能；在未来的政治话语和社会语言学交际环境中，要继续充分发挥该模糊词汇的开放外延与模糊张力，在"国情语言"和国家语言战略、中国文化"走出去"等方面彰显出汉语更加独特的魅力。具体语用策略上可从以下几方面着手：

1. 充分诠释"中国梦"的文化背景、文化内涵、文化厚重度，而非只是近代的被唤醒；

2. 充分认知"中国梦"中的"中国"含义，是个人与集体，家国一体，有民族思维方式、思维习惯和文化传承性的引语特征；

3. 充分认知"中国梦"中"梦"的隐喻与类词缀特点，以激发每一个国人励志实现自己的梦想；

4. 科学合理地在媒体、政治外交等政论语体中使用"中国梦"一类模糊词汇，有效利用客体模糊、主体模糊、语义模糊策略，构建政治语篇，使其委婉的表达功用得到最充分的发挥；

5. 注意从社会语言学、国情语言学、国家语言战略、模糊语言学的角度，研究"中国梦"一类独具认知特征、民族文化特征的词汇。

参考文献

[1] 吴世雄、陈维振：《中国模糊语言学：回顾与前瞻》，《外语教学与研究》2001年第1期。

[2] 吴世雄、陈维振：《中国模糊语言学的理论研究述评》，《福建师范大学学报》(哲学社会科学版) 2000年第2期。

[3] 谭鉴琴：《从认知语言学的范畴观看模糊语言学中的"模糊"》，《西安外国语学院学报》2003年第4期。

[4] 陆全：《模糊语言的认知解释》，《培训与研究——湖北教育学院学报》2002年第3期。

[5] 鲁钒：《政治外交语言中模糊限制语的元功能及语用分析》，硕士学位论文，武汉理工大学，2006年。

[6] 胡立：《新闻报道中的模糊语言现象及语用分析》，《华章26》，2010年。

[7] 姜红娟：《俄语政治语篇中的模糊策略》，硕士学位论文，吉林大学，2007年。

[8] 梦–360百科，http：//baike. so. com/doc/924645. htmlJHJ924645 – 977377 – 1。

（作者单位：辽宁师范大学文学院）

汉语三种请求策略模糊性的语用功能研究

沈丽丽

一 引 言

语义的模糊性可以表现在语音、词汇、句法等不同方面，对此前人已作了大量的研究（如伍铁平，1987；黎千驹，2007；晁保通，1988，等等）。但目前从语言交际的角度研究语言模糊性、用模糊语言学原理来解释语用现象的相关论著很少。本文试以请求言语行为所采用的三种不同策略为例，从语用角度观察语言的模糊性，即语用模糊。所谓"语用模糊"，俞东明（1997）认为是指"说话人在特定语境或上下文中使用不确定的、模糊的或间接的话语向听话人同时表达数种言外行为或言外之意"。何自然（2008）认为"语用含糊就是从语言使用和语言理解的角度讨论语言信息的不确定性。在语用中，含糊包括语言表述的模糊性、不确定性、或然性等非二值逻辑所能分析的含糊概念"。林波、王文斌（2003）对"语用模糊"所下的定义为，"语用模糊首先是一种交际现象，是交际者在交际活动中示意和释义过程中出现的种种不确定性的总称"，也就是说，语用模糊是在交际过程中产生的，交际过程中出现的模糊现象都是语用模糊研究的范围。

二 请求言语行为与语用模糊

请求言语行为是交际中说话人试图让听话人做或者是停止做某事，同时听话人有权拒绝合作的一种言语行为。请求言语行为是言语交际行为的重要组成部分，它广泛应用于日常生活的各种情境中，比如说在独自旅游时请求别人帮忙拍照，或在午饭时间请求同事帮忙买饭，等等。

按照 Brown & Levinson（1978，1987）的观点，请求行为从本质上来说具有强加性，因而具有"面子威胁性"。如果实施不当，不仅目标实现不了，让被请求方尴尬，交际双方的关系还可能受到影响。在其他同等情况下，通常所请求的难度愈大，其强加性就愈大。比如说话人向听话人借100元钱的强加性就比借10元钱大。而不同的社会距离中这样的强加性又是不同的。比如说向父母借100元和向路人借100元，虽然是同样的请求行为，然而因为请求者之间的关系不同，同样的行为又有了不同的强加力度。所以请求的难度是一个相对的概念，是由不同的场景、不同的人际关系决定的，根据请求行为的难度，请求者会使用不同的请求策略来帮助自己实现请求行为。

请求策略可分为三种，包括直接策略、规约性间接策略以及非规约性间接策略。

1. 直接策略，就是直截了当地陈述请求。比如在请求场景"向老板请假"中，可以说："张经理，我同学结婚需要请一天假。"在这一句请求语中，请求者清楚地表达了自己的意思，他直接向被请求者提出自己的要求，在语用理解上没有任何模糊性。

2. 规约性间接策略，是不直接提出请求，而是采用具有规约性的疑问句式，以委婉的方式间接地提出请求。比如在请求场景"向朋友借自行车"中，可以说："帅哥，明天能不能把自行车借我用一下？"间接请求方式比直接请求在语气上更为缓和，降低了请求难度，让被请求人有选择的权利，语用模糊性高于直接请求策略。

3. 非规约性间接策略，主要指的是暗示。比如某人说："今天真热。"如果这句话仅仅是陈述一个事实，其表达是直接的。但如果说话人的目的是通过自己的话语使听话人做出某种行为，如打开窗户、打开空调等，那么就是一种间接的请求。根据语境的需要，被请求人可以有不同的理解，并作出适当的反应。因而它给予了被请求人更大的选择权。相比前两种请求策略，非规约性间接策略依赖很强的场景和人际关系，是模糊性最高的一种请求行为。据此，我们认为三种不同的请求策略按照语言模糊性的高低有等级的划分。直接策略相对而言是模糊性最低的，非规约性间接策略是模糊性最高的。

三　不同人际关系中请求策略的语用模糊

为了取得请求言语行为的实际语料，我们对普通上海市民的请求言语行为表现作了一个小范围的测试调查，测试内容包括被试的背景调查、测试说明和12个不同的请求场景。为了使研究的数据真实可靠，本研究所设计的12个请求场景均是在我们现实生活中真实常见的请求场景。这12个场景根据请求者与被请求者之间的熟悉程度（社会距离）以及他们之间相对权势地位的高低分为两个维度。

根据社会距离的远近，我们分为社会距离近（－SD）和社会距离远（＋SD）两种。例如，亲戚朋友之间的社会距离相对较近，用－SD表示，陌生人之间的社会距离较远，用＋SD表示。

权势地位的高低是指在特定的场景中，请求者与被请求者之间的地位关系。根据请求者与被请求者之间的权势关系，我们可以分为请求者主导型（X＞Y）、被请求者主导型（X＜Y）和平等型（X＝Y）三种关系。例如场景5请求者（员工）向被请求者（经理）请假这样的关系中，就是被请求者占主导地位的，我们用X（请求者）＜Y（被请求者）表示两者之间的权势关系。

通过这两个维度的交叉配合，可以把具体的人际关系分为六种（见表1）。

表1

人际关系/维度	社会距离	相对权势
1	＋SD	X＞Y
2	＋SD	X＝Y
3	＋SD	X＜Y
4	－SD	X＞Y
5	－SD	X＝Y
6	－SD	X＜Y

本次研究收回有效问卷30份，我们根据不同的交际主体之间的关系，对回收的问卷中请求策略的使用情况进行了具体的分析，以观察不同社会关系中语用模糊的实际情况。

下面对每一种人际关系用一种请求场景逐一进行举例分析。

1. 在关系一（＋SD、X＞Y）中，直接策略和规约性间接策略的使用差不多各占约50%的比例（见表2）。

表 2

+SD X > Y	请求策略	百分比
	直接	50.7
	规约性间接	49.3

此关系以场景"住宾馆时找前台修热水器"为例。例如：

（1）麻烦把我房间的热水器修下。（直接策略——模糊性低）
（2）能麻烦您过来看一下热水器吗？（间接策略——模糊性中）

例（1）、例（2）分别代表直接请求策略和规约性间接策略，两者相比，例（2）中的"能"、"看一下"这些缓和语言手段不仅增加了语言的模糊性，也使请求行为本身更有礼貌。

在这一关系中，请求者的权势地位高于被请求者，被请求者一般是不会拒绝请求者的请求的。所以，模糊性较高的规约性间接策略只是在语用上显得更加得体，并不比直接策略的使用占优势。

2. 在关系二（+SD、X = Y）中，规约性间接策略使用率高达 90% 多（见表 3）。

表 3

+SD X = Y	请求策略	百分比
	直接	8.35
	规约性间接	91.65

此种关系以场景"找陌生人帮忙拍照"为例。例如：

（1）朋友，请帮我拍张照。（直接策略——模糊性低）
（2）美女，能不能帮我拍个照？（间接策略——模糊性中）

我们在与陌生人的交际中，本身有很多的不确定因素，因此，使用模糊性较高的规约性间接策略，不仅可以降低请求的强度，减少交际双方的距离感，并且礼貌得体的语言较之于直接性的请求可以给被请求者一个很好的印象。被请求者有了拒绝的余地，却可能会更加乐意去配合请求者的请求。所以在这一种场景中，模糊性强的规约性间接请求行为占绝对的优势。

3. 在关系三（+SD、X < Y）中，与关系二正好相反，直接策略在此种关系中占绝对优势（88.9%）（见表 4）。

表 4

+SD X < Y	请求策略	百分比
	直接策略	88.9
	规约性间接	11.1

这一关系以场景"向老板请假"为例。

（1）老板，明天有急事想请假一天。（直接策略——模糊性低）
（2）老板，我家里有点事一定得去办一下，我能请几天假吗？（间接策略——模糊性中）

在"请假"这样的请求行为中，为了使请求最大情况下被批准，请求者往往会尽量明确自己的请求行为，更注重于请假的急迫性，以降低请求的难度。例（1）的直接请求让请求行为本身变得势在必行。因此，模糊性低的直接请求策略更加适合此种关系。

4，在关系四（-SD、X > Y）中，相比模糊性低的直接策略，模糊性中等的规约性间接策略占有优势（61.8%）（见表 5）。

表 5

-SD X > Y	请求策略	百分比
	直接策略	38.2
	规约性间接	61.8

此关系以场景"让儿子关窗户"为例。例如：

（1）小杰，去关下窗。（直接策略——模糊性低）
（2）儿子，帮爸爸把窗户关下好吗？（间接策略——模糊性中）

不论是例（1）的直接策略，还是例（2）的规约性间接策略，都可以达到请求目的。但是从统计数据来看，例（2）的规约性间接策略使用得更多。分析原因可能是例（2）表达得更加有礼貌。随着中外文化的交流和西风东渐，父母子女之间的关系正趋向平等化，孩子作为独立的个体正在逐渐地被平等对待。规约性间接策略通过征求孩子意见，寻求他的同意，让孩子更乐意去配合。因而，规约性间接策略的模糊性，可以提高孩子们的主人公意识。

5. 在关系五（－SD、X＝Y）中，模糊性中等的规约性间接策略的使用达到66%，差不多是直接策略的两倍（见表6）。

表6

	请求策略	百分比
－SD X＝Y	直接策略	34
	规约性间接	66

这种关系以场景"让老公/老婆送文件"为例。例如：

（1）老公，文件忘带了，帮我送过来。（直接策略——模糊性低）

（2）老公，你有空吗？我落了份重要文件在家里，能帮我送过来吗？急！（间接策略——模糊性中）

例（1）的语义是十分明确的，被请求者不会对请求人的话语产生任何模糊理解。而例（2）给了被请求人选择的空间，此种模糊性尊重了被请求者的意愿，充分考虑了被请求者的感受，有利于家庭的和睦。

6. 在关系六（－SD、X＜Y）中，规约性间接策略占优势，达到近60%。另外，和其他五种关系相比，也出现了非规约性间接策略（见表7）。

表7

	请求策略	百分比
－SD X＜Y	直接策略	30.55
	规约性间接	59.9
	非规约性间接	9.5

此种关系以场景"让妈妈买苹果"为例。例如：

（1）妈，买苹果。（直接策略——模糊性低）

　　（2）亲爱的妈妈，能不能去超市买点苹果啊？（规约性间接——模糊性中）

　　（3）妈，今天超市的苹果非常好。（非规约性间接——模糊性高）

　　在 30 份测试卷中，仅在关系六（-SD、X＜Y）中出现了请求语中使用频率最低的非规约性间接策略。

　　非规约性间接策略在三种请求策略中是模糊性最高的，需要依靠很强的语境来推断，不同的语境下听话者可能会有不同的理解，但此种策略也是最礼貌的请求行为。

　　关系六中的交际双方是亲密关系，并且说话者比听话者的地位低，包括场景 10 "让妈妈买苹果"和场景 11 "请年长的人吃饭"这两个场景。我们发现，非规约性间接言语行为都出现在场景 10 中，也就是说，对父母的请求比在其他关系中的请求更多地使用了非规约性间接策略。请求者以一种暗示的口吻表达自己的想法，如："妈，今天超市的苹果很好。""妈，我们去超市吧。"

　　我们认为，这样的暗示含有一种撒娇的意味，是出于孩子对父母的依赖。孩子知道父母对自己的关爱，不用明确地说明自己的请求，父母自然知道自己的需求是什么。而在人际关系相对疏远的请求场景（场景 11）中，如果使用模糊性最高的非规约性间接策略，会让请求人不清楚说话人的意图。所以只有当被请求人可以明确自己的请求意图时，请求人才会实施模糊性最高的非规约性间接请求行为。

四　总　结

　　由上所述，我们认为，三种请求策略的直接程度，反映了语言模糊性的高低，即直接策略的模糊性最低，非规约性间接策略的模糊性最高，而规约性间接策略的模糊性则居中。我们也发现，在具体的请求语境中，考虑到请求者双方的人际关系，不同模糊程度的请求策略在不同场景中的使用是不同的。具体而言：

　　1. 在 +SD、X＞Y 关系中，模糊性高的间接策略和模糊性低的直接策略不分上下，各有优势，模糊性高可以使请求行为更加委婉，模糊性低可以使请求行为简单明确。

　　2. 在 +SD、X＝Y 关系中，模糊性高的间接策略占绝对优势，模糊语言的使用可以拉近交际双方的距离，使请求行为更加得体，降低请求行为的难度。

3. 在 + SD、X < Y 关系中，模糊性低的直接策略更多地应用于这种关系，模糊性低也就是精确性高的请求策略可以加强请求行为本身的急迫性，促进请求行为的顺利进行。

4. 在 – SD 的三种关系中，不论请求双方之间的相对权势和地位怎样，模糊性高的间接策略都占有优势地位，这体现了关系亲密的交际双方，在行使请求言语行为时，更多地考虑语言的得体性、礼貌性原则，选取了模糊性高的间接策略，体现了请求者尊重被请求者的意愿。这不仅是个人修养的体现，也是家庭朋友和睦的必要条件。

参考文献

［1］何自然：《新编语用学概论》，北京大学出版社 2008 年版。

［2］黎千驹：《模糊语义学导论》，社会科学文献出版社 2007 年版。

［3］林波、王文斌：《从认知交际看语用模糊》，《外语与外语教学》2003 年第 8 期。

［4］伍铁平：《语言的模糊性和多义性等的区别》，《语文导报》1987 年第 1 期。

［5］俞东明：《语法歧义和语用模糊对比研究》，《外国语》1997 年第 6 期。

［6］Brown, P. & Levinson, S. C. "Universals in Language Usage: Politeness Phenomena", In Esther N. Goody (ed.) *Questions and Politeness: Strategies in Social Interaction*, Cambridge: Cambridge University Press, 1978.

［7］Brown, P. & Levinson, S. C., *Politeness: Some Universals in Language Usage*, Cambridge: Cambridge University Press, 1987.

（作者单位：上海交通大学国际教育学院）

第四编

模糊语言应用研究

语言模糊性与语言工程策略

俞士汶　朱学锋

一　引　言

　　2013 年初接到湖北师范学院黎千驹教授关于第四届中国模糊语言国际学术研讨会的通知，感到既突然，又高兴。笔者未曾涉猎模糊语言研究，是外行。不过，笔者也模糊地认识到计算语言学应当从模糊语言学等相关学科汲取营养，才能拓展更大的发展空间。参加这次研讨会当然是一个向模糊语言学界各位先进学习的极好机会，为了获得入场券，便向会议提交了一篇题为《面向自然语言处理的概率型语言知识库的规划与基础》的论文摘要。感谢黎千驹教授的安排，笔者在大会上作了报告，出乎意料，反响甚佳。会后，按照黎千驹教授出版论文集的要求，参照与会专家的反馈意见，笔者又作了进一步的思考，写成了这篇文章。

　　实用的自然语言处理技术（早期以机器翻译为代表，当前互联网搜索技术是热点）尽管已经取得长足的进步，但距离自然语言处理的最高境界即自然语言理解似乎仍是遥不可及。究其原因，最主要的应该是指导自然语言处理技术发展的计算语言学理论模型与人的语言认知机制大相径庭。因此，计算语言学若期望取得进一步的突破，必须与脑科学、认知科学、哲学等学科实现更大范围的学科融合。模糊语言学与模糊数学、模糊逻辑学一起构成的模糊理论揭示了传统的精确方法论的局限性，促使人们探索大脑思维机制的模糊性以及机器模拟的可能性。如果计算机也能像大脑一样接受和处理模糊信息，并与现有的无与伦比的计算能力和记忆能力相结合，那么计算机的功能与性能必将有本质的飞跃。笔者认识到模糊语言学的理论对自然语言处理技术的发展具有潜在的启示作用，尽管现在对这种作用的认识还很肤浅。笔者希望更深入地学习模糊语言学，也愿意借此机会向模糊语言学界介绍自己在计算语言学领域的研究心得。

二　大型语言工程的一个案例

　　语言知识库是自然语言处理系统所实现的各种功能的基础设施，其规模和质量在很大程度上决定了自然语言处理系统的成败。北京大学计算语言学研究所自 20 世纪 80 年代中期起，积 26 年之努力建成的"综合型语言知识库"（简称 CLKB）① 算得上是一项大型语言工程。CLKB 包括系列化的语言知识库、规范与标准、辅助软件工具集和示范应用系统。语言知识库是 CLKB 的主体。

　　《现代汉语语法信息词典》（简称 GKB）② 是 CLKB 大厦的第一块基石。下面介绍它的主要内容，其叙述的次序安排也大致反映了它的研制步骤。

　　（1）GKB 收录 8 万余词语。GKB 以词作为描述对象的主体，但考虑到文本自动处理的实际需要，也收录了比词大的语言单位（像成语和习用语）以及比词小的语言单位（像前接成分、后接成分、语素字和非语素字），并将收录对象统称为"词语"。GKB 以数据库文件格式（二维表）描述词语的各种属性，用一个总库描述所有词语的不分类别的共同属性，如表 1 所示。

表 1　　　　　　　　　　　《现代汉语语法信息词典》总库样例

词语	词类	同形	拼音	单合	虚实	体谓
挨	v	A	ai1	单	实	谓
挨	v	B	ai 2	单	实	谓
白	a		bai2	单	实	谓
白	d		bai2	单	实	
抄袭	v	A	chao1 xi2		实	谓
抄袭	v	B	Chao1 xi2		实	谓
得寸进尺	i		de2cun4jin4chi3			
地道	n		di4dao4		实	体
地道	a		di4dao5		实	谓
人	n		ren2	单	实	体

---

　　① 俞士汶、穗志方、朱学锋：《综合型语言知识库及其前景》，《中文信息学报》2011 年第 25 卷第 6 期。

　　② 俞士汶、朱学锋等：《现代汉语语法信息词典详解》，清华大学出版社 1998 年第一版，2003 年第二版。

续表

词语	词类	同形	拼音	单合	虚实	体谓
实在	a	A	shi2zai4		实	谓
实在	a	B	shi2zai5		实	谓
书	Vg		shu1			
书	n		shu1	单	实	体
着	u		zhe5	单	虚	
支持	v	1	zhi1chi2		实	谓
支持	v	2	zhi1chi2		实	谓

词类字段中字母是词类代码，如 a - 形容词，v - 动词，Vg - 动语素。

（2）建立了面向语言信息处理的词语分类体系，如表2所示，其中词类名称后面的字母是相应的代码，如"名词"的代码是 n 。

（3）将8万词语逐一归入相应的词类。归类时会出现兼类现象。如"白"兼属形容词（"白布"之"白"）和副词（"白跑"之"白"），这种兼类是客观存在的。将定中结构（"自动装置"）中的"自动"和状中结构（"自动关门"）中的"自动"分别划归区别词和副词，这种兼类是策略性的。划归同一类的字形相同的词语仍有必要以"同形"信息加以区分。例如，对同属动词而读音不同的"挨（ai1）"和"挨（ai2）"，"同形"分别为"A"和"B"；读音相同的不同词（如读 chao1xi2 的"抄袭"）的"同形"也区分为"A"（把他人成果当成自己的）和"B"（绕道袭敌）；读音相同的同一个词"支持"的不同义项的"同形"则区分为"1"（支撑）和"2"（鼓励并帮助）。"词语" + "词类" + "同形"成为 GKB 中的词语的唯一标识，即 ID。

表2　　　　　　　　　　现代汉语词语分类体系

			1. 名　词　n
			2. 时间词　t
		体	3. 处所词　s
基	实		4. 方位词　f
		词	5. 数　词　m
			6. 量　词　q
			7. 代　词　r　（体词性）

续表

本			代　词　r　（谓词性）			
		谓	8. 动　词　v			
	词	词	9. 形容词　a			
			10. 状态词　z			
词			11. 区别词　b			
			12. 副　词　d			
			13. 介　词　p			
	虚		14. 连　词　c			
类	词		15. 助　词　u			
			16. 语气词　y			
			17. 拟声词　o			
			18. 叹　词　e			
附	小于		19. 前接成分 h			
加	词的		20. 后接成分 k			
类	单位		21. 语　素　g（Ng, Vg, Ag, …）			
别	大于		22. 非语素字 x			
	词的		23. 成　语　i			
	单位		24. 习用语 l			
			25. 简称略语 j			
		26. 标点符号 w				

（4）由于划归同一类的词语仍有不同的语法属性，GKB 对每一类词语都设立一个数据库文件，以"词语"＋"词类"＋"同形"为关键项，每个关键项都有对应的记录（二维表的行），每个记录都有诸多属性字段（二维表的列），详细描述每个词语的各种语法属性。表 3 是形容词库的样例。

表 3　　《现代汉语语法信息词典》形容词库样例（词类字段省略）

词语	同形	释义	定语	形的	状语	形地	补语	谓语	带补	很	…
安好				否			否		否	否	
白		白色	可								
不力				否					否		
地道						地					
基本		主要	可		可		否	否	否	否	
爽朗	1	晴朗									
爽朗	2	开朗				地					

将 GKB 各个库的记录数与属性字段数之乘积定义为该库的语法属性信息量。GKB 共有 35 个库，信息量之和达 360 万，这是 GKB 的重心所在。

CLKB 中类似于 GKB 结构的知识库还有若干个。这类知识库的特点是把词语的相关知识罗列其中，其描述的知识是显性的、静态的。CLKB 还包含由大量文本组成的语料库，它们是另一类富含词汇、词法、句法、语义、语用等动态知识的语言知识库。不过原始语料中的很多知识都是隐性的。语料加工的目的就是使这些知识显性化，便于机器学习，也有利于人的理解。在加工语料时，会遇到歧义现象，自动分析程序可利用 GKB 这类知识库完成消歧任务。以下是例句"他品尝着很地道的淮扬菜，爽朗地高谈阔论"的逐级加工结果。

他/ 品尝/ 着/ 地道/ 的/ 淮扬菜/，/ 爽朗/ 地/ 高谈阔论/ 。/

这一步是词语切分，词的知识显性化了。

他/r 品尝/v 着/u 地道/a 的/u 淮扬菜/n，/w 爽朗/a 地/d 高谈阔论/i。/w

经过词性标注，词法知识显性化了。

他/r 品尝/v 着/u 地道/a 的/u 淮扬菜/n，/w 爽朗/a! 2 地/d 高谈阔论/i。/w

再加上同形标注（粗粒度义项标注，这里形容词"爽朗"后面标注的! 2 对应 GKB 中"同形"字段的 2，即"开朗"义），词义知识显性化了。

语料的基本加工包括词语切分和词性标注。[①] CLKB 中的基本加工语料库有 5200 万字，完成同形标注的语料有 2800 万字。

在 GKB 和基本加工语料库研制的每个阶段都遭遇语言模糊性的挑战。第三节将论述为实施 CLKB 这项大型语言工程所采取的应对策略。

三　CLKB 关于语言模糊性的应对策略

面向语言信息处理的 CLKB 这一大型语言工程起步于 20 世纪 80 年代中期，笔者学习当时兴起的计算语言学语法理论，如词汇功能语法 LFG[②]，参照复杂特征集的知识描述体系，采用成熟的关系数据库技术，建立了《现

---

① 俞士汶、段慧明、朱学锋、孙斌：《北京大学现代汉语语料库基本加工规范》，《中文信息学报》2002 年第 16 卷第 5—6 期。

② 俞士汶主编：《计算语言学概论》，商务印书馆 2003 年版。

代汉语语法信息词典》的结构框架，具体的汉语语法知识的组织则遵从朱德熙先生的词组本位语法体系①。那时还不知道《模糊语言学》这门学科，甚至连 "模糊语言学" 这个术语也不知道，因为直到 2000 年俞士汶才有幸看到伍铁平先生赠送的《模糊语言学》这本大作（1999 年 11 月第 1 版）。不过，在长期的语言工程实践中，笔者对纷繁复杂的语言现象已经有所体察，加之已有关于模糊集的初步数学知识，也认识到语言的模糊性。《现代汉语语法信息词典详解》一书（第一版、第二版分别于 1998 年、2003 年出版）中涉及语言模糊性的论述有十多处（关于语言模糊性的论述第二版同第一版没有差别）。例如，其中一段 "实词与虚词的划分不是绝对的，实词与虚词都是模糊集合，如果用隶属度的概念来表征各类词对实词或虚词的归属则更科学。事实上，模糊现象在语言中是普遍存在的。3.1 之所以回避'词'的定义，也是因为语素与词的界限、复合词与词组（即短语）的界限也是模糊的。目前，只是使用一种简化的模型来描述复杂的模糊的语言现象。既要对这种简化模型的科学性与实用性有充分的评价，又要对它的局限性有清醒的认识" 就反映了笔者当时对词语模糊性的朴素认识。在 GKB 和 CLKB 的各个发展阶段都采取了适当的策略以应对语言的模糊性。

首先针对 GKB 的收词问题，就有词和短语（词组）的界限问题。汉语复合词与短语的界限是模糊的，原因在于它们都是按照基本一致的句法结构规则组成的。GKB 为了避免混进自由短语，提出了一些判定准则：若干汉字的组合中有不成词的语素，该组合可以是一个词；由两个以上单纯词组合的词的词性不能由结构推导出来，这个复合词也可收进词典，如 "卖" 是动词，"力" 是名词，由它们组合的 "卖力" 却是形容词；如果复合词的意义不是组成成分意义的简单相加，这个复合词也可收进扩充词典，如 "抠门儿"。

汉语语素根据能否单独成句划分为自由语素和粘着语素。② GKB 根据能否单独成词将语素分为成词语素和不成词语素，并设立了一个语素库专门收录不成词语素。例如，意指 "读物" 的 "书" 是单纯词，收入名词库；但意指 "写" 的 "书" 却是动词性语素，在现代汉语文本中，特别是 CLKB 的基本加工语料库的范围内，通常不单独使用，只用于构成复合词 "书

---

① 朱德熙：《语法讲义》，商务印书馆 1982 年版；朱德熙：《语法答问》，商务印书馆 1985 年版。

② 朱德熙：《语法讲义》，商务印书馆 1982 年版。

写"、"书法"、"秉笔直书"等，就置于语素库。汉语中有一部分语素成词与不成词的界限是模糊的，仍以动词性语素"书"为例，在国画上常见到"书于庚寅年"这样的题字，其中的"书"就应看成动词。利用 GKB 和 CLKB 的基本加工语料库可以提出应对这个模糊性的解决方案。设 GKB 语素库中某个语素 X 在基本加工语料库中作为切分单位出现了 N 次，对这 N 次出现一一进行甄别，其中 n 次是确定的，无须修订为词，再设定一个阈值 K（经验值），可以按以下公式确定语素 X 划归语素库（假定它是模糊集）的隶属度 m：

若 N≥K，且 n≥K，则 m = 1；若 N≥K，而 n < K，则 m = n/ K；

若 N < K，即认为语素 X 在这个基本加工语料库中出现次数过少，不足以重新确定 X 的归属，只好维持原有判定，仍放在语素库中。

词类体系的确立与数以万计的词语归类是 CLKB 基础中的基础，可是汉语词类问题又是汉语语法研究中的老大难问题。之所以成为老大难问题，与词类的模糊性不无关系。GKB 遵循朱德熙先生的词组本位语法体系，基本词类体系是依照语法功能优势分布的原则建立的，适应了自然语言处理进行句法分析的需要。笔者认为朱先生在建立基本词类体系时也是注意到了语言的模糊性的，在界定体词与谓词时才有如下柔性的论述："体词的主要语法功能是做主语、宾语，一般不做谓语；谓词的主要语法功能是做谓语，同时也能做主语和宾语。"朱先生的论述对作者关于语言模糊性的认识也有启发，GKB 把区别词界定为"在名词或助词'的'前边出现的词，主要用作定语"。把副词界定为"基本上只能做状语（修饰动词与形容词）的词"都是考虑到了它们边界的模糊性，并回答了对区别词和副词存在交集的质疑。[①]

在确定词类体系之后，将 8 万词语分别归入恰当的类别，遭遇更大的挑战。以常用词"基本"为例，它的归类就挺费神。GKB 将它归入了名词和形容词。这里只讨论划归形容词的"基本"，它的词汇语义是"根本的，主要的"，它的基本功能是做定语和状语，却不能做谓语，划到区别词和副词这两类（作兼类处理）似乎也是可以的。问题是"基本"可以受程度副词"最"修饰，从语料中可以检索到"最基本的技术问题"、"最基本的素质"等例证，而区别词和副词都不能受程度副词修饰。"基本"这个词的归类的困难显然源自它的用法的模糊性和多样性。

---

① 俞士汶：《关于副词与区别词兼类的答辩》，见北京大学汉语语言学研究中心语言学论丛编委会编《语言学论丛第四十辑》，商务印书馆 2009 年版，第 39—55 页。

　　语法学界关于汉语词类的理论研究也在不断取得新成果。2010 年出版的《汉语词类的认知研究和模糊划分》① 不仅从模糊性角度重新论述了汉语词类问题，而且给出了词对于词类的隶属度的计算方法。这是语言模糊研究在汉语语法领域取得的新成果。注意到《模糊语言学》一书扉页上的语法："自然语言的语义以及在较小的程度上自然语言的句法——这二者的普遍的模糊性说明，语言理论的某些方面是可以用来自模糊集论的方法进行分析的。"② 又注意到《汉语模糊语义研究》在评述国内模糊语言研究现状时论及 "就现有研究成果来看，绝大多数模糊语言学的论著，都属于对模糊语义的研究。……其他方面的研究，如语音、语法的模糊性研究，处理模糊语言现象的方法的研究等等，成果相对较少"。③ 因此，《汉语词类的认知研究和模糊划分》的成果尤其值得关注和借鉴。

　　GKB 研制之初还不能得到这样的理论的指导，具体的语言工程也不可能实时跟踪语法学界的进展，只能遵循当时比较先进的也相对稳定的理论体系。至于汉语词类这个老大难问题，GKB 不可能也不期望彻底解决。由于当时对语言模糊性有所认识，无论在定义词类还是在列举各个词类的鉴别准则时，就没有拘泥于非此即彼的经典的集合理论，而采用了较为柔性的描述方式：尽可能地把那些重要的鉴别准则列在前面；当判断一个词语是否属于某类时，就看它是否符合该类的鉴别准则。越符合多项准则或者前面的准则，越是该类典型的词。反之，虽将一个词划入了该类，但它只符合少数几项或者只符合较后面的准则，那么这个词在该类中就不是典型的。

　　将数以万计的词语适当地分别归入 25 个类别已是一项庞大的语言工程，更关键的是 GKB 的工作不止步于此，而是在分类的基础上按类别详细描述每一个词语的各种语法属性，采用词语归类与属性描述相结合的策略为自然语言处理系统提供词语的详尽的准确的语法信息才是 GKB 的最成功之处。在表 3 所示的形容词库中，"基本"的"谓语"字段的值是"否"，指明"基本"不能做主谓结构的谓语，所以"基本"不是典型的形容词。"基本"和"地道"的"定语"和"形的"两个字段的值分别是"可"、" "和" "、" "，意指"基本"不加"的"或加"的"都可以直接修饰名词构成定中短语，如"基本原则"、"基本的条件"，而"地道"不能直接修饰

---

① 　袁毓林：《汉语词类的认知研究和模糊划分》，上海教育出版社 2010 年版。
② 　伍铁平：《模糊语言学》，上海外语教育出版社 1999 年版。
③ 　吴振国：《汉语模糊语义研究》，华中师范大学出版社 2003 年版。

名词构成定中结构，加"的"就可以了，因为通常说"地道的淮扬菜"，很少说"地道淮扬菜"。可以根据属性"定语"将全部形容词分为两类，一类是可以直接修饰名词的（即不加"的"做定语），记作 S，另一类是不可以直接修饰名词的。同样 S 也是模糊集，也可以借助统计量，计算每一个形容词对于这个模糊集 S 的隶属度。

四 余 论

大型语言工程实践所激发的对词语模糊性的认识以及 CLKB 所采取的应对策略为模糊语言研究奠定了一定的基础。不过，CLKB 没能在这个方向上深入，而是把注意力转向了语言的随机性，即采用基于统计数据计算的概率值描述词语的语法属性[①]。基于 CLKB 中的 GKB 和 5200 万字的基本加工语料库，对于每一个词语可以统计它的频次、带词性的频次、粗粒度义项的频次乃至各项属性的频次等计量信息，进而就能得到相应的频率。还可以计算 n 元语法的各种参数。这些数据在实用的自然语言处理系统中都发挥了关键的作用。

模糊性和随机性是描述事物的两个不同的概念，模糊性用隶属度表征，随机性用概率表征。本文认为这两者之间也有联系，在某些领域，对于某些对象，也可以用概率（频次）定义隶属度，例如本文第三节就给出了利用频次计算单字关于语素库（模糊集）的隶属度的公式。该公式也可以推广到其他场合。需注意到，该公式中的各种统计数据都是基于 CLKB 中的基本加工语料库的。该公式中还有一个未确定的阈值 K。K 是一个经验值，它的确定也是要依赖特定的语料库的。无论利用的语料库有多大，总是有限的，在有限的资源上所得到的数据和知识对于无限的语言现象只能是一种近似，或者说词类、频率等词语知识都是定义在可利用的语料上的函数。

积 26 年之努力，建成的"综合型语言知识库"（CLKB）为中文信息处理领域的原创性科学研究和应用技术开发提供了实际的支持。CLKB 于 2011 年获得中国国家科学技术进步奖二等奖，俞士汶于同年获中国中文信息学会

---

① 俞士汶、段慧明、朱学锋：《词的概率语法属性描述研究及其成果》，见许嘉璐、傅永和主编《中文信息处理——现代汉语词汇研究·第五章》，广东教育出版社 2006 年版，第 227—283 页；俞士汶、朱学锋：《词汇计量研究与常用词知识库建设》，《中文信息学报》（已录用待发表），曾在第十四届汉语词汇语义学国际会议上报告（2013 年 5 月 11 日，郑州大学）。

成立 30 年来首次颁发的终身成就奖。CLKB 于 2013 年再获北京大学首届产学研结合特别贡献奖。虽获殊荣，研制人并不敢高估 CLKB 的理论成就，俞士汶一向认为"自己和同事们所做的工作不过是把学到的、理解了的语言学研究成果改造成计算机便于运用的形式而已"。[①] 如果计算语言学界的学者和模糊语言学界的学者能够深入地交流，更多地了解彼此的目标、理论和方法，相互渗透，或许可以开拓出一个十分广阔的发展空间。不过，目前笔者还只是认识到模糊语言研究以及计算语言学与模糊语言学界相结合的重要性，还缺乏实践，这种认识只是停留在模糊的阶段。

第四届中国模糊语言国际学术研讨会期间，笔者得到天津师范大学谭汝为教授的鼓励。本文写作过程中就以概率（频次）定义隶属度的问题请教过北京大学袁毓林教授，获益良多。在此一并致以诚挚的谢意。

（作者单位：北京大学计算语言学教育部重点实验室）

---

① 俞士汶：《语言随计算齐飞》，《当代语言学》2009 年第 11 卷第 2 期。

模糊语言与音义训诂

黄坤尧

一 绪论：在规范与模糊之间

近年模糊语言学的研究迅速兴起，已著书出版的有黎千驹《实用模糊语言学》（1996）、伍铁平《模糊语言学》（1999）、鲁苓《多元视域中的模糊语言学》（2010）等。其后模糊语义学、模糊修辞学亦逐渐进入研究者的视野和领域，这方面主要有张乔《模糊语义学》（1998），陈振维、吴世雄《范畴与模糊语义研究》（2002），黎千驹《模糊语义学导论》（2007）、《模糊修辞学导论》（2006）等，撰著甚多。不过诸书基本都着眼于模糊语言的探讨，无论词语、语音、语法、句子，以至各体文章等都有很多不确定的因素，甚至连法律范畴、商务活动、外交话语、新闻语言等都各有模糊的地方。[①] 我们每用的一个词语、一个句子，如果要细心探究，几乎都有问题，都有歧义，几乎没有不模糊的[②]，愈说愈不清楚，总有很多必需补充及解释的地方，始能完备。因此，模糊语言的研究难免会带来很多负面的信息。当然，我们只会探讨语言中模糊的现象，却不能刻意追求模糊。说到底，模糊语言学的终极追求也还是清晰和明确的。黎千驹说模糊修辞的基本原则：准确、贴切、得体。[③] 这跟普通语言学所欲探寻的目标应该还是一致的。

关于"模糊语言学"的定义，伍铁平论云："要建立任何一门学科时，人们必须首先建立一套谈论该门学科的语言，即所谓元语言（metalanguage）。要建立'模糊语言学'，首先必须了解语言中有哪些表示'模糊'

---

① 鲁苓：《社会生活中的语言模糊性问题》，载《多元视域中的模糊语言学》，社会科学文献出版社 2010 年版，第 222 页。

② 伍铁平曾以《水浒全传》及《孔乙己》各一段文字为例，模糊的词语约占半数。参《模糊语言学》，上海外语教育出版社 1999 年版，第 90 页。

③ 黎千驹：《模糊修辞学导论》，光明日报出版社 2006 年版，第 6 页。

的词，札德所说的'模糊'（fuzziness）指的究竟是甚么，即必须首先'正名'。须知同任何学科的科学语言一样，谈论'模糊语言学'这门学科的语言本身必须是精确的，而不能是模糊的，否则，首先就会碰到这门学科的研究对象不好确定的问题。"① 指出模糊的问题所在，用心良苦，说的也很坦白，可就是还没有下定义。

黎千驹则明确订出"模糊语言学"的义界云："模糊语言学是一门运用模糊理论并以语言的模糊性为主要研究对象的边缘科学。它的主要任务是运用模糊理论和方法研究语言各要素的模糊性情况；研究导致语言模糊性的一般规律以及导致语言各要素模糊性的特殊规律；研究模糊语言在人们日常生活当中和写作当中的运用情况以及它对于提高语言表达效果所起的作用及其规律；研究模糊语言与其他有关学科的相互关系以及它对这些学科可能产生的影响。模糊语言学的研究材料几乎可以涉及古今中外所有的语言，以及运用这些语言所写成的各个学科的任何文章和著作。"② 涵盖的范围相当广泛，几乎无所不包。但黎千驹首句却以"模糊理论"及"模糊性"来规范"模糊语言学"，则有循环论证之嫌。可能我们首先得解释何谓"模糊理论"及"模糊性"，然后才能进一步探究何谓"模糊语言学"了。

而鲁苓的定义则是"模糊语言学是一门将语言学研究与模糊数学、心理学、认知科学等多种学科相结合而发展起来的一门新的学科。作为一种介于自然科学和社会科学之间的交叉学科，它的研究在相当程度上推动了自然语言研究的发展，而且为解决形式语言中的许多难题提供了理论、方法或解释模型"③。可见"模糊语言学"牵涉到很多不同的学科，甚至还跨入了自然科学的领域，相当复杂。

在模糊语言的研究范围方面，黎千驹指出"词义的概括性不属模糊语言"、"词的多义性不属模糊语言"、"词义的交叉不属模糊语言"、"语义相关、婉曲、含糊其辞等不属模糊语言"、"跳脱不属模糊语言"。可是排除了这一大堆似是而非的概念以外，模糊语言的面貌仍然未能呈现出来。所以黎千驹继而指出模糊语言的三点特质："模糊语言是在语言的使用过程中运用了某些表义不明确的语词或句子而产生的现象"、"模糊语言只限于概念外延的边缘不明确"、"模糊语言的表义是单一的"，具体说明模糊语言的特

① 黎千驹：《实用模糊语言学》，广西师范大学出版社 1996 年版，第 115 页。
② 同上书，第 26—27 页。
③ 《多元视域中的模糊语言学》，第 2 页。

点，跟其他不相属的概念严格地区别开来，规范也很严谨。①

张乔也对几个常用而又容易混淆的术语有所辨析。例如：

模糊（fussziness）：具有不确定外延的词语，模糊语言在自然语言中比比皆是。例如"小王脾气很大"。

含糊（vagueness）：一个有多种语义解释的词语或句子，以多义词为代表。例如"好"有多个词素。另外一种含糊句义是一种含有"或"的句子来表现的。

概括（generality）：一个词语的概括义指不具体的意义。例如"城市"、"我的老师"。

歧义（ambiguity）：歧义指的是词语或句子可表达多种意义，而且这些多种意义之间又无多大语义关联。例如"新生"、"米"。②

这几个术语尽管都有了严格的定义区别，但其间千丝万缕，关系密切，甚至兼而有之，有时还是会混淆的，要加以解释和厘清。至于具体与否，有没有语义关联，有时还是要看临场的语境来决定的。

语言除了具有模糊的特性之外，很多时候还是精确的，才能达意，在沟通上才没有问题。因此又有所谓"规范语言学"的出现。游走于规范和模糊之间，寻求平衡点，语言的运用自然顺畅。因此，模糊语言学的研究，最后也还是追求精确和规范，化解含糊，消除歧义，而概括义也能区分出不同的层次。

本文现拟从经典的解读与车公签文两方面探索模糊语言的基本特质。为了达意，语言很多时候都会显得苍白无力，有点无奈。

二　经典的解读

语言是沟通的手段或工具，一般只有在相对的语境中始能产生意义，让人明白。一离开特定的语境，或时代不同，或地方变换，或事过境迁，或文化差异，很容易产生误解，引出歧义。两个人对话，如果有默契，几个单词或动作就能让对方明白，完成沟通，但别人看来却往往摸不着头脑。古籍中

---

① 黎千驹：《实用模糊语言学》，广西师范大学出版社 1996 年版，第 11—19 页。

② 张乔：《模糊语义学》，中国社会科学出版社 1998 年版，第 102—103 页。

语句歧义的现象极为普遍，连《论语》书中的朱陆异同①，往往都有不同的音义和歧解②；李商隐（813—858）的《无题》究竟是情诗还是政治诗，读者亦各有不同的观点。这些都可以说是广义的模糊语言。至于人与人之间的沟通，有些不好说的地方，有时也会用模糊语言含混过去，政治上的应用尤为广泛，例如"一个中国，各自表述"、"一国两制"等，使用者各取所需，自然也各有不同的理解了。以上有时是歧义，有时是模糊，有时可能更是误导了，大家的理解不同，各有会意。

其实古籍中模糊不清的地方尤多，师说的传承不同，学派的解释各异，日积月累，往往构成歧义。而音义训诂则是解释歧义的重要手段，消解模糊的概念，追求真相或确解。例如《周易》乃书名，但将书名二字拆开解释，即各有意义。《经典释文》云："周，代名也。周，至也，遍也，备也。今名书义取周普。""易，盈只反。此经名也。虞翻注《参同契》云：字从日下月。正从日勿。"③ 可见"周"字含有二义，或指周代，或训为"周普"；而"易"字也有两种构形，一说下半部从"月"，另一说从"勿"，不同的专家即各有解释。

古文献中的易象和比兴其实也是模糊的语言，很容易产生歧解。我们使用语言，显然是为了会意，因此有"得意忘言"之说。《庄子·外物》云："荃者所以在鱼，得鱼而忘荃；蹄者所以在兔，得兔而忘蹄。言者所以在意，得意而忘言。"④ 王弼亦云："得意在忘象，得象在忘言。"⑤ 强调《周易》卦象的作用，而象就是沟通言、意之间的媒介，带出意义。又陶潜云："此中有真意，欲辨已忘言。"⑥ 诸家都以达意为上，而最后还是会放弃语言，即舍筏登岸了。无论如何，所谓言、象、意之说，其实也是模糊语言。

诗中的"兴"可以称为兴象，跟易象有些类似。《论语·八佾》云：

---

　　① 朱陆异同一般是指朱熹（1130—1200）、陆九渊（1139—1193）治经的手段并不一样，观点各异。此外亦可指陆德明（555—627）跟朱熹的音义并不一致，各有主张。参黄坤尧《论语音义》中的《陆（德明）朱（熹）异同》，载《第一届国际暨第三届全国训诂学学术研讨会论文集》，"国立中山大学"中国文学系，1997 年，第 535—556 页。

　　② 参邓仕梁、黄坤尧编《新校索引经典释文》，学海出版社 1988 年版，第 19 页。

　　③ 郭庆藩辑：《庄子·外物第二十六》，王孝鱼整理，中华书局 1961 年版，第 944 页。

　　④ 王弼：《周易略例·明象》，参楼宇烈《王弼集校释》，中华书局 1980 年版，第 609 页。

　　⑤ 陶潜：《饮酒二十首》其五，《陶渊明集》，人民文学出版社 1983 年版，第 51 页。

　　⑥ 何晏集解，邢昺疏：《论语注疏》，第 30 页。诸经引文参《十三经注疏附校勘记》，嘉庆二十年（1815）江西南昌府学开雕本，艺文印书馆 1955 年版。

"《关雎》乐而不淫，哀而不伤。"① 就是说《关雎》一诗可以引发出哀乐的兴象，虽然使用语言的手段各异，但追求会意的目标没有改变。

《论语·阳货》："子曰：小子何莫学乎诗？诗可以兴，可以观，可以群，可以怨。迩之事父，远之事君，多识于鸟兽草木之名。"② 诗的功效很多，可以学习很多方面的课题，包括兴观群怨、事父事君，以及鸟兽草木之名等十项，每一项都大有学问，模糊的特质尤为显著。例如植物的分类即有界、门、纲、目、科、属等，层次不同，十分专业，也不是人人能懂的，很多时候在语言运用中只能选择自己所熟悉的范畴作出响应。

《诗经·芣苢 [fú yǐ]》云：

采采芣苢，薄言采之。采采芣苢，薄言有之。

采采芣苢，薄言掇 [duó] 之。采采芣苢，薄言捋 [luō] 之。

采采芣苢，薄言袺 [jié] 之。采采芣苢，薄言襭 [xié] 之。③

《芣苢》两句一组，反复咏唱；每两句换一个动词，分别是"采"和"有"（古韵之部）、"掇"和"捋"（古韵祭部）、"袺"和"襭"（古韵脂部）三组，两两叶韵。"采采"可以解作动词采呀采呀，也可以看做形容词鲜明茂盛貌；"芣苢"又称车前草，其籽可治妇女不孕和难产。这大概是一首山村民歌，妇女一边采摘芣苢一边歌唱，一片天籁，可能没有什么深意。唯《诗小序》云："芣苢，后妃之美也。和平，则妇人乐有子矣。"汉代学者发挥微言大义，解释诗意中的深层结构，则是后妃求子之作，各有精义，而读者亦各取所需了。

更麻烦的可能是《春秋》了。例如"郑伯克段于鄢"一句，三传各有解释，表面上说是春秋笔法，其实却是一宗千古的冤案。《左传》论云："《书》曰：'郑伯克段于鄢。'段不弟，故不言弟。如二君，故曰克。称郑伯，讥失教也。谓之郑志。不言出奔，难之也。"④

《公羊》云："克之者何？杀之也。杀之则曷为谓之克？大郑伯之恶也。曷为大郑伯之恶？母欲立之，己杀之如勿与而已矣。段者何？郑伯之弟也。何以不称弟？当国也。其地何？当国也。齐人杀无知何以不地？在内也。在内，虽当国不地也，不当国，虽在外亦不地也。"⑤

---

① 《论语注疏》，第156页。
② 郑玄笺，孔颖达（574—648）疏：《毛诗注疏》，第41页。
③ 杜预（222—284）注、孔颖达疏：《左传注疏》，第36页。
④ 何休（129—182）解诂，徐彦疏：《公羊注疏》，第13页。
⑤ 范宁集解，杨士勋疏：《谷梁注疏》，第10页。

　　而《谷梁传》则云："克者何？能也。何能也？能杀也。何以不言杀？见段之有徒众也。段，郑伯弟也。何以知其为弟也？杀世子母弟目君。以其目君，知其为弟也。段弟也而弗谓弟，公子也而弗谓公子，贬之也。段失子弟之道矣，贱段而甚郑伯也。何甚乎郑伯？甚郑伯之处心积虑，成于杀也。于鄢，远也，犹曰取之其母之怀中而杀之云尔，甚之也。然则为郑伯者宜奈何？缓追逸贼，亲亲之道也。"

　　三传的解释各异，这里牵涉到很多不同的观点角度、意识形态及文化理念，构成歧义，而这也是模糊语言与音义训诂之间值得深入探讨的领域。

　　《郑伯克段于鄢》记录了春秋时代鲁隐公元年（前 722）夏五月，即郑庄公二十二年，郑国内乱事件的前因后果。《左传》以叙事为主，除了交代事件的本末之外，还要解释《春秋》的微言大义。即以本文为例，为了争夺权力，郑庄公手足相残，但他并没有杀弟，反而让他逃到邻国去了，给他一条生路，还是留有余地的。但《春秋》却清楚地记载说"郑伯克段于鄢"，而《左传》则从"不言弟"、"曰克"、"称郑伯"、"不言出奔"四个不同的角度，解释《春秋》书法的准则。所谓"克"就有置弟于死地之意，这又是什么原因呢？要知道，孔子（前 551—前 479）作《春秋》，就是要判断历史的是非，下笔矜慎，每一个字都具有分量，孟子（前 372—前 289）说"孔子成春秋而乱臣贼子惧"[1]，明显具有诛心的效应，判别是非。共叔段不守弟的本分，目中无君，也没有尽臣子的本分，自是越轨的行为，一定要加以鞭挞的。《春秋》直接叫他"段"的名字。《左传》记事，先是称他"共叔段"，因为他投奔到共国去了，也就把他视为外人了。下文复述事件时再沿用他在郑国任职时"京城大叔"的称号，可见内外有别，也还是各有喻意的。至于郑庄公，《春秋》贬之为郑伯，就是怪他"失教"，没有好好教导弟弟，更没有尽国君的责任，在公在私，都是失责了。其实也是庄公处心积虑所致。至于叙事到鄢为止，不提太叔后来出奔共国之事，自然更有加强责备的意味了。

　　"难之也"一句亦带有歧义。按"难"：平声音 nán，训为觉得有难度，难以说出奔，难以下笔；或双方都有过失，很难单独谴责太叔叛国。传统或音 nàn，去声，训为责难，责备郑伯，没有做好本分。"之"究竟是指庄公、太叔，还是兼指二人说呢？有时也不好理解。《左传》在隐公十一年（前

---

①　赵歧注，孙奭疏：《孟子正义·滕文公下》，第 118 页。

712）还提到太叔说："寡人有弟，不能和协，而使其糊口于四方。"① 可见十年后太叔仍然在世，而庄公还有点内疚。

《公羊传》将"克"字训为"杀之也"，甚至还声言"大郑伯之恶也"，望文生训，硬说共叔段给郑庄公杀了，看来是有点冤枉的。《谷梁传》则训"克"为"能也"，"能杀也"，就是说可以杀而不杀。谷梁一方面训斥"段失子弟之道矣"，另一方面又谴责庄公"处心积虑，成于杀也"，即动了杀机。甚至指导读者，建议"缓追逸贼，亲亲之道也"，重构和谐的愿景，兄弟和睦，用心良苦，自然更带有浓厚儒家礼教的色彩了。

可见同一句"郑伯克段于鄢"的经文，《春秋》行文简洁，但三传却分别考察孔子的作意，而大做文章了。其中"克"字固有歧义，在杀与不杀之间，解释各异，同时也反映了不同学派的经学观点。究竟这是语言的歧义，还是模糊呢？或者兼而有之，可能有待读者作更深入的探索了。

三　车公签文

香港沙田车公庙的签文十分灵验②，每年农历新年的年初二，都会有高层人士代表香港向车公求签，预测一年的运程，解释当前的困局，过去都很准确。2003 年癸未，香港民政事务局长何志平（1949—）为香港求得第八十三号下签：挂帆顺水上扬州。半途颇耐浪打头。实力撑持难寸进，落桅下［巾里］水难流。解曰："凡事不吉。"

结果当年爆发沙士疫症，7 月 1 日 50 万人上街游行，政府推行《基本法》二十三条失败，导致董建华（1937—）特首下台。"半途"刚好暗示半年之时，签文句句都很灵验。因此，当年笔者也写了一首《春雾》诗云："粤港连春雾，车公下下签。飞龙风火急，琼树雪霜兼。数据迷财赤，天威警肺炎。维舟行逆水，人事仰前瞻。"繁华一梦，似有预感，而香港经济也严重下滑了。

2009 年己丑由刘皇发（1936—）求得第二十七号下签：君不须防人不肖，眼前鬼卒皆为妖。秦王徒把长城筑，福去祸来因自招。解曰："内有家鬼，自身不安，家宅不吉，求财不遂。"

① 《郑庄公戒饬守臣》，《左传注疏》，第 80 页。
② 相传车公为南宋将军，护驾南征，在道中病逝，获村民建庙奉祀。其后新界瘟疫流行，唯车公神像巡游所到之处，疫症即止。村民仰赖神恩庇佑，历来奉祀甚殷，香火不绝。

结果当年受到金融海啸的冲击，经济衰退。一切的祸福皆因"自招"，连长城都不能发挥保护作用。

2011 年辛卯由刘皇发求得第十一号中签：威人威威不是威。只当着力有箴规。白登曾起高皇阁，终被张良守旧围。解曰："凡事守旧，求财遂意，自身得运，婚姻不合。"

结果当年香港大学的百年校庆中引发极大的政治风波；政府编制财政预算不公，仓皇中人人派 6000 元，又被指乱派钱。签文的首句尤为显豁，批评政府十分严厉，要按规矩办事。汉高祖六年（前 200），刘邦（前 256—前 195）被匈奴围困于白登山（今山西省大同市东北马铺山）七日，由陈平（？—前 178）护驾逃出。

2012 年壬辰由刘皇发求得第二十九号中签：何为邪鬼何为神。神鬼如何两不分。但管信邪修正处，何愁天地不知闻。解曰："凡事皆吉。"

结果当年曾荫权（1944—）年初被传媒揭发跟富豪交往密切，挥霍无度，卸任前民望低迷。唐英年（1952—）在特首选举中被揭发大宅僭建的丑闻，从大热中堕马。梁振英（1954—）当选为第四任特首，可是又被后来揭发的僭建丑闻所困扰，一直都得不到港人的信任；甚至连推行国民教育都招来学生及家长极大的反抗，十万人围着政府总部，被逼撤下。签文说香港神鬼不分，真的充满了讽刺。

2013 年癸巳由刘皇发求得第九十五号下签：驷马高车出远途。今朝赤脚返回庐。莫非不第人还井，亦似经营乏本归。解曰："宜慎小人，凡事不利。"

结果当年有局长涉贪被判刑，行政会议成员因牵涉财政问题而辞职，特区政府民望低迷，施政维艰。所谓"赤脚返回庐"、"经营乏本归"等，似亦不幸言中了。

车公庙共有九十六号签文，吉凶互见。签文多以古人的故事为喻，文字浅白，但都扣紧我们的日常生活，可以作多方面不同的解释，模棱两可，自然也是模糊语言之类。但近年签文都很灵验，有些警句还可以解释当前的社会事件，可能也是政制人事的病变所致，就当作上天示警，给市民一个思考的机会吧！

至于扶乩就跟签文一样，都是神灵的语言，自然也具有模糊语的特性。例如"机不可失"的乩文即有两解，等待时间验证，才能悟出准确的意义。

道教扶乩好似神秘，左丁山儿童时代就听过先父讲故事，指在 1936 年南天王陈济棠密谋起兵反抗蒋介石，请吕洞宾先师指点，得四个大字，"机不可失",于是大喜过望,以"抗日救国军"名义宣布反蒋,殊不知蒋介石早已收买陈济棠手下空军大将,司令带 48 架飞机飞去南京投奔,陈济棠唯有仓皇出走香港。先父话"机不可失"四个字,灵到十足十,只不过凡人不懂解读其真意而已。[①] 1936 年 6 月,陈济棠(1890—1954)反蒋,可是他的空军大将黄光锐(1898—1986)为蒋介石(1887—1975)重金所收买,而余汉谋(1896—1981)等将领亦通电表示服从中央。陈济棠被迫出走香港。所谓"机不可失"之"机",原来说的是"飞机",而非"机会"。

(作者单位:香港中文大学联合书院)

---

① 左丁山:《扶乩与贴士》,《苹果日报·苹果副刊》E6"名采",2013 年 9 月 11 日。

试论模糊词在女性征婚广告中的运用

张先亮　赵　婧

模糊词被广泛地用于征婚广告中，这一特点吸引了不少语言工作者的关注，但研究仅限于对模糊词列举性的说明，缺乏详细而全面的探讨。本文选取 900 则 20 世纪 80 年代至今的女性征婚广告，以荷兰心理学家 Paw low ski（1999）和 Koziel（2003）的进化心理学为依据，将女性自我介绍所使用的模糊词（包括个别词组）分为体貌维度、品性维度、资源维度，并对模糊词的这三个维度进行详细而深入的分析，以揭示女性自我介绍模糊词的运用情况。

一　体貌维度

体貌（attractive）是指与相貌、健康有关的身体特征。在我们收集的所有例句中，描写体貌的模糊词有 49 个，根据所表达的内容不同，可以分为四类：身体美、气质美、健康美、皮肤美。

（一）身体美。根据介绍身体美模糊词的侧重点不同，我们将身体美的内容细化为整体美、五官美、身材美。统计结果参见表 1：

表 1　　　　　　　　　　　　　身体美模糊词

	模糊词	人数	出现率（%）
整体外貌美	貌佳/好/美/上乘/出众/优/秀、清秀、娟秀、美丽、端丽、端秀、漂亮、靓丽、天生丽质	301	54.8
	貌一般、适中	4	0.7
五官外貌美	五官端正	195	35.5
身材外貌美	身材佳/好、苗条、匀称、丰满、娇小	50	9
总计		550	100

从表 1 可知，整体美模糊词被大多数女性所喜爱，出现率为 55.5%；其次是描写五官美的模糊词，出现率为 35.5%；身材美模糊词出现率为 9%。整体美是对女性外貌整体的描写，可以包括局部美，如五官和身材。这与人们的审美角度是一致的，当我们观察一个人时，首先映入眼帘的往往是整个外貌，其次才会观察某一部分。局部外貌是为了整体外貌而存在，任何单个部分的美都不如整体外貌的美，只有整体外貌美才算是真正的美。这也正是为什么描写整体外貌美的模糊词出现率要高于部分外貌美的原因所在。

在征婚广告中，如何让自己的外表美呈现给读者是每个女性都非常关注的，当然，每个女性会根据自身优势选择合适的模糊词，例如：

（1）女，29 岁，未婚，1.60 米，美丽漂亮，高贵优雅。本科，发表过很多文章，人品学识俱佳。城市户口，干部家庭，市中心有婚房，经济优。……（《爱情婚姻家庭》2010 年第 9 期）

例（1）使用了"美丽漂亮"，突出了女性出众的整体外貌，意在完美的整体外貌涵盖了精致的五官和姣好的身材，或者虽然五官不出众，身材不突出，但是整体形象较好，整体外貌美可以弥补局部的不足。

有的女性为了突出自己的某一部位的优势，就会采用部分外貌的模糊词。例如：

（2）一女，初婚，身高 1.6 米，五官端正，身体健康，高中文化程度，现在北京某国营厂工作。月收入 70 元。……（《中国妇女》1985 年第 1 期）

（3）女，湖北人，1.65 米，110 斤，离异，一女归男方，城户，无业，苗条，有气质，好想有个温馨的家。……（《爱情婚姻家庭》2011 年第 9 期）

以上两例使用了部分外貌的模糊词，如描写五官的"端正"和描写身材的"苗条"，通过五官美和身材美突出了女性部分美的特征。当然也有整体、部分同时出现的广告。例如：

（4）女，22 岁，高 1.61 米，初婚，初中，外貌清纯靓丽，身材苗

条，贤淑端庄，纯真善良，勤劳孝顺善持家……（《中国妇女》1999 年第 4 期）

　　例（4）同时使用了整体外貌模糊词"靓丽"和身材外貌模糊词"苗条"，既强调了女性的整体外观美而又突出了部分外貌美，整体和部分相呼应，充分展示了女性完美的外貌特征。

　　在整体和部分同时出现的广告中，我们发现一个有趣的现象，即整体外貌只和身材外貌同时出现，不和描写五官外貌的模糊词共现。究其原因，似乎与五官美在整体外貌美中所占的重要性有关。虽然五官美不能完全等同于整体外貌美，但人们在审美时，其注意力往往会集中在五官，只要五官美了，其他也就不会差到哪里去，因而也就无须再出现整体美的描述了。

　　（二）气质美。气质不同于美貌、装扮，它是女性内在性格和外在美貌的结合体，它的美感不受年龄、服饰和打扮的局限，具有长久的魅力。可以说，气质美是女性魅力的源泉，这也是女性比较重视气质美介绍的原因所在。统计结果见表 2：

表 2　　　　　　　　　　　　　　气质美模糊词

	模糊词	人数	出现率（%）
气质美	气质高雅、有气质、气质佳/好	208	72
清纯美	清纯	43	16
年轻美	（特）显年轻	27	9
韵味美	有女人味、韵味	10	3
总计		288	100

　　我们将气质类模糊词分为四类，出现率依次为"气质"、"清纯"、"年轻"、"韵味"。女性最偏爱使用第一类模糊词，出现率为 72%，远远高于后三类模糊词的总和。因为任何年龄段的女性都可以使用第一类模糊词，而后三类都受到一定限制。从心理学的角度分析，气质"实质上是一个人所具有的神经类型，一般婴儿出生后不久就会在他们所进行的各种活动中表现出各自所具有的气质"。[①]"清纯"类主要描述女孩的气质。"显年轻"多指中老年人精神状态好，心态年轻，有活力。"有女人味"、"韵味"是指有一定

---

　　① 杨清：《心理学概论》，吉林人民出版社 1981 年版，第 582 页。

文化底蕴、修养层次、人生阅历的女性所表现的魅力，从内容上来看，"有女人味"是修饰有阅历的女性。

（三）健康美。健康美也是女性征婚者重视的要素之一。有 267 人对自身的健康状况进行了描述，多使用"健康"、"体健"。健康的身体是生命的基础，有了健康的身体才可以正常地工作、生活。健康的身体，有利于家庭经济的发展、家庭生活质量的提高和延续后代，健康的身体对家庭未来的发展有很重要的作用。

（四）皮肤美。在我们的审美观中，皮肤美主要是指皮肤白皙，在描述女性皮肤美的 120 个广告中，使用皮肤白皙的模糊词有 118 个，仅有 2 个用"肤色好"这一模糊词。中国自古就有"一白遮百丑"的说法，对女性的面貌或者体型作具体评论时，就算脸孔不够标致，身材不够苗条，只要皮肤白皙就可以算美人。皮肤白皙能使人看起来年轻漂亮，精神焕发。换句话说，皮肤白皙的女性更容易受社交场合的欢迎。因此，描写皮肤美的模糊词在征婚广告中也比较常见。

以上四类都属于体貌维度，最受女性的青睐。"爱美之心，人皆有之"，人属于视觉动物，喜欢一切美好的事物。美丽的外貌是女性天生的宝贵资源，可以给自己和他人带来精神享受和审美愉悦。

二　品性维度

如果说休貌美是人的外在美，那么品性美就是人的内在美。外在美重在视觉上的享受，内在美重在精神上的品味。外在的美很重要，内在的美也同样值得重视。因为在生活的相处中，我们更需要内在美来给生活调味，给夫妻间的摩擦添加润滑剂，所以女性也比较看重品性维度的介绍。根据品性维度侧重点不同，我们将其分为两大类：一类侧重于介绍征婚者社交时愉悦他人所需的品性，即愉悦品性；另一类侧重于介绍照顾家庭和处理夫妻间感情问题时所需的品性，即家庭承诺品性。在 900 则征婚广告中，有 527 人描写了自己的愉悦品性，有 170 人描写了家庭承诺品性。可见女性非常注重自身的愉悦品性。

（一）愉悦品性。按照模糊词的语义我们将愉悦品性分为八小类："善良"、"温柔"、"端正"、"开朗"、"爱好"、"聪明"、"修养"及其他类。见表 3：

表3   **愉悦品性模糊词**

类别	模糊词	人数	出现率（%）
善良类	善良	216	41
温柔类	温柔、温和、温顺	79	15
端正类	端正、正派、品正	69	13
开朗类	开朗	47	9
爱好类	爱好广泛、热爱 xx	42	8
聪明类	聪慧、聪明、聪颖	32	6
修养类	有修养/涵养、文学修养	25	4.8
其他类	文静、稳重、无不良嗜好等	17	3.2
总计		527	100

由表3可见，"善良"类模糊词出现率最高。善良是中华民族的传统美德，是一个好女性最基本也是最重要的品性。刘备说："勿以恶小而为之，勿以善小而不为。"① 莎士比亚说："善良的心地就是黄金。"② 雨果说："善良的心就是太阳。"③ 可见，从古至今，中西方的人都认为善良是一个人最宝贵的财富，是一个人最大的人格魅力。只有心地善良，才能有善行善为。善行善为说明一个人心胸宽广、富有爱心、体恤他人、心地纯洁等，这些性格特点不仅愉悦他人，也给自己带来快乐，所以，最受女性关注。

（二）家庭承诺品性。与上文其他维度的模糊词的使用情况相似，描写家庭承诺品性的模糊词的出现率差异也比较大，见表4：

表4   **家庭承诺模糊词**

	模糊词	人数	出现率（%）
照顾家庭	善理家、持家	71	42
	贤惠、贤淑、贤妻良母（贤淑类）	31	18
	爱家、顾家	24	14
处理夫妻间感情问题	重情、专一、忠诚	44	26
总计		170	100

---

① 雅瑟、苏陌：《中华句源》，新世界出版社2012年版，第14页。
② 牧原：《人生随时要静心》，中国长安出版社2011年版，第242页。
③ 雨果：《雨果妙语录》，甘肃人民出版社1988年版，第133页。

　　从家庭维度模糊词的出现率可以看出，描写照顾家庭的模糊词远远超过解决夫妻间感情问题的模糊词，这反映了女性比较重视解决家庭问题所需的品性。其原因主要是由于结婚不只是同丈夫结婚，同时还要与他的家人"结婚"。婚姻生活更多的是处理家庭事务，丈夫只是家庭生活的一部分。稳定、幸福的婚姻生活需要处理好小家庭的杂事，更要维持好与丈夫家人这个大家庭之间的关系。生育后还需要耗费更多的时间照顾孩子。所以相对于夫妻间的问题，家庭事务更加复杂，需要付出更多的时间和精力，故女性描写照顾家庭时所需的品性自然比例要高。

　　照顾家庭所需的品性出现率也有差异。"善持家"的出现率最高，为42%；其次为"贤淑"类，出现率为18%；"爱家"、"顾家"的出现率为14%。"善持家"主要是指善于做家务，善于理财，善于照顾家庭等。中国传统家庭模式是"男主外，女主内"，婚姻把单独的男女结合在一起，双方扮演妻子和丈夫的角色，双方的角色要求双方维持家的和谐发展，一个女人善理家是维持一个家庭生存的必要条件。对于男性来说，妻子"善持家"就是坚强的后盾。因此，女性征婚者对此的提及率比较高。

三　资源维度

　　婚姻与女性的体貌和品性有关，同样婚姻也离不开经济基础。刘英在研究中国的婚姻家庭时提出："家庭作为一种社会组织是建立在一定的经济基础之上的，每一个家庭成员之间有着经济方面的联系。在中国的传统文化中，经济对家庭的影响是很大的，由于经济的窘迫所引起的紧张和不快以及变幻无常的社会生活的影响是构成家庭不和的主要因素。"[①] 由此可见，女性的经济状况是影响未来家庭能否稳定发展的要素之一。影响女性经济状况的不仅有经济收入，也有社会地位，这里我们把这两类合称为资源维度。

　　根据模糊性词语介绍的侧重点不同，可分为四类：潜在资源、直接经济收入、职业、家境，见表5：

---

① 刘英：《中国婚姻家庭研究》，社会科学文献出版社1987年版，第10、284页。

表5 资源维度模糊词

	模糊词	人数	出现率（%）	出现率（%）
家境	经济条件好/优越	32	19	
	家境好/优/富裕	19	11	33.1
	高知	5	3.1	
潜在资源维度	事业心/生活能力/工作能力强、有事业心、上进心	28	16.6	
	能干	14	8.6	27.6
	一技之长	4	2.4	
直接经济收入	Xx余元/以上、收入稳定/可观/丰、月薪近xx	40	23.6	23.6
工作	工作稳定/固定/出色	26	15.7	15.7
总计		168		100

其中描写家境的模糊词出现率最高，为33.10%；潜在资源维度模糊词的出现率为27.6%；直接经济收入模糊词的出现率为23.6%；工作模糊词的出现率为15.7%。可见女性最重视自身家境情况的介绍。女性家庭的经济收入和社会地位与女性自身的发展息息相关。富裕和社会地位较高的家庭既可以为女性提供良好的教育环境和生活环境，也可以帮助女性解决就业问题，甚至还可以帮助女性改善个人未来家庭的经济状况。一般来说，女性家庭的经济收入和社会地位意味着女性以后的社会地位。现代社会甚至流传"现在的社会是'靠爹'的时代"，有个"好爹"就意味着自己以后有舒适的生活。当然对于"家庭和女性未来发展的关系"，人们理解上有一定的扭曲。但是一定程度上也说明家庭对于女性自身发展起着比较重要的作用。因此，把家境这个资源看得最重要也不足为奇了。

结 语

我们对模糊词的体貌维度、品性维度和资源维度进行了全面统计和分析，从中可以发现女性对三个维度以及各维度内部的模糊词的重视度有着明显的差异。

受传统爱情观"男才女貌"的影响，女性最重视体貌维度。女性只有以男性的审美标准来塑造自我的形象，这样才易赢得男性的青睐，提高征婚率，可见女性重视体貌也受审美异位性的影响。

品性维度也比较受女性的关注，其中模糊词出现率比较高的为"善良"、"善持家"、"重情"。这三个品性是高质量婚姻的基石，"善良"是中华民族的传统美德；"善持家"表现女性顾家的一面；"重情"则是遵守婚姻道德的表现，是完成"厮守终生"、"白首不相离"的誓言的保证，表现出女性对婚姻的尊重和坚守。所以这三个模糊词最受女性的欢迎。

与以上两个维度相比，资源维度的出现率比较低，重视度不高。这主要受传统家庭模式"男主外，女主内"的影响。女性"以家庭为主"的身份使得其在工作中投入的体力和精力都少于男性，男性是一个家庭的"经济支柱"。由此也可以看出，传统文化对人的影响是根深蒂固的。

参考文献

［1］曹志耘：《广告语言艺术》，湖南师范大学出版社 1991 年版。

［2］池昌海：《二十年征婚启事语体特征变化分析》，《修辞学习》2003 年第 1 期。

［3］唐七元：《试论模糊性词语在征婚启事中的运用》，《重庆科技学院学报》2011 年第 15 期。

［4］夏惟怡：《从网络征婚信息看离异人士的再婚择偶心态》，《大众心理学》2010 年第 9 期。

［5］徐安琪：《择偶标准：五十年变迁及原因分析》，《社会学研究》2000 年第 6 期。

［6］许红晴：《征婚启事的社会语言学考察》，《暨南大学》2006 年第 5 期。

［7］徐萍：《征婚启事二十年语言嬗变过程研究》，《华中师范大学》2006 年第 11 期。

［8］张乔：《模糊语言学论文集》，大连出版社 1998 年版，第 62 页。

［9］Paw low ski, B., Dunbar, R. I. M., "With holding age as putative deception in mate search tactics", *Evolution and Human Behavior*, 1999（1）.

［10］Koziel, S., Paw low ski, B., "Comparison between primary and secondary mate markets: An analysis of data from lonely hearts columns", *Personality and Individual Differences*, 2003（8）.

（作者单位：浙江师范大学人文学院）

经济学语言的精确与模糊

肖六亿

古典经济学使用日常语言描述了经济系统，解释了经济世界，阐释了经济思想。但 19 世纪 70 年代的边际革命，使经济学语言发生了转变，新古典经济学开始使用数理语言解释经济世界，而且这种趋势一发不可收拾，使数理语言成为当代主流经济学的主要特征。可是新古典经济理论正日益受到攻讦。批评与指责主要来自其过于繁复玄奥，同时过于数学化。按照这些批评意见，新古典经济理论应当在心理学、历史、社会学、生物学和政策上多下功夫，而不是过分追求数学、物理学和所谓的严密。我们无法判断是当代主流经济学的"数理模型经济世界"还是古典经济学家的"日常语言经济世界"更接近人类社会的"真实经济世界"。因此，我们不得不反思经济学的表现形式。

一　经济科学的性质

关于经济学语言是数理化还是日常语言化的争论，其焦点并不在数学语言和日常语言本身。实质上，它反映了人们对于经济学性质的不同认识与理解。

科学法则的一个特征，是它们与现实相联系。无论它们表现为假设的形式还是表现为范畴的形式，它们都不同于纯逻辑和数学的命题。从某种意义上说，它们是与存在的事物或可能存在的事物相关联，而不是与纯粹的形式相关联。很显然，在这方面经济学的命题与所有其他科学的命题完全一致。经济学命题得自一些简单假设的推论，这些假设反映的是非常基本的一般经验事实。如果前提与现实相关联，那么得自前提的推论就必然也与相同的现实相关联。经济学推论所依据的事实知识，在一些重要方面不同于自然科学推论所依据的事实知识；经济科学的方法——而并非检验其逻辑一致性的标准——常不同于自然科学的方法。但是，经济学法则与现实的关系要比自然科学与现实的关系更加不容怀疑。我们已经知道，经济学基本法则的最终构成要素，是我们所直接了解的。而自然科学基本法则的最终构成要素，则仅仅是根据推论而得知的。因此，从亚当·斯密《国富论》发表算起，经济学作为一门科学至今已有223年的历史。

经济学研究的是人类经济行为，而人类经济行为具有不可预期性、互动性、多变性等特点，这使得经济活动和经济现象异常复杂，经济学研究的结果相对而言就不那么确定、规范和可靠。因而经济学是一门有别于自然科学的科学。埃德蒙·马兰沃进行了一个总结，经济学与自然科学仍保持相当大的距离，原因有两点，一是经济学中经济现象的表述不可能像自然科学中的现象那样精确；二是经济学与自然科学学科所采用的方法是有很大区别的，从根本上说，经济学研究方法不同于实验科学中所采用的研究方法。[1]

作为政策科学的经济学提出了关于改善人民生活的政策，这一点不同于自然科学与大部分其他社会科学。社会学和政治科学有一些政治取向，但是它们大部分只是涉及其各自学科功能的理解。自然科学当然具有提高人民生活水平的潜能，但是这只是作为知识活动的一项副产品而已。将经济学与物理学等相比本身就是错误的，相比之下将经济学与工程学相比还略显恰当些。同样，将经济学与生物学相比也是不恰当的，而与医学的比较可能更为贴切。我们认为，经济学具有科学的性质，但又与自然科学有区别，是具有政策目的性的社会科学。[2]

二　数学语言与精确

经济学是一门科学，是把人类当作目的与具有各种不同用途的稀缺手段之间的一种关系来研究的科学。[3] 它要客观地描述和解释现实世界，具有与自然科学一样的特征，要求客观、严谨、精确。所以，数学语言和数理模型就是最好的表现手段。这就是当代主流经济学强调"数理模型的经济世界"的原因，进而也是当前经济学数学化的起因。

---

① 埃德蒙·马兰沃：《经济与硬科学的攀亲：一种不可避免的、达到终点的尝试》，载 Antoine d'Autume & Jean Cartelier《经济学正在成为硬科学吗？》，经济科学出版社 2002 年版。

② Lionel Robbins, *An Essay on the Nature and Significance of Economic Science*, Macmillan and Co., Limited, London Second Edition, Revised and Extended, 1848.

③ ［奥地利］门格尔：《国民经济学原理》，上海人民出版社 2005 年第一版，第 51—70 页。

现代主义认为，以客观、严谨著称的数学是科学的标志，物理学则是典型的科学学科。一门科学，与物理学之间的相似性越明显，它就越容易被描述为一门"硬"科学①。因为其他科学学科如果趋向沿着类似的道路，遵循相同的原则，将具有或多或少的精确性。那么，经济学是一门什么样的科学？是一门和自然科学等量齐观的科学，即所谓的硬科学，还是把它看做一类与自然科学不同的科学？面对这个问题，杰文斯（W. S. Jevons）曾说，"很显然，经济学，如果是一门科学，那么它一定是一门数学科学"。② 这种着重强调经济学偏硬一面的观点极大地鼓舞了亲数理分析的经济学家。他们认为，通过运用数学，可以使经济学成为一门精确的或物理学意义上的科学。反过来，如果经济学是（或者差不多是）一门硬科学，那么数学在经济学中的使用就应该像在物理等自然科学中一样，多少都不为过分。而另一种观点则认为，各种学科拥有自己的研究方法和基本原理，它们以特殊的方式把理论与经验联系在一起。除了一些关于各自内部逻辑一致性（不互相矛盾）方面的普遍法则外，能进行普遍应用的原理是很少的。经济学与经济研究主题多种多样，也不可能把对研究的理解、计划和实施归纳为一个步骤清单或一个通用公式。③ 所以，经济学无论从本质上，还是从形式上都不是一门硬科学，进而，经济学中大量、过分地使用数学是多余的，且无效的，并不能真正地解决现实问题。该观点着重强调经济学与现实生活的联系。需要注意，这种观点并不反对经济学成为一门硬科学，而是质疑经济学的"硬"度以及经济学如何成为硬科学。

数学语言的严密和表达的精确性，使得数学在经济学中得以广泛应用。数学语言的严谨大大提高了关于经济问题的争论效率，因为它可以使争辩双方清楚地知道他们分歧之所在。数学在经济学中广泛应用以前，经济学中的争论往往难以有结果，因为争论的双方对同一概念常常有着不同的定义。马克思曾经声称他不是一个马克思主义者，因为不仅很多马克思主义者之间的解释相互矛盾，而且同他本人最初的解释也相矛盾。当然，马克思本人在某

---

① "硬科学"不属于科学哲学的术语，简单地用"硬科学"一词来代表物理科学和生命科学等自然科学，主要是因为它们以把模型与观察实验结合在一起的研究方法为基础（Malinvaud, 1997, 中译本，2002，第 13 页）。

② William Stanley Jevons, "Mathematical Character of the Science", *The Theory of Political Economy*, p. 3. 转引自 Ida Bell Shaw, "A History of the Development of Mathematics in the Field of Economics", *Mathematics News Letter*, Vol. 8, No. 2, (Nov., 1933), pp. 31 – 37。

③ ［美］唐·埃思里奇：《应用经济学研究方法论》，经济科学出版社 1998 年版。

种程度上要对这种结果负责，因为他没有很好地用数学语言定义它的概念。如果经济学家适用的概念经由数学很好地定义，则此类问题就可大大避免。数学在经济学上得到广泛而深入运用的第二个理由，同主流经济学的概念有关。所有主流经济学，就是在大多数的经济学课堂上一代一代地被传授的经济学。在很多学科，比如社会学中，就没有这种所谓的主流。不同教师、不同代人在课堂上讲授的社会学都不相同，这种学科鲜有能够清楚定义的共同之处。但是，微观经济学就与此不同，它在全世界范围内大多数课堂上讲授的内容都基本相同。它讲述的很多共同知识中包括马歇尔100年前就用过的很多概念和讲义。这个由不同经济学领域和后代教师及学生共同分享的共同主流，就创造了一个他们共同沿用的统一的知识体系。这就显著地提高了交流的效率，从而不仅促进了该学科不同专业领域的分工，而且促进了不同代际的经济学家之间的分工。

数学语言在经济学的表达中大行其道，是因为它精确、严谨，避免了因语言的误解而导致的争论，有助于高深经济理论的提升。尽管精确有其优势，但是精确也会导致经济学成为少数掌握数学工具人的专利，使经济学上升为象牙塔的顶端，难以走出"经院哲学"的阴影，从而使经济学离现实世界和民众越来越远。数学形式化对经济学的形成有着非常重要的影响。如果不用数学进行形式化，则深刻的经济思想就有可能被遗忘，而一些非常肤浅的经济思想，则可能会仅仅因为被形式化而成为主流经济学的一部分。

三　日常语言与模糊

经济学又不是自然科学，而是社会科学，研究人类经济行为及其结果的科学。它所描述的世界和现实，以至其结论和政策最终需要被人们了解和接受，也就是说，经济学需要与公众对话。与公众对话的最优表达形式自然就是日常语言。日常语言因其具有模糊性，所以不利于用来从事纯理论研究和经验研究。经济学是一门社会科学，不是象牙塔，必须让民众接受和熟悉，因此应该使用日常语言，如报纸、新闻、评论和政策。日常语言在经济学的表达中魅力依旧，是因为它通俗、模糊，容易被公众接受和理解，从而便于经济理论和经济政策的推广、普及和运用。

以自然为基础的理论研究，本质上是一种发现，归根结底是发现了物质世界的某种特性。不像物质世界那样几乎不发生改变，人类社会一直是在变化之中，这才是真正意义上的一种"发明创造"，尽管历史存在着相似之

处。所以，以人及社会关系为基础的经济学研究既包括像自然科学那种
"发现"的研究（实证研究或数理推导），还涉及对人的行为以及由此引发
的社会进步的规范研究。经济学的假说体系不仅应该具有客观性，而且还应
该在接近严格中肯的理论的同时具备实际应用方面的优点。这也就是说，除
了像自然科学那样进行解释和预测外，经济学还应给我们提供理解。这种规
范研究是由经济学本质所决定的，恰恰是作为社会科学的经济学的一大优
势，是自然科学所不具备的。因此，对于"发现"的研究，经济学向自然
科学学习是无可厚非的，但是它作为社会科学，尤其是政策科学，没有必要
一定要和硬科学攀亲。

　　迈克洛斯基主张，突破现代经济学的修辞骗术，使经济学这样一种自亚
当·斯密以来非常显赫的会话，彻底回归人类会话的范畴。① 她认为，首
先，经济学不仅是科学的，也是文学的。其次，语言学是经济科学的楷模，
文学思维可以改善应用经济学。经济学可视为文学领域的一个特例。同样，
它也可被看做科学的一个分支，二者并不矛盾。无论怎样，最重要的经济学
修辞手段还是隐喻，尽管大多数经济学家都不承认，经济学的隐喻是文学性
的。经济学推理的每一步都是隐喻的，即使官方修辞也不例外。迈克洛斯基
还认为，经济学中的数学化也是隐喻的、文学的。基于上述观点，迈克洛斯
基指出，走出现代主义迷宫途径之一就是重拾长期以来与科学分道扬镳的修
辞学。修辞学不直接研究真理问题，它研究的是会话，它从语言层面上检验
各种会话，不仅包括诗人和小说家的会话，也包括经济学家的会话。它可以
用于对科学的语言批评。

　　在谈到博弈论的修辞时，鲁宾斯坦是从博弈模型中所"借用"的日常
术语的反思开始的。② 照鲁宾斯坦看来，首先就要从修辞学上审视这些博弈
模型中的日常语言词语的含义。鲁宾斯坦对博弈论术语词义讨论的有价值的
地方，是在于他对任何词的词义均有模糊性这一点的逻辑分析。一个词的含
义有模糊性，与语言（任何语言）的本身性质有关。对于这一点，许多哲
学家和语言学家都从不同的研究角度同时认识到了，并作出了各种各样的理
论说明。鲁宾斯坦对社会科学、人文科学和自然科学中的任何词和术语都有
其模糊性的一面这一点说明，这就是从语言和人的思维结构中的最优二元线

　　① ［美］黛尔德拉·迈克洛斯基：《经济学的花言巧语》（第二版），石磊译，经济科学出版社
2000 年版。
　　② ［以色列］鲁宾斯坦：《经济学与语言》，钱勇、周翼译，上海财经大学出版社 2004 年版。

序特征来说明问题。

　　经济学家们从逻辑学中的连锁推理悖论中清楚地展示了日常语言中词语的模糊性的实质，并进而认识到了日常词语模糊性的有用性。在当代主流经济学中，有一个致命的误解，那就是，经济学家们常常认为，由于日常语言是模糊的，故用日常语言所写的经济学，自是公说公有理，婆说婆有理，因而还不是"科学"。正是基于这一大的误识，致使当代主流经济学家错误地相信，只有通过数学公式所证明的经济学道理，才是"科学的"。相当多的经济学家也由此错误地断定，一些用日常语言所撰写的经济学，还不是"科学"。这是由当代经济学中数学模型的建构成为时尚、数学推理大行其道的根本认识论所致。

　　数学公式和数学推导过程本身也是一种"语言"，数学语言的语言问题，是一个哲学问题，一个数学基础问题，也是牵涉到语言学与认识论的关系是如何的这样一个最深层的语言哲学问题。如果我们能了解数学哲学中的柏拉图主义、约定主义和直觉主义的争论的实质，我们也许就能理解鲁宾斯坦对经济学语言的语义博弈分析是在哪个层面上讨论问题了。很显然，鲁宾斯坦的语义学的博弈分析还是索绪尔、维特根斯坦式的约定主义的。但是，如果我们接受普特南哲学中的"语义学是独立于认识论"的这一著名命题，那么，我们就会认识到，当代主流经济学家视野中的"数理模型经济世界"，与古典经济学家用日常词语建构出来的"经济世界"，在实质上并没有什么两样。认识到数学的语言问题，且如果我们相信普特南的"语义学独立于认识论"这一命题是真的话，即使我们认为鲁宾斯坦约定论的语言博弈模型是当代经济学（同时也可能是语言学）的一步深层推进的话，我们也还无法判断是当代主流经济学的"数理模型经济世界"还是古典经济学家的"日常语言经济世界"更接近人类社会的"真实经济世界"这一点。于是，当当代主流经济学嘲笑古典经济学用日常模糊语言建构出来的"经济世界"不"科学"时，为什么不能反过来问当代主流经济学家这样一个问题：你们用数学模型构建和推导出来的"经济世界"就是"真实的"？就是"科学的"？

四　经济学语言要符合经济学的内容

　　关于经济学语言是数理化还是日常语言化的争论，其焦点并不在数学语言和日常语言本身。实质上，它反映了人们对于经济学性质的不同认识与理解。经济学语言不应该是千篇一律的，而是根据内容量身定做，数学语言和日常语言都有自己的用武之地。

　　我们认为，经济学研究可以分为四个层次：纯理论、经验研究、应用理论、纯应用。对于不同层次的研究，应该使用不同侧重点的表达形式。

　　经济学纯理论研究可以适用纯朝数学语言表达方式。经济学纯理论研究的一个非常显著的基本特征是，研究的经济学基本命题保持不变，但在不断深入的研究过程中，对经济学基本命题论证的方法更为科学，逻辑更为严密，理论体系更为完美。众所周知，亚当·斯密在《国富论》中提出了有关市场协调社会经济活动的一个最著名的命题，即"看不见的手"。从古典经济学到新古典经济学的经济理论演进过程中，众多的经济学家围绕"看不见的手"这一基本命题进行了大量深入仔细的研究，留下的经济学文献可以毫不夸张地形容为"汗牛充栋"。斯密百年后，法国经济学家莱昂·瓦尔拉斯写出了《纯粹经济学要义》一书，构建了一个以数学的联立方程组为特色的一般均衡理论，用来论证"看不见的手"。熊彼特将瓦尔拉斯的一般均衡理论誉为一部精确的经济学"大宪章"。瓦尔拉斯以后，帕累托、沃尔德、希克斯、冯·诺意曼、麦肯齐和阿莱斯等人从不同的角度和层面进一步论证完善了一般均衡理论，直到20世纪50—60年代，阿罗—德布鲁等人运用拓扑学及"不动点原理"等更为高深的数学分析工具，进一步严密地论证了在一组严格假定条件下，一般均衡模型中均衡的存在性、唯一性和稳定性问题，使得自由竞争的市场经济理论成为一座逻辑严密和体系完美的经济学理论大厦。

　　对于经验研究，我们认为主要使用计量经济学的语言。在微观计量经济学研究领域，詹姆斯·赫克曼有关样本选择的选择性偏差理论及二阶段估计研究方法的创立与丹尼尔·麦克法登有关离散选择行为研究的理论和方法的创新；在实验经济学研究领域，佛农·史密斯等人在将市场实验引入微观经济分析的经济学实验方法的创建；在金融计量经济学研究领域，罗伯特·恩格尔所创立的 ARCH（自回归条件异方差）模型和克莱夫·格兰杰所创立的协整模型，也都是非常重要的经济理论研究中基本分析工具的创新。经济学分析工具的创新，极大地增强了经济学理论研究中的逻辑力量。正如约翰·麦克米伦所指出的，"在经济学的研究中，技术是不可或缺的。只有经由严格的模型化，人们才可能真正地了解一个新的思想观点的正确与否"。[①]

　　应用理论尽量用一个简单的案例讲述一个大道理，讲清楚一个道理并且

---

① John McMillan, "Editor's Note", *Journal of Economic Literature*, March 2000. （www. aeaweb. org/ journal/ edpolity. Html. ）

让读者理解，需要使用容易沟通的日常语言。新制度经济学就是应用理论的典范。新制度经济学指以产权和制度为主要研究对象的当代西方经济学说。该学说的主流是以科斯为代表的产权与交易费用经济学和以诺斯为代表的制度绩效和变迁经济学。后来经过科斯本人及威廉姆森、张五常、德姆塞茨、阿尔钦和诺斯等人的发展，该学派形成了一系列分支学科，它包括：交易费用经济学、产权经济学、经济分析法学和新经济史学等，从而构成了一套相对完整的体系。由于其涉及法学、政治学、历史学、社会学、哲学等众多学科，更由于其对经济发展现实问题广泛的解释力、浅显的非形式化表达、密切贴近社会生活的"叙事方式"，新制度经济学日益为社会各界尤其是经济学界所关注，并成为近 20 年来现代西方经济学最前沿的研究方向之一。制度经济学的进一步发展，有待在方法论上运用跨学科的研究方法和研究成果。正如诺斯所说，制度经济学还有更多的研究工作要做，特别是应当更重视跨学科研究和经济以及其他社会现象间的联系。

纯应用层次的研究，希望研究的结果得到推广和实施，因而更应该使用对话性的语言。经济学的应用主要有两种类型：第一种是运用了现有的经济理论和经济分析工具解释了新的经济问题或更好地解释了原有的经济问题的研究；第二种是运用了现有的经济理论和经济分析工具分析了所要解决的经济问题和提出了解决问题的经济政策的研究。总结起来就是，解释和提出政策方案。要使对现实问题的解释为大众理解和接受，首先就是用日常语言与公众对话；要使提出的政策方案被公众接受并被执行和落实，首先仍然是用日常语言与公众交流。

经济学是一门科学，它要客观地描述和解释现实世界，具有与自然科学一样的特征，要求客观、严谨、精确。所以，数学语言和数理模型就是最好的表现手段。经济学又不是自然科学，而是社会科学，研究人类经济行为及其结果的科学。它所描述的世界和现实，以至其结论和政策最终需要被人们了解和接受，也就是说，经济学需要与公众对话。与公众对话的最优表达形式自然就是日常语言。对经济学语言来说，数学语言与日常语言到底是替代还是互补呢？我们认为，这取决于所要研究的内容和研究所要达到的目的。

（作者单位：湖北师范学院经济管理学院）

话语标记语的模糊性与语言认知[①]

周明强

一　引　言

　　语言模糊性是语言的重要特点，所谓模糊性，是指自然语言中一个词或概念所指范围的不确定性，它是由客观世界的特性和人类认识的模糊性所决定的，语言的模糊性带来了模糊语言。恩格斯曾经指出："一切差异都在中间阶段融合，一切对立都经过中间环节而互相过渡。"[②] 语言模糊性在语言的各载体——语音、词汇、语法上都有表现，而以词汇意义最为突出。因为词汇意义是人们对客观事物的概括反映，其概括范围往往是逐渐过渡而非突然改变的。如事物的形状、颜色、数量、方位、运动，乃至人的情感、观念、思想等概念，都存在中间过渡状态，从而表现为两极对立的不充分性。所以，人们讲到模糊语言时，特别强调的是词汇意义的模糊，其共识是语言的模糊性源于语言中部分词的界限不清晰。[③] 何兆熊也认为："模糊语言主要指由模糊词组构成的表示概念的外延难以精确确定的语言，即表达模糊概念的语言。"[④] 模糊的语言会给语言的理解带来影响，只是在人们不需要清晰表达的时候，模糊语言常常还会发挥其独特的作用，周爱保等总结的以往人们在外交、媒体、司法、医学、文学等方面模糊语言的使用情况就是如此[⑤]。然而，如果人们在需要清晰表达的时候，如果用了模糊语言，则常常

---

　　① 基金项目：本文为国家社科基金项目（13BYY007）的部分成果。
　　② 恩格斯：《自然辩证法》，载《马克思恩格斯选集》第 3 卷，人民出版社 1972 年版，第535 页。
　　③ 周爱保、左全顺、史战：《模糊语言的研究进展》，《宁波大学学报》（教育科学版）2012年第 2 期。
　　④ 何兆熊：《新编语用学概要》，上海外语教育出版社 1999 年版，第 87 页。
　　⑤ 周爱保、左全顺、史战：《模糊语言的研究进展》，《宁波大学学报》（教育科学版）2012年第 2 期。

需要可靠的语境，才能使语言的表达得到准确的理解。话语标记语也有其模糊性，因此，话语标记语的使用与理解之间是否一致，直接影响话语意义的整体把握。① 话语标记语的模糊性不仅是语义的模糊，更在于语义模糊所带来的功能的模糊性。

二　话语标记语的功能与模糊性

话语标记语是语用层面的标记，其特征有四：对口语交际信道的依赖性；意义的程序性；句法的可分离性和功能的元语用性。② 这四个特点说明话语标记语所表现的意义不是由构成标记语的词语直接表现出来的，其意义的边界是模糊的，要理解这些话语标记语所表现的意义或功能需要语境的充分支持。一般来说，话语标记语要完成的功能有：（1）语篇组织功能。指组织话语、构建交际语境、保证话语意义的衔接和连贯；（2）人际商讨功能。指唤起听话人的注意力、标示话轮的转换、帮助反馈信息、维持话语交际正常进行，并能调节交际者之间的关系；（3）元语言功能。表明说话者对话语内容的态度与情感，有时能起模糊作用，维护礼貌原则，保全说话人的面子。③ 这三大功能与语篇语境、情景语境（交际语境）、背景语境和认知语境均有交叉关系，其核心是与人的认知有关系，即靠人们的认知来感受把握。而不同的话语标记在其功能的表现上又有所不同，有的话语标记语主要体现的是语篇功能，有的主要体现的是人际功能，有的主要体现的是元语言功能。有的话语标记语主要体现一种功能，有的以体现一种功能为主，兼及其他功能。

据我们考察，汉语话语标记语从功能的角度可以划分为语篇类话语标记语、增义类话语标记语和目的类话语标记语三大类。语篇类话语标记语有话题性标记（表示引导、顺序、转换、结束等）、衔接性标记（表示先后、由此及彼、示例等）。增义类话语标记语有理据性标记（表示来源、分析、确信、确认等）、解说性标记（表示判断、旁逸、证实、假设等）、推论性标记（表示结论、分类、对象、推进、总结、因果、超预期等）。目的类话语标记语有表态性标记（表示含糊、明确、坦言、断言、阐发、疑问、否定

---

① 周明强：《疑问性话语标记语疑问梯度的认知探微——以"难道"、"莫非"、"莫不是"、"是不是"为例》，《浙江外国语学院学报》2013年第3期。

② 刘丽艳：《汉语话语标记研究》，北京语言大学出版社2011年版，第3页。

③ 李勇忠：《话语标记语在话语生成和理解中的作用》，《四川外语学院学报》2003年第6期。

等）、表情性标记（表示情态、警示、缓和、谦让、埋怨等）、示意性标记（表示印证、认同、转折、强调、征询、标异性等）。各类话语标记在表达意义上都有一定的模糊性。用上语篇话语标记语是为了使上下语篇衔接更为紧密；用上增义标记语是为了在意义理解上给以提示；用上目的标记语是为了将说话者的意愿、情绪间接表示出来。但是，如果省却这些标记语，只要语境足够，话语的基本意义不受影响，标记语所能表现的功能有时也会隐含其中，因此，话语标记语的功能便具有模糊性。话语标记语的模糊性会带来两种负效应，一是说话者随意使用话语标记语，以至于变成了话语表达中的赘语——口头禅；二是说话者正确地使用了话语标记语，但听话者并没有从中体会到话语标记语所能表示的意义。

三　话语标记语的模糊性与口头禅

话语标记语的语篇功能、语义功能、人际功能具有一定的模糊性，会导致表达者对其功能的理解不甚真切，并进一步导致话语标记语的弱化，而成为口头禅。口头禅"原谓不明禅理，但袭取禅宗僧人的常语以为谈助。后泛指常挂在嘴而没有意义的话"①，所讲的这种口头禅不一定都是话语标记语，但话语标记语虚化后，常常成为"常挂在嘴边而没有意义的话"，就成了口头禅。马国彦将口头禅界定为话语标记语的虚化状态，指自然会话中在修辞意图的驱动下，由于认知心理机制和语言机制的综合作用，某些表现出高频复现、脱口而出、黏附性等特点并在语义和功能上具有相应特征的话语标记域。② 厉杰根据语义—语法趋向和语义—语用趋向的不同程度，将口头禅分为语法化口头禅和语用化口头禅，并指出语法化口头禅实现的是语篇功能，语用化的口头禅实现的是概念功能。③ 马国彦和厉杰所谈的口头禅都与话语标记语有关。

语用化的口头禅是原来具有话语标记语的性质，主要是为话语增添某些新的意义。社会上仿效使用得多了，标记的性质减弱，变成了可有可无的口头禅。这类口头禅有郁闷、我晕、差不多、随便、没意思、不会吧、你怎么

---

① 《辞海》，上海辞书出版社 1983 年版，第 721 页。
② 马国彦：《话语标记与口头禅——以"然后"和"但是"为例》，《语言教学与研究》2010年第 4 期。
③ 厉杰：《口头禅的语言机制：语法化与语用化》，《当代修辞学》2011 年第 5 期。

看、你懂（得）的、你知道的、是这样的、这样吧、好吧、所以说、不瞒你说、实话跟你说、凭良心说、说句心里话等。这类话语标记语变为口头禅后，在一定的语境中，有的还保留着话语标记语的某些特征，有的可以换成其他词语，有的完全可以删除。限于篇幅，这里不一一例证，仅拿"你怎么看"一语变为口头禅的情况进行讨论。"你怎么看"随着系列电视连续剧《神探狄仁杰》的热播，一度成了 2012 年"十大流行语"中排行第二的流行语，随后，人们不仅在话语中会插入"你怎么看"（或"元芳，你怎么看"），而且在文章的标题中也出现了"你怎么看"用法。我们从中国期刊网检索篇名中含有"你怎么看"的文章，共 60 篇（截止到 2013 年 3 月），发表于 2012 年后的为 36 篇，具有话语标记语性质的有 29 篇（见表 1），可以看到它成为流行语之后逐渐虚化为口头禅的情况。仅 2013 年的 3 个月时间，期刊中发表的文章就有 18 篇用了流行语"你怎么看"。这是流行语催生出来的，足见流行语与口头禅的关系紧密。

表 1　　　　中国期刊网篇名中含"你怎么看"的文章篇目统计

年份	1996	1998	1999	2002	2003	2004	2006	2007	2009	2010	2011	2012	2013. 3	合计
篇数	4	1	2	1	5	3	1	1	1		1	15	21	56
属于标记	1	1	1	1	1	0	1	0	1			11	18	36

　　"你怎么看"本有向别人征询意见的意思，如在《神探狄仁杰》中狄仁杰每次断案都要征询元芳的意见而说"元芳，你怎么看"，用得多了，就成了口头禅了。在"元芳体"成为流行语之后，再说"你怎么看"就并不一定是征询意见了，因为听话人不在面前。例如①：

　　（1）研究生争当环卫工，你怎么看？（《中国就业》2013 年第 2 期）
　　（2）信用卡赚钱，你怎么看？（《理财》2013 年第 1 期）
　　（3）"高富帅"与"白富美"，你怎么看？（《咬文嚼字》2013 年第 2 期）

　　如果说在"元芳，你怎么看？"中还有一些征询元芳的意思，而这些

---

　　① 除另有标明的例子外，所有例句均选自北京大学中国语言研究中心语料库（CCL 语料库），特致谢忱。

"你怎么看"就没有征询的意味了，只是表明在这些文章中作者会发表自己的一些看法而已。

语法化的口头禅原来也具有话语标记语的性质，主要用于话语的连接。使用者在自己同一段话语中使用得过于频繁（有时几乎每句都用），标记的性质减弱，变成了可有可无的口头禅（这些成分完全可以删除）。用得较多的有"这个"、"那个"、"那么"、"然后"、"最后"、"……的话"、"再说（了）"、"到此为止"等。例如：

（4）你比如说跑赛吧，你首先得有一定的能力还得能跑，还得有这决心，有耐心，才能跑下来，否则来讲的话，这个这个更跑不下来。北京市的话，这个尤其是西城区，这个在落实政策来讲吧，到现在来到现在目前为止的话，只解决了百分之二十二点儿多点，还得继续往前跑，往上提高。（谢晓明、陈琳：《"的话"的话题标记功能及相关问题讨论》的例子）

（5）今天很高兴能上你们的节目。然后我就可以跟我的歌迷面对面交流一下了。然后我就可以知道你们到底想听什么歌，然后我就可以唱好听的歌给大家。我希望大家每一天都过得开开心心的，然后呢，再把这份开心带给你们身边的每一个人。（厉杰：《口头禅的语言机制：语法化与语用化》的例子）

（6）乾隆就是第一个通过这个制度登基的，那么大家现在进去参观。（王红斌：《北京故宫导游词中话语标记"那么"的功能》的例子）

上述例句中的"这个"、"的话"、"然后"、"那么"本来都是具有篇章功能的话语标记语，这里成了可以删除的语法化的口头禅。究其成因，就是因为语义的模糊和功能的模糊。王红斌（2007）曾分析"那么"有转换话题、延续前一话题、表示事件进程、提示、话题的标记、补充说明六种功能[①]；谢晓明、陈琳（2012）也分析过话题标记"的话"有论元共指、语域式、分句式话题三种话题标记功能，在语用上对话题信息具有强化作用，对话题焦点具有调控作用，与其标记的话题在话语衔接过程中还具有较强的衔接作用，在标记话题的同时还有舒缓语气的作用等[②]，这些分析都说明了这

---

①　王红斌：《北京故宫导游词中话语标记"那么"的功能》，《北京社会科学》2007 年第 1 期。

②　谢晓明、陈琳：《"的话"的话题标记功能及相关问题讨论》，《语文研究》2012 年第 4 期。

类话语标记语功能的模糊性特征。

四 话语标记语的模糊性对标记功能认知的影响

语言的理解一是理解其意义，二是把握其功能，话语标记语意义和功能的模糊性表现得更为明显。话语标记语的语篇功能、语义功能、人际功能的模糊性，会导致接受者对其功能的理解不甚真切。下面我们以坦言性话语标记语为例讨论汉语标记语的模糊性对话语标记语功能认知的影响。所谓"坦言"就是坦率地表明自己的想法、观点、态度、情感。① 坦言性话语标记的语用功能，从激活语义上看，主要是激活强调话语所含信息的真实性，以凸显说话人的真实目的；从情感交流上看，是为了拉近与听话人之间的距离，以增进交际双方的感情；从篇章结构上看，"说话人在表述过程中在自己认为于观点、立场至关重要的'事实'前面使用坦言性标记语，是为了引导甚至促使对方向该'事实'过渡"。②

我们采用了问卷调查的方法调查人们对坦言性话语标记的语用功能的掌握情况，方法是选取有 16 个坦言性话语标记语的句子，让受调查者对该句内的话语标记语用功能作出判断。以调查数据分析人们对这些话语标记的认知理解情况。调查的对象是大学中文系本科三年级学生，共发出问卷 150 份，收回有效问卷 135 份。我们还将调查数据和 CCL 语料库例句统计数据用 SPSS 17 软件进行对比分析。

坦言性话语标记的语用目的是坦率地表明自己的想法、观点和态度，强调话语所含信息的真实性，以增强表达的效果。具体而言，坦言性话语标记主要可以表达叙实、评论、夸赞或表态、不满或批评、自卑或自责、自谦或致歉、自得或自信等语用目的，有时也可表达请求与推测的语用目的。坦言性话语标记的一个重要特点是，话语标记除了表示"坦言"外，还传递出一定的言外之意。话语接受者除了理解了话语标记所提供的"坦言"意义外，还能解读出言外之意，才算真正听/读懂了话语的全部意义。③ 我们将语用目的和语境结合归纳出语境意义和言外之意两种意义，通过调查可以看

---

① 周明强：《坦言性话语标记语用功能探析》，《当代修辞学》2013 年第 5 期。
② 席建国、刘冰：《语用标记语功能认知研究》，《浙江大学学报》（人文社会科学版）2008 年第 4 期。
③ 周明强：《坦言性话语标记语用功能探析》，《当代修辞学》2013 年第 5 期。

到不同的话语标记语的模糊性对人们理解语境意义和言外意义的不同影响，并可得到话语标记语成为口头禅的几率。

第一组："不瞒你说"、"实不相瞒"、"说真的"、"说实在的"、"说（句）实话"、"说（句）实在话"等话语标记语的语境意义重在突出所说话语的真实程度。例如：

（7）李桂梅面露难色："大妹子，不瞒你说，俺咋不想干，可到哪去弄本钱？"

（8）刘先生，实不相瞒，我有一个朋友喜爱写作，我想帮她把原稿印成册子，留作纪念。

（9）说实在的，开始我还担心孩子们第一次出远门拘束。没想到两岸小朋友一见如故……

（10）说实话，何淑云也没想到自己能以较多的选票当选为朝阳区副区长。

（11）说真的，如果我只有20岁，只为他的那个长途，只为他的这一句话，我便会跟定了他。

这组坦言性话语标记语功能认知情况的调查结果如表2所示。

表2　　　　　　　　　第一组坦言性话语标记语功能的认知情况

话语标记语	语境意义的认知（%）	言外意义的认知（%）	认知的平均情况（%）	成为口头禅的几率（%）	CCL语料库中作口头禅的情况
不瞒你说	62.00	45.90	53.95	46.05	152
实不相瞒	42.00	31.10	36.55	63.45	41
说实在的	27.40	37.00	32.20	67.80	506
说实在话	25.90	35.00	30.45	69.55	84
说实话	22.20	30.00	26.10	73.90	356
说真的	19.30	26.00	22.65	77.35	515

话语标记语"不瞒你说"和"实不相瞒"的语境意义都是"强调后面所说的话对听话人是没有隐瞒的"，其言外之意都是"强调对听话人信任，所说的话不会有隐瞒"。话语标记语"说实在的"和"说实在话"的语境意义都是"强调所说的话语的实在性"，其言外之意都是"强调对听话人信任，所说的话才是实在的"。"说实话"的语境意义是"强调所说的话语的

真实性"，其言外之意"强调对听话人信任，所说的话才是实话"。"说真的"的语境意义是"强调所说的话语的真实性"，其言外之意"强调对听话人信任，所说的话才会是真的"。其言外之意共同性在于对听话人的信任。这组话语标记在激活语境意义上的顺序：不瞒你说 > 实不相瞒 > 说实在的 > 说实在话 > 说实话 > 说真的。在激活言外之意上的顺序：不瞒你说 > 说实在的 > 说实在话 > 实不相瞒 > 说实话 > 说真的。可见"不瞒你说"的语用效果最好，成为口头禅的几率相对低一些；"说真的"语用效果最低，成为口头禅的几率相对最高。从 CCL 语料库统计数据可知，在实际使用中，"不瞒你说"和"实不相瞒"功能相近，人们习惯用"不瞒你说"；"说实在的"和"说实在话"功能相近，人们习惯用"说实在的"；"说实话"和"说真的"功能不一样，两个都成了人们习惯用的口头禅。

第二组："坦率地讲"、"坦率地说"、"说句心里话"、"说句真心话"等话语标记语重在突出所说话语的坦诚程度。例如：

(12) 坦率地说，不用别人提醒我就动过心，有了钱，就可以自己主演，就可以在媒体上自吹自擂，就可能一举成名。

(13) 坦率地讲，中国队的精神面貌不佳，场上缺乏积极的进取精神和顽强拼搏的斗志造成了主要败因。

(14) 说句真心话，军营与社会、部队与地方、荒山与城市、洞里与洞外、我们和我们那些奉献在生命禁区的年轻朋友，都应该有更多更好的沟通。

(15) 说句心里话，我去过全国好些城市，北京也来过不止一两次，可服务态度这么好的售票员只在报纸上看过，亲身经历还真是头一回。

这组坦言性话语标记语功能认知情况的调查结果如表 3 所示。

表3　　　　　　　　　　第二组坦言性话语标记语功能的认知情况

话语标记语	语境意义的认知（%）	言外意义的认知（%）	认知的平均情况（%）	成为口头禅的几率（%）	CCL 语料库中作口头禅的情况
坦率地说	44.0	32.6	38.30	61.70	315
坦率地讲	46.0	34.1	40.05	59.95	59
说（句）真心话	51.0	37.8	44.40	55.60	43
说（句）心里话	51.0	37.8	44.40	55.60	200

话语标记语"坦率地说"、"坦率地讲"的语境意义都是"强调后面所说的话是在听话人面前坦率地发表的某种看法"；其言外之意都是"强调对听话人信任，表明所说的话带有坦诚性"。话语标记语"说句真心话"、"说句心里话"的语境意义都是"强调所说的话语的真实性"；其言外之意都是"强调对听话人信任，所说的话才是真心话（心里话）"。这组话语标记语在激活语境意义和激活言外之意上的顺序是一致的，均为：说句真心话＝说句心里话＞坦率地讲＞坦率地说。"说句真心话"和"说句心里话"激活程度一样，"坦率地讲"和"坦率地说"激活程度相近。可见，"说句真心话"和"说句心里话"更能让人感受到亲近感，所以，其语用效果更好。从CCL语料库统计数据可知，在实际使用中，"坦率地说"、"坦率地讲"功能相近，而且前者口语色彩浓，人们习惯用"坦率地说"；"说句真心话"、"说句心里话"功能相近，人们习惯用"说句心里话"。

第三组："平心而论"、"凭心而论"①、"凭良心说"、"说句良心话"等话语标记形式重在突出评论、批评、责怪的公正性和公平性。例如：

（16）凭心而论，以香港人口密度之高、居住环境之拥挤、对外之开放，以港警现有的人力物力，基本上维护了香港治安的稳定，实属不易。

（17）平心而论，上任刚刚两个月，从未抓过海洋工作的烟台市市长张福，谈起海洋话题还是相当在行的。

（18）可能所有的婚姻一开始都是好的，别看我们今天到了这个份儿上，凭良心说，第一年还是挺好的。

（19）说句良心话，未来学的许多先驱思想是在欧洲萌生的，这并非吃了几年法式面包就也神气起来，而是欧洲未来学的发展的确有它自己的道路。

这组坦言性话语标记语功能认知情况的调查结果如表4所示。

---

① "平心而论"是成语，"凭心而论"是临时组合的短语，以往人们把"凭心而论"当作错误用法，而实际使用中有大量的用例，我们认为它可以看做话语标记语。在意思和用法上与"平心而论"不完全一样，而更接近于"凭良心说"。

表4　　　　　　　　　第三组坦言性话语标记语功能的认知情况

话语标记语	语境意义的认知（%）	言外意义的认知（%）	认知的平均情况（%）	成为口头禅的几率（%）	CCL语料库中作口头禅的情况
凭心而论	57.00	42.20	49.60	50.40	36
平心而论	54.00	40.00	47.00	53.00	258
凭良心说	39.00	28.90	33.95	66.05	87
说句良心话	55.00	40.70	47.85	52.15	40

　　话语标记语"凭心而论"和"平心而论"的语境意义都是"强调后面所说的话是一种公正的评论或看法"，其言外之意都是"强调对听话人信任，所说的话是真心话，符合一般的评价标准"。"凭良心说"和"说句良心话"的语境意义都是"强调后面所说的话是一种公正的评论或看法"，其言外之意都是"强调对听话人信任，所说的话是发自内心"的。这组话语标记在激活语境意义与激活言外之意上的顺序相同，均为凭心而论＞说句良心话＞平心而论＞凭良心说。前三个话语标记在激活语境意义与言外之意上都分别比较接近，而"凭良心说"与其他三个相差较大，可见，"凭良心说"更具随意性，语用效果相对差一些。从CCL语料库统计数据可知，在实际使用中，"凭心而论"、"平心而论"功能相近，但前者不是成语，人们习惯用"平心而论"；"凭良心说"、"说句良心话"功能相近，人们习惯用"凭良心说"。

　　第四组："说句不该说的话"、"说句不中听的话"等话语标记形式主要是为了使批评或自我批评（自责）显得委婉。例如：

　　（20）说句不该说的话，咱们师师团一级军事主官，除了范英明勉强能跟朱海鹏过着外，其他的都无法同场较量了。

　　（21）说句不中听的话，要是真查究起来，我可以说全国没有一处不假！不管哪个地方，他多多少少都是有点假的。

　　这组坦言性话语标记语功能认知情况的调查结果如表5所示。

表5　　　　　　　　　第四组坦言性话语标记语功能的认知情况

话语标记语	语境意义的认知（%）	言外意义的认知（%）	认知的平均情况（%）	成为口头禅的几率（%）	CCL语料库中作口头禅的情况
说句不该说的话	68.00	50.40	59.20	40.80	2
说句不中听的话	42.00	31.10	36.55	63.45	15

　　话语标记语"说句不该说的话"和"说句不中听的话"的语境意义都是"强调后面所说的话是一种评论或看法"，其言外之意都是"强调所说的话是会伤及听话人的感情"。这组话语标记在激活语境意义和激活言外之意上的顺序：说句不该说的话＞说句不中听的话。从 CCL 语料库统计数据可知，在实际使用中，人们习惯用"说句不中听的话"。

　　上面四组的认知调查和 CCL 语料库的统计数据经 SPSS 17 分析，其 Pearson 相关性均为 1.000，在 0.01 水平（双侧）上均显著相关。可见语言认知情况和语言应用情况是一致的。

五　结　语

　　有研究者指出，对模糊语言的探讨不仅要在描述研究上更加深入，更要进行相关的实证研究，在实证研究的感性材料的基础上进行更加有说服力的理性总结是很必要的。模糊语言应用方面的研究，不仅要对各领域语言的模糊现象进行描述，还要对模糊语言进行规律性总结。这也是模糊语言未来语用研究的发展趋势。[①] 我们以话语标记语为例所作的实证性探索研究就是这样的一种尝试。本文的研究证实，是话语标记语所具有的模糊性促成了一部分口头禅的形成。

（作者单位：浙江外国语学院中国语言文化学院）

---

　　① 周爱保：《左全顺，史战，模糊语言的研究进展》，《宁波大学学报》（教育科学版）2012 年第 2 期。

模糊文艺学研究论纲^①

黎千驹

    文艺学是以文学和文学的发展规律为研究对象的科学，模糊文艺学则是运用模糊理论与文艺学的基本原理和方法，以文学的模糊性为研究对象的具有交叉性、综合性的边缘科学。包括文学性质的模糊性、文学创作活动的模糊性、文学作品内容与形式的模糊性、文学语言的模糊性和文学鉴赏的模糊性等内容。

一　文学性质的模糊性

    哲学、社会科学和文学都要反映客观世界，然而它们反映的形式有着根本的区别。哲学、社会科学是通过对自然、社会现象的分析、综合、判断、推理而得出符合客观实际的概念、定理或形成正确的理论，从而揭示客观事物的本质特征及其规律，使人们直接获得某一方面或某些方面的知识；文学是通过对现实生活或自然景物的描写，特别是通过对人物形象的塑造来反映社会生活，表达作者的思想感情。

    文学形象是具体、生动、可感的。作家在创造文学形象的时候，必须尽可能地保留社会生活现象的具体、生动、可感的特征，从而塑造出血肉丰满、神形皆备、栩栩如生的文学形象，同时文学形象又是新颖独特的。

    文学形象是概括的。它是作家对社会生活进行选择、提炼、缀合、改造，以个别反映一般的产物。因此，任何成功的人物典型形象，总是要通过鲜明的个性在一定程度上表现某一阶级、阶层或一定的社会关系的本质；它既具有鲜明的个性，又是某种范围的共性的概括。作为一个个性鲜明的典型

---

    ① 基金项目：教育部人文社会科学基金项目《汉语模糊语言基本理论及应用研究》（批准号07JA740016）。

形象，它必定是一个有血有肉的"完整的活物"，因此它也就必定具有一个"完整的活物"所具有的复杂性格、复杂心理、复杂情感等。

用形象来反映社会生活，这一文学的基本特点往往导致形象大于思想，也就是说，作品中的艺术形象所显示出来的客观意义，往往会超出作者的创作意图和思想倾向，甚至与作者的意图截然相反。这种情况主要是由于两个方面的因素造成的：

（一）由于艺术形象内蕴的复杂性，尤其是人物形象的性格诸元素的复杂性，无论作者在创作之前对他笔下的艺术形象是如何精心地构思，无论评论家对作家所创造出来的艺术形象是如何入木三分地剖析，都不可能将艺术形象的内蕴发掘或剖析殆尽。这不能不说明文学作品具有一定的模糊性。

（二）由于作家的思想倾向和感情，不是赤裸裸地表现出来，而是渗透在形象的具体的描绘之中，这样便往往可能导致两种情况：第一，读者从艺术形象中所发掘的思想虽然与作者的创作意图基本上是一致的，然而读者所发掘的思想可能比作者的创作意图更深广。例如：一般认为，《红楼梦》以贾、王、史、薛四大家族为背景，以贾宝玉、林黛玉的爱情悲剧为主要线索，着重描写了贾家荣、宁二府由盛到衰的过程，从多方面对腐败、黑暗的封建社会和封建礼教进行了深刻的揭露和无情的批判，歌颂了贵族阶级中具有叛逆精神的青年和某些奴隶的反抗行为，反映了争取男女平等、婚姻自由等民主主义思想，预示着封建社会必然灭亡的历史趋势。这"预示着封建社会必然灭亡的历史趋势"，是读者从作品中塑造的艺术形象身上发掘出来的，恐怕不是曹雪芹的创作意图。第二，读者从艺术形象中所发掘的思想与作者的创作意图相矛盾，或者谁都难以准确地认识到作者的创作意图，真可谓"仁者见仁，智者见智"（关于这个问题，我们准备在"论主题的模糊性"一节中作较详细的阐述）。

综上所述，文学形象的具体性、生动性、可感性、概括性与复杂性等，都势必使得文学作品具有一定的模糊性；用形象来反映社会生活，往往导致形象大于思想，这也势必使得文学作品具有一定的模糊性。总之，用形象反映社会生活这一文学性质决定了文学作品具有一定的模糊性。

二　文学创作活动的模糊性

文学创作过程中具有特殊的思维形式，这就是形象思维。形象思维实质上就是模糊思维，形象思维决定了文学作品具有一定的模糊性。所谓形象思维，是指作家、艺术家在整个创作过程中，在遵循着人类思维的一般规律的基础之上，始终依赖具体的形象和联想、想象来进行思维的方式。

在文学创作的实践过程中，作家的形象思维与科学家的抽象思维一样，都必须遵循着人类思维的一般规律，然而形象思维与抽象思维之间，又有着各自的特点。作为抽象思维，"认识的过程，第一步，是开始接触外界事情，属于感觉的阶段。第二步，是综合感觉的材料加以整理和改造，属于概念、判断和推理的阶段，只有感觉的材料十分丰富（不是零碎不全）和合于实际（不是错觉），才能根据这样的材料造出正确的概念和论理来"。并且"概念这种东西已经不是事物的现象，不是事物的各个片面，不是它们的外部联系，而是抓着了事物的本质，事物的全体，事物的内部联系了。概念同感觉，不但是数量上的差别，而且有了性质上的差别。循此继进，使用判断和推理的方法，就可以产生出合乎论理的结论来"。[①] 而作为形象思维，它主要有如下特点。

（一）形象思维的过程始终伴随着感性形象。作家在进行形象思维的过程中，虽然要将丰富的生活素材加以"去粗取精，去伪存真，由此及彼，由表及里"的改造制作，从感性认识阶段上升到理性认识阶段，但是他不是逐步抛开具体的感性材料走向抽象的理论，而是始终不脱离客观事物的具体形象，并且将丰富多样的感性材料熔铸到活生生的艺术形象里。在文学创作中，形象和思想始终是紧密结合在一起的，而不是用形象去图解思想。形象思维中所进行的概念、判断和推理都不是抽象的，而是从具体的形象出发，始终伴随着感性形象，并且用形象的形式表现出来，因此读者只能通过对形象的艺术欣赏去品评其中的"滋味"，去领悟作者的观点，这就使得文学作品具有一定的模糊性。

（二）形象思维的过程始终渗透着强烈的感情。作家在积累了丰富多样的感性材料，并且对这些材料进行分析、归纳而上升到了理性认识阶段之后，也许他并不一定开始进行创作，引导作家坐下来创作的是他的创作激情，因此形象思维的过程始终渗透着作家强烈的感情；同时只有渗透着强烈感情，才能产生深刻的文学作品。纵观古今中外成功的文学作品，莫不如此。值得注意的是，这种渗透在形象思维过程中的强烈的感情因素，往往具有两个特征：

第一，作家主观感情的复杂性。引起作家创作冲动以及渗透在形象之中

---

① 毛泽东：《实践论》，载《毛泽东选集》第 1 卷，人民出版社 1966 年版，第 267 页。

的情感往往并非单一，甚至有时连作家自己也说不清这究竟是怎样的一种情感。这正如美国心理学家克雷奇所说："我们常常会经验到一种无法描述的情绪状态，它的因素非常复杂，以致我们不可能说它究竟是一种什么样的情绪经验。"①

第二，作者的情感并不是抽象地表达出来的，而是熔铸在生动鲜明的形象之中。王夫之云："情景虽有在心在物之分，而景生情，情生景，哀乐之触。荣悴之迎，互藏其宅。"② 王国维认为作者的情感之于作品，"有有我之境，有无我之境"。"有我之境，以我观物，故物皆著我之色彩；无我之境，以物观物，故不知何者为我，何者为物。"③ 作家情感的复杂性与这种"景以情合，情以景生，初不相离"④ 的特征，也就决定了文学作品中所流露的情感具有一定的模糊性，更何况情感本身就是客观对象与自己的关系的主观反映，是主体对待客体的一种态度。当作家将自己的情感熔铸在艺术形象中之后，这种艺术形象便成了读者的审美对象，亦即客体。这种艺术形象中所表现出的某一事物和某一思想感情，能否引起读者的共鸣，取决于读者的生活境遇、思想感情、文化素养等诸多方面的因素。这种审美对象（或客体）中所表现的思想感情与欣赏者（或主体）感受的不一致性，同样会使文学作品具有模糊性。

（三）形象思维的过程始终充满了丰富的想象。所谓想象，是作家根据一定的目的，在原有的感性形象基础之上进行加工改造而形成新形象的心理过程。在文学作品中，想象的作用主要体现在两个方面：

第一，补充作家社会生活经历的不足。无论一个作家从生活中所获得的经验和感受是多么的丰富，他也总不可能事事亲历；而借助于想象，便可以补足他未曾经历或亲见的部分。李渔说过："我欲做官，则顷刻之间便臻荣贵；我欲致仕，则转瞬之际又入山林；我欲做人间才子，即为杜甫、李白之后身；我欲娶绝代佳人，即做王嫱、西施之元配……"⑤ 作家凭借想象可以上穷碧落下黄泉，无处而不可至，无事而不可知。

第二，想象可以使作家所创造的艺术形象更加丰满，具有更大的概括性。作家的想象力高度发挥是艺术的虚构。虚构作为文学的一种艺术手法，

① ［美］克雷奇等：《心理学纲要》下册，文化教育出版社 1981 年版，第 396 页。
② 王夫之：《姜斋诗话》，人民文学出版社 1961 年版。
③ 王国维：《人间诗话》，齐鲁书社 1981 年版。
④ 李渔：《闲情偶寄·词曲部》，上海古籍出版社 2000 年版。
⑤ ［英］伊·鲍温：《小说家的技巧》，《世界文学》1979 年第 1 期。

它要将生活中积累的素材加以改造、缀合、生发，以构成情节，塑造形象。想象不是借助抽象的概念来概括地反映客观事物，而是借助具体的表象来形象地反映客观事物，这"具体的表象"便难免会具有一定的模糊性。

综上所述，形象思维的过程始终伴随着感性形象，始终渗透着强烈的感情，始终充满了丰富的想象。形象思维的这些特点都将使得文学作品具有一定的模糊性。

三　文学作品内容与形式的模糊性

文学作品主要由题材、主题、人物形象、情节和结构等因素构成，而这些因素皆具有一定的模糊性，这就必然导致文学作品也具有一定的模糊性。

（一）题材的模糊性与文学作品模糊性。题材是经过作家选择并直接成为作品写作材料的生活现象，它是作品具体的建筑材料。然而人们在阅读某部文学作品的时候，有时很难判断该作品是什么题材的作品。例如：李商隐《无题》"相见时难别亦难"和"来是空言去绝踪"，是爱情诗还是政治诗？是表达对爱情的追求还是对政治的追求？《红楼梦》是自传体还是源于社会生活的小说？长期以来就存在着争论。这表明文学作品的题材具有一定的模糊性。

（二）主题的模糊性与文学作品的模糊性。文学作品的主题，是指通过作品中描绘的社会生活而显示出来的中心思想，也就是一部作品所蕴涵的总的思想意义。从理论上说，一部文学作品不仅要有主题，并且还须具有明确的主题，因此读者在鉴赏某部文学作品的时候，总免不了对该作品的主题进行分析研究，并由此来确定其思想性方面的价值。然而事实上并非每部文学作品都有着明确的主题，有时作品的主题是什么，甚至连作家自己也说不出来；既然如此，读者要"准确地"概括出该作品的主题，又谈何容易呢？这说明文学作品的主题既具有明晰性，也具有模糊性。主题的明晰性与模糊性，皆可从主题的形成、主题的表现形式两方面来寻找答案。

第一，主题的形成与主题的模糊性。一般认为主题是作家在社会生活实践之中，在对题材的开掘之中形成的；然而关于主题是在艺术创作的哪一阶段形成的，作家们各有各的体会，归纳起来大致可以分为三种情况：（1）主题在动笔写作之前就明确或基本明确了。英国作家伊·鲍温说："我认为，几乎在所有的情况下，作家心中首先想到的总是小说的主题，或者说思想内容。他构思小说的情节是为了表达这一主题，创造人物也是围绕着这一主题。"① 尽管作家的创作实践表明主题可以根据生活实际并且经过对题材的开掘而在动笔写作之前明确下来，但是它仍然具有一个逐渐明朗、逐渐深化的过程。在这一过程当中，主题都表现出既有模糊的一面又有清晰的一面，模糊与清晰贯穿于这一过程的始终。（2）主题在艺术创作的全过程中逐步明确起来。有相当多的作家认为，主题"是在整个的思索、酝酿和写作的全过程中逐渐实现出来的"。② 有的文学作品的主题是作家在创作完成时才明确起来的。（3）主题在作品完成之后作家本人仍不明白。有些作家在作品完成之后，他自己仍不明白该作品的主题是什么，这样就使得该文学作品的主题具有更大的模糊性。张天民说："如果我的某一个作品，使人初读起来不知什么主题，继而引起思考，仁者见仁，智者见智，都能体味其中的一部分意见，那大概就是我的成功。这里，一言以蔽之：说不清的主题。"③此类作品主题的模糊性与作家思想的模糊性密切相关。一种朦胧的情绪或者思想萦绕在作家的心头，使得他有一种不吐不快的感觉，但又缺乏明确而深入的认识。这时创作出来的作品，其主题必然就具有模糊性。上述三种情况，都将使得主题或多或少地具有模糊性。

第二，主题的表现形式与主题的模糊性。文学作品主题的模糊性不仅与主题的形成过程密切相关，也与主题的表现形式密切相关。即使是作家在动笔写作之前已有明确的主题，如古人所说："文以立意为主"、"意在笔先"、"意犹帅也"，然而主题不宜明确地说出来，而是通过塑造生动的形象表现出来的。"主题还必须深蕴在故事中间。如果主题或思想过于显露，小说就沦为阐述某种概念的论文了。我不认为这样表达出来的东西是主题。主题是某种强烈打动小说家而读者也会感到其影响的东西，但它却埋藏得很深，你可能需要对故事进行一番分析才能发现它真正是什么。"④

应当承认，作家是能够通过对形象的塑造来准确地表达自己在艺术构思中所提炼出来的主题的。这时作品的主题与作家在构思过程中所形成的主题是相一致的。但是我们还必须看到另一面，即作品通过形象所表现出来的主题与作家在艺术构思过程中所提炼出来的主题可能存在着一定的差异。这正

① ［英］伊·鲍温：《小说家的技巧》，《世界文学》1979年第1期。
② 周克芹：《答〈文谭〉编辑部问》，《创作经验谈》，长江文艺出版社1983年版。
③ 张天民：《沿着自己的途径探索》，《人民文学》1982年第4期。
④ ［英］伊·鲍温：《小说家的技巧》，《世界文学》1979年第1期。

如鲁迅所说："文章和主意不能符合——这就是说作者所表现的和作者所想象的，不能一致。"① 这种作家塑造形象与表现主题之间的矛盾性便导致作品主题的模糊性。

综上所述，从文学作品主题的形成、主题的表现形式等方面来看，文学作品的主题往往具有一定的模糊性。因此我们在创作或鉴赏文学作品时，应该充分认识到这一复杂现象：并非只有主题明确的作品才是好作品，也并非凡是主题模糊的作品就不是好作品。文学作品的主题既可以是明确的，也可以是模糊的；既可以是明确中具有一定的模糊性，也可以是模糊中具有一定的明确性。

（三）人物性格的模糊性与文学的模糊性。人是一切社会关系的总和。在现实生活中，每个人都处于一定的社会关系、阶级关系之中。这就意味着一方面每个人的思想、感情、性格、习惯等都是为这特定的社会关系和阶级关系所决定；另一方面，社会生活是错综复杂的，每个人的思想行为都不可避免地受一定的历史条件的局限，不可能完美无瑕。因此，现实生活中的人，其性格是丰富而复杂的。既然在现实生活中人的思想性格是极为丰富而复杂的，那么文学作品作为对现实生活的反映，它所塑造的人物形象也无疑应具有丰富复杂性。更何况人的思想性格并非处于一种一成不变的稳定状态，而是随着环境的影响、处境的变化而不断地变化。脂砚斋对贾宝玉的性格评论道："听其囫囵不解之言，察其幽微感触之心，审其痴妄委婉之意，皆今古未见之人亦是未见之文字，说不得贤，说不得愚，说不得不肖，说不得善，说不得恶，说不得正大光明，说不得混账恶赖……说不得聪明才俊，说不得好色好淫，说不得情痴情种……"这表明人物性格具有模糊性，这也就决定了文学作品具有一定的模糊性。

（四）情节、结构线索的模糊性与文学的模糊性。文学作品中的情节是由事件和场面组成的，一般分为开端、发展、高潮、结局四个部分。不少文学作品的情节线索是清晰的，例如《三国演义》中的赤壁之战，《水浒传》中的逼上梁山等。然而也有的小说故意淡化情节，用散文化的手法来写小说，例如契诃夫《草原》，鲁迅《故乡》、《社戏》等。作家的创作方法往往受某种文艺思潮的影响，而该文艺思潮往往带有模糊性的特征。例如：表现主义是 20 世纪初至 30 年代盛行于欧美一些国家的文学艺术流派，表现主义认为自我是宇宙的中心，自我创造了现实，而不是现实创造了自我。该派

① 鲁迅：《中国小说的历史的变迁·第四讲》，生活·读书·新知三联书店 1958 年版。

小说中的人物和故事都是现实生活的异乎寻常的变形或扭曲，用以揭示工业社会的异化现象和人失去自我的严重的精神危机。其特征是不重视细节描写，而是崇尚自我，揭示灵魂，主要表现主观精神和内心激情，情节离奇而不连贯，发展线索不明晰。例如奥地利作家卡夫卡的《变形记》，英国沃尔夫的《墙上的斑点》。

弗洛伊德把人的意识分成下意识（前意识）、意识和无意识（潜意识）三大系统，认为无意识系统是人的本能和欲望的贮存库，本能和欲望是人的精神和行动的基本动力，文艺就是要表现潜意识的流动状态。意识流小说派的特征是：强调描写人物的内心世界（不注重人物与环境的关系，一般不描写环境），着重描写意识的自由流动，往往是以人物潜意识的流动而展开，采取自由联想、时序颠倒、时空交叉、省略剪辑等表现手法而把发生在不同时空的事情穿插、组合在一起，把过去、现在、未来相互交织在一起，将整个情节次序完全打乱（不同于倒叙只是把结局调到开端之前），没有传统意义上的情节线索，具有极大的跳跃性。例如英国作家詹姆斯·乔伊斯的《尤利西斯》，美国作家威廉·福克纳的《喧哗与骚动》。

四　文学语言的模糊性

文学除了用形象反映社会生活之外，它的另一个基本特征就是文学是一种语言艺术。作为语言艺术的形象，与造型艺术、表演艺术、综合艺术的形象相比，有着明显的不同。对于其他艺术，人们可以通过视觉、听觉直接感受到作品中塑造出来的立体的或平面的艺术形象，而用语言艺术所塑造出来的形象，则不可能直接作用于人们的感官，因为它没有实感的具体形象，我们所能看到的只是用以描绘形象的语言，而语言本身只是一种符号，读者只有掌握了某种语言，才能阅读用这种语言创作出来的文学作品，并经过想象才能感受到作品中的艺术形象。这也就表明文学作品所塑造的形象是间接形象。如果要使这种间接形象在读者的脑海里再现为生动鲜明的形象，就要求塑造这种间接形象的语言也具有形象性。

语言的形象性主要表现在语言的可感性、语言的感染性和语言的凝练性三个方面，文学作品语言的形象性使得文学作品的语言具有一定的模糊性。

（一）语言的可感性与文学语言的模糊性。作者运用语言把千姿百态的事物绘声绘色、栩栩如生地描绘出来，从而唤起读者对事物的感官印象，这就是语言的可感性。作者对事物的描绘，不是对事物进行照相式的临摹，而是要抓住具有本质意义的情状、特征来予以描绘。这就决定了文学作品中所描写的事物与客观事物之间存在着既像又不像的模糊特征。另外，作为形象化的语言，它常运用比喻、比拟、夸张、通感等修辞手法来描绘事物，常用象征、婉曲、含蓄等方式来表现某种意念、情感等。这一切皆无疑将使语言具有模糊性。例如：

（1）微风过处，送来缕缕清香，仿佛远处高楼上渺茫的歌声似的。（朱自清：《荷塘月色》）
（2）傍晚时候，上灯了，一点点黄晕的光，烘托出一片安静而和平的夜。（朱自清：《春》）

例（1）运用了通感的修辞方式。通感是故意把适用于甲类感觉器官的词语巧妙地用于乙类感觉器官，从而打破各种感觉器官如视觉、听觉、嗅觉、触觉等之间的界限的修辞方式。荷花的清香本只能被嗅觉器官感知，作者却把它比作"远处高楼上渺茫的歌声"，于是荷花的清香便成为可以被听觉器官感知的对象。例（2）运用了移就的修辞方式。移就是把描写甲事物性状的词语移来描写乙事物的性状，一般是把表示人的心理感受的词语用在别的事物上面的修辞方式。夜本身无所谓"和平"，这是把人的感受移到"夜"上了。

（二）语言的感染性与文学语言的模糊性。作家在运用语言的时候，总是渗透自己的思想感情，使语言带上了浓厚的感情色彩，既表意，又传情，作者通过文学作品来拨动读者的心弦从而使读者受到强烈的感染，使之产生情感上的共鸣。例如：

枯藤老树昏鸦，小桥流水人家，古道西风瘦马，夕阳西下，断肠人在天涯。（马致远：《天净沙·秋思》）

这首小令的前三句都是用三个名词或名词性短语组合而成，但词与词（或短语与短语）之间不存在诸如"主谓"、"述宾"、"偏正"等任何结构关系，并且每句中的三个名词或名词性短语之间也不存在逻辑的联系。这样的复杂超常组合所表现出的内容，往往是基于联想的意识流，无疑具有极大的模糊性，同时也给读者留下了广阔的联想空间。例如："枯藤老树昏鸦"，用三个以名词为中心的偏正短语描绘出了一幅萧瑟的秋景：几株老树秃立于旷野之上，树身缠绕着枯藤，黄昏时分，栖息的乌鸦飞回老树。人们由这枯藤老树而感到深秋的来临，不由得顿生迟暮之感；由这昏鸦的归巢而产生天涯游子漂泊无依的感慨。"小桥流水人家"，也是用三个名词或名词性短语构成一幅画面：潺潺流水之上有座小桥，桥边有户人家。这不能不引起旅人的思乡之情：尽管这户人家住在荒郊野外，显得寂寞凄清，但毕竟能够安居下来，而自己却流落天涯，不知何时是归期！"古道西风瘦马"，还是用三个名词或名词性短语来勾勒画面：荒凉的古道上西风阵阵，一个旅人骑着一匹瘦马在行走着。这萧瑟的景色，这困窘的处境，这凄楚的心境，再加上"夕阳西下"，于是浪迹天涯的游子终于禁不住悲从中来而痛苦地喊道："断肠人在天涯！"作家的情感本身是极为丰富的，而语言却很难将作家丰富复杂的情感准确地、完整地表达出来，更何况有些情感只能意会而不能言传，正所谓"纵豆蔻词工，青楼梦好，难赋深情"（姜夔：《扬州慢》）。这些都将使得文学语言具有一定的模糊性。

（三）语言的凝练性与文学语言的模糊性。作家在运用语言的时候，总希望用较为经济的笔墨来尽可能地表现丰富的内容，达到"言有尽而意无穷"，留给读者以广阔想象的空间，收到"尺幅千里"的表达效果。正如刘知几所说："言近而旨远，辞浅而义深。虽发语已殚，而含意未尽。使夫读者，望表而知里，扣毛而辨骨，睹一事于句中，反三隅于字外。"[1] 这种凝练的语言，同样将使语言具有模糊性。例如：

　　　　柔情似水，佳期如梦。（秦观：《鹊桥仙》）

"柔情似水"，似"水"的什么特性？只有对"水"的语义展开联想，并且往往是发散型的联想，才能很好地理解"柔情似水"的句义。譬如：柔情似"水"一样温柔？长远？宽广？深厚？纯洁？无穷？还是兼而有之？抑或还有别的联想义？佳期如"梦"之短暂？温馨？甜蜜？虚幻？还是兼而有之？抑或还有别的联想义？读者完全可以根据自己的生活体验来对"水"和"梦"的形象特征进行多角度、多方位的发散性联想，因而使得"柔情似水"和"佳期如梦"的内涵更加丰富。如此丰富而复杂的内涵，全都浓缩在这两句之中，由此可见，语言的凝练性将使得文学语言具有一定的模糊性。

---

[1] 刘知几：《史通·叙事篇》，中州古籍出版社2012年版。

五　文学鉴赏的模糊性

任何文学作品的价值最终都得通过读者的鉴赏来实现，读者不仅是文学作品的接受者，同时也是文学创作的积极参与者。作家通过文学作品来塑造人物形象，反映社会生活，表达思想感情，给读者以某种启迪；读者则通过鉴赏该文学作品来理解作家所塑造的人物形象，理解作家的创作意图及其所表达的思想感情，从而获得某种启迪。这正如刘勰所说："夫缀文者情动而辞发，观文者披文以入情。"① 然而由于文学作品本身所具有的模糊性，以及不同的读者之间生活经历和思想性格等方面的差异性，所存在着的鉴赏力与审美力的差异性，所持有的文学批评的标准的差异性，因此读者所鉴赏出的人物形象、主题思想以及作家所表达的思想感情，未必与作家的本意相符。此可谓作家未必然，读者未必不然。这样就势必导致文学鉴赏的模糊性。下面简略地从三个方面来具体阐释文学鉴赏的模糊性。

（一）文学鉴赏与主题的模糊性。对于某些作品，读者是可以通过对形象的理解来准确地把握作家的创作主旨的；然而对于另外一些作品，读者对作品主题的理解往往与作家的创作主旨之间存在着一定的差异，不同的读者对同一作品的主题也会有见仁见智的情形，甚至形成尖锐的对立。这主要是由于三个方面的原因所致：一是作品主题自身的模糊性，如果连作家自己也说不清作品的主题是什么，读者又怎么能够准确地揭示出该作品的主题呢？二是作品主题的表现形式所造成的主题的模糊性。作家是通过塑造形象来表达自己在艺术构思中所提炼出来的主题的，而形象往往大于思想，这就使得读者很难准确把握该作品的主题。三是文学鉴赏既是一个理解的过程，也是一个再创造的过程。既是一种审美心理活动，也是一种审美心理的共鸣现象。由于不同的读者具有不同的思想感情，具有不同的审美认识，具有不同的知识结构等，这就往往使得不同的读者对某部文学作品主题的理解呈现出多样性的特点。例如：鲁迅的小说《药》的主题是什么？"有的认为通过夏瑜同群众愚昧、落后的对照，赞扬了革命者大义凛然的革命精神；有的认为反映了封建思想对人民群众的毒害；有的认为揭露了封建统治者用'钢刀'和'软刀'杀人的罪恶；有的认为表现了旧民主主义革命脱离人民群众；

---

① 周振甫：《文心雕龙注释》，人民文学出版社1983年版。

更多的则是把上述两个、三个或四个方面的内容综合起来，作为小说的主题。"① 鲁迅的其他小说，如《狂人日记》、《孔乙己》、《阿 Q 正传》、《祝福》，等等，它们的主题究竟是什么？长期以来也是众说纷纭。既然读者对某一文学作品主题的理解是如此的不同，那么面对这种种分歧，作家本人能否站出来明确地表达出权威性的观点呢？事情恐怕并非如此简单。高晓声的《陈奂生上城》发表之后，关于它的主题，就引起过争论：有的认为是反对官僚主义；有的认为是反映了城乡差别；有的认为是反映了改革开放后农村出现的新转机；有的认为是写出了农民身上残留的阿 Q 精神。对于这些争论，高晓声说："到现在为止，我已经听到关于《陈奂生上城》的主题思想有多种互不相同的说法。如果我再说，也无非是多一种说法而已，还是各取所需为上策。"② 这充分表明文学鉴赏与主题之间存在着模糊性。

（二）文学鉴赏与人物形象的模糊性。大凡文学作品中所塑造出的血肉丰满的人物形象，其性格往往皆具有一定的模糊性；读者在鉴赏这些人物形象时，除了受作品的影响之外，还会受自身生活经历和思想性格、鉴赏力与审美力、所持文学批评的标准等因素的影响，因此不同读者对同一部文学作品中所塑造的某个人物形象的感受与好恶是不一样的，甚至是大相径庭的。例如：薛宝钗是曹雪芹所塑造的不朽的艺术典型，是一位有着复杂性格并极具争议的人物。读者或对她给予高度赞扬，称赞她为标准的封建淑女，或对她进行彻底否定，斥责她为典型的女市侩，"貌似温柔，内实虚伪；看来敦厚，实很奸诈；随时而不安分。或者说：封建淑女其表，市侩主义其里"。③ 如果运用模糊理论来研究薛宝钗的性格，我们就会发现，薛宝钗的性格并非单一而"鲜明"的，她实际上是集愚拙与博学、华贵与朴素、敦厚与尖刻、热情与冷漠等矛盾体于一身。如果套用脂砚斋评论贾宝玉的方式来评论薛宝钗，那就是说不得愚拙，说不得博学；说不得华贵，说不得朴素；说不得敦厚，说不得尖刻；说不得热情，说不得冷漠。不同读者对薛宝钗性格的鉴赏，往往只是针对其某一个或者几个方面的性格特征而作出自己的评价，因此不同读者眼里的薛宝钗的形象是很不一样的。这充分表明文学鉴赏与人物形象之间存在着模糊性。

---

① 冯光廉、朱德发：《试谈〈药〉的主题和主要人物》，载《鲁迅作品教学初探》，天津人民出版社 1979 年版。

② 高晓声：《且说陈奂生》，《人民文学》1980 年第 6 期。

③ 张锦池：《论薛宝钗的性格及其时代烙印》，载张宝坤选编《名家解读〈红楼梦〉》，山东人民出版社 1998 年版，第 397 页。

　　（三）文学鉴赏与作家思想感情的模糊性。任何一部文学作品中都渗透着作家的思想感情，只不过这种思想感情表现得或浓或淡，或现或隐而已。作为读者，对于某些作品，或许他可以准确地把握作家在作品中所流露出的思想感情。这正如古人所说："意在言外，使人思而得之。"（司马光：《迂叟诗话》）"含不尽之意见于言外，作者得于心，览者会其意。"（薛雪：《一瓢诗话》）或许难以捉摸到作家的思想感情，甚至连作者自己也难以表达自己的感情。这也正如古人所说：填词妙处"要在人领解妙悟，未可言传"（徐渭：《南词叙录》）。制曲之理"非可言传，止堪会意"。"非不欲传，不能传也。"① 例如：柳宗元的《江雪》诗："千山鸟飞绝，万径人踪灭。孤舟蓑笠翁，独钓寒江雪。"柳宗元描绘了一幅"寒江雪景图"：在千山不见鸟影，万径不见人踪的大雪之中，有位老翁身披蓑衣，头戴箬笠在舟中垂钓。至于这位老翁为什么要在寒江中孤舟独钓？他此时此刻的心情如何？这一形象之中寄寓着作者怎样的情怀？诗中并未点明，尽管读者可以根据诗中所描绘的形象，联系作品的写作背景（这是柳宗元被贬为永州司马时的作品）而产生联想，但是谁都很难准确地把握住这一形象之中所蕴涵着的作者内心复杂的情感。人们似乎可以从中感受到许许多多的东西，又似乎样样难以说清楚：老翁是孤独、寂寞、苦闷？还是安闲、高洁、甜美？是彷徨、避世、绝望？还是孤傲、不屈、不平？诗人是将要不畏严寒与现实抗争？还是将要远避尘世而独善其身？这一切无疑使得整个作品具有极大的模糊性。

　　综上所述，正是因为文学在文学性质、文学创作活动、文学作品内容与形式、文学语言和文学鉴赏等方面都具有一定的模糊性，因此研究文学的模糊性也就应该成为文艺学的一个重要内容；如果把这些内容独立出来进行专门的研究，这样就有了"模糊文艺学"。

（作者单位：湖北师范学院语言学研究中心）

---

　　① 李渔：《闲情偶寄·词曲部》，上海古籍出版社 2000 年版。

训诂中的模糊性表现及其根源探讨

——以《周礼》郑注"若今"例和《文选》李注"征引式注释"为例

张鹏飞

40 多年来，模糊语言学的研究范畴越来越扩大，已经从"分析一个语言单位或型式时涉及的不确定性"① 扩展到了模糊语言的语用表达效果等问题（周树江，2006）。训诂作为一种用语言解释语言的活动，既是确定的又是模糊的。训诂必须准确无误让人明白，但训诂常常是用今语解释古语、用通语解释方言，所以训诂又天生地具有了不确定性，或者说解释的模糊性。这里仅以《周礼》郑注中的"若今"例和《文选》李善注"征引式注释"为例，来说明训诂中的模糊性表现并试图简析训诂模糊性产生的根源。

一 《周礼》郑注"若今"例的模糊训诂

（一）《周礼》郑注"若今"例的表现

东汉郑玄注释《周礼》，随处可见使用"若今/如今"或"今"术语去解释经书的文字，具体地说就是用汉代的名物典制去比况举例以解释《周礼》的制度、风俗、事类、名物等，前人谓之"以今释古"。如舟——若今时承盘。"舟"有二义：①交通工具"船"；②祭祀礼器"盘"。此处舟、盘作为礼器，异名同实。检索《周礼》郑注用"若今"术语作注的有116例之多，"若今"连接被释语和释语，被释语往往不是某个单纯的名物词，而更多的是一种制度、一种礼仪、一种风俗，甚至是一个抽象的事类，相应的释语也多是一种制度、一种礼仪、一种风俗、一个抽象的事类，是采用联类举例的办法进行诠释的。这种解诂因为有着古与今、方俗语与凡通语的区

---

① ［英］David Crystal：《现代语言学词典》（第四版），商务印书馆 2000 年版，第 153 页 "fuzzy"。

别，所以解释的名物典制自然不能——对应，其内涵与外延也因此表现出不确定性。例如：

（1）大府为王治藏之长，若今司农矣。

周代的"大府"是掌管财币的机构，与玉府、内府、外府、泉府、天府、职内、职金、职币合称"九府"，皆为掌财币之官；而汉代的"司农"主管农事，又旁及其他，其职责包括储藏、运输、定价、登记田亩等，实际职掌已大大超过《周礼》"大府"的权限。——释语比被释语外延扩大。

（2）中门，若今宫阙门。

周代的"中门"具体指皇宫中隔断内外的那一道门，即郑玄所说的雉门，相对于外、内而言处于中间，外有皋、库，内有应、路，故云于外内为中也。汉代的"宫门"、"阙门"浑言之泛指皇宫之门。——释语与被释语是上下位关系。

（3）六宫，若今称皇后为中宫矣。

"六宫"，先指王后及王妃等所居住的六处寝宫，后来泛指后宫夫人。先郑说《周礼》所言"六宫"代指所有的后宫美人，后郑以为"六宫"仅指王后一人，并举汉代习俗以证之。——这是语用修辞上相通。

（4）行以肆夏，趋以采荠，谓人君行步以肆夏为节，趋疾于步则以采荠为节，若今时行礼于大学，罢出以鼓陔为节。

"趋"，小步快走。"肆夏"、"采荠"，皆乐名。在不同的场合用不同的步态举止、用不同的音乐伴和，这是古代仪节的要求。孙诒让《正义》云："东汉时九夏（凡乐事，以钟鼓奏九夏：王夏、肆夏、昭夏、纳夏、章夏、齐夏、族夏、祴夏、骜夏）已佚，而有鼓陔者，盖为歌诗以拟礼之奏陔，非周陔夏（祴夏）之遗声也。"击鼓奏乐以节宾，使不失礼，这种仪礼要求周汉相似，但音乐已不同。——被释语与释语在相关或相似的同时已有新变。

（5）闲民，谓无事业者，转移为人执事，若今佣赁也。

"闲民"是受雇于他人、为他人干活以换得生活保障的那部分自由民；汉代的"佣赁者"正是如此，他们有人身自由、靠出卖劳动力来换取生活保障，相当于后代的雇佣工人。郑众用"佣赁者"来解说"闲民"，从内涵上讲是对应的，但在外延的量度上却有多少之别。

（6）量度者，若今处斗斛及丈尺也。

"量"，测量事物容积多少的器皿，引申做动词"测量容积"。"度"，测量长短的工具，引申做动词"测量长短"。《汉书·律历志》对重量、长度单位有详细的规定和解说。孙诒让《正义》云：凡郑言"处"者，多为审察是正之义。这里"量度"是统言，"处斗斛及丈尺"是析言。——被释语与释语之间是属种关系或一般与具体关系。

《周礼注疏》中与"若今"相同的另外一个术语是"如今"，在郑玄《周礼》注中"如今"例共有 33 处，两者名虽不同但实质相同。"若今/如今"例，都表明：（1）被释语与释语之间的意义或关系，从周朝到汉代已发生明显的变更；（2）周代，一官多职掌，汉代则分工具细，举例解说就是举特殊去说明一般。另外，除了"若今/如今"例外，郑玄在注释《周礼》的时候还大量采用了另外一个术语——"××今××"，可称之为"今"例，在注文中共出现 161 次。"今"例也是对古今/历时变迁了的概念、命题进行训释。不过，与"若今/如今"例不同的是"今"例所诠释的概念、命题在内涵外延或逻辑关系上的变化程度是极微小的，古今基本上是一一对应的关系。

（二）"若今"例训诂的模糊语用根源

周秦而汉，物类代谢，语言变迁，指称典制、名物、风俗、事类的概念之内涵外延或者命题之语义关系都发生了变化，很少有未变者，只是变化的"度"有剧、微之别，这实际上涉及模糊语言的"度"的问题。郑玄正是看到了这种语言变化的"度量"差别，所以大量运用"若今"例——比况举例这种模糊近似的办法来以今释古。

训诂是用语言解释语言的活动，古、今或者普、方信息不能完全对等是语言事实，因此这也是产生训诂模糊的内在根源。语言具有模糊现象，最主要的原因就是很多语言单位在对应的时候，各自负载的信息不能完全对等，因此人们只能采用模糊的对应策略。这个根源甚至还可以挖得更深刻一些：就是语言符号和客观事物本来就不是完全一一吻合的，所以一个本身不能与外物信息量全重合的词语跟另一个与外物也不是信息量全重合的词语之间自然就不能精确对应，所以人们在表达的时候只能是近似或者是模糊。

二　《文选》李善注"征引式注释"的模糊训诂

《文选》选文作为文学作品，创作者偏好遣用陌生化的模糊词语，人们常言的草必称"王孙"、梅必称"驿使"、月必称"望舒"、山水必称"清晖"、风必称"君子"就是最典型的例证。这里我们举例简单讨论李善注释《文选》所表现出来的模糊语用策略。

（一）李善注解《文选》的征引式注释方式

唐以前的主要训诂体式，可概括为说解式、直译式和考证式三类。而李善在继承前人成果的基础上开拓创新，打破了传统以经注经、以史注史的藩篱，广泛征引经史子集各种文献资料注解《昭明文选》，形成了一种独具特色的文学注释方式——征引式注释，是以直接援引旧文、旧句、成句与典实的方式，来探明词语源流，将说解语义与阐明文义融于其中，使文章中字、词、句、典故的意义得以溯源，李善在注释中尽量不加主观断语，而以空白主体的形式进入《文选》的注释之中，给接受者留下自由想象和自由体悟的空间，这种致力于征引的方式有别于以往的经学训诂，成为有效的文学训诂的典范。

1. 在文体解题时的模糊表述

《两都赋序》："或曰：赋者，古诗之流也。昔成康没而颂声寝，王泽竭而诗不作。"

李善注："毛诗序曰：诗有六义焉，二曰赋。故赋为古诗之流也。诸引文证，皆举先以明后，以示作者必有所祖述也。他皆类此。言周道既微，雅颂并废也。史记曰：周武王太子诵立，是为成王。成王太子钊立，是为康王。毛诗序曰：颂者，以其成功告于神明者也。乐稽耀嘉曰：仁义所生为王。毛诗序曰：止乎礼义，先王之泽也。然则作诗禀乎先王之泽，故王泽竭而诗不作。作，兴也。孟子曰：王者之迹息而诗亡。"

首先，文体"赋"与六义"赋"有别；其次，引经据典地解说信息量远远大于原先的两句话。而要真正读懂原文，还必须意会并且丢弃某些冗余的解释信息。

《百一诗》。

李善注："百一诗。张方贤楚国先贤传曰：汝南应休琏作百一篇诗，讥切时事，遍以示在事者，咸皆怪愕，或以为应焚弃之，何晏独无怪也。然方贤之意，以有百一篇，故曰百一。李充翰林论曰：应休琏五言诗百数十篇，以风规治道，盖有诗人之旨焉。又孙盛晋阳秋曰：应璩作五言诗百三十篇，言时事颇有补益，世多传之。据此二文，不得以一百一篇而称百一也。今书七志曰：应璩集谓之新诗，以百言为一篇，或谓之百一诗。然以字名诗，义无所取。据百一诗序云：时谓曹爽曰：公今闻周公巍巍之称，安知百虑有一失乎？百一之名，盖兴于此也。"

因为李善对"百一诗"注解的模棱两可，导致后人对萧统分类"百一诗"的歧解：（1）因应璩作诗的数量得名，原诗可能有一百零一篇。（2）因应璩诗篇的字数称名，诗是五言二十句一百字。（3）因诗歌创作的意图而得名，有"百虑一失"的意思。

2. 在注释词语时的模糊不确定表现

谢灵运《于南山往北山经湖中瞻眺》："海鸥戏春岸，天鸡弄和风。"李善注："《尔雅》曰：'鶤，天鸡。'"

天鸡是什么？是鸟、是虫，不明确。因为《尔雅》、《说文》用"天鸡"解释的字词有三个——《尔雅·释鸟》："鶤，天鸡。郭璞注：'鶤鸡，赤羽。《逸周书》曰：'文鶤若彩鸡，成王时蜀人献之。'"但《说文·鸟部》解说有别："（鶤），雉肥鶤音者也。从鸟，軍声。鲁郊以丹鸡祝曰：以斯鶤音赤羽，去鲁侯之咎。"《尔雅·释虫》："螒，天鸡。郭璞注：'小虫，黑身赤头，一名莎鸡，又曰樗鸡。'"《说文·羽部》："翰，天鸡，赤羽也。从羽軵声。《逸周书》曰：'大翰若翚雉。'一名鷐风。周成王时蜀人献之。"可见，《尔雅》之"鶤"与《说文》之"翰"同一，指雉鸡；《尔雅》之"螒"是蟋蟀一类的昆虫；《说文》之"鶤"是祭祀用的肥鸡；鶤、螒、翰三者都因善鸣故称之"天鸡"，"鶤"与"翰"音同、形近、类义而混用。

李善此注未加明示，让人歧解，王应麟《困学纪闻·评文》记载说："李善精于《文选》，为注解，因以讲授。谓之'文选学'……江南进士试'天鸡弄和风'诗，以《尔雅》'天鸡'有二，问之主司，其精如此。"所以作为随文释义的注解应当因境为训，从郭璞《江赋》句"其羽族也，则有晨鹄天鸡，鸐鷩鸥??"和谢灵运《于南山往北山经湖中瞻眺》句"海鸥戏春岸，天鸡弄和风"的语境看，当皆指鸟类雉鸡是也。

3. 注释典故时的烦琐寡要

> 王粲《登楼赋》：登兹楼以四望兮，聊暇古雅日以销忧。
>
> 李善注："冯衍显志赋曰：伏朱楼而四望，采三秀之华英。孙卿子曰：多暇日者，其出入不远也。贾逵国语注曰：暇，闲也。暇或为假。楚辞曰：迁逡次而勿驱，聊假日以消时。边让章华台赋曰：冀弥日以销忧。汉书，东方朔曰：销忧者莫若酒。"
>
> 张景阳《杂诗十首》：取志于陵子，比足黔娄生。
>
> 李善注："孟子章句曰：陈仲子岂不诚廉士哉！居于陵，三日不食，耳无闻，目无见，井上有李实，蟠食者过半矣，匍匐往，将而食之，三咽，然后耳有闻，目有见也。仲子织屦，妻辟纑以易之。刘熙曰：陈仲子，齐一介士也。蟠，蟲也。李实有蟲食之过半，言仲子目无见也。仲子自织屦，妻纺纑，以易食也。缉续其麻曰辟，练丝曰纑也。列女传曰：黔娄先生死，曾子吊之曰：先生何以为谥？妻曰：以康为谥。曾子曰：先生在时，食不充虚，衣不盖形，何乐于此，而谥为康乎？妻曰：先生，君尝欲授之政，以为国相，而辞不为，是其有余贵也；君尝赐之粟三十钟，先生不受，是其有余富也；其谥为康不宜何也？皇甫谧高士传曰：黔娄先生者，齐人也，修清节，不求进。"

李善《文选注》的特色，也恰恰成了李善注的缺憾，很多事情就是这样的"二律背反"。因其静态地征引、一味地溯源，经常不顾具体语境，喋喋不休地堆砌、磊迭前言古语，忽视了随文释义和章句，导致读者看了注解，或难以抉择不知所从，或云里雾里不知所以，以至于《新唐书·文艺中》评说："善，有雅行，淹贯古今，不能属辞，故人号'书簏'。"

（二）"征引式注释"的模糊语用根源

1. 李善征引注释有个目标——"诸引文证，皆举先以明后，以示作者必有所祖述也"，即为了探明语源（正本清源），但是实际上很多作品中的语词、典故、事类的使用，已经不是其原始的本义，随着历时的变迁，引申发展出很多别义，所以李善注解就其探原语源的角度讲是确定不移的，但就其注释作品当下语境义而言却又是模糊的。

2. 《文选》是文学总集，文学的语言本身带有极大的主观色彩，这是《文选》作品表达模糊性产生的前提。李善注解《文选》的征引式注释，是不同于其他注解的一种独特的文学语言训诂方式，而这种训解方式恰好适应了文学语言表达模糊性的语用修辞实际；也就是说，文学作品本身存在着很大的接受学空间，所以注解的时候最好以空白主体的身份进行解诂。

3. 文学创作，本来就是"言不尽意"、"辞达而已矣"，所以鉴赏、注释自然不能精确无遗。

三　结　语

正如周树江所言："模糊语言既是一种语义现象，更是一种语用现象。"训诂中的模糊性语用根源可能有这些：1. 用语言解释语言时语义值的不完全对等，导致训诂的模糊。训诂常常是用今语解释古语、用通语解释方语，名物甚至事类在古与今或者普与方的对应时信息不能完全对等，这是产生训诂模糊性的内在原因。2. 文学创作本身是"言不尽意"、"辞达而已矣"，所以文学作品的注释通常采用征引式注释，给解读者留下一个联想接受的空间，这也是产生训诂模糊性的一个根源。

参考文献

［1］［英］David Crystal：《现代语言学词典》（第四版），商务印书馆 2000 年版，第 153 页 "fuzzy"。

［2］吴孟复：《训诂通论》，安徽教育出版社 1983 年版。

［3］周树江：《人类语言模糊现象及其语用学阐释》，《沈阳农业大学学报》（社会科学版）2006 年第 2 期。

［4］周树江：《论模糊语言本质及其语用效果》，《山东工商学院学报》2006 年第 5 期。

［5］《周礼注疏》（十三经注疏本），上海古籍出版社 1997 年版。

［6］伍铁平：《模糊语言学》，上海外语教学出版社 1999 年版。

［7］［梁］萧统编，［唐］李善注：《〈文选〉六十卷》（整理清胡克家本），上海古籍出版社 1986 年版。

〔8〕王宁、李国英:《李善的〈昭明文选注〉与征引的训诂体式》,见俞绍初、许逸民主编《中外学者文选学论集》(上),中华书局1998年版。

〔9〕黎千驹:《模糊语义学导论》,社会科学文献出版社2007年版。

（作者单位：湖北师范学院语言学研究中心）

模糊哲学视野下的翻译研究^①

邵 璐

一 引 言

"西方哲学"同"东方哲学"一样，是非常宽泛和模糊的词，其中包含截然不同的传统和探究方式。近 50 年来，西方传统以"分析"传统和"大陆"传统为划分标志。^② 在很大程度上，"分析"传统或"分析型"探究方式在英语哲学中，也就是在英、美等英语国家的哲学中，持续占据主导地位；而"大陆"哲学在大多数欧洲和拉美国家一直保持优势地位。在分析哲学内，逻辑和语言分析基本上居于支配地位，心灵哲学、认识论、科学哲学、道德哲学、社会哲学都曾被视为语言哲学的特殊分支。^③ 赖尔（Ryle）、奥斯丁（Austin）、斯特劳森（Strawson）、奎恩（Quine）是继维特根斯坦（Wittgenstein）之后四个最有代表性的分析哲学家，或曰语言哲学家。这些分析哲学家关心与语言密切相关的问题，如"什么是意义的性质？""什么是语言行为？""语言与现实的关系"，等等；而他们用以解决哲学问题的方法，都是语言分析的方法。所谓的现代西方哲学的"语言学转向"，在很大程度上是因为这些语言哲学家的努力，以及他们对英语世界学院哲学主流的

① 基金项目：本文系教育部人文社会科学研究青年基金项目"莫言小说英译者葛浩文的译者风格研究"（13YJC740078）、四川省哲学社会科学规划"外国语言文学学科建设和发展"项目"认知叙事学视阈下的莫言双语文本对比研究"（SC13WY05）的阶段性成果。

② 这是一对奇怪的范畴，把以方法论为特征的探究方式（即"分析的"）与靠地理位置来区隔的传统（即"大陆的"）相对照。当然，在美国也有很多"大陆"哲学占优势的系科（并且新近的法国哲学在许多文学系有明显的影响），在欧洲和拉丁美洲也有许多出色的逻辑学家和偏向于分析的哲学家。

③ 苏珊·哈克：《总序一》，载陈启伟、朱锐、张学广（译）《词语和对象》，中国人民大学出版社 2005 年版，第 II 页。然而，目前各种牌号的"自然主义"借助于物理学、认知科学或进化生物学等，已经产生影响，并且变得相当热门；形而上学已经恢复它的中心地位。

长期的、决定性的影响所致。①

二　不确定论题

　　奎恩的成名，主要在于他的三个不确定论题，即翻译的不确定、指称的不可测知性、科学理论的不充分决定性。② 由于第三个论题跟本文相关度不大，故不在此讨论。翻译的不确定性③，即"语言的模糊性与翻译"论题，亦称"译不准原则"。翻译的不确定性或译不准原则包括两个方面：一是内涵或意义方面的不确定与译不准，二是外延或指称方面的不确定与译不准，奎恩把后者称为"指称的不可测知性"（inscrutability of reference）或"词项的不可测知性"，因此后者亦称"不可测知性论题"。④

　　奎恩的主要论点有二：一是翻译是通过检验人的行为来寻求语言意思结构的过程，或者说是通过"观察一个人正在作出的反应去发现他所使用的语言"。⑤ 翻译的正确与否取决于译者能否正确地解释他所观察到的刺激物（stimulus），并作出正确的反应。二是语言的意思并不是一种客观的符号功能，而是一个行为和有关社会因素相关联的现象；语义就是刺激物接受者对于现实所作出的反应。原说话人所说的话与语言调查者记录下来的话之间，往往由于外界干扰或出现多余信息而使事实受到歪曲，结果导致语义理解的

---

　　① 从古希腊时代，哲学家就已经开始关心语言问题了。到了近代，洛克（Locke）、休谟（Hume）、维科（Vico）、赫尔德（von Herder）、黑格尔（Hegel）都对语言有深入的思考。到了20世纪，语言问题更是成了哲学的中心问题，人们发现，几乎所有重要的哲学问题，多少都与语言有关。

　　② Nelson，Lynn，H. and Jack Nelson，*On Quine*，Belmont：Wadsworth，2000：70.

　　③ Quine，Willard，V. O.，*Word and Object*，Cambridge，Mass.：MIT Press，1959；1960.

　　④ 陈波（1994：118—130）从"理论的论证"、"例证的说明"、"母语中的不确定性"三个方面详细论证了奎因的翻译的不确定性论题。指称的不可测知性是翻译不确定性的一个方面，即外延、指称方面的译不准。具体是指：可以表述与所有可能相关的行为倾向相容的不同分析假设系统，它们把土语表达式的同一用法，或者译为词项，或者不译为词项；如果译为词项，或者译为单称词项，或者译为普遍词项；进一步的，或者译为抽象的单称词项或普遍词项，或者译为具体的单称词项或者普遍词项；并且更进一步，如果该土语表达式被译为具有离散指称的词项，那么将会有不同的分析假设系统，给这个词项确定不同的指称，由此把不同的本体论赋予该土语说话者。并且，在词项身份以及指称问题上，问有没有唯一正确的翻译是没有意义的。举例来说，土语表达式"gavagai"究竟是指称兔子，还是指称兔子的一个未分离部分，或兔子的一个时间段，或兔性，等等，在单纯的行为证据的基础上是无法判定的，指称不可能绝对地被测知。但假如诉诸分析假设系统和翻译手册，则词项的指称可相对地测知，因而具有相对性（陈波，1994：303—304）。

　　⑤ Quine，Willard，V. O.，*Word and Object*，Cambridge，Mass.：MIT Press，1960：28.

错误。这种情况恰恰是每一个译者所经常碰到的。由于词与物体之间的关系有多种多样，并由于人们对符号的（包括语言和非语言的）反应不可预测，因此就产生了翻译的不确定性。①

宽泛地说，不确定论题是对意义和翻译进行哲学讨论时使用的一个概念，是指语内和语际交际过程中都不可避免地会出现的语言模糊。奎恩认为，"翻译手册"（translation manuals；即语际对等系统）只体现出所有源语和目标语词项之间多种潜在的无限图示中的一种而已，这些图示彼此不相容，但内部又前后一致。由此奎恩认为，至少理论上有可能制定一套对应体系，它可以对已有的传统体系提出挑战。② 这种不确定性产生于如下事实：完全不含情景或文化含义而可以翻译好的句子实在太少，以至于它们不能构成固定、可靠的基础来为整个语言建立一套完整的、无争议的翻译对应体系。然而，对奎恩来说，翻译中体现出的这种不确定性仅仅是更普遍存在的语内不确定现象的一种图解。语内不确定性可以通过如下观察而得到描述：语言中的句子可以用某种方式按不同的置换规则彼此图示；根据这种方式，尽管"句子之间的相互联系及句子与非语言刺激之间的联系的总的模式"保持不变③，依然可以存在许多含义上与其各自相关语句大不相同的句子。换言之，在奎恩看来，即使同义词也不可避免地包含一定的任意成分。④

自从奎恩提出了翻译的不确定性理论之后，在西方语言学界和翻译界引起了很大的反响。普特曼（Putman）曾言，奎恩关于翻译不确定性的论证是"自康德的先验范畴演绎以来最吸引人的引起最广泛讨论的论题"。⑤ 弗里德曼（Friedman）也认为，"奎恩的翻译不确定论题也许是当代哲学中最著名并得到广泛讨论的论题"。⑥ 确实，关于这一论题存在着许多争议和反对意见，而有些持赞同观点的哲学家甚至把此当做数学公式一样对待。尽管人们纷纷从各种角度，或试图证实，或试图反对奎恩的这一论点，"但似乎

---

① Quine, Willard, V. O. , *Word and Object* , Cambridge, Mass. : MIT Press, 1960：31 - 34；谭载喜：《西方翻译简史》（增订版），商务印书馆 2004 年版，第 230 页。

② Quine, Willard, V. O. , *Word and Object* , Cambridge, Mass. : MIT Press, 1960：72.

③ Ibid. , p. 27.

④ Shuttleworth, Mark and Moria Cowie, *Dictionary of Translation Studies* , Shanghai：Shanghai Foreign Language Education Press, 2004：74 - 75；谭载喜主译：《翻译研究辞典》，外语教学与研究出版社 2005 年版，第 101—102 页。

⑤ 郭建中：《当代美国翻译理论》，湖北教育出版社 2000 年版，第 96 页。

⑥ 同上。

都没有能提出充足的证据"。①

斯坦纳把奎恩的理论纳入翻译理论发展史的第三阶段，即现代翻译理论。② 他说，如果俄国和捷克的学者（形式主义运动的继承者）把语言学理论和统计理论应用于翻译研究，那么，奎恩则勾画了形式逻辑与语言转换模式之间的关系。奎恩是斯坦纳认为在翻译问题上发表过真知灼见的少数理论家之一。

奎恩的理论与翻译实践似乎距离甚远，但翻译的不确定性至少开阔了人们关于翻译的理论思路。

三　原始翻译概念

奎恩把原始翻译概括③为"对以前从未接触过的民族语言的翻译"④。原始翻译至少包括三步：其一，现场记录并初步猜测，此时译者基本上是以纯粹观察者的身份出现；其二，确定土著表示同意或反对的词语，此时译者要使用实验方法和假说演绎法；其三，语言匹配，即建立译者的母语和土语的对应关系，这一步要利用分析假设，即语言学家在先前经验的基础上所编成的土语词汇表，及其与译者母语的词汇与短语的等价关系。而行为证据对分析假设的决定是不充分的，就是说，有可能存在几组相互竞争的分析假设，它们与言语行为倾向的总体相容，而彼此却不相容。更重要的是，关于它们谁对谁错，不存在事实问题，即不能在行为证据的基础上加以判定。正是具有这种性质的分析假设把不确定性带进了翻译过程，导致意义的不确定性和指称的不可测知，由此造成了译不准。⑤

奎恩的研究重点是意义哲学，对他来说，这种情形的意义在于，译者在

---

① 最著名的驳斥奎因的著作当属 *Translation Determined*（Kirk，1986），另见莫里斯在 *An Intro-duction to the Philosophy of Language*（Morris，2007：228－230）的一节（Resisting Quine on the indeter-minacy：some simple ways）中提出的对奎因不确定观点的抵制策略。

② Steiner，George，*After Babel*：*Aspects of Language and Translation*，Shanghai：Shanghai Foreign Language Education Press，2001.

③ 赵敦华（2001：184—185）译作"基本翻译"，陈启伟、朱锐、张学广（2005：27—32）译作"彻底翻译"，此处采用陈波（1994）、陈嘉映（2003）、郭建中（2000）、谭载喜（2005）的译法，译作"原始翻译"，因为奎因的原意是设定了一种极端情况，即最初的没有任何默契的直接指证活动。

④ Quine，Willard，V. O.，*Word and Object*，Cambridge，Mass.：MIT Press，1960：28.

⑤ 陈波：《蒯因》，东大图书股份有限公司1994年版，第303页。

翻译时，既不能借助语言上的相似之处，也不能借助相同的文化，因此不得不根据最初的原则来破译一种外来语言。奎恩的目的不是要介绍一种具体的翻译程序；相反，"原始翻译"概念的提出是为了对意义的不确定性进行假设性说明。奎恩描述了一个原本虚构但如今已广为人知的情形，即有人看见一只兔子，用当地语言说"Gavagai"，译者试着把它翻译成"Rabbit"（兔子）。他随后指出，这样的句子基于可以观察到的现象，为译者提供了一个在源语中的最佳立足点。译者试着在各种情形下"用回"这些句子，根据提供源语资料的人对此作出反应是赞同还是反对，再通过推理、尝试与工作假设，就可以从这些句子入手从而破解整个语言。一旦可以有相当把握地确定源语句子的可能应用范围，译者就会提出一个目标语句子作为其对等语。奎恩指出，正是此类"分析性假设"（analytical hypotheses）提供了"翻译参数"①，因为它们决定了译者逐步建立的"翻译手册"的性质。然而，奎恩指出，就这个著名的"兔子"案例而言，我们的语言学家不可能通过这个方法确定"Gavagai"的意思就是"兔子"。因为土著人有可能用"Gavagai"一词指兔子的某个生长阶段或兔子的某个组成部分。此外，要确定"Gavagai"是否与兔子同义，必然会涉及"同一性"和"数"这样的概念，而这些概念可能是相对于某个语言参照系的。我们永远也无法确切知道，不同语言参照系或不同背景语言是否严格对等。因此，我们永远也无法确定"Gavagai"与兔子同义。②

　　奎恩还提出了伴随原始翻译概念出现的一些理论问题。例如，源语句子与目标语句子表面看来对等，实际上产生它们的种种条件可能并不相同，因为两种语言在如何分析可观察到的现象时，不可避免地会存在分歧。此外，说任何一种语言的人都带有一定程度的文化知识（或称"伴随信息"）。这些知识当然也因语言而异，甚至在观察于文化上似乎很中性的事件时，例如看见一只兔子，这样的知识都会给观察带上一定的文化色彩。然而，最重要的是，奎恩认为译者选取的分析性假设在很大程度上是随意的。他指出：可以用不同的方式确定把一种语言翻译成另一种语言的手册，所有手册都与整体言语的分布结构相容，但它们彼此之间却不相容。它们会在无数地方出现互不相同的译文。各自对于一种语言的一个句子，会给出另一种语言的几个句子作为译文。这些句子彼此之间却不存在说得过去的、哪怕是十分勉强的

①　Quine, Willard, V. O. , *Word and Object*, Cambridge, Mass. : MIT Press, 1960：76.

②　张汝伦：《现代西方哲学十五讲》，北京大学出版社 2003 年版，第 245 页。

对等关系。①

因此，正如以上三个因素所示，"原始翻译"的目的是凸显翻译中的不确定性。此外，如果考虑其逻辑结论，最终得出的观点：意义不是绝对的，"原始翻译的不连续性考验着我们的意义：它真正将意义与它们的语言表现形式对立起来，或更典型的是，它在那里找不到任何意义"。②

当然，也有学者对奎恩的理论提出了批评，例如，哈里森③指出，奎恩的兴趣不在于翻译单个的词汇或句子，奎恩认为意义（进而也就是翻译）的基本单位是整个语言，因此，如果不是在"某个把（源语）'所有'句子与（目标语）'所有'句子匹配起来的整体性翻译方案"中进行讨论，那么要去探求某个源语句子的"真正"目标对等语是什么，那是毫无意义的。同时，也有一些学者对奎恩的不确定性概念的悲观性提出批评。如皮姆评论说，不确定性概念"普遍地被看做不可译理论而非翻译理论"。④另外，戴维森提出的不确定性版本就不像奎恩那么极端，其主要原因之一是，戴维森提倡"宽容原则"（principle of charity），建议人们在解释遇到问题时，最好"选择能使分歧最小化的解释理论"⑤，这样就能使解释者尽最大可能理解源话语者想表达的意义。戴维森将奎恩的"原始翻译"改为"原始解释"（radical interpretation），并将不确定性概念简化为如下观点：我们永远也不可能判断源语话者"使用词语的方式是不是同我们一样，只是在信念上多少有些怪异而已，也不能判断我们（是不是）把他翻译错了"。⑥戴维森认为，要理解不确定性概念，就要承认某些明显区别并不重要。他说："不确定性的存在是由于即使事实很明显，陈述事实的方式仍可多种多样。"⑦乔

---

① Quine, Willard, V. O. , Word and Object, Cambridge, Mass. : MIT Press, 1960: 27.

② Quine, Willard, V. O. , *Word and Object*, Cambridge, Mass. : MIT Press, 1960: 76; Shuttleworth、Mark and Moria Cowie, *Dictionary of Translation Studies*, Shanghai: Shanghai Foreign Language Education Press, 2004: 136 – 138; 谭载喜（主译）：《翻译研究辞典》，外语教学与研究出版社 2005 年版，第 186—187 页。

③ Harrison, Bernard, *An Introduction to the Philosophy of Language*, London: Macmillan, 1979: 108.

④ Pym, Anthony, *Translation and Text Transfer: An Essay on the Principles of Intercultural Communication*, Frankfurt am Main: Peter Lang, 1992: 181.

⑤ Davidson, Donald, *Inquiries into Truth and Interpretation*, Oxford: Clarendon Press, 1985: xvii.

⑥ Ibid. : 101.

⑦ Davidson, Donald, *Inquiries into Truth and Interpretation*, Oxford: Clarendon Press, 1985: 154; Shuttleworth, Mark and Moria Cowie, *Dictionary of Translation Studies*, Shanghai: Shanghai Foreign Language Education Press, 2004: 75; 谭载喜（主译）：《翻译研究辞典》，外语教学与研究出版社 2005 年版，第 102 页。

姆斯基（Chomsky）认为翻译不确定性"虽然不是错的，但没有什么意思"。①

四　结　语

正如杜威②在他的重要著作《追寻确定性：知识与行动之关系研究》（*The Quest for Certainty：A Study of the Relation of Knowledge and Action*）中指出的，从柏拉图开始，寻求恒定性和确定性就构成了西方哲学的主要特征与目标。一代又一代的西方哲学家为这个目标而奋斗。但是，从尼采开始，人们开始逐渐明白这是一个虚幻的目标，因为没有绝对确定的东西（这也是现代自然科学的结论），知识的对象总是相对于我们的理论坐标和语言参照系而言的。奎恩的"翻译的不确定性"理论，从语言哲学的角度进一步阐明和肯定了这一点。传统形而上学的根基，就此彻底瓦解。就像没有绝对的位置和速度，只有相对于坐标系的位置和速度一样，没有绝对的事实，只有相对于一个存在论的承诺和背景语言的事实。在此背景下，绝对真理的主张亦难以立足。因此，"有意义的不是说一种理论的对象绝对说来是什么，而是说一种关于对象的理论在另一种理论中怎样可加以解释或重新加以解释"。③

在跨文化交际中，信息从源文本转换到了目标文本，经历了从一种文学系统到另一种文学系统的旅行。在这一旅行过程中，源文本的模糊话语的迁移和转变在所难免，在目标文本中的留存与磨蚀也都随时间、空间、人物、时间的不同而有所不同，在这个集合或曰连续体之间滑动。

在跨语言文化交际过程中，由于以下各种情形，包括：人类思维固有的模糊性，源文本的模糊性（包括词语内涵和外延的模糊）言语在语篇中的模糊，翻译的目的功能（牵涉意识形态、赞助人），本族大文化中地域性、小（亚）文化（如中华民族这个大文化与蜀文化、岭南文化这些小文化之间既有同也有异，彼此互相影响、渗透），原作者、译者和译文读者的个人差异引起的模糊（包括语言理解、感悟能力、受教育程度、精神健康状况、

① 陈嘉映：《语言哲学》，北京大学出版社2003年版，第262页。
② Dewey, John, *The Quest for Certainty：A Study of the Relation of Knowledge and Action*, New York：Minton, Balch & Company, 1929：16.
③ Quine, Willard, V. O., *Word and Object*, Cambridge, Mass.：MIT Press, 1960：50；张汝伦：《现代西方哲学十五讲》，北京大学出版社2003年版，第245页。

逻辑思考能力、生活和成长背景、原作者和译者的语言表达能力等的不同），目标文本的语言、言语、语篇、目的功能（牵涉意识形态、赞助人）引起的模糊等因素，因此，逻辑的多元论和温和工具论在翻译中也是适用的。

　　从分析哲学的角度看，通过翻译实务经验得来的翻译方法和翻译策略，不能一劳永逸，这些方法和策略也许在这一次的翻译实践中能达到很好的效果，然而下一次翻译目的变了，同样的方法和策略或许就行不通。即是在同一语篇中，多种不同的翻译方法和翻译策略也可以交互使用，这就势必使翻译更呈现多元化的特点，也为经典名著的重译提供了必要的理论基础和哲学依据。

（作者单位：西南财经大学经贸外语学院）

从模糊美学初看格林童话

周长才

模糊美学是近 20 年来由中国学者逐步构架起来的一种美学观念（王世德，1986；徐宏力，1987、1994；王明居，1991、1992；胡和平，2005；周长才，1989、1990、1996），本文拟利用模糊美学中的一些观点对格林童话进行一次初步的审视。

雅科布·格林（1785—1863）和威廉·格林（1786—1859）是德国著名的语言学家，使他们闻名世界的作品却是他们合辑的《儿童与家庭童话集》（Grimm，1810—1857）。在格林兄弟之前，赫尔德就曾经收集过德国的民间诗歌，以《人民之声》出版（Luke，D.，1982：21），其中不仅有德国的，也有采自法国、西班牙、英国的民歌。年轻时代的歌德也一度喜欢收集民间诗歌。其实远在他们之前，意大利的 G. F. 斯特拉帕罗拉和 G. B. 巴西里都曾经收集一些民间传说，而法国的贝洛则是格林兄弟以前欧洲最著名的童话收集者。贝洛童话中的一些著名故事以稍微变形的方式出现在格林童话中，这给我们研究这些童话的流变并进一步分析其不同版本中的模糊形象提供了很好的材料。

《灰姑娘》可能是所有童话中最著名的一篇。在欧洲文化传统中，生于公元前 1 世纪的古希腊地理和历史学家斯特拉博讲过这样一个故事：一代名妓的一只拖鞋被老鹰衔到埃及法老的脚前，法老迷恋其娇美，穷举国之力终于找到这只拖鞋的主人。

近一千年后，中国唐代的段成式所著《酉阳杂俎》亦记载了有类似情节的故事［顺便说明一下，段氏的故事与格林故事的相通性，向以为是杨宪益先生发现的，但新的材料显示（王青，2006：357—358）：早在 1911 年日本学者南方熊楠（Minakata Kumagusu，1867—1941）就已经指出两者之间的相似性。1914 年周作人的《古童话释义》中也介绍过这一发现。林语堂的《中国印度之智慧》也收录了《中国的灰姑娘》的故事，内容则翻译自《酉阳杂俎》]。段氏的故事说，在中国南方有一个姓吴的洞主娶有两妻，一妻死后留下一个女儿叫叶限，后来洞主亦卒，叶限为后母所苦。叶限后来得到一条小鱼，遂养在盆中，鱼长得很快，易数器仍不能容，只好放到后面的水池中。一日后母令其远出汲水，后母则在家中将鱼杀而食之，并把骨头埋掉。女归来后痛哭不已，有粗衣之人告诉她，把鱼骨找到收藏起来，可随愿得到金玑衣食。一日当地盛节，后母携生女前往，令叶限守家。叶限伺母远行，金履翠衣前往。急忙归来时丢掉一只金履。这个地方濒临一个叫陀汗的岛国，当地人将这只金履卖到国王手中，国王令举国之女试穿，皆因脚大不能穿下。陀汗国王遂到洞人中寻找，得叶限色若天人。叶限后母及生女为飞石击死，叶限则随王到陀汗国，被尊为上妇。这个故事已经与后来的格林童话大致相似，但仍然保留着斯特拉博故事中的基本原形。我们初步的推测是，这个故事可能在9世纪以前从欧洲通过阿拉伯商人传到东南亚一带，再由东南亚一带传到中国南方。段氏在故事的最后说，这个故事是从他的仆人李士元那里听说的，而李本为邕州人（今广西南宁、平果一带）。因此，段氏所说的陀汗国，一般认为就是新旧《唐书》所说的陀洹国（王青，2006：362），根据藤田丰八和王青的观点，这个地方应该在现在的马来半岛或者苏门答腊一带（王青，2006：363）。之后这个故事在中国和印度支那一带流传，尽管丁乃通曾经收集到这个故事的21个中国异文和9个印度支那异文，但由于斯特拉博故事的存在，因此灰姑娘故事的中国起源说或者越南起源说都会面临极大的挑战（王青，2006：360—363）。我们看一下下面的西方童话中的灰姑娘故事就会更加理解这一点。

　　西方近代文学中 G. B. 巴西里童话中的《灰猫》已经基本具备格林童话中灰姑娘的情节，而贝洛童话中的《辛德瑞拉或者小水晶鞋》则与格林的《灰姑娘》几乎没有优劣之分，只是有一些不同的特点引人注目。在贝洛的故事中，仙女下凡的教母给辛德瑞拉送来舞会上需要的任何豪华的衣饰，而在格林的故事中，通过父亲去集市的情节，引出灰姑娘亲生母亲墓地的树和鸟，树和鸟可以送给灰姑娘需要的任何东西。在这一点上，贝洛故事中的宗教色彩要强一些。这可能显示出，在这一故事的形成时期，法国天主教的影响力之广，而格林童话中这一故事的形成时期，可能已经在路德改革以后。在贝洛故事中，辛德瑞拉原谅了两个姐姐，而格林故事中两个姐姐得到了惩罚。前者似乎有一种宗教的宽恕，而后者则是日常生活中的恩怨相报，似乎也反映了在这两个故事形成的不同的国度的不同时期，宗教的影响之不同，同时也使得这两个灰姑娘的形象略微不同。中国的传奇、戏曲也有不少类似的情况，元稹作《莺莺传》，董解元则写成《西厢记诸宫调》，王实甫则进一步写成《西厢记》。蒋防写成《霍小玉传》，秦醇则写成《谭意哥传》。蒋、秦两篇情节相似，只是后者将名字霍小玉换成谭意哥，将李益换成张正字，再就是借用了《莺莺传》中的一些笔法。这正好说明不同的形象在人们的心目中存在一定的模糊性和不确定性，人们可以根据环境的变化、创作者的主观需要等不同因素进行变动。

在格林兄弟收辑的 200 多篇童话中，单是与《灰姑娘》有相似情节的，就有许多篇。《千种皮》中讲一个国王死了妻子，他后来发现自己的女儿与妻子一样美丽，于是决定娶女儿为妻。无可奈何的公主只有穿上一件由许多兽皮做成的衣服逃到森林中。在那里她遇到一个打猎的另一个国家的国王，人们把她带到宫中做用人。在宫中举行的舞会中她以自己的美丽吸引了国王，在第三次舞会后国王终于发现这个美丽的姑娘就是他的用人，两人新婚燕尔。这个故事中灰姑娘没有姐妹，而在《一只眼，两只眼，三只眼》中则是讲述一个妇人生了分别有一只眼、两只眼、三只眼的三个女儿。她不喜欢有两只眼的女儿，就在吃穿上克扣她，并让她到野外牧羊。"两只眼"得到一位妇人的帮助，在门前种起一棵银叶金果的树。一位年轻英俊的骑士刚好路过，"一只眼"、"三只眼"都不能为骑士"折枝"，无奈叫出穿着寒酸的"两只眼"，因为只有"两只眼"才可以摘下银叶金果。"两只眼"获得骑士的青睐，两人喜结良缘。以上两个故事都是父母与亲生女儿之间的故事，而继母虐待女儿的故事则是格林童话中常有的事。当然格林童话在1812 年初版时，继母的形象并不多见，只是到后来的版本中，格林把母亲多改为继母。在东方，在 T. J. Bezemer 编撰的《印度尼西亚民间传说、寓言、童话》中则讲述了一个前半部分与《酉阳杂俎》中的故事相似而后半部分与《一只眼，两只眼，三只眼》比较相似的故事（王青，2006：368—369）：在七姐妹中老大最受继母宠爱，最小的妹妹备受虐待。后来小妹抓到一条鱼，长大后被姐妹们杀死。埋葬鱼骨的地方长出一棵树，树给小妹妹带来无数财宝。王子来调查这个奇迹，其他姐妹都无能为力，只有小妹妹可以从树上采下叶子和果实，王子决定娶她为妻。格林童话中《真新娘》讲的故事是，一个继母为了虐待年轻美丽的姑娘，让她在规定的时间内做常人不可能完成的事情。在一个老妇人的帮助下姑娘一一完成，于是继母让她马上建造一座城堡，姑娘也如期完成。继母在参观时被活门砸死，姑娘成了这座豪华城堡的唯一主人。求婚者纷至沓来，姑娘独钟情于一位王子。王子回宫请求父亲准婚，谁知一去不回。姑娘到处寻访，才发现王子即将另有新娘。在一连三天的皇家舞会上，姑娘以自己的美丽重新赢得王子的爱心。《真新娘》中已经出现王子"忘记"新娘的情节，而在《铁炉子》和《两个国王的孩子》中，这种"忘记"新娘的情节在故事中的分量更加重要，而与"原始的灰姑娘"的故事不同的是，这些故事中女主人公的出身越来越高贵，她们因为被新郎"忘记"，所以要克服困难或者经历艰苦的生活才能得到幸福的婚姻，而这时她们的形象已经与"原始的灰姑娘"有所不同了，或者说在争取得到白马王子的过程中她们更加主动了。在《放鹅姑娘》中，公主先变成灰姑娘，又变回了公主并与王子结婚，而冒充公主者最后得到了惩罚。《铁汉斯》中，主人公成了男子，或者说这就是"男辛德瑞拉"。这说明这一故事的作者已经把辛德瑞拉这个形象的模糊性发挥到了极限，这也是世界文学史上对人物形象最大胆的变形之一。总之在格林童话中的这八个（包括《灰姑娘》故事本身）与灰姑娘有关的故事中，我们可以说，创作者自觉或不自觉地围绕着"灰姑娘"这一形象进行或工笔，或写意式的描绘，创造出了一系列的灰姑娘形象，而这些形象基本上没有离开"受苦—取得美满婚姻"这样一个主题。这可以说明，无数个形象可以组成一个主题，但一般来说一个形象并不需要无数个主题来组成。

我们说无数个形象可以组成一个主题，"无数个"并不是一个随意的词汇，事实上，除上面提到的德语、法语、意大利语、古希腊语和汉语中的灰姑娘的故事外，世界上许多民族或语言中都有自己的灰姑娘的故事（Luke, D., 1982：11）：不仅英语、苏格兰语、爱尔兰语中有，波罗地海和斯堪的那维亚的语言、冰岛语、法罗语、荷兰语、巴斯克语、西班牙语、加泰罗尼亚语、罗马尼亚语、匈牙利语、捷克语、波兰语、塞尔维亚—克罗地亚语、阿尔巴尼亚语、希腊语、土尔其语、亚美尼亚语等语种中都有。这些故事再加上东方语言中的几十个故事都可以说是围绕着一个中心故事——这个中心故事也许事先并不存在，但把这些故事放在一起之后，很多故事都包含女主人公受到虐待—得到仙子帮助—与王子相遇—与王子成婚这样的一些基本情节，这就形成了一个中心故事和中心形象，而故事中灰姑娘的形象也围绕着一个中心形象而形成。当然每一个故事与中心故事又有或多或少的不同，每一个灰姑娘的形象也与中心形象有或多或少的重叠与出入，从而构成了以中心形象为"核心"的、带有一定模糊性的一系列的灰姑娘形象。我们还可以把这个模糊系列进一步扩大：英国民俗学家玛丽安·柯克斯在《灰姑娘传说》一书中列出 345 种灰姑娘故事的各种变种，这些变种也是围绕着女主人公受到虐待—得到仙子帮助—与王子相遇—与王子成婚这样的一些基本情节。这进一步说明人物形象确实存在一定的模糊性，正因为如此，人们才可以在各自的创作中进行适当的改变。

同样，《奇怪的名字》不仅在德语中有，在英语等其他语言中也有，只不过是在德语中这篇童话的名字叫 *Rumpelstilzchen*，而在其他语言中则分别叫 *Tom-Tit-Tot*，*Trit-a-Trot*，*Whuppity-Stoorie*，*Ricdin-Ricdon*，*Titteliture*，*Zorobubù*，*Taradandò*，等等（Luke，D.，1982：11）。童话中这种以孩子换取财富的主题在西方文学的传统中并不孤立，不仅在格林童话中有《金山王》、《池塘水妖》等类似的主题，就是夏米梭的《彼德·施勒米尔的神奇故事》中出卖影子以换取金钱、《浮士德》中以灵魂换取对魔鬼的驱使等内容，它们在形式上也有相似之处。水妖的形象在西方文学中最早出现在荷马史诗中，奥德修斯曾遇上塞壬女妖和卡利布狄斯女妖；德国文学中歌德的歌谣《渔夫》、罗累莱的故事，以及英国诗人济慈的《无情的妖女》中都有描述。至于以奇怪的名字让人猜测的情节，在古希腊神话中有斯芬克司之谜，在格林童话中则有《魔鬼与它的祖母》。而以猜谜、测试等方式定情人的情节，在格林童话中有《海兔》，这方面更有名的故事是《一千零一夜》中的杜兰朵公主的故事，这个故事在 1762 年被意大利童话剧作家戈齐改编为《杜兰朵》，后又被普契尼和 F. 阿尔法诺改变为歌剧《杜兰朵》，而张艺谋也担任过这部作品的导演。一个故事经历了这么多艺术家的手笔，形象自然有变形不说，就是主题也不尽一致，而这些都离不开形象的模糊性和主题的模糊性。

在格林童话中以及其他的一些童话故事中也同样存在这种现象，如果我们以《白雪公主》作为中心故事，则《桧树》、《小弟弟、小妹妹》以及英国童话中的《玫瑰树》都有被继母虐待的情节，而《林中三个小人》、《放鹅姑娘》都包含"偷换"的情节，最后作恶者都得到了惩罚。《小弟弟、小妹妹》与《风雪娘娘》也有类似的情节，而《桧树》中鸟儿唱的歌在歌德的《浮士德》中甘泪卿也唱过。关于《小红帽》的故事，据说早在贝洛之前就有这样一个版本（Luke，D.，1982：398）：狼吃掉奶奶后还剩下了一些肉，小红帽不明智地吃了。到了贝洛童话的时候，她虽然被狼吃掉了，但毕竟没有去吃自己奶奶的肉，英国童话《小红骑装》与法国童话几乎完全相同，而到了格林童话中，则是在猎人的帮助下杀死狼。在格林童话中的另外一个版本中，小红帽与奶奶一起在没有别人的帮助下用计谋杀死了狼。就是说，在这一系列的形象中，小红帽越来越智慧、积极了。格林童话中的《玫瑰公主》与贝洛童话中的《林中睡美人》早在巴西里的《太阳、月亮与塔里亚》中就已经具备雏形，而格林童话中的《莴苣》也有类似的主题。贝洛的《小拇指》和格林的《大拇指》以及《大拇指的旅行》虽然在细节方面有所不同，但都具有三个基本情节：孩子的体形小得像个手指头—孩子很聪明—历经各种风险孩子回到父母身边。英国童话《大拇指托马斯正传》除了有这些情节以外，主人公还与亚瑟王及后继者经历了更多的冒险生活。《渔夫与他的妻子》的故事由画家 P. O. 容格经过阿尔尼姆转达给格林兄弟。这个故事在俄罗斯阿凡索夫的童话中叫做《金鱼》，而普希金用以改写的诗歌则叫《渔夫与金鱼的故事》。在俄罗斯的另外一个版本中叫《贪婪的老妇》，老妇最后的希望是变为神。在法语和意大利语的版本中丈夫爬到了天宫。在一个日本故事中一个石匠变成了太阳（Luke，D.，1982，397）。另一个故事《兰色的灯》至少可以追溯到《一千零一夜》中的《阿拉丁神灯》。

　　格林童话在其他故事或者文学作品中的影子一方面使我们可以比较容易地知道这些故事的形成时间，同时另一方面也使我们更难知道这些故事的形成时间。我们不能简单地说《兰色的灯》与《阿拉丁神灯》形成的时期相同。我们的意思：德语里的这些故事基本定型是在什么时间？我们不妨从科技史的角度来考察。童话中多次出现枪、猎枪、大炮等名词，如《三个幸运的孩子》中出现了大炮（Die Kanone），《六人走遍天下》和《小红帽》中出现了枪或猎枪（Die Buchse）。中国在 13 世纪中叶发明世界上最早的竹管射击火器，后来又发明了金属管射击火器。中国历史博物馆收藏的火铳为 1332 年制造。西方的枪炮不应该早于这个时间。有关中世纪的书上说，11 世纪欧洲没有马掌、马车的套具等，到了 14 世纪才有，但这与古罗马有关战车的描述不符。也许是这些东西随着西罗马帝国的灭亡而在欧洲大部分地方失传，如果这一观点正确，那么根据《神盗》中出现的马车套具、用布包马掌的动作，这篇故事应在 14 世纪之后。《三兄弟》也不会比这更早。童话中有半个小时（《小红帽》）、两个小时（《灰姑娘》）的说法，说明这一类的故事在德国的定型基本上应当在钟表出现以后。《不来梅的音乐家》中出现了硫磺火柴，说明这个故事可能是在硫磺火柴出现以后才定型的。同篇中还出现了琉特，这是一种类似中国琵琶的乐器。在阿拉伯世界中也有一种类似中国琵琶的乐器叫乌德，在南北朝时传入中国，叫曲项琵琶。乌德在 13 世纪传入欧洲，这种乐器从欧洲总体上说是从南向北普及的，大体在文艺复兴时期在欧洲已经相当流行，这篇童话基本定型的时间应该不会早于文艺复兴时代。从童话的内容看其中的科技知识，比较有趣的是《勇敢的小裁缝》。其中主人公说："你扔得很高，但石头还是落到地上，我来扔一次，石头不会再落下来。"当然，我们不可能根据这句话来断定小裁缝和巨人都知道万有引力以及第一宇宙速度、第二宇宙速度等，但扔得很高以至于石头不会掉下来则是他们的共识。而这种认识恰好与牛顿的万有引力概念有一种契合。如果他们能够认识到扔出的速度快才能使石头更高，这就与7900米/秒的第一宇宙速度和11200米/秒的第二宇宙速度有关系了。当然，上面我们根据童话中的科学知识来判别童话基本定型的年限只是一个最早的年限，很多童话肯定是在这些科学技术很多年之后才出现的。

所谓"基本定型"也是一个相对模糊的概念，事实上在格林兄弟收集、编辑这些童话的几十年中，这些童话也处在不断的变化之中。童话中许多"继母"在1812年的初版（第一卷）中大多是亲生母亲。在1812年以前，还有一个1810年的"奥棱伯格版"：阿尔尼姆的妻子是布仑塔诺的姐妹，两人在1805—1808年曾出版德国民歌集《男孩的神奇号角》。她们不仅把意大利巴西里的童话介绍给格林兄弟，还通过画家容格等渠道给格林兄弟介绍了许多童话故事。1809年布仑塔诺想借用格林兄弟的手稿，以便用这些素材写成"文人童话"或"艺术童话"。格林兄弟在做了备份后将手稿借给了布仑塔诺，后者再也没有归还手稿，而在一个世纪以后在奥棱伯格修道院又被人们发现了这个手稿，包括《奇怪的名字》、《玫瑰公主》、《白雪公主》、《十二个兄弟》、《千种皮》等名篇的雏形都在这个手稿中。1812年第一卷正式出版时，书是献给阿尔尼姆的妻子，也就是布仑塔诺的姐妹碧塔娜的，而许多故事则是后来成为威廉·格林的妻子多罗特娅及其家人（包括家仆老玛丽）讲述的。由于第一卷的成功，许多人向格林兄弟提供素材，其中维曼夫人提供了《十二个兄弟》、《六人走遍天下》、《魔鬼的三根金发》等9篇，维纳·冯·豪泽豪森及其家人提供了《两兄弟》、《六个仆人》、《两个国王的孩子》等29篇（Luke, D., 1982：27）。以这些故事为基础，加上从奥地利、瑞士收集到的一些故事，格林兄弟在1815年出版了第二卷，两卷共有156篇，与1857年第七版的201篇已经相差不算太多。在第二卷中，他们曾经想把巴西里的故事以及更多的外国童话包括进来，但后来放弃了。1815年之后，雅科布将精力转向其他领域，威廉在1819年出版了第二版，与第一版稍有出入。1822年威廉出版了一个第三卷，这一卷不仅包括讲述各种故事来源和各种故事的变种的内容，而且包括50个巴西里故事的详细提要。这些提要在后来的版本中被删除了。如果不删除的话，我们可以想象，这些故事还会与原来的意大利版本或法国版本有出入，自然在这组模糊文学作品中增添了更多的模糊形象和模糊主题。此后,在 1837年、1840 年、1843 年、1850 年和 1857 年出版了两卷本的第 3—7 版,除了每版有少数故事的增加外,原来故事的内容也有变动。这就是说,在格林兄弟收集、记录、修改这些故事的 50 年的过程中,故事本身也在发生着变化,更何况在几百年甚至上千年的故事的形成过程中,肯定有更多的变化存在,如果没有模糊性的存在,这些变化和位移几乎是不可能的。

参考文献

[1] Grimm, Jakob und Wilhelm, 1810 – 1857: Kinder-und Hausmärchen, Verlag C. H. Beck, München, 1963.

[2] Luke, D. , 1982: Jacob and Wilhelm Grimm Selected Tales. Translated with an Introduction and Notes by David Luke. Penguin Books, 1982. China Edition, 1989.

[3] 胡和平:《模糊诗学》,社会科学文献出版社 2005 年版。

[4] 王明居:《模糊艺术论》,安徽教育出版社 1991 年版。

[5] 王明居:《模糊美学》,中国文联出版公司 1992 年版。

[6] 王青:《西域文化影响下的中古小说》,中国社会科学出版社 2006 年版。

[7] 王世德:《美学新趋势》,四川大学出版社 1986 年版。

[8] 徐宏力:《论模糊美学观》,硕士毕业论文,1987 年。

[9] 徐宏力:《模糊文艺学论要》,春风文艺出版社 1994 年版。

[10] 周长才:《模糊美学研究:本质论》,《外国文学研究》1989 年第 2 期。

[11] 周长才:《模糊美学研究:过程论》,《外国文学研究》1990 年第 2 期。

[12] 周长才:《模糊美学在中国》,《外国文学研究》1996 年第 1 期。

汉俄第二语言教学中模糊语言教学刍议

杨 毅

语言既有精确的一面，也有模糊的一面。随着对模糊现象研究的深入，人们已经认识到，"在语言（语音、语法和词汇）中，明确的只是极端的情况。过渡的现象在其本源中，即说话人的意识中原本是游移不定的。正是这些模糊的、游移不定的现象应更多地引起语言学家的注意"。① 模糊现象在古今中外的各种语言中普遍存在，模糊性是语言的本质特征之一，因而既是语言学所不能回避的研究对象，也是语言教学不能不涉及的对象。近年来，第二语言教学中模糊语言的教学问题，逐渐成为一个必须加以研究的重要课题。本文主要从"教"的角度，对汉语俄语第二语言教学中的模糊语言教学问题，略陈管见，以就教方家。

一 从教者应具有丰富的模糊语言知识

要做好第二语言教学中的模糊语言教学，从教者必须具有模糊语言知识。模糊语言指语言表达的意义、范围、界限不明确或表达的意思不确切，如汉语中的"好"、"坏"、"冷"、"热"、"大"、"小"以及"大概"、"也许"，俄语中的"хорошо"、"замечательно"、"нормально"、"жарко"、"холодно"、"тепло"等。在语言使用中，相对于准确语言，模糊语言具有不可替代的作用。② 但在长期的语言教育中，人们是以"准确、清晰、生动"为标准衡量语言的好坏，认为"好的"语言是"准确、清晰、生动"的，应当尽量避免语言"模糊、不准确和不确定"。在对第二语言教学的从教者的教育培养中，一直也是培养这样的语言运用观念，很少或几乎不提语

---

① 伍铁平：《模糊语言学》，上海外语教育出版社1999年版，第35—36页。
② 黎千驹：《模糊语言研究要注重更新方法》，《光明日报》2008年11月28日第002版。

言的模糊性。以汉语作为第二语言教学的从教者必须学习的重要的课程
《现代汉语》为例，全国上下，除了很少几部教材在词义性质中讲述词义的
模糊性外，其余极少出现模糊性的问题。教材中不安排的内容，教师在课堂
上也自然不会多讲，实际上，大多数教师也对语言模糊性认识不够或几乎无
认识，即使教材中安排了少量的模糊语言问题，有的教师也认为不是语言的
普遍现象，可有可无，根本不讲语言模糊性方面的内容，也就更谈不上引导
学生注意语言的模糊性，培养学生正确的语言观。俄罗斯对于模糊语言的研
究起步虽比我国稍早一些，但目前尚未形成体系，只是一些论著如谢尔巴
（Л. В. Щерба）著《语言系统及言语活动》[1]、施梅列夫（Д. Н. Шмелев）
著《词汇语义分析问题》[2] 等涉及了俄语中的模糊现象。

　　正是在这样的教育背景下，现在从事汉俄第二语言教学的教师对语言的
模糊性具有正确认识的还占少数。所以，笔者认为，要在汉俄第二语言教学
中培养学生正确的语言观，让学习者既能认识语言具有的精确性又能认识模
糊性，作为汉俄第二语言教学的从教者，必须先自己具有正确的语言观，要
使自己充分认识到语言不仅具有精确性，同时也具有模糊性。培养的方式既
可以是学校教育的方式，如在学校教学中增加模糊语言内容，让学习者跟着
老师学习模糊语言知识；也可以通过自学方式，阅读模糊语言的论著学习积
累模糊语言知识。目前，在中国，关于语言模糊性的书籍已经出版很多。得
到学界认同的重要论著如伍铁平著《模糊语言学》[3]、黎千驹著《实用模糊
语言学》[4]，另外还有苗东升著《模糊学导引》[5]、陈治安等编著《模糊语言
学概论》[6]、孙连仲和高炜编著《模糊语言学》[7]、黎千驹著《模糊修辞学导
论》[8]、连文斌编《模糊语言的修辞功能研究》[9]、黎千驹著《模糊语义学导
论》[10]、鲁苓著《多元视域中的模糊语言学》[11] 等，都可以作为学习者的自

[1]　Щерба Л. В. О《диффузных》звуках //Языковая система и речевая деятельность［М］. Л.：МАКС Пресс 1974. – С147 – 149.

[2]　Шмелев Д. Н. Проблемы семантического анализа лексики. М. 1973.

[3]　伍铁平：《模糊语言学》，上海外语教育出版社 1999 年版。

[4]　黎千驹：《实用模糊语言学》，广西师范大学出版社 1996 年版。

[5]　苗东升：《模糊学导引》，中国人民大学出版社 1987 年版。

[6]　陈治安、文旭、刘家荣：《模糊语言学概论》，西南师范大学出版社 1997 年版。

[7]　孙连仲、高炜：《模糊语言学》，陕西人民出版社 1990 年版。

[8]　黎千驹：《模糊修辞学导论》，光明日报出版社 2006 年版。

[9]　连文斌：《模糊语言的修辞功能研究》，甘肃人民出版社 2012 年版。

[10]　黎千驹：《模糊语义学导论》，社会科学文献出版社 2007 年版，第 1 页。

[11]　鲁苓：《多元视域中的模糊语言学》，社会科学文献出版社 2010 年版，第 3 页。

学教材。在俄罗斯，虽然还没有出现研究语言模糊性的专门著作，但也有多种论著涉及，如本文前面提到的谢尔巴（Л. В. Щерба）著《语言系统及言语活动》、施梅列夫（Д. Н. Шмелев）著《词汇语义分析问题》，另外还有尼基金娜（С. Е. Никитина）著《民间文学语言中关于多义性、模糊义和同义词的汇编》①、舒里斯基斯（С. А. Шульскис）的《口语中复句意义和结构的模糊性》②，施坎宾科（Т. М. Шкапенко）的《从两种语言的视角研究语义模糊性》③ 等，我们国内也出现了研究俄语中模糊现象的多项成果，如《俄语中的模糊语言现象》④、《模糊与精确在俄语语义中的相互转化》⑤、《俄语数量数词词义的模糊性》⑥、《俄语语法中的模糊现象》⑦、《语义的模糊性与民族文化》⑧ 等，都有助于俄语第二语言教学者认识俄语语言模糊性。

　　常言说，要给学生一碗水，教师必须先有一桶水。在第二语言教学中，教师要想使学生正确认识母语语言（当前情况下为汉语和俄语）的模糊性，正确运用母语语言的模糊性，教师自己必须先对母语中的模糊现象有充分、深入的认识：既要认识到模糊性在自己母语和所教目的语中的普遍性，更要认识到母语和目的语中的模糊语言现象之间的异同，还要进一步认识到语言模糊性产生的多种根源等。正如伍铁平所言："从理论上认识到语言具有模糊性这一特点，对语言理论研究、语言对比、语言教学、词典编纂都是很有价值的。我们平常在本族语和外语中遇到许多不大理解的模糊现象，有了模糊理论以后，很多问题就迎刃而解了。"事实证明，对汉俄第二语言教学中的模糊语言教学也是如此。

---

①　Никитина С. Е. О множественности диффузии значений и синонимии в тезаурусе языка фольклора//Сборник статей памяти Дмитрия Николаевича Шмелева. М. 1997.

②　Шульскис С. А. Диффузность семантики и структуры в сложном предложении при устной форме его реализации//Язык, сознание, коммуникация: Сб. статей/Отв. Ред. В. В. Красных, А. И. Изотов. - М. МАКС Пресс, 2005. - Вып. 29. - 160 с. ISBN 5 – 317 – 01330 – 5.

③　Шкапенко Т. М. Семантическая диффузность в двуязычном аспекте// Вестник Балтийского федерального университета им. И. Канта. 2012. Вып. 8. С. 42 – 47.

④　董宗杰：《俄语中的模糊语言现象》，《外语学刊》（黑龙江大学学报）1993 年第 1 期。

⑤　董宗杰：《模糊与精确在俄语语义中的相互转化》，《外语学刊》（黑龙江大学学报）1993 年第 6 期。

⑥　任思明：《俄语数量数词词义的模糊性》，《河南大学学报》（社会科学版）1994 年第 5 期。

⑦　王亚民：《俄语语法中的模糊现象》，《中国俄语教学》1995 年第 3 期。

⑧　刘佐艳：《语义的模糊性与民族文化》，博士学位论文，黑龙江大学，2003 年。

二 教学中应有明确的模糊语言观念

知识来源于实践，也要反过来指导实践，才能变成有用的知识，化为技能。汉俄第二语言教学中的模糊语言教学也是这样，首先，教师不仅要使自己具有丰富的模糊语言知识，还必须在教学中有明确的模糊语言意识，才能正确引导学生准确认识并准确运用模糊语言现象，提高学生使用语言的技能。很多模糊语言学论著都分析了时间词、颜色词、味觉词、温度词等所具有的模糊性的普遍性。在教学中，教师要首先能够判断模糊语言现象。如见到汉语中"黎明、早晨、上午、下午、黄昏、傍晚、夜晚"，俄语中"Утро、День、Вечер、Ночь"等表时间的词，从教者首先要能够判断出这些模糊语言现象，才能进而指出这些模糊语言现象。

其次，从事第二语言教学者也可以适当从事模糊语言现象及教学的研究，尤其是汉外、俄外模糊语言对比研究，以此提升自己对模糊语言的敏感度，促进第二语言教学中的模糊语言教学。自美国查德 1965 年发表论述模糊的第一篇论文开始，模糊语言现象越来越受到学者们的关注。我国自伍铁平 1979 年在《外国语》第 4 期上发表《模糊语言初探》至今，研究成果数量多，有学者通过采用"模糊"为关键词，检索中国期刊网（CNKI）文史哲类包括期刊和博士论文在内的研究成果，发现在 1979—2010 年的 32 年间，共有相关论文 4214 篇。① 我们发现，在这众多成果中，对模糊语言教学问题进行研究的成果很少，尤其是基于第二语言教学对模糊语言教学问题进行研究的成果更是少之又少。汉语方面，目前笔者仅见到了杨红《浅析对外汉语模糊义数量结构教学》②、张宇婷《汉语实词的模糊性研究及对外汉语教学》③ 等结合对外汉语教学进行的实证性研究成果。俄语方面，关于模糊性在俄语作为第二语言教学中的应用散见于一部分著作和论文集中，如俄罗斯科学院出版的《外语教学方法和语言学》④，白俄罗斯语言学家列兵

---

① 蒋平：《国内模糊语言研究现状与目标》，《外国语》2013 年第 5 期。

② 杨红：《浅析对外汉语模糊义数量结构教学》，《湖北师范学院学报》（哲学社会科学版）2012 年第 3 期。

③ 张宇婷：《汉语实词的模糊性研究及对外汉语教学》，内蒙古师范大学硕士学位论文，2012 年。

④ Институт языкознания РАН//Лингвистика и методика преподавания иностранных языков. М. 2010.

津斯基（Лебединский С. И. ）和科尔比克（Гербик Л. Ф. ）编著的《俄语作为第二语言教学方法论》①，马修诺娃的《对外俄语教学的理论基础和实践材料》② 等。这说明汉语俄语第二语言教学中的模糊语言教学研究刚刚起步，是一个亟待开发的大有可为的研究领域。如可以就不同语言中的模糊语言现象的异同进行对比，既可汉英、汉日、汉泰、汉俄等比较，也可就汉英日、汉英俄、汉英泰等三种以上语言中的模糊语言现象的异同进行对比，等等，俄语方面也是如此。在比较时，可以就某些词分类比较，如伍铁平曾就温度词的研究说："表示温度的词是一些模糊词，不仅不同语言之间，就是同一语言之间表示各种温度的词的界限都是模糊的。比较这些词不仅对发展模糊语言学有很大的意义，对掌握和翻译术语也有很大的价值，否则就会受外语的影响，误将'温泉'说成'热泉'（如英语是母语的人学汉语时可能犯的错误）或'烫泉'（操俄语的人说汉语时可能犯的错误）"，这些研究对汉语俄语第二语言教学同样是有益的、必要的。

三　教学中应讲究教学原则和方法

关于汉俄第二语言教学中的模糊语言教学应该遵循的原则和采用的方法，目前的研究成果较少，是值得广泛深入探讨的问题。笔者认为，第二语言教学中有很多教学原则和方法可供模糊语言教学借鉴，尤其是模糊容忍原则和对比方法等是值得汉俄模糊语言教学重视的。

模糊容忍原则是指在第二语言教学过程中，遇到一些生僻、模糊的语言现象而无法通过明确的知识加以说明时，自觉或不自觉地使用模糊容忍进行解释说明。随着认知心理学的发展，认知心理学家发现，外语学习过程就是从模糊到精确的逐步递进的过程，对模糊的容忍在语言学习过程中标志着认知的发展。在汉俄模糊语言教学中采用模糊容忍原则：首先承认汉俄自然语言中存在着大量外延缺乏泾渭分明界限的模糊表达；其次运用模糊容忍原则有效地解释语言活动中的一些模糊现象。实践结果也表明：教师采用模糊容忍原则能够在一定程度上加速学生对语言的掌握进度，具有较高模糊容忍度

---

①．Лебединский С. Н. Гербик Л. Ф. //Методика преподавания русского языка как иностранного. Мн. 2011.

②　Матюнова А. А.//Теоретические основы преподавания РКИ и практика разработки учебных материалов для иностранных студентов на уровне коммуникативной насыщенности и профессиональной достаточности. 2010.

的学生在学习语言、执行某些语言任务中表现得也更加成功。因此，在汉俄模糊语言教学中，教学工作者自己既要对学生的语言行为具有一定的模糊容忍度，还应有意识地培养学习者的模糊容忍能力，提高学习者的模糊容忍度。

语言对比的方法是进行第二语言教学中广泛运用的方法，也是模糊语言教学应用的重要方法，汉俄第二语言教学的从教者应重视采用不同语言对比的方法进行第二语言教学中的模糊语言教学。汉外语言对比，就是指用汉语和学习者的母语进行对比，指出汉语和学习者母语中模糊语言所指对象的异同，以便学习者辨清异同正确掌握。如对于"早晨"这个模糊词，在不同语言中的所指是不同的：在汉语中，《现代汉语词典》中的解释："天将亮到八九点中的一段时间"；在俄语中，早晨——утро 是指 4—11 点中间的一段时间（Журн. *Русский язык за рубежом*，1994，No. 2，33c.），按照俄罗斯人的习惯，通常把 5—12 点这段时间称为早晨，由此就不难理解俄罗斯人为什么在 11 点的时候打招呼为"Доброе утро（早上好）"了。于此可见，虽然都是对模糊词语"早晨"进行解释，汉语、俄语这两种语言对其所表示的时间段的界限范围的界定是有所差别的，教师应在教学中引导学生对比，以便其准确掌握目的语中的"早晨"所指对象。又如：汉语中的一些数词，虽然本身表示的数量是精确的，但在和其他语言单位组合成熟语时，意义常常虚化，表示模糊义：一言半语、一清二白、三言两语、三心二意、三朋四友、颠三倒四、四平八稳、四通八达、五光十色、隔三差五、六亲不认、七上八下、七嘴八舌、九死一生、九牛一毛、十拿九稳、十全十美、百依百顺、千锤百炼、千方百计、千秋万代、万紫千红。教师在讲解这些成语中的数词"半、一、二、三、四、五、六、七、八、九、十、百、千、万"，决不能只讲这些词本身的精确义，而要同时指明它们表示的模糊义：这些数词在这些语境中，要么表示数量多、时间长或范围广；要么表示数量少或表示频率；还有用大数与小数形成鲜明对比，表示差距很大等意义；同时，教师还要和学生的母语进行对比，如俄语中用数字三、七、百、千等表示模糊义的现象也很多[1]，教师在对俄罗斯学生进行第二语言教学时即可对汉语和俄语中数字表示模糊现象的异同进行对比教学，以更有利于学生掌握这些汉语中的这些模糊语言现象。

除语言对比的方法之外，一些学者针对汉语中的模糊词语提出的释义方

---

[1] 郑巍：《俄汉模糊语民族文化对比研究》，硕士学位论文，东北师范大学，2009 年。

法也是从教者可以根据具体情况采用的方法。如黎千驹提出了模糊种差法、定量法、形象描写法、比喻法、对比法、否定法、比较法、模糊义素法等方法①，都是汉语国际教育教师在进行汉语模糊语言教学时可以选用的方法。

四　结　语

随着人们对语言模糊性研究的不断深入，第二语言教学中的模糊语言教学问题也日渐凸显出来。如何更好地解决第二语言教学中的模糊语言教学问题，是一个尚待大家关注、探讨的问题。笔者于此不揣浅陋，对汉语俄语第二语言教学中的的模糊语言教学问题进行了初步探讨，主要从"教"的角度提出从教者应首先具有丰富的模糊语言知识，其次是在教学中应树立明确的模糊语言意识，主要讲究模糊容忍原则，采用不同语言对比等方法，以提升学习者运用目的语中模糊语言的能力。

（作者单位：俄罗斯乌拉尔联邦国立大学）

---

① 黎千驹：《论模糊词语的释义方法》，《辞书研究》2007 年第 6 期。

长风破浪会有时

——第四届中国模糊语言国际学术研讨会学术总结

谭汝为

各位代表、女士们、先生们：

上午好！我受会议筹委会委托，在闭幕式上作学术总结。

由湖北师范学院语言学研究中心（湖北省人文社科重点研究基地）主办的"第四届中国模糊语言国际学术研讨会"，出席代表 100 余人，安排大会报告 7 篇，提交论文 64 篇，分为四组各分两场进行报告和交流，顺利地完成了各项议程。本次学术研讨会具有以下五个特点。

一 规格高，界别广，汉语界与外语界同行牵手，应用语言学与理论语言学联袂，昭示中国模糊语言研究广阔的愿景

出席这次学术研讨会的有韩国、香港学者，还有来自全国 24 个省市的专家学者，其中具有教授职称的 50 人。会议代表中有外语界专家学者 25 人，对外汉语界专家学者 14 人。提交大会的 64 篇学术论文（总论 7 篇，语音研究 2 篇，词汇语义词典研究 12 篇，语法研究 9 篇，应用研究 15 篇，修辞研究 7 篇，文体风格研究 2 篇，教学研究 2 篇，外语研究 8 篇）。特别是几位德隆望尊的学术前辈：计算语言学研究专家、北京大学信息科技学院俞世汶教授、朱学锋教授伉俪，中西语言哲学研究专家、广州外语外贸大学钱冠连教授，语体风格学研究专家、暨南大学黎运汉教授出席并作大会报告。另外，在语言学研究上卓有建树的中年语言学家——华中师大李向农教授、浙江师大张先亮教授、武汉大学储泽祥教授、华中师大左思民教授等出席会议并作大会报告。韩国仁荷大学白恩姬教授、香港中文大学黄坤尧教授出席

会议并作大会报告。

在湖北师范学院出席学术会议，使我们感受到：湖北语言研究在邢福义、郑远汉等前辈学者的统领和奠基下，显示出雄厚的实力、优良的传统、扎实的学风和十足的后劲。

二 多角度的探索，理论与应用并重，使模糊语言研究呈现勃勃生机

这次提交的论文和学术研究的课题，论域宽阔，角度新颖。属于总论研究的有：郑远汉《模糊语言和模糊言语》、黎运汉《模糊语言风格文化窥探》、黎千驹《模糊语言研究大有可为》、李军华《自然言语交际中的语用模糊研究论纲》、高万云《修辞的模糊性及其研究方法》、盛若菁《模糊言语的生成研究》、樊娜希《模糊语言分类研究》等。

所提交的会议论文中，对模糊语言进行了多方位、多角度的研究。关于模糊语言本体研究的有句法、词法结构、方言语法、语义和词义、构词法、形容词释义、时间词、副词语义、音义训诂、词典释义、修辞格等方面的研究。关于模糊语言应用研究的有——言语交际、语用策略、文体功能、诗歌句式、委婉语、请求语、告诫语、模糊术语、模糊指称、话语标记语、语文教学、节目主持、商业广告、征婚广告、经济学语言、外交语言、普通话朗读、脑筋急转弯等方面的研究。关于模糊语言与外语方面的研究有外来商标词译名、英语倒序、英语广告语、旅游翻译、日语复合动词元素搭配等研究。

例如左思民先生《试论状态和活动之间界限的模糊性》，从语法、语用和语境入手，对汉语"状态"型动词和"活动"型动词二者在界限区分上存有的模糊性，进行层层剥笋似的条分缕析，从而推导出令人信服的结论，显示出缜密的逻辑论辩能力。

三 大会报告论域广泛，风格纷呈，显示出高端水平，令人眼界大开

暨南大学黎运汉教授的大会报告《模糊语体风格研究》，从模糊语言的视角，结合中国传统文化，对语体风格进行新的诠释。所举鲜活例证均采自现实生活，论述深入而翔实，给人诸多启示。

浙江师范大学张先亮教授的大会报告《征婚广告中女性模糊用语考察》，结合社会学、文化学、心理学和语言修辞研究学的理论与方法，对征婚广告中女性模糊用语进行系统而深入的分析。选题新颖，开掘深入，在大量语料和实证分析的基础上导出有指导意义的规律，堪为模糊语言应用研究之佳作。

北京大学俞世汶教授的大会报告《面向自然语言处理的概率型语言知识库的规划与基础》，首先概要介绍了计算语言学和向量空间模型的基本原理。重点介绍了结合语言学本体研究的已有成果，开展计量研究，运用信息科学技术对自然语言进行处理，成功研制架构"概率型现代汉语常用词知识库"的概况。期待计算语言学与模糊语言学界深入交流，相互渗透，以开拓广阔的发展空间。作为中国计算语言学的领军人物，俞教授的讲座高屋建瓴，语言表述严谨顺畅而得体，不愧为我们学习的楷模。（全场热烈鼓掌，俞世汶教授起立鞠躬致意。）

广州外语外贸大学钱冠连教授的大会报告《无须逃离模糊指称》，引用国外语言学理论，对模糊指称进行了深入而缜密的逻辑分析，阐释了无穷递减和无穷递增的跨界状态。关于"秃头"、"沙堆"和"悬赏疑犯"三个生动的例证，将深奥的哲理浅显化，从而证明了"模糊指称"存在的合理性。钱冠连教授是我国理论语言学和中西哲学研究领域的著名学者，他厚重的理论修养、深入的逻辑辨析，以及儒雅的风采，给人留下深刻的印象。（全场热烈鼓掌，钱冠连教授起立鞠躬致意。）

计算语言学和中西语言哲学，对于汉语学界多数学者来说，是比较陌生的。俞世汶教授和钱冠连教授的两场学术演讲，可用宋代词论家胡仔评东坡词所言："指出向上一路，新天下耳目！"在此谨向两位前辈学者表示衷心感谢！（全场热烈鼓掌。）

韩国白恩姬教授的大会报告《以语义地图模型界定语法结构的模糊范围》，运用认知语言学和对比语言学的理论，分别阐析了古代汉语、现代汉语、现代英语双宾语结构的核心意义和边缘意义的模糊界限。白教授学术视野开阔，研究方法新颖，汉语口语表达流畅，显示出扎实的汉语功底。如将"语义地图模型"，改为"语义构图形式"似乎更合乎汉语习惯。

香港中文大学黄坤尧教授的大会报告《歧义析论——模糊语言与音义训诂》，从经典解读——训诂学与模糊语义、车公签文——谶语的模糊性、语言伪术——政务语言的明晰与模糊三个方面阐析模糊语言与音义训诂种种复杂的联系。视域宽阔，古今交融，给人留下许多启示和思考的空间。

我也在此补充一个用例：杜甫诗歌名句"娇儿不离膝，畏我复却去"。对"畏我复却去"这句诗的解释，争论了一千多年，至今仍无定论。主要分歧是"复却去"的主语是谁？一种说法认为主语是"娇儿"。另一种说法认为"复却去"的主语是"我"，即诗人自己。从句法分析角度看，前者是连谓句，即"畏我"与"复却去"是同一主语"娇儿"的连续行为。后者是兼语式句子，即"我"是"畏"的宾语，同时又兼做"复却去"的主语。语法成分与结构关系的不确定，造成了两解皆通的多义现象。这是"诗无达诂"也是模糊语言的典型体现。另外，社会语言学家应关注现实生活中一切语言现象包括政务语言的文野优劣，进行激浊扬清的评论是完全必要的。另如对"某国人权比某国好五倍"等舛谬进行语言分析式的批评，顺理成章，无可指摘。语言学家不要充当语言警察或语言法官，却应充任语言参谋或语言导游，尽力把社会语言实践引导到健康、规范、得体的境地。

武汉大学储泽祥教授的大会报告《模糊性是"各种"语法化的关键》，针对网络语言将指量词"各种"用于副词的语法现象，援引大量例句分类阐析。指出：汉语谓词指称的模糊性是"各种"这个词用如副词并逐渐语法化的关键。储先生的学术报告显示出善于发现问题的学术敏感，语法分析得精细透彻，以及治学的严谨。

每场大会报告后，都安排了提问和互动环节，不同观点的碰撞和争鸣，引起人们极大的兴趣。

四　方法创新，呈现出模糊语言多元化研究格局

模糊语言广泛存在于林林总总的语言生活之中，由于研究者的视角和切入点不同，加之专业方向、学术基础、研究课题有异，因此在研究方法上呈现多样性和灵活性是顺理成章的。

研究模糊语言当然要有科学的方法。但任何方法都不可能是万能的，都或多或少地具有某种局限性。另外，研究方法从来就不是"自古华山一条路"，而是"条条大路通罗马"。"十八般兵器"，只要使着顺手，能解决问题，就是成功的方法。当然不能抱残守缺，拘守一法；而应见贤思齐，居高凌顶，不断学习借鉴临近学科和同行学者的新方法。

在会议论文和学术交流中，新观点、新方法层出不穷。钱冠连教授在大会报告后提问互动时提出：汉语语法研究对微观问题的精细研讨令人钦敬，但是否应站在学科高度进行宏观语用的规律性总结，以指导语言实践。钱先

生的提问，发人深省。语言学研究者在注重语言实际应用研究的同时，应注重思辨性的探讨，着眼于学科理论体系的构建；而思辨性的探讨和学科理论体系的构建，都有待于思想的开化、理论的突破和方法的创新。这次学术会议的重大收获就是打通藩篱，开拓畛域，实现了多学科的联合与合作，对中国模糊语言研究将是一大突破、大提升和大推进。（全场热烈鼓掌。）

五 老中青结合，承上启下，薪火相传，标志着中国模糊语言研究跃上一个新台阶

出席本次学术会议的代表中，有十来位德高望重的学术前辈，还有许多年轻教师和研究生，更多的是中年学者团队。他们是学术骨干，负担着承上启下继往开来的重任。大会报告和四个分组论文宣读和交流中，争鸣热烈，气氛活跃，体现出浓烈的学术氛围。

以黎千驹教授为主任的湖北师范学院语言学研究中心，多年来，以搭建模糊语言学术交流平台为己任。他们提出"五个一工程"的学术愿景——建立一个全国性的研究模糊语言的学术团体，有一个进行模糊语言学术交流的场所，有一种发表模糊语言研究论文的专门刊物，能够出版一套模糊语言研究方面的丛书，能够凝聚一支具有战斗力的模糊语言研究的队伍。他们连续举办了四次全国性的模糊语言学术研讨会，身体力行地朝这个愿景不懈地奋进着。本次会议期间，黎千驹教授还向代表们发出了《当代语言学文库》和《模糊语言文库》征稿启事，被纳入这两个文库的国内学者的书稿，将获得湖北师范学院语言学研究中心的全额出版资助。这是该研究中心为了进一步团结国内语言学界同人，鼓励学者们积极从事语言学研究，特别是从事模糊语言研究而付出的新的奉献。事实表明，湖北师范学院已成为中国模糊语言研究的中心，成为团结中国模糊语言学者的桥梁与纽带，成为中国模糊语言学者学术交流的平台。为此，黎千驹教授及其团队执着而坚毅地付出极大的心血和辛劳，可谓居功至伟。在此我提议对湖北师范学院领导，对黎千驹教授及其团队，对热情服务的会务组，表示崇高的敬意和由衷的感谢！（全场热烈鼓掌，黎千驹钱教授起立鞠躬致意。）

各位代表：中国模糊语言理论是北京师范大学伍铁平先生最早由国外引进的。伍先生于1979年发表的《模糊语言学初探》是中国模糊语言研究的肇始；1999年出版的《模糊语言学》，标志着中国模糊语言研究进入成熟阶段。伍先生正直为人、刻苦为学、认真为师，他不媚俗不畏权，敢说真话，

在学风建设和学术打假中作出突出的贡献。伍铁平教授于 2013 年 5 月 26 日在北京去世，享年 85 岁。我提议：我们共同缅怀这位学界长者。

在此引用宋代著名诗人杨万里七言绝句《过松源晨炊漆公店》与诸公共勉："莫言下岭便无难，赚得行人空喜欢；正入万山圈子里，一山放过一山拦。"中国模糊语言研究历经 30 多年的发展，确实取得了长足的进步；但在学科理论建设、研究纵深发展、研究成果的质量，以及研究方法创新等方面还存有很大的差距，对此，我们须有清醒的认识，绝不应有丝毫的自满和懈怠。

"长风破浪会有时，直挂云帆济沧海！"我们所期盼的模糊语言学界"五个一工程"的美好愿景在不久的将来就一定能实现！最后，我们一起庆贺第四届中国模糊语言国际学术研讨会的圆满成功！祝各位专家学者身体健康，返程顺利，阖家幸福！

谢谢大家。

（作者单位：天津师范大学国际交流学院）